Skizzen zur Homöopathie

Similia similibus curentur

Ähnliches wird von ähnlichem geheilt.

Von Dr. med. W. Splittstoeßer

Um sanft, schnell, gewiss und dauerhaft zu heilen,
wähle für jeden Krankheitsfall eine Arznei,
welche ein ähnliches Leiden für sich erregen kann, als sie heilen soll.

(nach S. Hahnemann)

Die Deutsche Bibliothek – CIP-Einheitsaufnahme

Splittstoeßer, Wulf:
Skizzen zur Homöopathie : similia similibus curentur, Ähnliches wird von Ähnlichem geheilt / von W. Splittstoeßer.
- 1. Aufl. – Kelkheim : Splittstoeßer, 1998
ISBN 3-934022-31-6

Impressum:
1. Auflage September 1998
Durchgesehen und überarbeitet: April 2003
Herstellung: Books on Demand GmbH

Gewidmet allen Kindern dieser Welt.

Vorangesetzt sei in Kürze folgendes:

Es gilt, dass die aus diesem oder jenem Buch erlesenen **arzneilichen Hinweise nicht als Ersatz für den Besuch, das Gespräch und die Untersuchung durch den Arzt bzw. die Ärztin** verstanden werden sollen.

Alle in diesem Buch gemachten **Äußerungen sollen Anregung** sein, das Bekannte **zu hinterfragen und** Neues auf seine Bedeutung **zu prüfen.** Bevor Sie für sich selbst oder die Ihnen Anbefohlenen Entscheidungen treffen, deren Umsetzung für die Gesundheit bedeutsame Veränderungen nach sich ziehen kann, **beraten Sie sich** ggf. auch mit mehreren Ärzten Ihrer Wahl, prüfen Sie, und **behalten Sie nur das für sich als wesentlich, was Sie bereit sind, selbst zu verantworten.** Nur so können Sie, der Tragweite Ihres Tuns bewusst, eigenverantwortlich handeln. Verantwortung können Sie nicht abgeben. **Mit den Folgen Ihrer Entscheidungen und Handlungen leben, müssen zunächst Sie ganz allein.**

In diesem Buch finden Sie Zitate von den Vordenkern, deren brillante Einsichten mich inspiriert haben. Möge die Folge der Gedanken, wie ich sie hier entwickle, auch für Sie eine „neue“ Erkenntnis bewirken.

Die Hervorhebungen in den zitierten Textstellen sind vom Verfasser hinzugefügt.

Vorwort

Dieses Buch hat seinen Anfang genommen, als es in der Diskussion über mögliche Gefahren des Impfens darum ging, dass den Impfstoffen, wenn auch in kleinen Mengen, „arzneiliche Hilfsstoffe“ beigegeben und in einzelnen Fällen, durch die Herstellungsverfahren bedingt, Verunreinigungen wie zum Beispiel Antibiotika darin enthalten sind. Die einen sagen, diese kleinen Mengen, um die es da gehe, schadeten nicht, doch ich sage, „selbst kleinste Mengen können größte Wirkungen haben“ – denken Sie an die Homöopathie. So habe ich mich daran gesetzt, die grundlegenden Gedanken von Samuel Hahnemann, der die Homöopathie der Welt vorgestellt und genau beschrieben hat, zusammengefasst darzustellen. Mein Bemühen ist, Ihnen die Gelegenheit zu öffnen, sich selbst eine Meinung zu bilden. Textstellen, die Ihnen überflüssig oder zu theoretisch erscheinen, können Sie zunächst getrost übergehen, und eventuell später zu deren Lektüre zurückkehren.

In seinem Organon der Heilkunst hat Dr. med. Samuel Hahnemann (1755-1843) in der sechsten Fassung von 1842 die Grundzüge einer „neuen Heilkunst“ der Welt vorgestellt.

Die Homöopathie gilt in den Augen vieler, vielleicht der meisten ärztlichen Kollegen, nicht als ein gesichertes Verfahren. Der Wert einer eigenständigen Therapiemethode wird ihr, mehr als 154 Jahre nach Fertigstellung der 6. Auflage von Samuel Hahnemanns **„Organon der Heilkunst“** immer noch nicht zugestanden. Bei den hohen Verdünnungen, über D 23, C 12 oder Q 6, ist rechnerisch nicht ein einziges Molekül der in dem verabreichten Arzneimittel enthalten; nur die statistisch ausgewiesene Möglichkeit, auf eines zu treffen existiert. Und doch...

In vielen Fällen kommt es unter homöopathischer Behandlung zur Heilung bzw. zur Besserung von Beschwerden, die oft einer langen Reihe von teils zeitraubenden, belastenden und teuren Behandlungsversuchen widerstanden haben. Wenn auch die Grundlagen der Wirksamkeit wissenschaftlich noch nicht erklärbar sind, so folgt aus der mangelnden Erklärbarkeit doch nicht die Wirkungslosigkeit.

Kleinste Mengen können wirken. Wie sollte es da beruhigen, wenn in der Patienteninformation einzelner Impfstoffe zu lesen steht: XYZ „in Spuren"? Die Impfstoffe werden flüssig verpackt und auf dem Transport unzählige Male geschüttelt, ähnlich homöopathischen Arzneien bei der Herstellung. So können unerwünschte Wirkungen von Spurenstoffen sehr gesteigert werden.

Aufgabe aller Heilkundigen ist es, Ursachen, Zeichen, Verlauf und mögliche Gefahren im Zusammenhang mit dem derzeitigen Bild der Beschwerden zu beleuchten und zu klären, **damit Arzt und Patient gemeinsam in den Stand versetzt sind, zu entscheiden, welcher Weg bei der weiteren Behandlung einzuschlagen ist.** Wenn der Zustand es erlaubt, wird man die Gabe eines Antibiotikums bis zum Eintreffen des <u>Abstrichbefundes</u> und der <u>Resistenztestung</u> die erforderlichen 3 – 4 Tage aufschieben können. Diese Entscheidung kann jedoch folgenschwer sein und soll nach Besprechung der Risiken mit dem Arzt oder der Ärztin gefällt werden.

Fieberhafte, eitrige Bronchitis, Pseudokrupp, Lungenentzündung, Lymphangitis, Infekte mit Scharlacherregern oder Haemophilus-Influenza und eitrige Ohrenentzündungen, um nur einige zu nennen, kann man versuchen, homöopathisch zu behandeln. Häufig werden wir Heilungen sehen.

Schon der Gedanke an den Versuch wird von vielen Kollegen als Kunstfehler gewertet. Wenn Sie dennoch von Ihrem Selbstbestimmungsrecht für den freien Entscheid für oder gegen eine Behandlungsform Gebrauch machen wollen und sich für ein alternatives Vorgehen entscheiden, <u>geht das nur, wenn ein enger Kontakt zwischen Arzt und Patient bzw. dessen Betreuern, evtl. mit mehrmaligem täglichem Rapport gewährleistet ist</u>.

Bei Unklarheiten soll gefragt werden, und sollen ggf. auch mehrere Kollegen hinzugezogen werden, damit eine möglicherweise einseitig erscheinende Darstellung von Befund und Möglichkeiten sowie der Gefahren bei diesem oder jenem Vorgehen auf das genaueste vermieden werden. Erscheint die Gabe eines Antibiotikums oder z.B. eines Corticoides unvermeidlich, muss dafür entschieden werden.

Homöopathische Mittel können die Empfängnisbereitschaft steigern. Das Auszählen des Zyklus zur Empfängnisregelung, sollte es auch schon längere Zeit als sicher praktiziert worden sein, ist während der Einnahme der Mittel als unsicher zu betrachten!

Möge ein jeder das erhalten, was er benötigt; mögen wir einander das geben, das ein jeder braucht, vor allem die ehrliche Zuwendung – Liebe.

Danksagung

An diese Stelle möchte ich meiner Frau und meinen Kindern, meinen Eltern, meiner Schwester und meinen Lehrern Dank sagen für Liebe, Wärme, Ermutigung und Anregung und für die Erziehung zu Klarheit und Disziplin.

Herzlichen Dank auch an Frau Freytag, die mit unerschöpflicher Geduld bei Satz und bei Gestaltung dieses Buches Wunderbares geleistet hat, ebenso wie Herrn Desler von der Georg Lingenbrink GmbH & CO, Frau Winter von der Xerox GmbH und Herrn Kipper von der IF Publication Service Inderfurth GmbH.

Besonders gilt mein Dank all den Müttern, die in ihrem unendlichen Bemühen um die Kinder und Familien die Hoffnung für diese Welt sind.

Über den Autor

Dr. med. W. Splittstoeßer, Jahrgang 1960, ist seit 1990 in eigener Praxis, als Arzt für Allgemeinmedizin, Homöopathie, Naturheilverfahren, niedergelassen.

Fort- und Weiterbildungen im In- und Ausland, u. a. im Bereich des Neuroassoziativen Konditionierens (NAC) sowie als Lehrer des Kundalini Yoga nach und mit Yogi Bhajan.

Tätigkeitsfeld sind seelenheilkundliche Gespräche und Trancetherapien, Supervisionsarbeit und Coaching, ebenso wie die ganzheitlich-homöopathische Behandlung von Kindern unter Berücksichtigung des psychosomatisch-familiären Zusammenhanges.

Darüber hinaus ist er in der Familienbildung und im Rahmen studentischer Arbeitskreise engagiert.

Wesentliche Gedanken hat er in seinen Büchern, **"Goldrausch oder die Frage, sind Impfungen notwendig, geeignet und zumutbar"**, **"Bewusst sein – oder krank"** und **"Skizzen zur Homöopathie"**, formuliert.

Inhaltsverzeichnis

Skizzen zur Homöopathie 1

Vorwort 7
Danksagung 10
Über den Autor 11
Ein kurzer geschichtlicher Aufriß 13
Zu den Grundlagen homöopathischen Arbeitens 13
Lebensführung, Diät und Allgemeines 57
Zur Dosierung homöopathischer Mittel - Geheimnis, Erfahrung, Kunst? 65
Zur Entwicklung des Potenzierungsverfahrens 66
Kurz gefasst 71
Man/Frau nehme - Über die Dosierung 71
Hahnemann, Vithoulkas und die Impfung - bis heute 75
J. T. Kent 81
Alles Blödsinn? 82
Bewußt sein, das morphogenetische Feld,
die Quantentheorie und das Konzept der implizierten Ordnung
Ein erklärendes Modell, mit dem Sie beliebig experimentieren können 85
Homöopathie und Quantenmechanik ein Modell für's Leben 92
Prüfungssymptome von Mercurius solubilis 99

Ein kurzer geschichtlicher Aufriss

Am 10. April 1755 wurde Christian Friedrich Samuel Hahnemann geboren. 1790 gelangte er zu der Erkenntnis, dass die Heilkraft einer Arznei den Wirkungen entspricht, die sie bei einem Gesunden hervorzubringen vermag.
1796 stellt er seine Entdeckung mit der Veröffentlichung **„Versuche über ein neues Prinzip zur Auffindung der Heilkräfte der Arzneisubstanzen“** dem Kollegenkreis vor.
1806 veröffentlicht er den Text, **„Heilkunde der Erfahrung“**, gleichsam die Urschrift zu dem 1810 erscheinenden Werk **„Organon der rationalen Heilkunde“,** ergänzt durch die **„Reine Arzneimittellehre“** in 6 Bänden, von 1811 – 1821 zusammengetragen und die Schriften mit dem Titel, **"Die chronischen Krankheiten“** in 5 Bänden von 1828 bis 1839 erschienen. Die 6. Auflage seines Buches „Organon der Heilkunst“ hatte er Februar 1842 fertig gestellt. Am 2. Juli 1843 starb Hahnemann im Alter von 88 Jahren.

Zu den Grundlagen homöopathischen Arbeitens

Im Folgenden sind einige wesentliche Paragraphen des Organon der Heilkunst teils vollständig, viele teils auszugsweise wiedergegeben. Ich habe mich sehr um Verständlichkeit bemüht. Das hat wiederholt zu Veränderungen am Satzbau und an den Formulierungen geführt. Um der möglichen Verwirrung durch die Zitatenzeichen vorzubeugen, habe ich mich entschlossen, die Zitate nur durch ein anderes Schriftbild kenntlich zu machen.

Die Ehre, diese Lehre formuliert zu haben, gebührt Samuel Hahnemann. Ich hoffe, bei meinen Veränderungen, Ergänzungen und Auslassungen den von ihm beabsichtigten Sinn nicht verfälscht zu haben. Bevor sie an den hier gegebenen Formulierungen Anstoß nehmen und Hahnemann zuschreiben, blicken Sie bitte zunächst in eine Ausgabe seiner Originaltexte.

Wie Sie weiter unten noch sehen werden, stehe auch ich nicht uneingeschränkt hinter allen „klassischen“ Äußerungen Hahnemanns. Jedoch bin ich überzeugt, dass auch er heute einiges anders auffassen und formulieren würde.

So halte ich es für geboten, zunächst alles zu prüfen und dann das Rechte zu behalten, damit ein jeder es in sein System des Denkens und Verstehens eingliedern kann.

§ 1: ***Des Arztes höchster und einziger Beruf ist, kranke Menschen gesund zu machen****, was man heilen nennt.* Darin werden sich alle Kollegen einig sein.

§ 2: ***Das höchste Ideal*** *der Heilung* ***ist schnelle, sanfte, dauerhafte Wiederherstellung der Gesundheit*** *oder Hebung und Vernichtung der Krankheit in ihrem ganzen Umfange auf dem kürzesten, zuverlässigsten, unnachteiligsten Wege.*

§ 7: ***Die Krankheitszeichen,*** *die Gesamtheit dieser Symptome,* ***dieses nach außen reflektierende Bild des inneren Wesens der Krankheit****,* sind es, **nach denen das Heilmittel** zu **wählen** ist.

§ 9: An dieser Stelle weist Hahnemann darauf hin, **nach den Krankheitsursachen** zu **suchen und** dieselben zu entfernen. Dann führt er aus: ***Im gesunden Zustande des Menschen waltet die*** *geistartige belebende* ***Lebenskraft uneingeschränkt*** *und hält alle seine Teile in bewundernswürdig harmonischem Lebensgange,* ***so dass sich der vernünftige Geist dieses lebendigen gesunden Werkzeugs frei zu dem höheren Zweck unseres Daseins bedienen kann.***

§ 11: Erkrankt der Mensch, ist ursprünglich nur **diese** geistartige, **in seinem Organismus überall anwesende**, selbsttätige **Lebenskraft verstimmt.**

§ 12: Als **Folge der Verstimmung** der Lebenskraft entwickeln sich die **Krankheitszeichen.** *Wenn Du etwas Ekelhaftes ansiehst und es hebt sich in Dir zum Erbrechen, war da etwa ein materielles Brechmittel in Deinen Magen gekommen, was ihn zu dieser antiperistaltischen Bewegung zwang. War es nicht einzig* ***die dynamische Wirkung des*** *ekelnden* ***Anblicks*** *auf Deine Einbildungskraft allein? Und wenn Du Deinen Arm aufhebst, geschieht es etwa durch ein materielles, sichtbares Werkzeug, einen Hebel? Ist es nicht einzig* ***die geistartige, dynamische Kraft Deines Willens,*** *die ihn hebt.*

§ 14: *Es gibt* **nichts krankhaftes Heilbare** *und nichts unsichtbarer Weise krankhaft verändertes Heilbare im Innern des Menschen,* ***was sich nicht durch Krankheitszeichen und Symptome*** *dem genau beobachtenden Arzt* ***zu erkennen gäbe,*** *- ganz der unendlichen Güte des allweisen Lebenserhalters der Menschen gemäß.*

§ 18: ***Die Gesamtheit der Symptome*** ist bei der Wahl des Heilmittels zu berücksichtigen.

§ 19: Krankheiten sind Befindensveränderungen des Gesunden.

§ 20: Die in **den Arzneien innewohnende Kraft** ist **nicht *mit bloßer Verstandesanstrengung erkennbar, bloß durch ihre Äußerungen bei Einwirken auf das Befinden der Menschen*** *lässt sie sich in der Erfahrung, und zwar deutlich, wahrnehmen.*

§ 21: Die den **Arzneien innewohnende Kraft kann *den gesunden Menschen in seinem Empfinden umstimmen und mehrere bestimmte Krankheitssymptome in und an demselben erregen.*** Das heißt, Arzneimittel offenbaren Ihre Heilkraft durch Erzeugung eigentümlicher Symptome im gesunden Körper.

§ 23: Durch eine **Arznei, die der Krankheit entgegengesetzte Wirkungen hervorzubringen vermag**, gibt es **nur scheinbare Linderung,** da Krankheitssymptome, *nach kurzdauernder, scheinbarer Linderung, dann nur in desto verstärkterem Grade wieder hervorbrechen und sich offenbar verschlimmern.*

§ 25: Die Erfahrung lehrt, dass **die Arznei, die die meisten Symptome in Ähnlichkeit erzeugen kann, die ganze gegenwärtige Krankheit schnell, gründlich und dauerhaft aufhebt.**

§ 26: *Eine* ***schwächere dynamische Affektion*** *wird im lebenden Organismus* ***von einer stärkeren dauerhaft gelöscht,*** *wenn diese sehr ähnlich in ihrer Äußerung ist.*

§ 29: Die **natürlichen Krankheiten werden durch die künstliche Krankheitsaffektion in Folge der Einnahme der Arzneipotenz**, die aber bald ausgewirkt hat, bald **zur Genesung geführt.**

§ 31: Hier weist Hahnemann auf langjährige Erkrankungen hin, die z.B. nach einem akuten Maserninfekt zur Ausheilung gelangen. **Ein Mensch erkrankt nur, wenn der Organismus dazu disponiert ist.**

§ 32: Jede Arznei hat zu jeder Zeit, unter allen Umständen, auf jeden Menschen Wirkung und erregt in ihm einzelne, ihr eigentümliche Symptome.

§ 38: Unähnliche Krankheiten suspendieren einander, die stärkere die schwächere, heilen einander aber nie.

§ 40: Oder die neue Krankheit tritt zu der alten und bildet mit dieser eine komplizierte Krankheit. Als zwei sich unähnliche Krankheiten können sie einander aber nicht aufheben, nicht heilen.

§ 45: Zwei **ähnliche Krankheiten können sich einander weder suspendieren noch nebeneinander bestehen** oder eine doppelte, komplizierte Krankheit bilden.

Hahnemanns **Kommentar zum 60. Paragraphen** zu den gebräuchlichen Methoden seiner Zeit über einen Kollegen: ***Broussais**, während er vor 25 Jahren die unsinnige Mischerei mehrerer Drogen in den Rezepten der Ärzte bestritt und ihr in Frankreich ein Ende machte, führte durch sein so genanntes **physiologisches System** eine, die Leiden der Kranken wirksam mindernde, die verstärkte Rückkehr aller ihrer Leiden dauerhaft hindernde Kurart ein, die sich auf alle Krankheiten erstreckte. **Er fand den leichteren Weg, die leidenden Kranken auf Kosten ihres Lebens nach und nach immer mehr und mehr zu stillen und endlich mit dem Leben ganz auszulöschen**. Je mehr der Kranke noch Kräfte hat, desto auffallender sind seine Beschwerden, desto lebhafter fühlt er seine Schmerzen. Er wimmert, er stöhnt, er schreit, er ruft um Hilfe. Stärker und stärker, so dass die oben stehenden nicht schnell genug zum Arzt eilen können, um ihm Ruhe zu verschaffen. **Broussais hatte nur nötig, die Lebenskraft der Kranken herabzustimmen, immer mehr und mehr zu mindern und siehe**, je öfter er ihn zur Ader ließ und durch je mehr Blutegel und Schröpfköpfe er ihm den Lebenssaft aussaugen ließ, **desto mehr verlor der Kranke die Kraft, die Schmerzen zu empfinden oder durch heftige Klagen und Gebärden seinem verschlimmerten Zustand Ausdruck zu verleihen**. Der Kranke scheint nun umso ruhiger, je schwächer er geworden ist. **Die Umstehenden freuen sich seiner scheinbaren Besserung und eilen, wenn die Krämpfe, die Erstickung, die Angstanfälle oder die Schmerzen sich erneuern wollen, wieder zu den Mitteln, die schon so schön beruhigt hatten und die Aussicht auf abermalige Beruhigung ergeben.** Der schon sehr geschwächte Kranke fühlt sich unfähig gegen die fernere Schwächung durch Aderlass, Blutegel, Blasenpflaster, wärmende Bäder usw. zu protestieren oder sie zu verwehren. Dass auf solche, oft wiederholte Minderung und Erschöpfung der Lebenskraft der Tod erfolgen müsse, merkt der seines Bewusstseins immer weniger und weniger mächtige Kranke schon nicht mehr. Und die Anverwandten werden durch einige Minderung auch der letzten Leiden des Kranken mittels Blutabzapfens und lauer Bäder so eingeschläfert, dass sie sich verwundern, wie der Kranke unvermutet ihnen soeben unter den Händen wegsterben konnte. So muss die Krankheit wohl gleich von vornherein tödlich gewesen sein, so dass der Kranke trotz aller*

Bemühungen des Arztes die Erde verlassen musste. So trösten sich die Anverwandten und vorzüglich die Erben des selig Verstorbenen.

§ 61: Heile durch Symptomenähnlichkeit! Suche die Arznei, die in der Lage ist, beim gesunden das möglichst ähnliche Bild hervorzurufen.

§ 63: *Jede auf das Leben einwirkende Potenz stimmt die Lebenskraft um:* ***Erstwirkung****. Dieser Erstwirkung bestrebt sich, sich unserer Lebenskraft entgegenzusetzen,* ***Nachwirkung*** *oder* ***Gegenwirkung*** *genannt.*

§ 64: Die **Nachwirkung entspricht der Heilwirkung**, wenn an der Stelle der Krankheitszeichen die Gesundheit wieder hergestellt ist.

§ 65: *Auf starken Kaffee folgt Übermunterkeit (Erstwirkung), aber hinternach bleibt lange Trägheit und Schläfrigkeit (Gegenwirkung-Nachwirkung), wenn dies nicht immer wieder durch neues Kaffeetrinken (palliativ, auf kurze Zeit) hinweggenommen wird.*

§ 66: *Eine auffallende, entgegengesetzte Nachwirkung ist nicht bei Einwirkung ganz kleiner homöopathischer Gaben im gesunden Körper wahrzunehmen.*

§ 69: *Das Krankheitssymptom wird also schlimmer nach verflossener Wirkdauer des Palliativs, umso schlimmer, je größer die Gabe desselben gewesen war.*

§ 72: Man unterscheidet **akute Krankheiten** und **chronische Krankheiten**, wobei **die letzteren bis zur endlichen Zerstörung des Organismus** führen.

§ 73: *Die akuten Krankheiten befallen den einzelnen Menschen auf Veranlassung von Schädlichkeiten, denen er ausgesetzt war* – sich ausgesetzt hat[1]. ***Ausschweifungen in Genüssen, physische heftige Eindrücke, Erkältungen, Erhitzungen, Strapazen, psychische Erregungen, Affekte, usw. sind Veranlassung solcher akuten*** *Fieber. Im Grunde aber sind es meist nur* vorübergehende *Aufloderungen latenter Psora, welche von selbst wieder in ihren Schlummerzustand zurückkehrt, wenn die akuten Krankheiten nicht allzu heftig waren und bald beseitigt wurden.*

Behandelt werden soll nicht die Krankheit, sondern der Mensch. Alle Wesen reagieren gemäß ihrer Einzigartigkeit auf ganz individuelle Weise.

---

[1] Anmerkung des Verfassers

Aus meiner täglichen Praxis:

Von den Kindern einer Spielgruppe, deren eines Mitglied einen Infekt mit Scharlacherregern hat, werden nicht etwa alle gleichartig erkranken. Das eine Kind entwickelt ein Fieber, das andere einen Kopfschmerz mit einem Fieber, das dritte Kopf- und Halsschmerzen, das vierte nur den Ausschlag. Bei der Feldstudie wird man wieder einige Kinder finden, die zwar den Erreger im Rachen haben, aber überhaupt keine Krankheitszeichen ausbilden. Man wird sie unterscheiden in stark erschöpfte, ja fast reaktionsunfähige Naturen und kerngesunde Kinder. Ich selbst habe an weit über 100 Kindern, deren Eltern sich oft nach mehrfach antibiotisch behandelten Infekten mit Scharlacherregern zu einem Versuch der homöopathischen Vorgehensweise entschieden haben, innerhalb von durchschnittlich 4 Tagen das völlige Ausklingen der Beschwerden beobachten können, ohne dass einer dieser kleinen Patienten bzw. Patientinnen irgendwelche andauernden Komplikationen in Bezug auf Herz, Gehirn, Nieren oder Gelenke ausgeprägt hat. Unvermeidbar in jedem dieser Fälle ist ein enger Austausch zwischen Eltern und Arzt. Dabei muss jede Ungewissheit Anlass zu einem Kontakt sein. In der Mehrzahl dieser Fälle fand sich neben dem Infekt mit hämolysierenden Streptokokken der Gruppe A auch ein Nachweis von Erregern aus der Familie Haemophilus influenzae. So konnte ich bald lernen, dass auch Haemophilus influenzae allein in einzelnen Fällen in der Lage zu sein scheint, einen scharlachähnlichen, zarten, roten Ausschlag hervorzurufen. Darüber hinaus erklärt dieser Nachweis, warum in so vielen Fällen die Behandlung mit Penicillin den dauerhaften Erfolg versagen musste, denn Keime der Klasse Haemophilus sind grundsätzlich nicht auf Penicillin sensibel. Wegen des dann häufig durchgeführten Wechsels, oft auf ein Erythromycin-Präparat sind nun auch schon sehr viele Familien des Haemophilus-Influenza-Keimes gegen Erythromycin nicht mehr sensibel. Es bleibt also unvermeidbar, in jedem der Fälle, in denen Arzt und Eltern des Patienten oder ein Patient gegen die Gabe eines Antibiotikums entscheiden, dass ein bakteriologischer Abstrich in Verbindung mit einem Antibiogramm gefordert werden muss.

§74: Als **chronische Erkrankungen** sind **auch solche, die durch Arzneien hervorgerufen sind**, zu begreifen, wodurch *die Lebenskraft teils unbarmherzig geschwächt, teils, wenn sie nicht unterwegs nach und nach dergestalt innormal* *verstimmt wird, dass sie ... ,* um *das Leben gegen diese feindseligen, zerstörenden Angriffe aufrecht zu erhalten, den Organismus umändern und diesem oder jenem Teil entweder die Erregbarkeit oder die Empfindung benehmen oder sie übermäßig erhöhen, Teile erweitern oder zusammenziehen, erschlaffen oder verhärten oder gar vernichten und hier und da im inneren und äußeren organische Fehler anbringen (den Körper im inneren und äußeren verkrüppeln) muss, um dem Organismus Schutz vor völliger Zerstörung des Lebens gegen die immer erneuten feindlichen Angriffe solcher ruinierenden Potenzen zu verschaffen.*

§ 77: *Uneigentlich werden diejenigen Krankheiten chronische benannt, welche die Menschen erleiden, welche sich fortwährend vermeidbaren Schädlichkeiten aussetzen. Schädliche Getränke oder Nahrungsmittel genießen, sich Ausschweifungen mannigfacher Art hingeben... Mangel an Bewegung oder freier Luft, sich durch übermäßige Körper- oder Geistesanstrengung um ihre Gesundheit bringen, in stetem Verdrusse leben usw. Diese vergehen bei gebesserter Lebensweise von selbst und können den Namen chronische Krankheiten nicht führen.*

§ 78: *Die wahren, natürlichen, chronischen Krankheiten sind die, von einem chronischen Miasm entstanden, welche, sich selbst überlassen, immer zunehmen und selbst bei dem besten geistig und körperlich diätetischem Verhalten dennoch steigen und den Menschen mit immerdar erhöhterem Leiden bis ans Ende des Leben quälen.*

§ 79: Syphilis ist eine chronisch miasmatische Krankheit, ebenso wie die Sycosis (Feigwarzenkrankheit)

§ 80: *Unermesslich ausgebreitet, folglich weit bedeutender als beide genannten, ist das chronische Miasma der Psora, bei welcher, (während jene beiden die eine durch den venerischen Schanker, die andere durch die blumenkohlartigen Auswüchse ihr spezifisches inneres Siechtum bezeichnen) sich das innere, ungeheure chronische Miasma ebenfalls erst nach vollendeter innerer Infektion des ganzen Organismus durch den eigenartigen, zuweilen nur in einigen wenigen Blütchen bestehenden Hautausschlag mit unerträglich kitzelnd-wollüstigem Jucken und spezifischem Geruche bekundet –* ***die Psora, jene wahre Grundursache und Erzeugerin fast aller übrigen häufigen, ja unzähligen Krankheitsformen,*** *welche unter dem Namen Nervenschwäche, Hysterie, Hypochondrie, Manie, Melancholie, Blödsinn, Raserei, Fallsucht und Krämpfen aller Art von Knochenerweichung*

(Rachitis), Skofel, Skoliosis und Kyphosis, Knochenfäule, Krebs, Blutschwamm, Afterorganisationen, Gicht, Hämorrhoiden, Gelb- und Blausucht, Wassersucht, Amenorrhö und Blutsturz aus Magen, Nase, Lungen, aus der Harnblase oder Gebärmutter, von Asthma, Lungenvereiterung, von Impotenzen, Unfruchtbarkeit, von Migräne, Taubheit, grauem und schwarzem Star, Nierenstein, Lähmungen und Schmerzen tausenderlei Art usw. in den Pathologien als eigene abgeschlossene Krankheiten figurieren.

§ 81: In der **Vielfalt der äußeren Bedingungen** entwickelte sich die *große* ***Verschiedenheit chronischer Krankheiten*** *(sekundäre Symptome der Psora).*

§ 82: Trotz der Erkennung der Grundübel ist zur **vollständigen Erkenntnis des Krankheitsbildes** die notwendige Zeit und Sorgfalt aufzuwenden.

§ 83: Verlangt werden **Unbefangenheit und gesunde Sinne, Aufmerksamkeit im Beobachten und Treue im Aufzeichnen** des Bildes der Krankheit.

§ 84: *Der Arzt sieht, hört und vermerkt durch die übrigen Sinne was verändert und ungewöhnlich an dem Patienten ist. Er schreibt alles genau mit den nämlichen Ausdrücken auf, deren der Kranke und die Angehörigen sich bedienen. Womöglich lässt er sie stillschweigend ausreden und wenn sie nicht auf Nebendinge abschweifen, ohne Unterbrechung. Bloß langsam zu sprechen ermahne er sie.*

§ 85: Mit jeder Angabe des Kranken bricht hier die Zeile ab, damit die Symptome alle einzeln untereinander zu stehen kommen. So kann er nachtragen, was ihm anfänglich als unbestimmt, nachher aber deutlicher angegeben wird.

§ 86: Wenn die Erzählenden fertig mit dem, was sie von selbst sagen wollten, fragt der Arzt **nach der näheren Bestimmung, nach Zeit, Dauer, Ablauf und Charakter der Beschwerden, nach dem Ort, nach Besserung oder Verschlechterung.**

§ 87: Die Fragen sollen offen sein, ohne jemals dem Kranken bei der Frage schon die Antwort zugleich mit in den Mund zu legen.

§ 88: Er fragt auch nach der Gemütsstimmung und dem Gemütszustande des Kranken, ebenso wie nach Besonderheiten von Stuhlgang, Urin, Schlaf, Durst, Geschmack im Munde, Verlangen und Abneigung, nach Bedingungen des Kopfes, der Glieder oder des Unterleibes

§ 89: Hat nun der Kranke seinen Bericht geendet, ist es erlaubt, nähere, speziellere Fragen zu tun, wie oft, welche, wann, wo, usw..

Der Kommentar zum § 89 erstreckt sich über eine ganze Seite und zeigt auf, welche Punkte im Gespräch mit einem Patienten wesentlich sind. **Der Arzt hat den Kranken wahrzunehmen** und zu klären, an welchen Beschwerden er vor dem Gebrauche der Arzneien oder nach ihrer mehrtägigen Aussetzung litt, um **die ursprüngliche Gestalt der Krankheit zu erfassen.**

§ 90: Auch der Kommentar zum § 90 ist sehr ausführlich und beschreibt verschiedene Aspekte, auf die es zu achten gilt *Er muss bemerken, ob der Kranke beim Besuche verdrießlich, zänkisch, hastig, weinerlich, ängstlich, verzweifelt, traurig oder getrost, gelassen usw., ob er schlaftrunken oder überhaupt unbesinnlich war.*

§ 91: Der Arzt soll genau beobachten, *um die dauerhaften und vermischten Symptome des alten Übels in ihrer Reinheit aufzufassen und danach* ***ein untrügliches Bild von der Krankheit entwerfen*** *zu können.* Es gilt zwischen einer Arzneikrankheit durch vorangegangene Behandlung und dem ursprünglichen Bild des Übels zu unterscheiden.

§ 93: Die **Umstände, die zu einem langjährigen Übel geführt haben**, sind in Erfahrung zu bringen. Hahnemann führt hier insbesondere Vergiftung oder begonnenen Selbstmord, Onanie, Schwelgerei in Wein und anderen hitzigen Getränken, Tee und Kaffee venerische Ansteckung, **unglückliche Liebe, Eifersucht, häuslichen Unfrieden, Ärgernis, Gram über ein Familienunglück, durchlittene Misshandlungen, verbissene Rache, gekränkten Stolz, Zerrüttung der Vermögensumstände,** abergläubige Furcht, Hunger, oder etwa ein Körpergebrechen an den Schamteilen an. *Lebensordnung, Diät und häusliche Lage sind zu prüfen.* Auch hier wieder der Verweis u. a. auf körperliche und Sexualsymptome und eine ausführliche Menstruationsanamnese.

§ 98: Auch die weiteren Paragraphen gehen ausführlich auf die Art und Weise ein, wie eine gute Krankengeschichte zu erheben ist. Ausdrücklich fordert er: ***Besondere Umsicht, Bedenklichkeit, Menschenkenntnis, Behutsamkeit im Erkundigen und Geduld in hohem Grade.***

§ 101: Er unterstreicht, dass eine Seuche, *jede solche Kollektivkrankheit, erst bei näherer Beobachtung mehrerer Fälle den Inbegriff ihrer Symptome und Zeichen an den Tag legt.*

§ 102: *Der ganze Umfang einer solchen epidemischen Krankheit und die Gesamtheit ihrer Symptome kann nicht bei einem einzelnen Kranken* *wahrgenommen, sondern nur aus den Leiden mehrerer Kranken von verschiedener Körperbeschaffenheit vollständig abgezogen und entnommen werden.*

§ 106: Verweist darauf, dass **nach der Erforschung der Krankheit** nun die **Werkzeuge zu deren Heilung** zu erforschen sind. ***Die ganze krankheitserregende Wirksamkeit der einzelnen Arzneien muss bekannt sein****, das ist, alle krankhaften Symptome und Befindensveränderungen, die sie im gesunden Menschen besonders zu erzeugen fähig ist.*

§ 107: *Gibt man, um dies zu erforschen, Arzneien nur kranken Personen, selbst wenn man sie nur einfach und einzeln verordnete, sieht man von ihren reinen Wirkungen wenig oder nichts bestimmtes, da die von den Arzneien zu erwartenden besonderen Befindensveränderungen mit den Symptomen der gegenwärtigen natürlichen Krankheit vermengt, nur selten deutlich wahrgenommen werden können.*

§ 108: *Es gibt keine sichere, keine natürlichere Veranstaltung zu dieser Absicht, als dass man die einzelnen* ***Arzneien versuchsweise gesunden Menschen in mäßiger Menge gibt, um zu erfahren, welche Veränderungen, Symptome und Zeichen ihrer Einwirkung jede besonders im Befinden des Leibes und der Seele hervorbringen****, das ist,* ***welche Krankheitselemente sie zu erregen fähig und geneigt seien****, da, wie in § 24 – § 27 gezeigt worden, alle Heilkraft der Arzneien einzig in dieser ihrer Menschenbefindens-, Veränderungskraft liegt und aus Beobachtung der letzteren hervorleuchtet.*

§ 116: ***Einige Symptome werden von den Arzneien öfter****, das ist, in vielen Körpern,* **andere seltener** *oder in wenigen Menschen* **zuwege gebracht***, einige nur in sehr wenigen gesunden Körpern.*

§ 117: *Zu den letzten gehören die so genannten Idiosyncrasien, worunter man eigene Körperbeschaffenheiten versteht, welche, obgleich gesund, doch die Neigung besitzen, von gewissen Dingen, die bei vielen anderen Menschen gar keinen Eindruck und keine Veränderung zu machen scheinen, in einen mehr oder weniger krankhaften Zustand versetzt zu werden.* ***Kommentar Hahnemanns:*** ***Einige wenige Personen können vom Geruch der Rose in Ohnmacht fallen...*** *nur, dass wenige unter den gesunden Körperbeschaffenheiten geneigt sind, sich in einen so auffallend kranken Zustand von innen versetzen zu lassen.*

§ 118: ***Jede Arznei zeigt besondere Wirkungen im menschlichen Körper, welche sich von keinem Arzneistoffe verschiedener Art genauso ereignen.***

§ 119: *So gewiss jede Pflanzenart in ihrer äußeren Gestalt, in der eigenen Weise ihres Lebens und Wuchses, in ihrem Geschmack und Geruch auch von jeder anderen Pflanzenart und Gattung, so gewiss jedes Mineral und jedes Salz in seinem äußeren sowohl als inneren physischen und chemischen Eigenschaften von dem anderen verschieden ist, so gewiss sind sie alle unter sich in ihren krankmachenden – also auch heilenden - Wirkungen verschieden und voneinander abweichend.*

§ 120: ***Also genau, sorgfältig genau, müssen die Arzneien von denen Leben und Tod, Krankheit und Gesundheit der Menschen abhängen, voneinander unterschieden und deshalb durch sorgfältige, reine Versuche auf ihre Kräfte und wahren Wirkungen im gesunden Körper geprüft werden.***

§ 121: Bei der Arzneiprüfung ist die Konstitution, d.h. die Empfindlichkeit und Reaktionsbereitschaft der prüfenden Person zu berücksichtigen.

§ 122: Reinheit, Echtheit und Vollkräftigkeit der Arzneien muss unzweifelhaft sein.

§ 123: *Jede dieser Arzneien muss in ganz einfacher, unkünstlicher Form eingenommen werden.*

§ 124: ***Jeden Arzneistoff muss man zu dieser Absicht ganz allein, ganz rein anwenden, ohne irgendeine fremdartige Substanz zuzumischen oder sonst etwas fremdartig Arzneiliches an demselben Tage zu sich zu nehmen*** *und ebenso wenig die folgenden Tage, so lange als man die Wirkung der Arznei beobachten will.*

§ 125: ***Während dieser Versuchszeit*** *muss auch die Diät rechtmäßig eingerichtet werden,* ***möglichst ohne Gewürze****. Die Getränke sollen die alltäglichen sein, so wenig als möglich reizend.*

§ 126: *Die dazu gewählte Versuchsperson muss vor allen Dingen als glaubwürdig und gewissenhaft bekannt sein; sie muss sich während des Versuches vor Anstrengungen des Geistes und des Körpers,* **vor allen Ausschweifungen** *und störenden Leidenschaften* **hüten***; keine dringenden Geschäfte dürfen sie von der gehörigen Beobachtung abhalten.* ***Sie muss mit gutem Willen genau die Aufmerksamkeit auf sich selbst richten und dabei ungestört sein.*** *In ihrer Art gesund an Körper muss sie auch den nötigen Verstand besitzen, um ihre Empfindungen in deutlichen Ausdrücken benennen und beschreiben zu können.*

§ 127: ***Die Arzneien müssen sowohl an Manns- als auch an Weibspersonen*** *geprüft werden.*

§ 128: Dass die als giftig bekannten Pflanzen eine starke Kraft haben mussten, war allen, die sich seit jeher mit Heilkunde befasst haben, klar. Um die Arzneikraft dieser Gaben der Natur nutzbar zu machen, war auch das Verdünnen, um die Giftigkeit zu mildern, ein Teil der Zubereitung. Es wurde deutlich, dass selbst kleinste Mengen des so entstandenen Heilmittels dennoch Wirkungen haben konnten.

So erforscht man jetzt am besten *selbst die für schwach gehaltenen Substanzen im Hinblick auf ihre Arzneikräfte, wenn man* ***4 - 6 feinste Streukügelchen*** *der 30. Potenz einer solchen Substanz* ***von der Versuchsperson täglich*** *mit ein wenig Wasser angefeuchtet oder vielmehr in größeren oder geringeren Mengen Wasser aufgelöst und wohl zusammengeschüttelt,* ***nüchtern einnehmen und dies für mehrere Tage fortsetzen lässt.***

§ 129: Durch die besondere Form der Bearbeitung können die *in ihrem rohen Zustand verborgenen und gleichsam schlafend gelegenen Kräfte bis zum unglaublichen entwickelt und zur Tätigkeit erweckt werden*. *Wenn* ***nur schwache Wirkungen*** *von einer solchen Gabe zum Vorschein kommen, so kann man, bis sie deutlicher und stärker werden,* ***täglich etliche Kügelchen mehr*** *zur Gabe nehmen bis die Befindensveränderungen wahrnehmbarer werden; denn* ***wenige Personen werden von einer Arznei gleich stark angegriffen****. So kann es sein dass von einer als kräftig bekannten Arznei in mäßiger Gabe zuweilen eine schwächlich scheinende Person fast gar nicht erregt wird, aber von mehreren anderen, dagegen weit schwächeren stark genug. Und hin wiederum gibt es sehr starke Personen, die von einer mild scheinenden Arznei sehr beträchtliche Krankheitssymptome verspüren, von stärkeren aber geringere usw.*

§ 130: Gibt man gleich zu Anfang *eine gehörig starke Arzneigabe, so hat man den Vorteil, dass die Versuchsperson die Aufeinanderfolge der Symptome erfährt und die Zeit, wann jedes erschienen ist, genau aufzeichnen kann, welches zur Kenntnis der Arznei sehr belehrend ist, weil dann die Ordnung der Erstwirkungen sowie der Wechselwirkungen am unzweideutigsten zum Vorschein kommt.*

§ 131: *Man muss aber, um nur etwas zu erfahren, einige Tage nacheinander dieselbe Arznei in immer höheren Gaben derselben Person zum Versuche geben, so erfährt man zwar, wie man vielleicht Krankheitszustände, welche diese Arznei überhaupt zuwege bringen kann, aber nicht ihre Reihenfolge.*

§ 132: Wenn man einen schwach-kräftigen Arzneistoff erforschen will, *da ist die Veranstaltung vorzuziehen, dass man einige Tage nacheinander jeden Tag eine* *erhöhte Gabe reiche. Dann wird die Wirkung selbst der mildesten, noch unbekannten Arznei (besonders an empfindlichen Personen versucht) an den Tag kommen.*

§ 133: Um möglichst alle Qualitäten der Arznei beobachten zu können, ist es notwendig, dass die Versuchsperson sich dabei in verschiedenen Lagen versetzt und beachtet, ob z.B. Gehen, Stehen, Liegen, Essen oder Trinken oder andere Bedingungen, z.B. der Tages- oder Nachtzeit, das Symptom verändern.

§ 134: *Alle äußeren Potenzen und vorzügliche Arzneien haben die Eigenschaft, eine ihnen eigentümliche besonders geartete Veränderung im Befinden des lebenden Organismus hervorzubringen.* ***Doch kommen nicht alle einer Arznei eigenen Symptome schon bei einer Person, auch nicht alle sogleich oder bei demselben Versuch zum Vorschein, sondern bei der einen Person diesmal diese, bei einem zweiten und dritten Versuche wieder andere und bei einer anderen Person diese oder jene Symptome hervor.***

§ 135: *Der Inbegriff aller Krankheitselemente, die eine Arznei zu erzeugen vermag, wird erst durch vielfache, an vielen dazu tauglichen verschiedenen Körpern von Personen beiderlei Geschlechts angestellten Beobachtungen, der Vollständigkeit nahe gebracht.*

Diesem Buche angehängt findet sich ein Verzeichnis von über 6.000 Veränderungen, bzw. Krankheitszeichen, die bei der Prüfung von schwarzem Quecksilberoxid, **Mercurius solubilis Hahnemanni**, Mercurius oxydulatus niger, einem Gemisch aus Mercuroamidonitrat, Quecksilber und Mercurooxid, NH_2 NO_3+Hg+HgO aufgezeichnet bzw. durch klinische Beobachtungen festgestellt wurden. Hahnemann hatte dessen Herstellung 1822 beschrieben. Er selbst hat in seinem ersten Band der **„Reinen Arzneimittellehre"** bereits über 1.260 dieser Zeichen aufs genaueste beschrieben. Da die Ausführlichkeit der Beschreibung bei Hahnemann und in den übrigen Arzneimittellehren, z.B. von Hering, Clark oder Kent sehr viel eindrucksvoller und eindeutiger ist, als der hier wiedergegebene tabellarische Auszug, der jedoch ein schnelleres Wiederfinden und eine bessere Orientierung erlaubt, er wurde mit Hilfe des **Computerprogrammes Radar aus dem Repertorium SYNTHESIS (Version 6)** erstellt und erfolgt mit der freundlichen Genehmigung der **Firma Archibel S.A. (Belgien) und des Hahnemann Institutes (Greifenberg),** sei das Nachlesen insbesondere in Hahnemanns „**Reiner Arzneimittellehre**" Ihnen nahe gelegt.

Sie sollen jedoch die Möglichkeit erhalten, sich über **die Vielgestaltigkeit der durch diese Quecksilberverbindung hervorgerufenen Beschwerden** ein Bild zu machen. Der **Vergleich mit den durch Thiomersal möglichen Schäden** ist **eindrucksvoll**. Er unterstreicht die Notwendigkeit, die Frage zu klären, ob durch die Verwendung dieser Substanz als einem „arzneilichen Hilfsstoff" bei den Impfmitteln der Anstieg der chronischen Erkrankungen im Kindesalter erklärt werden kann. Nahezu all diese sind in dem Quecksilberarzneiprüfungsbild enthalten.

Eine Arznei kann also nicht alle Zeichen bei ein und derselben Person hervorbringen. Dennoch liegt die Tendenz oder Möglichkeit, all diese Symptome in jedem Menschen zu erregen, in ihr.

§ 136: *Selbst in der mindesten Gabe erregt sie dann homöopathisch gewählt stillschweigend einen, der natürlichen Krankheit nahe kommenden künstlichen Zustand im Kranken, der ihn von seinem ursprünglichen Übel schnell und dauerhaft befreit und heilt.*

§ 137: *Je mäßiger, bis zu einem gewissen Grade die Gaben einer zu solchen Versuchen bestimmten Arznei sind... desto deutlicher kommen die Erstwirkungen und bloß diese, als die wissenswürdigsten, hervor und keine Nach- oder Gegenwirkungen des Lebensprinzips.* ***Bei übermäßig großen Gaben*** *hingegen kommen nicht allein mehrere Nachwirkungen unter den Symptomen hervor, sondern die* ***Erstwirkungen*** *treten auch so* ***in verwirrter Eile und mit solcher Heftigkeit*** *auf, dass sich nichts genau beobachten lässt; die Gefahr, derselben nicht einmal zu erwähnen, die demjenigen, welcher Achtung gegen die Menschheit hat, und auch den geringsten Erfolg für seinen Bruder schätzt, nicht gleichgültig sein kann.*

§ 138: *Alle Beschwerden, Zufälle und Veränderungen des Befindens der Versuchsperson während der Wirkungsdauer einer Arznei, rühren bloß von dieser her und müssen als deren eigentümlich zugehörig als ihre Symptome angesehen und aufgezeichnet werden.* Das Wiederauftreten alter Beschwerden ist ebenfalls als von dieser Arznei ausgelöst aufzufassen.

§ 139: Die Versuchsperson muss ihre gehabten Empfindungen, Beschwerden, Zufälle und Befindensveränderungen deutlich aufschreiben, die Zeit der Entstehung des Symptoms und, wenn es lange anhielt, die Zeit der Dauer. Der Arzt sieht den

Aufsatz der Versuchsperson in Gegenwart derselben jeden Tag durch, um sie über die genaue Beschaffenheit jedes der Vorfälle zu befragen.

§ 141: Am vorzüglichsten sind die Selbstversuche, *welche der Gesunde vorurteilslose, gewissenhafte, feinfühlige Arzt an sich selbst mit aller ihm hier gelehrten Vorsicht und Behutsamkeit anstellt.*

Im Kommentar zu diesem Paragraphen sagt Hahnemann: ***Der Selbstversuchende wähne auch nicht, dass solche kleinen Erkrankungen beim Einnehmen prüfender Arzneien überhaupt seiner Gesundheit nachteilig wären. Die Erfahrung lehrt im Gegenteile, dass der Organismus des Prüfenden durch die mehreren Angriffe auf das gesunde Befinden nur desto geübter wird in Zurücktreibung alles seinem Körper Feindlichen von der Außenwelt her und alle künstlichen und natürlichen krankhaften Schädlichkeiten, auch abgehärteter gegen alle nachteiligen Mittel so gemäßigter Selbstversuche mit Arzneien, seine Gesundheit wird unveränderlicher, er wird robuster, wie die Erfahrung lehrt.*** Die Prüfungen und das Aufzeichnen der so erzeugten Krankheitssymptome, die einzelne Arzneien zu erzeugen fähig sind, führt zur Erkenntnis der ***materia medica,*** *einer Sammlung der echten, reinen und glücklichen Wirkungsarten der einfachen Arzneistoffe für sich - einem Kodex der Natur ...* ***in denen die Krankheitselemente mehrerer natürlicher, dereinst durch sie zu heilenden Krankheiten in Ähnlichkeit vorhanden sind,...,*** ***künstliche Krankheitszustände*** verzeichnet sind.

§ 144: *Von einer solchen Arzneimittellehre sei alles Vermutete, bloß Behauptete oder gar Erdichtete gänzlich ausgeschlossen.*

§ 146: *Der dritte Punkt des Geschäftes eines echten Heilkünstlers betrifft die* ***zweckmäßigste Anwendung*** *der auf ihre reine Wirkung im gesunden Menschen geprüften künstlichen Krankheitspotenzen (Arzneien) zur homöopathischen Heilung der natürlichen Krankheiten.*

§ 147: Die Arznei wird das passendste homöopathische Heilmittel für eine gegebene Krankheit sein, die in den von ihr beobachteten Symptomen den der natürlichen Krankheit am ähnlichsten ist.

§ 148: Auch die kleinste Gabe einer gut gewählten, homöopathischen Arznei wird die natürliche Krankheit an Energie übertreffen.

Wird, wie gesagt, ***die passend ausgewählte homöopathische Arznei gehörig angewendet****, so* ***vergeht die zu überstimmende akute natürliche Krankheit,***

wenn sie kurz vorher entstanden war, unbemerkt, nicht selten in einigen Stunden*.* *Die etwas ältere, natürliche Krankheit aber etwas später... das Lebensprinzip fühlt sich wieder frei und fähig, das Leben des Organismus wie vordem in Gesundheit fortzuführen und* ***die Kräfte sind wieder da.***

§ 149: ***Die alten Siechtume erfordern zur Heilung verhältnismäßig mehr Zeit.***

§ 153: *Bei dieser* ***Aufsuchung eines homöopathisch spezifischen Heilmittels****, das ist, bei dieser Gegeneinanderhaltung des Zeichen-Inbegriffs der natürlichen Krankheit gegen die symptomenreine der vorhandenen Arzneien ... sind die* ***auffallenderen, sonderlichen, ungewöhnlichen und eigenheitlichen (charakteristischen) zu zeichenden Symptome des Krankheitsfalles, besonders und fast einzig ins Auge zu fassen****... Esslust, Mangel, Kopfweh, Mattigkeit, unruhiger Schlaf, Unbehaglichkeit usw. verdienen in dieser Allgemeinheit und wenn sie nicht näher bezeichnet sind, wenig Aufmerksamkeit, da man so etwas Allgemeines fast bei jeder Krankheit und jeder Arznei sieht.*

§ 154: Die Arznei, deren charakteristische Zeichen denen der zu heilenden Krankheit vom ähnlichsten sind, ist ***für diesen Krankheitszustand das passende homöopathische spezifische Heilmittel****; eine Krankheit von nicht zu langer Dauer wird demnach gewöhnlich durch die erste Gabe desselben ohne bedeutende Beschwerde aufgehoben und ausgelöscht.*

§ 157: *So gewiss es aber auch ist, dass ein homöopathisch gewähltes Heilmittel die ihm analoge, akute Krankheit ruhig aufhebt und vernichtet, so pflegt es doch gleich nach der Einnahme in der ersten oder* ***in den ersten Stunden eine Art kleine Verschlimmerung*** *zu bewirken (bei etwas zu großen Gaben aber eine mehrere Stunden dauernde)... sie ist aber in der Tat nichts anderes als eine das ursprüngliche Übel etwas an Stärke übersteigende, höchst ähnliche* ***Arzneikrankheit.***

§ 159: ***Je kleiner die Gabe*** *des homöopathischen Mittels,* ***desto kleiner und kürzer*** *ist auch bei Behandlung akuter Krankheiten* ***diese anscheinende Krankheitserhöhung*** *in den ersten Stunden.*

§ 160: ***Da sich jedoch die Gabe eines homöopathischen Heilmittels kaum je so klein bereiten lässt, dass sie nicht die ihr analoge, vor nicht langer Zeit entstandene unverdorbene, natürliche Krankheit bessern, überstimmen ja völlig heilen und vernichten könnte*** *(§ 249, Anmerkung), so wird es begreiflich, warum eine nicht kleinstmögliche Gabe passender homöopathischer Arznei immer* *noch in der ersten Stunde* **nach der Einnahme eine merkbare homöopathische Verschlimmerung** *dieser Art zuwege bringt.* Bei den mehr akuten Erkrankungen erfolgt die Erstreaktion in den ersten Stunden. ***Wo aber Arzneien von langer Wirkungsdauer ein altes oder sehr altes Siechtum zu bekämpfen haben, da dürfen keine dergleichen anscheinenden Erhöhungen der ursprünglichen Krankheit während des Laufes der Kur sich zeigen***... *Dergleichen Erhöhungen der ursprünglichen Symptome der chronischen Krankheit, können* **dann nur zu Ende solcher Kuren** *zum Vorschein kommen, wenn die Heilung fast oder gänzlich vollendet ist.*

§ 161: Im Kommentar zu diesem Paragraphen steht: ***Sind die Gaben der besten dynamisierten Arznei klein genug und war jedes Mal die Gabe aufs neue durch Schütteln modifiziert, dann können selbst Arzneien von langer Wirkungsdauer in kurzen Zeiträumen auch in chronischen Krankheiten wiederholt werden.*** Decken sich die Symptome der Arznei mit denen der Erkrankung nicht völlig, *lässt sich freilich von dieser Arznei keine vollständige und unbeschwerliche Heilung erwarten.*

§ 164: *Decken sich insbesondere die charakteristischen Arzneisymptome mit denen der Krankheit, erfolgt dann doch die Heilung ohne sonderliche Beschwerden.*

§ 167: Entstehen beim Gebrauch einer Arznei **Nebenbeschwerden von einiger Bedeutung** *so lässt man bei akuten Krankheiten die erste Gabe nicht völlig auswirken und überlässt den Kranken nicht der vollen Wirkungsdauer des Mittels, sondern* ***untersucht den nun geänderten Krankheitszustand aufs Neue*** *und bringt den Rest der ursprünglichen Symptome mit den neu entstandenen in Verbindung zur Aufzeichnung eines neuen Krankheitsbildes.*

§168: Zu diesem neuen Krankheitsbild sucht man ein entsprechendes Analogon aus den bekannten Arzneien. *Und so fährt man, wenn auch diese Arznei zur Herstellung der Gesundheit nicht völlig hinreichen sollte, mit abermaliger Untersuchung des noch übrigen Krankheitszustandes und der Wahl einer dafür möglichst passenden homöopathischen Arznei fort, bis die Absicht, den Kranken in den vollen Besitz der Gesundheit zu setzen, erreicht ist.*

§ 169: War nach der Arzneisuche zwischen zwei sehr ähnlichen Arzneien kaum zu entscheiden, *so lässt sich nicht anraten, nach dem Gebrauch der vorzüglicheren unter den beiden Arzneien unbesehen die andere in Gebrauch zu ziehen und noch weit weniger beide zusammen einzugeben, weil die sich als zweitbeste* *kundgegebene Arznei bei indes veränderten Umständen nicht mehr für den Rest, der dann noch übrig gebliebenen Symptome passen würde, in welchem Falle folglich für den neu aufgenommenen Symptomen-Bestand ein anderes, homöopathisch passenderes Arzneimittel an die zweite Stelle zu wählen ist.*

§ 175: Sind scheinbar zu wenig Symptome zur Auswahl eines Arzneimittels vorhanden, *liegt es oft bloß an der Unaufmerksamkeit des ärztlichen Beobachters, wenn er die Zufälle, welche zur Vervollständigung des Umrisses der Krankheitsgestalt vorhanden sind, nicht vollständig aufspürt.*

§ 177: Sind dennoch nur sehr wenig Symptome da, wählt man nach bestem Ermessen.

§ 180: Die so gewählte Arznei wird, da nicht vollständig passend, *Nebenbeschwerden erregen und mehrere Zufälle als ihre eigenen Symptomenreihe in das Befinden des Kranken einmischen, die aber doch zugleich, obschon bisher noch nicht oder selten gefühlten Beschwerden der Krankheit selbst sind.*

§ 181: Sind diese **Nebenbeschwerden** nun **durch den Gebrauch des Arzneimittels** hervorgerufen? *Sie kommen von ihm, sind aber doch immer nur solche* ***Symptome, zu deren Erscheinung diese Krankheit in diesem Körper auch für sich schon fähig war und welche von der gebrauchten Arznei*** *– als Selbsterzeugerin ähnlicher – bloß* ***hervorgelockt*** *und zu erscheinen bewogen wurden. Man hat mit einem Worte den ganzen jetzt sichtbar gewordenen Symptomeninbegriff für den der Krankheit selbst zugehörigen, für den gegenwärtigen wahren Zustand anzunehmen und ihn hiernach ferner zu behandeln.*

§ 184: *So wird ferner,* ***nach vollendeter Wirkung jeder Arznei****, wenn sie nicht mehr passend und hilfreich befunden wird, der Zustand der noch übrigen Krankheit den übrigen Symptomen gemäß jedes Mal* ***von neuem aufgenommen****. Nach dieser gefundenen Gruppe von Zufällen eine abermals möglichst passende homöopathische Arznei ausgesucht und so fort hin bis zu ihrer Genesung.*

§ 186: ***Lokale Übel****, welche erst ganz kürzlich* ***von einer äußeren Beschädigung entstanden*** *sind, scheinen noch* ***am ehesten den Namen örtliche Übel*** *zu verdienen. Es beschäftigt sich mit dergleichen die Chirurgie.*

§ 187: *Ganz* ***auf andere Art*** *aber entstehen diejenigen* ***an den äußeren Teilen erscheinenden Übel****, Veränderungen und Beschwerden,* ***die keine Beschädigung von außen zur Ursache haben oder nur von kleinen äußeren Verletzungen veranlasst worden sind****. Diese haben* ***ihre Quelle in einem inneren Leiden.***

§ 188: *Man hielt diese Übel für bloß örtliche* *und* ***nannte sie deshalb Lokal-Übel,*** *gleichsam nur an diesen Teilen ausschließlich stattfindende Erkrankungen,* **von denen *der Organismus wenig oder nichts wisse.*** Hier bemerkt Hahnemann unterstreichend: ***Dies ist eine von vielen verderblichen Haupttorheiten der alten Schule.***

Aus meiner Praxis:
Dieses Krankheitsverständnis hat sich in den heutigen Tagen weitgehend erhalten. Denken Sie doch einmal über folgendes nach: Wenn Sie sich in Ihrem Bekanntenkreis ein wenig umhören oder umsehen, werden Sie wahrscheinlich wenigstens eine Freundin finden, die den folgenden Weg gegangen ist: Als eines Tages Gallensteine aufgefallen waren, hatte der Chirurg tröstend zu sagen gewusst: „Kein Problem, die nehmen wir raus", hatte jedoch Sorgen und Ängste nicht operiert, so dass dieselben sich an anderer Stelle des Organismus neu manifestierten. Die Zysten in einer oder in beiden Brüsten, in den Ovarien oder das Myom der Gebärmutter, kein Problem, sagte der Kollege Gynäkologe, das nehmen wir raus **und konnte doch Sorgen und Ängste, Einsamkeit und Verlassenheit, Verzweiflung und Ohnmacht nicht operieren**, so dass dieselben sich, wenn sie zuerst in dieser, dann in jener Etage meldeten und umgekehrt. Von dort wechselten sie dann vielleicht in die Schilddrüse, deren Knoten dem Kollegen Anlass waren zu sagen: „Kein Problem, die nehmen wir raus" und konnte es doch durch die Operation nicht erreichen, dass der Mensch endlich begann zu sprechen über seine Sorgen und Nöte, so dass sie von dort ins Unterbewusstsein wechselten und zum Anlass von allerlei funktionellen Störungen, z.B. eine Migräne oder für schlechten Schlaf wurden, und wenn sie lange genug bestehen oder bestanden haben, sich in eine Krebserkrankung entluden. Der Inbegriff einer Erkrankung, deren Gestalt ist weit mehr, als das zunächst bloß fassbare Beschwerdebild behandelt zu werden, nicht die Gallensteine, die Brüste, die Ovarien, die Schilddrüse oder die Gebärmutter. Behandelt werden muss der ganze Mensch.

In dieser Hinsicht, gemeint ist diese Folge der Organleiden, sind Frauen eher anfällig, während sie gewöhnlich bei weitem stärker sind als ihre männlichen Mitmenschen. Die Reihenfolge der Organerkrankungen ist von Mensch zu Mensch entsprechend seinem Schicksalsweg unterschiedlich.

Und dennoch ist bei geringem Nachdenken einleuchtend, dass kein äußeres Übel ohne innere Ursache, ohne Zutun des ganzen Organismus entstehen und auf seiner Stelle verharren oder wohl gar sich verschlimmern kann. Es könnte gar nicht zum Vorschein kommen ohne die Zustimmung des ganzen sonstigen Befindens und ohne die Teilnahme des übrigen lebenden Ganzen.

Nicht eine Erkrankung lässt sich denken, wo nicht der Mensch als ganzer betroffen sei.

§ 190: Jede echt ärztliche Behandlung muss daher auf das Ganze, auf die Vernichtung und Heilung des allgemeinen Leidens, mittels innerer Heilmittel gerichtet sein, wenn sie zweckmäßig, sicher, hilfreich und gründlich sein soll.

Aus der Praxis:
Wenn wir auch beim Impfen uns bemühen, die Kinder vor einer Erkrankung und deren vermeintlichen Folgen zu schützen, um wie viel lohnender, die ganze Gestalt des Wesens fördernder, wird es sein, dem Wesen des Menschen Kraft zu geben, ihn bei der Entwicklung seiner eigenen Gestalt und bei der Erkenntnis seiner Richtung zu unterstützen, auf dass er ,stark, den Angriff eines Keimes nicht zu fürchten braucht.

Wir alle kennen die Beobachtung, dass, fühlen wir uns wohl, wir sogar ausgelassen barfuss durch den Regen gingen, ohne davon zu erkranken, während wir, bei anderer Gelegenheit, überlastet, ausgebrannt und erschöpft den nächstbesten Infekt bekamen, vielleicht sogar sehr heftig und dennoch ohne zu wissen woher.

§191: ***Unzweideutig wird dies durch die Erfahrung bestätigt, welche in allen Fällen zeigt, dass jede kräftige innere Arznei, gleich nach ihrer Einnahme, bedeutende Veränderungen ... selbst der äußersten Stelle des Körpers verursacht, und zwar die heilsamste Veränderung, die Genesung des ganzen Menschen und das Verschwinden des äußeren Übels (ohne Zutun irgendeines äußeren Mittels), wenn die innere auf das Ganze gerichtete Arznei passend homöopathisch gewählt war.***

§ 192: Das Lokalübel soll Anlass sein, alle übrigen vor dem Gebrauch von Arzneien bemerkten Veränderungen in Erfahrung zu bringen und dann ein dieser Gesamtheit von Zufällen entsprechendes Heilmittel zu suchen.

§ 193: *Durch diese bloß innerlich gegebene Arznei (und wenn das Übel erst kürzlich entstanden war, oft schon durch die erste Gabe) wird dann der gemeinsame Krankheitszustand des Körpers mit dem Lokalübel zugleich ausgehoben.*

§ 194: *Weder bei den schnell entstehenden akuten Lokalleiden noch bei den schon lange bestehenden örtlichen Übeln ist es dienlich, ein äußeres Mittel, wäre es auch das spezifische und, innerlich gebraucht, homöopathisch heilsame, äußerlich an der Stelle einzureiben oder aufzulegen; selbst dann nicht, wenn es innerlich zugleich angewendet würde.*

§ 195: In den Fällen, in denen dennoch ein Rest von Krankheit zurückbleibt, müssen die Krankheitszeichen erneut gesammelt und eine andere Arznei gesucht werden.

§ 195: Im Kommentar zu diesem Artikel verweist Hahnemann auf sein fünfbändiges Buch zu den chronischen Krankheiten, in denen er die Grundsätze der Arzneiauswahl bei verschiedenen Zuständen aufs sorgfältigste darlegt. *Die **örtliche Anwendung des Heilmittels** bei Krankheiten, welche **ein stetiges Lokalübel** zum Hauptsymptome haben, **führt zu dem großen Nachteile**, dass **durch eine solche örtliche Auflegung dieses Hauptsymptom (Lokalübel) gewöhnlich früher aus den Augen verschwindet als die innere Krankheit vernichtet ist** und uns nun mit dem Scheine einer völligen **Heilung täuscht**.*

§ 198: ***Das Hauptsymptom ist nun verschwunden** und es sind nur noch die anderen unkenntlicheren Symptome übrig, welche weniger stetig und bleibend als das lokale Leiden und oft von so wenig Eigentümlichkeit und zu wenig charakteristisch sind, als dass sie noch ein Bild der Krankheit in deutlichem und vollständigem Umrisse darstellen sollte.*

§ 199: ***So wird der Fall wegen der allzu unbestimmten (uncharakteristischen) und unsteten Erscheinung der noch übrigen Symptome noch weit schwieriger, weil**, was die Wahl des treffendsten Heilmittels und seine innere Anwendung bis zum Punkte der völligen Vernichtung der Krankheit noch am meisten hätte leiten und bestimmen können, nämlich **das äußere Hauptsymptom, unserer Beobachtung entzogen worden ist**.*

§ 200: *Heilt das Lokalübel bei innerer Anwendung der Arznei auf der Stelle und unangetastet von irgendeinem äußeren zurücktreibenden Mittel, so bewiese dies überzeugend, dass das Übel bis zur Wurzel ausgerottet und die Genesung von der gesamten Krankheit bis zum erwünschten Ziele gediehen sei.*

§ 201: *Offenbar entschließt sich die menschliche Lebenskraft, wenn sie mit einer* ***chronischen Krankheit*** *beladen ist, die sie* ***nicht durch eigene Kräfte bewältigen*** *kann,* ***zur Bildung eines Lokalübels*** *an irgendeinem äußeren Teile, bloß* ***aus der Absicht****, um,* ***durch Krankmachung und Krankerhaltung dieses zum Leben des Menschen*** **entbehrlichen** ***äußeren Teils, jenes****, die Lebensorgane zu vernichten und* ***das Leben zu rauben drohende, innere Übel zu beschwichtigen*** *und sozusagen* ***auf ein stellvertretendes Lokalübel zu übertragen****, es gleichsam dahin abzuleiten. Die Anwesenheit des Lokalübels bringt auf diese Art die innere Krankheit vorderhand zum Schweigen, ohne sie jedoch weder heilen, noch wesentlich vermindern zu können. Indessen bleibt immer* ***das Lokalübel*** *weiter nichts als* ***ein Teil der Gesamtheit,*** *aber ein, von der organischen Lebenskraft einseitig vergrößertes Teil derselben,* ***an eine gefahrlose (äußere) Stelle des Körpers hin verlegt, um das innere Leiden zu beschwichtigen.***

§ 202: ***Wird nun*** *von dem Arzte der bisherigen Schule in der Meinung er heile dadurch die ganze Krankheit,* ***das Lokalübel*** *durch äußere Mittel örtlich* ***vernichtet, so ersetzt es die Natur durch Erweckung des inneren Leidens*** *und der vorher schon neben dem Lokalübel bestanden, bisher noch schlummernden übrigen Symptome, das ist,* ***durch Erhöhung der inneren Krankheit.***

§ 203: ***Jede äußere Behandlung solcher Lokalsymptome um sie ohne die innere miasmatische Krankheit geheilt zu haben, von der Oberfläche des Körpers wegzuschaffen****, also den Krätzausschlag durch allerlei Salben von der Haut zu vertilgen, den Schanker äußerlich wegzubeizen und die Feigwarze einzig durch Wegschneiden, Abbinden oder glühendes Eisen auf ihrer Stelle zu vernichten; diese bisher so allgewöhnliche, äußere verderbliche Behandlung* ***ist die allgemeinste Quelle aller der unzähligen benannten und unbenannten chronischen Leiden geworden****, worüber die Menschheit so allgemein seufzet. Sie ist eine der verbrecherischsten Handlungen, deren sich die ärztliche Zunft schuldig machen konnte und gleichwohl war sie bisher die allgemein eingeführte und wurde von den Kathetern als die alleinige gelehrt.*

§ 204: Es *rührt der größte Teil der übrigen chronischen Krankheiten von der Entwicklung genannter chronischer Miasmen: der inneren* ***Syphilis****, der inneren* ***Sycosis****, vorzüglich aber und in ungleich größerem Verhältnisse von der inneren* ***Psora*** *her.* ***Werden nun diesen Miasmen ihre ... das innere Allgemeinleiden beschwichtigenden Lokalsymptome, durch äußere Mittel geraubt, so müssen unausbleiblich, die, vom Urheber der Natur jedem bestimmten, eigentümlichen Krankheiten bald oder später zur Entwicklung und zum Ausbruch kommen*** *und so all das namenlose Elend, die Unmenge chronischer Krankheiten verbreiten, welche das Menschengeschlecht seit Jahrhunderten und Jahrtausenden quälen.*

§ 205: *Der homöopathische Arzt behandelt* ***nie eines der Primärsymptome*** *der chronischen Miasmen,* ***noch eines ihrer sekundären****, aus ihrer Entwicklung entsprossenen Übel durch örtliche noch durch mechanische Mittel,* ***sondern*** *heilt, wo sich die einen oder die anderen zeigen, einzig* ***nur das große ihnen zugrunde liegenden Miasm****, wovon dann auch (wenn man einige Fälle von veralteter Sycosis ausnimmt) seine primäre wie seine sekundären Symptome von selbst mit verschwinden.* Es ist in Erfahrung zu bringen, welches der 3 Grundübel oder und wie viel oder ob sie alle gemeinsam Ursache für die Beschwerden sind.

§ 207: Ebenso ist in Erfahrung zu bringen, welche Behandlungen bereits stattgefunden haben.

§ 208: *Nächstdem muss das Alter des Kranken, seine Lebensweise und Diät, es müssen seine Beschäftigung und seine häusliche Lage, seine bürgerlichen Verhältnisse usw. in Rücksicht genommen werden. So darf auch seine Gemüts- und Denkungsart, ob sie die Kur hindere oder ob sie psychisch zu leiten, zu begünstigen oder abzuändern sei, nicht außer Acht gelassen werden.*

§ 209: *Dann erst sucht der Arzt in mehreren Unterredungen das Krankheitsbild des Leidenden so vollständig wie möglich zu entwerfen.*

§ 210: *Der Psora gehörte fast alles an, was sich oben einseitige Krankheiten nannte. Welche dieser Einseitigkeit wegen schwieriger heilbar erscheinen. Dieser Art sind die so genannten* ***Gemüts- und Geisteskrankheiten. Sie machen jedoch keine von den übrigen scharf getrennte Klasse von Krankheiten aus, indem auch in jeder der übrigen so genannten Körperkrankheiten die Gemüts- und Geistesverfassung allemal geändert ist und in allen zu heilenden***

Krankheitsfällen der Gemütszustand des Kranken als eines der vorzüglichsten mit in den Inbegriff der Symptome aufzunehmen ist.

Im sehr ausführlichen Kommentar zu diesem Artikel führt Hahnemann u. a. weiter aus:

Die in gesunden Zeiten Geduldigen findet man oft in Krankheiten störrisch, heftig, hastig und wohl auch unleidlich, eigensinnig und wiederum wohl auch ungeduldig oder verzweifelt; die ehedem Züchtigen und Schamhaften findet man nun geil und schamlos. Den hellen Kopf findet man nicht selten stumpfsinnig...

§ 213: *Man wird daher nie naturgemäß, das ist, nie homöopathisch heilen, wenn man nicht bei jedem selbst akuten Krankheitsfalle zugleich mit auf das Symptom der* ***Geistes- und Gemütsveränderungen*** *sieht und nicht zur Hilfe eine solche Krankheitspotenz unter den Heilmitteln auswählt, welche* ***nächste Ähnlichkeit*** *in ihren anderen Symptomen, mit denen der Krankheit auch einen ähnliche Gemüts- oder Geisteszustand für sich zu erzeugen fähig ist.*

Hahnemann, einer der Väter von Psychologie, Psychiatrie

In seinem Artikel „**Striche zur Schilderung Klockenbrings während seines Trübsinns**" vom Februar 1796 schreibt er u. a.:

Als ich nach mehrjähriger geflissentlicher Beschäftigung mit Krankheiten der langwierigsten und der verzweifelsten Gattung überhaupt und mit allen venerischen Beschwerden, Kachexien, Hypochondrie und Wahnsinn, insbesondere vor 3 Jahren ein eigenes Genesungsinstitut dieser Art in Georgenthal bei Gotha mit Hilfe des vortrefflichen Herzogs anlegte, ward doch der vor einiger Zeit an den Folgen einer chirurgischen Operation im 53. Lebensjahre verstorbene Geheime Kanzleisekretär Klockenbring aus Hannover zu mir gebracht... Hahnemann war der erste, der den Geistes- und Gemütskrankheiten einen eigenen Platz einräumte. In dem oben erwähnten Aufsatz lesen wir: *Da ich keinen Wahnsinnigen je mit Schlagen oder anderen schmerzhaften körperlichen Züchtigungen bestrafen lasse, weil es für Unvorsätzlichkeit keine Strafe gibt und weil diese Kranken bloß Mitleid verdienen und durch solche raue Behandlung immer verschlimmert, wohl nie gebessert werden: so zeigte er mir oft mit Tränen die Reste der Schwielen von Stricken, deren sich seine vorherigen Wächter bedient hatten, ihn in Schranken zu halten. Wohl muss der Arzt solcher Unglücklichen ein Betragen in seiner Gewalt haben, was Achtung einflößt, was aber auch Zutrauen erweckt. Er fühlt sich nie von ihnen beleidigt, weil ein Vernunftloser nicht beleidigen kann. Der Ausbruch ihres unbegründeten Zorns erregt bloß seine Teilnahme an ihrem jammervollen Zustande und feuert seine Menschenliebe zur Hilfe an* (Literatur: Stapf, E., Kleine medizinische Schriften von Samuel Hahnemann, 2. Band, Leipzig, 1829).

§ 214:*Was ich also über die* ***Heilung der Geistes- und Gemütskrankheiten*** *zu lehren habe, wird sich auf weniges beschränken können, da sie* ***nur auf dieselbe Art und Weise*** *und gar nicht anders als alle übrigen Krankheiten zu heilen sind, das ist,* ***durch ein Heilmittel, was eine dem Krankheitsfalle möglichst ähnliche Krankheitspotenz*** *in ihren an Leib und Seele des gesunden Menschen zutage gelegten Symptomen* ***darbietet****.*

§ 215: *Fast alle so genannten Geistes- und Gemütskrankheiten sind nichts anderes als Körperkrankheiten, bei denen das jeder eigentümliche Symptom der Geistes- und Gemütsverstimmung sich unter Verminderung der Körpersymptome erhöht und sich endlich bis zur auffallendsten Einseitigkeit fast wie ein Lokalübel in die unsichtbar feinen Geistes- und Gemütsorgane versetzt.*

§ 216: *Die Fälle sind nicht selten, wo eine den Tod drohende Körper-Krankheit... durch schnelles Steigen des bisherigen Gemüts-Symptomes... ausartet und dadurch alle Todesgefahr der Körpersymptome verschwinden macht; letztere bessern sich dann fast bis zur Gesundheit, oder verringern sich vielmehr bis zu dem Grade, dass ihre dunkel-fortwährende Gegenwart nur von dem beharrlich und fein beobachtenden Arzte bemerkt werden kann. Sie arten auf diese Weise zur einseitigen Krankheit, gleichsam zu einer Lokalkrankheit aus, in welcher das vordem nur gelinde Symptom der Gemüts-Verstimmung zum Hauptsymptome sich vergrößert, welches dann größtenteils die übrigen Körpersymptome vertritt und ihre Heftigkeit palliativ beschwichtigt, so dass mit einem Wort die Übel der gröberen Körperorgane auf die fast geistigen, von keinem Zergliederungsmesser je erreicht, nur der erreichbaren Geistes- und Gemüts-Organe gleichsam übertragen und auf sie abgeleitet werden.*

§ 218: *Sämtliche Zufälle der vormaligen, so genannten Körperkrankheit, ehe sie zur einseitigen Erhöhung des Geistessymptoms zur Geistes- und Gemütskrankheit ausartete*, sind unter anderem aus dem Berichte der Angehörigen in Erfahrung zu bringen.

§ 221: Bei der Behandlung scheinbar akuter Erkrankungen, die sooft nur Schub chronischer Leiden sind, muss der hierarchisch gegliederten Organisation des Lebensprinzips darin Rechnung getragen werden, indem *doch* ***in diesem, ihren akuten Anfange, nicht sogleich mit antipsorischen, sondern mit den hier angedeuteten Arzneien****, aus der Klasse der übrigen geprüften Heilmittel gewählt,* ***in hochpotenzierten, feinen, homöopathischen*** *Gaben* diese *erst behandelt werden, um sie soweit zu beseitigen,* ***dass die Psora in ihren vorigen, fast latenten Zustand vorderhand wieder zurückkehre****, in welchem der Kranke genesen erscheint.*

§ 222: Dieser darf *nie als geheilt angesehen werden; im Gegenteile darf man keine Zeit verlieren, um ihn durch eine fortgesetzte, antipsorische, vielleicht auch antisyphilitische Kur von den chronischen Miasmen der, jetzt zwar wieder latenten, aber zu ihrem Wiederausbruch in Anfällen der vorigen Geistes- und Gemütskrankheit, von nun an sehr geneigten Psora gänzlich zu befreien, da dann kein ähnlicher künftiger Anfall wieder zu befürchten ist, wenn der Kranke, der diätetisch geordneten Lebensart treu bleibt.*

§ 223: ***Wird aber die antipsorische (wohl auch antisyphilitische) Kur unterlassen, so ist bei noch geringerer Veranlassung, als bei der ersten Erscheinung ... bald ein neuer, und zwar anhaltenderer größerer Anfall davon, fast mit Sicherheit zu erwarten****, während welchem sich die Psora vollends zu entwickeln pflegt und in eine entweder periodische oder anhaltende Geisteszerrüttung übergeht,* welche *dann schwieriger antipsorisch geheilt werden kann.*

§ 225: *Es gibt dagegen, wie gesagt, allerdings einige wenige* ***Gemütskrankheiten, welche*** *nicht bloß aus Körperkrankheiten dahin ausgeartet sind, sondern auf umgekehrten Wege bei geringer Kränklichkeit* ***vom Gemüte aus, Anfang und Fortgang*** *nehmen,* ***durch anhaltenden Kummer, Kränkung, Ärgernis, Beleidigungen und große, häufige Veranlassungen zur Furcht und Schreck****. Diese Art von Gemütskrankheiten* ***verdirbt dann oft mit der Zeit auch den körperlichen Gesundheitszustand in hohem Grade.***

§ 225: ***Sie lassen sich****, so lange sie noch neu sind, und den Körperzustand noch nicht allzu sehr zerrüttet haben,* ***durch psychische Heilmittel, Zutraulichkeit, gütliches Zureden, Vernunftgründe,*** *oft aber auch durch eine wohl verdeckte Täuschung schnell* ***in Wohlbefinden der Seele*** *verwandeln.*

Von einem Seminar:

Da gab es zu unseren Tagen einen Patienten, der ganz von der Idee durchdrungen schien, Jesus Christus zu sein und daher seinen täglichen Pflichten nicht nachgehen konnte. Er widerstand lange allen Therapieversuchen, bis einer der Therapeuten auf folgende Idee verfiel: Er begegnete dem Patienten mit Maßband und Bleistift, bat denselben, sich mit gestreckten Armen hinzustellen und begann Spannweite und Größe abzumessen und aufzuschreiben. Der Patient, in seinem Verständnis als Jesus Christus, blieb huldvoll zugewandt. Augenblicke später ging der Therapeut, um sogleich mit Balken, Säge und Holzwerkzeug zurückzukehren. Darauf begann er eifrig mit Zimmermannsarbeiten. Der Patient betrachtet ihn nachdenklich und fragt schließlich: „Was tust Du da?" Zur Antwort erhielt er: „Du bist Jesus; weißt Du nicht wozu ich die Balken brauche?" Das löste innerhalb von Augenblicken eine heilsame Krise aus, die den Patienten dauerhaft von der Idee, Jesus Christus zu sein, befreite. Solche und ähnliche Anekdoten berichtete A. Robins über die Arbeit von Bandler und Grinder auf einem Seminar 1996.

§ 227: *Aber auch bei diesen liegt ein Psorra-Miasma zugrunde, was nur seiner völligen Entwicklung noch nicht ganz nahe war und es ist der Sicherheit gemäß, damit der Genesende nicht wieder, wie nur gar zu leicht, in eine ähnliche Geisteskrankheit verfalle, ihn einer gründlichen, antipsorischen (wohl auch antisyphilitischen) Kur zu unterwerfen.*

In den folgenden Artikeln *beschreibt Hahnemann die Art und Weise wie mit den Patienten umgegangen werden kann und fordert die Einrichtung eigens dazu eingerichteter Anstalten.*

§ 231: Im Folgenden bespricht Hahnemann „Wechselkrankheiten", sowohl diejenigen, welche in bestimmten Zeiten zurückkehren – *wie die große Zahl der Wechselfieber und die wechselfieberartig zurückkehrenden fieberlos scheinenden*

Beschwerden – also auch die, worin gewisse Krankheitszustände in unbestimmten Zeiten mit Krankheitszuständen anderer Art abwechseln.

§ 232: *Sie gehören sämtlich unter die Zahl der chronischen Krankheiten, sind meist ein Erzeugnis bloß entwickelter Psora, und nur zuweilen, wie wohl selten, mit einem syphilitischen Miasm kompliziert.*

§ 233: *Die typischen* ***Wechselkrankheiten sind solche, wo in einer ziemlich bestimmten Zeit bei scheinbarem Wohlbefinden, ein sich gleichbleibender, krankhafter Zustand zurückkehrt oder in einer ebenfalls bestimmten Zeit wieder abtritt.***

§ 235: Die zu wählende Arznei wird im idealen Falle beide oder alle drei Wechselzustände mit ihren Symptomen abdecken. Hahnemann: *Doch müssen vorzüglich* ***die Symptome des Befindens des Kranken in der fieberfreien Zeit, zur Wahl des treffendsten homöopathischen Heilmittels leiten.***

§ 236: Er empfiehlt die Gabe **gleich oder sehr bald nach Beendigung des Anfalles.**

§ 237: *Ist aber die fieberfreie Zeit sehr kurz, wie in einigen sehr schlimmen Fiebern oder von Nachwehen des vorigen Anfalls entstellt, so muss die homöopathische Arzneigabe schon zu der Zeit, wann der Schweiß sich zu mindern oder die späteren Zufälle des verfließenden Anfalls sich zu mildern anfangen, gereicht werden.*

§ 238: *Nicht selten tilgt* ***die angemessene Arznei mit einer einzigen kleinen Gabe*** *mehrere Anfälle, bringt auch wohl allein die Gesundheit wieder; in den meisten Fällen aber muss man nach jedem Anfall eine neue Gabe reichen. Im besten Falle, das ist, wenn die Art sich nicht geändert hat,* muss man ***Gaben derselben Arznei****, welches nach der neueren Entdeckung der besten Gabenwiederholung (s. Anmerkung zu § 270) unbeschwerlich geschieht,* ***mittels Dynamisierens jeder folgenden Gabe (durch 10 – 12 Schläge der die Arzneiauflösung enthaltenden Flasche)*** **geben.**

§ 240: *Gelingt die vollständige Heilung nicht, so ist das psorische Miasm im Hintergrunde aufzuspüren und antipsorische Arznei bis zur völligen Hilfe anzuwenden.*

§ 241: Bei **Epidemien** ist der **Inbegriff der, allen gemeinsamen Symptome** zu finden, der dann auf das homöopathisch passende Heilmittel hinweist. *Welches dann auch fast immer hilft bei Kranken, welche vor dieser Epidemie eine erträgliche*

Gesundheit genossen, das ist, die nicht an entwickelter Psora chronisch krank waren.

Bis hierhin hat Hahnemann geklärt, wie der Inbegriff der Erkrankung in Erfahrung zu bringen, die Heilkraft der Arzneien zu prüfen und dem Patienten zu begegnen ist. Die Paragraphen 246 und folgende beschreiben Herstellung und Anwendung der Arzneien sowie die Dinge, die bei ihrem Gebrauch zu beachten sind.

§ 246: *Jede in einer Kur merklich fortschreitende und auffallend zunehmende* ***Besserung ist ein Zustand, der, solange er anhält, jede Wiederholung irgendeines Arzneigebrauches durchgängig ausschließt****, weil alles Gute, was die genommene Arznei auszurichten fortfährt, hier seiner Vollendung zueilt...* ***Bei etwas chronischen Krankheiten*** *hingegen* ***vollendet,*** *auch bei langsam fortschreitender Besserung,* ***zuweilen eine Gabe treffend gewählter, homöopathischer Arznei*** *die Hilfen, die dieses Mittel in einem solchen Falle seiner Natur nach auszurichten imstande ist,* ***in einem Zeitraum von 40, 50, 60, 100 Tagen****.* Unter bestimmten Bedingungen scheint es **möglich, dass dieser Zeitraum abgekürzt werden könnte.** *Und dies lässt sich auch unter folgenden Bedingungen recht glücklich ausführen: 1. wenn die Arznei mit aller Umsicht* ***recht treffend homöopathisch gewählt*** *war – 2. wenn sie* ***hochpotenziert in Wasser aufgelöst und in gehörig kleiner Gabe*** *in, von der Erfahrung als die schicklichsten, ausgesprochenen Zeiträume zur möglichen Beschleunigung der Kur gereicht wird, doch* ***mit der Vorsicht, dass der Potenzgrad jeder Gabe von dem der vorgängigen und nachgängigen Gaben um etwas abweiche****, damit das zur ähnlichen Arzneikrankheit umzustimmende Lebensprinzip nie zu widrigen Gegenwirkungen sich aufgeregt und empört fühlen könne, wie bei* ***unmodifiziert erneuerten Gabe, vorzüglich schnell nacheinander wiederholt,*** *stets geschieht.*

§ 247: *Ganz* ***dieselbe, unabgeänderte Gabe Arznei*** *selbst nur einmal, geschweige viele Male nacheinander und wenn die Kur nicht verzögert werden soll,* ***in kurzen Zeiträumen zu wiederholen, bleibt ein unausführbares Vorhaben****. Das Lebensprinzip nimmt solche ganz gleiche Gabe nicht ohne Widerstreben an. Sobald man aber* ***die folgende Gabe jedes Mal in ihrer Potenz etwas abändert, das ist, etwas höher dynamisiert (§ 269, 270) so lässt das kranke Lebensprinzip sich***

unbeschwert ferner durch dieselbe Arznei umstimmen *und so der Heilung näher bringen.*

§ 248: *Zu dieser Absicht wird* ***die Arzneiauflösung vor jedem Male Einnehmen (mit etwa 8, 10, 12 Schüttelschlägen der Flasche) von neuem potenziert****, wovon man dem Kranken einen oder (steigend) mehrere Kaffee- oder Teelöffelchen einnehmen lässt, in langwierigen Krankheiten* ***täglich oder jeden zweiten Tag, in akuten aber alle 6, 4, 3, 2 Stunden, in den dringendsten Fällen alle Stunden oder öfter****. So kann in chronischen Krankheiten jede richtig homöopathisch gewählte Arznei, selbst die, an sich von langer Wirkungsdauer,* ***in täglicher Wiederholung monatelang eingenommen werden, mit steigendem Erfolge****. Ist aber die Auflösung (in 7, 8 oder in 14, 15 Tagen) verbraucht, so muss* ***zu der folgenden Auflösung derselben Arznei*** *– wenn der Gebrauch noch angezeigt ist –* ***1, oder (obwohl selten) mehrere Kügelchen von einem anderen (höheren) Potenzgrade genommen werden****, womit man so lange fortfährt, als der Kranke noch immer Besserung davon verspürt, ohne eine oder die andere nie im Leben gehabte bedeutende Beschwerde davon zu erleiden. Denn, wenn sich dies ereignet,* ***wenn der Rest der Krankheit in einer Gruppe abgeänderter Symptome erscheint, dann muss eine andere, jetzt mehr homöopathisch angemessene Arznei, an der Stelle der letzteren gewählt, aber auch in ebenso wiederholten Gaben angewendet werden****; doch nur auf gedachte Weise, das ist,* ***nie ohne die Auflösung, bei jedesmaliger Gabe durch gehörig starkes Schütteln um etwas zu modifizieren, - in ihrem Potenzgrade abzuändern und so um etwas zu erhöhen.***

Zeigen sich hingegen bei fast täglicher Wiederholung der völlig homöopathischen passenden Arznei ***zu Ende der Kur einer chronischen Krankheit so genannte (§ 161) homöopathische Verschlimmerungen, so dass der Rest der Krankheitssymptome sich wieder etwas zu erhöhen scheint, dann müssen die Gaben entweder noch mehr verkleinert und auch in längeren Zeiträumen wiederholt oder auch für mehrere Tage ganz ausgesetzt werden****, um zu sehen, ob die Genesung keiner arzneilichen Hilfe mehr bedürfe. Wo dann auch diese bloß vom Überfluss der homöopathischen Arznei herrührenden Scheinsymptome ebenfalls bald von selbst verschwinden und ungetrübte Gesundheit zurücklassen.* ***Bedient man sich zur Kur bloß eines Fläschchens****, (etwa ein Quäntchen verdünnten Weingeistes enthaltend, wo dann ein Kügelchen* *von der Arznei durch Schütteln aufgelöst sich befindet, worin täglich oder alle 2, 3, 4 Tage gerochen werden soll,* ***so muss auch dieses vor dem jedesmaligen Riechen 8, 10 Mal stark geschüttelt worden sein****.*

Im Kommentar zum § 248 finden sich erweiternde Vorschriften: ***Die Auflösung des Arzneikügelchens*** *(denn mehr als 1 Kügelchen braucht man von einer gehörig dynamisierten Arznei selten dazu)* ***in einer sehr großen Menge Wassers,*** *kann man* ***dadurch ersetzen, dass man von einer Auflösung z.B. in nur 7, 8 Esslöffeln Wassers, nach vorgängigem, starkem Schütteln der Flasche, einen Esslöffel in ein Trinkglas Wasser (von etwa 8 – 10 Esslöffeln Inhalt) gießt, letzteres mehrfach stark umrührt und dem Kranken hiervon die bestimmte Gabe eingibt.*** *Wenn der Kranke* ***ungewöhnlich erregbar und empfindlich ist,*** *so* ***nimmt man aus dem so stark umgerührten Glase einen Tee- oder Kaffeelöffel voll, den man in ein zweites Trinkglas Wasser stark einrührt, um davon dem Kranken einen Kaffeelöffel oder etwas mehr einzugeben. Es gibt Kranke von sehr hoher Erregbarkeit, dass man für sie ein drittes oder viertes Trinkglas zur gehörigen Verdünnung der Arzneiauflösung, auf ähnliche Weise bereitet, anzuwenden nötig hat. Jeden Tag nach dem Einnehmen schüttet man das so bereitete Trinkglas (oder die mehreren) weg, um es jeden Tag von neuem zu bereiten.***

§ 249: ***Jede für den Krankheitsfall verordnete Arznei****, welche im Verlauf ihrer Wirkung* ***neue, der zu heilenden Krankheit nicht eigentümliche und zwar beschwerliche Symptome*** *hervorbringt,* ***ist*** *nicht vermögend wahre Besserung zu erzeugen und* ***nicht für homöopathisch gewählt zu halten****. Sie muss daher sobald als möglich entweder* ***wenn diese Verschlimmerung bedeutend war****, erst durch ein* ***Antidot*** *zum Teil ausgelöscht werden, ehe man das, genaue nach Wirkungsähnlichkeit gewählte nächste Mittel gibt oder* ***bei nicht allzu heftigen widrigen Symptomen muss letzteres sogleich gereicht werden, um die Stelle jenes unrichtig gewählten zu ersetzen.***

Im Kommentar zu diesem Paragraphen unterstreicht Hahnemann erneut, dass die **Kleinheit der Gabe von der allergrößten Wichtigkeit** ist. *Da nach allen Erfahrungen* ***fast keine Gabe einer hochpotenzierten, spezifisch passenden homöopathischen Arznei*** *bereitet werden kann, welche* ***zur Hervorbringung einer deutlichen Besserung in der angemessenen Krankheit zu klein*** *wäre (§ 161, 279), so würde man* ***zweckwidrig und schädlich*** *handeln,* ***wenn man,*** *wie* *von der bisherigen Kurmethode geschieht,* ***bei Nichtbesserung oder kleiner Verschlimmerung dieselbe Arznei*** *in dem Wahne, dass sie ihrer geringeren Menge wegen nicht habe dienlich sein können,* ***wiederholen oder sie wohl gar noch verstärken wollte.*** *Jede* ***Verschlimmerung durch neue Symptome –*** *wenn in der Geistes- und Körperdiät nichts Böses vorgefallen ist –* ***beweiset stets nur Unangemessenheit der vorigen Arznei in diesem Krankheitsfalle,*** *deutet aber nie auf Schwäche der Gabe.*

Dem wohl unterrichteten, gewissenhaft, behutsamen Arzt kann nie der Fall vorkommen, dass er nötig hätte, ein Antidot in seiner Praxis zu geben, wenn er, wie er soll, in der kleinstmöglichen Gabe seine wohlgewählte Arznei zu brauchen anfängt. ***Eine ebenso kleine Gabe der besser ausgewählten bringt alles wieder in Ordnung.***

§ 250: *So, wenn dem scharfsichtigen, genau nach dem Krankheitszustande forschenden Heilkünstler, sich in dringenden Fällen schon nach Verlauf von 6, 8, 12 Stunden offenbarte, dass er bei der zuletzt gegebenen Arznei* ***eine Misswahl getan****, indem der Zustand des Kranken, unter Entstehung neuer Symptome und Beschwerden, sich deutlich von Stunde zu Stunde, obschon nur immer um etwas verschlimmert, ist es ihm nicht nur erlaubt, sondern die Pflicht gebietet es ihm,* ***den begangenen Missgriff durch Wahl und Reichung eines nicht bloß erträglich passenden, sondern dem gegenwärtigen Krankheitszustande möglichst angemessenen homöopathischen Heilmittels wieder gut zu machen*** *(§ 167).*

§ 252: Bessert aber ***die bestens homöopathisch gewählte Arznei*** *in der angemessenen (kleinsten) Gabe* **nicht,** ***so ist dies ein gewisses Zeichen, dass die die Krankheit unterhaltende Ursache noch fortwährt*** *und dass sich in der Lebensordnung des Kranken oder in seinen Umgebungen ein Umstand befindet, welcher abgeschafft werden muss, wenn die Heilung dauerhaft zustande kommen soll.*

§ 253: *Unter den* ***Zeichen****,* die, *vorzüglich in den schnell entstandenen (akuten) Krankheiten, einen kleinen, nicht jedermann sichtbaren Anfang von* ***Besserung oder Verschlimmerung*** *zeigen, ist der* ***Zustand des Gemüts und des ganzen Benehmens des Krankens das sicherste*** *und einleuchtendste. Im Falle des auch noch so kleinen Anfangs von Besserung - eine* ***größere Behaglichkeit, eine***

zunehmende Gelassenheit, Freiheit des Geistes, erhöhter Mut, eine Art wiederkehrender Natürlichkeit*. Im Falle des auch noch so kleinen Anfangs von* ***Verschlimmerung*** *aber, das Gegenteil – ein* ***befangener, unbehilflicher, mehr Mitleid auf sich ziehender Zustand des Gemütes, des Geistes, des ganzen Benehmens und aller Stellungen****, Lagen und Verrichtungen, was bei genauer Aufmerksamkeit sich leicht sehen oder zeigen, nicht aber in Worten beschreiben lässt.*

Im Kommentar zu diesem Paragraphen führt Hahnemann weiter aus: ***Die Besserungszeichen an Gemüt und Geiste lassen sich aber nur dann bald nach dem Einnehmen der Arznei erwarten, wenn die Gabe gehörig (das ist möglichst) klein war; eine unnötig größere, selbst der homöopathisch passendsten Arznei, wirkt zu heftig und stört Geist und Gemüt anfänglich zu sehr und allzu anhaltend, als dass man an dem Kranken die Besserung bald gewahr werden könnte; anderer Nachteile (§ 276) allzu großer Gaben*** **hier zu** ***geschweigen.***

§ 256: *Auf der anderen Seite,* ***wenn der Kranke diese oder jene neu entstandenen Zufälle und Symptome von Erheblichkeit erzählt*** *– Merkmale der nicht homöopathisch passenden Arznei –* ***so mag er noch so gutmütig versichern: er befinde sich in der Besserung, man hat ihm in dieser Versicherung dennoch nicht zu glauben****, sondern seinen Zustand als verschlimmert anzusehen, wie es denn ebenfalls der Augenschein bald offenbar lehren wird.*

§ 257: *Der echte Heilkünstler wird es zu vermeiden wissen, sich Arzneien vorzugsweise zu Lieblingsmitteln zu machen.*

§ 259*: Bei der so nötigen als zweckmäßigen Kleinheit der Gaben im homöopathischen Verfahren ist es leicht begreiflich, dass in der Kur alles übrige aus der* ***Diät und Lebensordnung*** *entfernt werden müsse, was nur irgend arzneilich wirken könnte, damit die feine Gabe nicht durch fremdartige arzneiliche Reize gestimmt und verlöscht oder auch nur gestört werde.*

§ 260: *Für chronische Kranke ist daher die sorgfältige Aufsuchung solcher* ***Hindernisse der Heilung*** *um so nötiger, da ihre Krankheit durch dergleichen Schädlichkeiten und andere krankhaft wirkende, oft unerkannte Fehler in der Lebensordnung, gewöhnlich verschlimmert worden war.*

Sehr ausführlich gibt Hahnemann im Kommentar zu diesem Artikel Hinweise zu einem gesunden Leben, deren Missachtung oft Anlass für das Versagen homöopathischer Vorgehensweisen sein dürfte: ***Kaffee, feine chinesische und andere Kräutertees, Biere mit arzneilichen, für den Zustand des Kranken unangemessenen Gewächssubstanzen angemacht, so genannte feine, mit arzneilichen Gewürzen zubereitete Liköre, alle Arten Punsch, gewürzte Schokolade, Riechwasser, Parfümerien mancher Art, stark duftende Blumen im Zimmer, aus Arzneien zusammengesetzte Zahnpulver und Zahnspiritus, Riechkissen, hochgewürzte Speisen und Soßen, gewürztes Backwerk und Gefrorenes mit arzneilichen Stoffen, z.B. Kaffee, Vanille usw. bereitet, rohe, arzneiliche Kräuter auf Suppen, Gemüse von Kräutern, Wurzeln und Keimstengel (wie Spargel mit langen, grünen Spitzen), Hopfenkeime und alle Vegetabilien, welche Arzneikraft besitzen, Sellerie, Petersilie, Sauerampfer, Dragun und alle Zwiebelarten usw., alter Käse und Tierspeisen, welche faulig sind (Fleisch und Fett von Schweinen, Enten und Gänsen oder allzu junges Kalbsfleisch und saure Speisen, Salate aller Art), welche arzneiliche Nebenwirkungen haben, sind ebenso sehr von Kranken dieser Art zu entfernen, als jedes Übermaß, selbst das des Zuckers und des Kochsalzes, sowie geistige, nicht mit viel Wasser verdünnte Getränke; Stubenhitze, schafwollene Hautbekleidung, sitzende Lebensart in eingesperrter Stubenluft oder öfter bloß negative Bewegung (durch Reiten, Fahren, Schaukeln), übermäßiges Kind-Säugen, langer Mittagsschlaf im Liegen (in Betten), Lesen in waagerechter Lage, Nachtleben, Unreinlichkeit, unnatürliche Wollust, Entnervung durch Lesen schlüpfriger Schriften, Onanism oder, sei es aus Aberglauben, sei es um Kindererzeugen in der Ehe zu verhüten, unvollkommener oder ganz unterdrückter Beischlaf; Gegenstände des Zornes, des Grames, des Ärgernisses, leidenschaftliches Spiel, übertriebene Anstrengung des Geistes und des Körpers, vorzüglich gleich nach der Mahlzeit; sumpfige Wohngegend und dumpfiges Zimmer; karges Darben usw.. All diese Dinge müssen möglichst vermieden oder entfernt werden, wenn die Heilung nicht gehindert oder gar unmöglich gemacht werden soll. Einige meiner Nachahmer scheinen durch Verbieten noch weit mehrerer ziemlich gleichgültiger Dinge die Diät des Kranken unnötig zu erschweren, was nicht zu billigen ist. Der Kranke bedarf unschuldiger Aufheiterung des Geistes und***

des Gemütes, aktive Bewegung in freier Luft, fast bei jeder Art von Witterung, (tägliches Spazierengehen, kleine Arbeiten mit den Armen) angemessene, nahrhafte, unarzneiliche Speisen und Getränke, usw..

§ 262: ***In hitzigen Krankheiten hingegen – außer bei Geistesverwirrung – entscheidet der feine, untrügliche innere Sinn des hier sehr regen instinktartigen Lebenserhaltungstriebes, so deutlich und bestimmt, dass der Arzt den Angehörigen und den Kranken weiter bloß zu bedeuten braucht, dieser Stimme der Natur kein Hindernis in den Weg zu legen,*** *sei es durch Versagung dessen, was der Kranke sehr dringend an Genüssen fordert oder durch schädliche Anerbietungen und Überredungen.*

§ 266: *Die Substanzen des Tier- und Pflanzenreiches sind in ihrem rohen Zustande am arzneilichsten.* ***Alle rohen Tier- und Pflanzensubstanzen haben mehr oder weniger Arzneikräfte und können das Befinden des Menschen ändern. Jede auf ihre Art.***

In den folgenden zwei Paragraphen beschreibt Hahnemann die Aufbereitung natürlicher Grundstoffe:

§ 269: *Die* ***homöopathische Heilkunst entwickelt*** *zu ihrem besonderen Berufe* ***die inneren, geistartigen Arzneikräfte der hohen Substanzen*** *mittels einer ihr eigentümlichen bis zu meiner Zeit unversuchten Behandlung, zu einem, früher unerhörten Grade, wodurch sie sämtlich erst recht sehr, ja unermesslich – „durchdringend“ wirksam und hilfreich werden, selbst diejenigen unter ihnen, welche in rohem Zustand nicht die geringste Arzneikraft im menschlichen Körper äußern.* **Die merkwürdige Veränderung in den Eigenschaften der Naturkörper, durch mechanische Einwirkung auf ihre kleinsten Teile, durch Reiben und Schütteln (während sie mittels Zwischentritts einer indifferenten Substanz, trockener oder flüssiger Art, voneinander getrennt sind) entwickelt die latenten, vorher unmerklich wie schlafend in ihnen verborgen gewesenen, dynamischen Kräfte (*§ 11*),** *welche vorzugsweise auf das Lebensprinzip, auf das Befinden des tierischen Lebens Einfluss haben. Man nennt daher diese Bearbeitung derselben* **Dynamisieren, Potenzieren (Arzneikraft-Entwicklung)** *und die Produkte davon Dynamisationen oder Potenzen in verschiedenen Graden.*

Im Kommentar zu diesem Artikel führt er weiter aus: Die **Dynamisation** *bezieht sich aus diesem Grunde bloß auf die* **Erhöhung und stärkere Entwicklung ihrer**

Macht, Veränderungen im Befinden der Tiere und Menschen hervorzubringen, wenn jene Naturkörper *in diesem verbesserten Zustande* ***der lebenden, empfindlichen Faser ganz nahe gebracht werden oder dieselben berühren (beim Einnehmen oder Riechen).*** *Man hört noch täglich die homöopathischen Arzneipotenzen bloß Verdünnungen nennen,* während *sie doch das Gegenteil derselben, das ist, wahre* **Aufschließung der Naturstoffe und Zutageförderung und offenbar der in ihren inneren Wesen verborgen gelegenen, spezifischen Arzneikräfte** *sind, durch Reiben und Schütteln bewirkt, wobei ein zu Hilfe genommenes unarzneiliches Verdünnungsmedium bloß als Nebenbedingung hinzutritt.* ***Verdünnung allein, z.B. die Auflösung eines Grans Kochsalz, wird schier zu bloßem Wasser. Der Gran Kochsalz verschwindet in der Verdünnung mit vielem Wasser und wird dadurch nie zur Kochsalzarznei, die sich doch zur bewundernswürdigsten Stärke, durch unsere wohl bereiteten Dynamisationen, erhöht.***

§ 270: *Um nun diese Kraftentwicklung am besten zu bewirken, wird ein kleiner Teil der zu dynamisierenden Substanz, etwa* ***1 Gran****, zuerst durch dreistündiges* **Reiben mit 3 mal 100 Gran Milchzucker** *auf die unten angegebene Weise zur millionenfachen Pulververdünnung gebracht. Aus Gründen, die weiter unten in der Anmerkung angegeben sind, wird zuerst* ***1 Gran dieses Pulvers in 500 Tropfen*** *eines aus* **einem Teile Branntwein und 4 Teilen destillierten Wasser** *bestehenden Gemisches aufgelöst und* **hiervon ein einziger Tropfen in ein Fläschchen** *getan.* ***Hierzu fügt man 100 Tropfen guten Weingeist*** *und gibt dann dem mit einem Stöpsel zugestopften Fläschchen* **100 starke Schüttelstöße** *mit der Hand gegen einen harten, aber elastischen Körper geführt. Dieses ist die Arznei im ersten Dynamisationsgrade,* **womit man feine Zuckerstreukügelchen erst wohl befeuchtet***, dann schnell auf ein Fließpapier aufbreitet, trocknet und in einem zugestopften Gläschen aufbewahrt,* **mit dem Zeichen des ersten Potenzgrades***.*

Hiervon wird nun ein einziges Kügelchen *zur weiteren Dynamisierung genommen,* ***in ein zweites, neues Fläschchen getan, mit einem Tropfen Wasser,*** *um es aufzulösen und* ***dann mit 100 Tropfen guten Weingeistes*** *auf die gleiche Weise* ***mittels 100 starker Schüttelstöße dynamisiert****. Mit dieser geistigen Arzneiflüssigkeit werden* **wiederum Streukügelchen benetzt***, schnell auf Fließpapier ausgebreitet, getrocknet, in einem verstopften Glase vor Hitze und*

Tageslicht verwahrt und mit dem Zeichen des ***zweiten Potenzgrades*** *versehen und so fährt man fort... Durch* ***diese mechanische Bearbeitung****, wenn sie nach obiger Lehre gehörig vollführt worden ist, wird* ***bewirkt, dass*** sich *die im rohen Zustande sich uns nur als* ***Materie****, zuweilen selbst als unarzneiliche Materie darstellende Arzneisubstanz, mittels solcher höheren und höheren Dynamisationen, endlich ganz* ***zu geistiger Arzneikraft subtilisiert und umwandelt****, welche an sich zwar nun nicht mehr in unsere Sinne fällt, für welche aber das arzneilich gewordene Streukügelchen, schon trocken, weit mehr jedoch in Wasser aufgelöst, der Träger wird, und in dieser Verfassung die Heilkraft jener unsichtbaren Kraft im Körper begründet.*

Der mehrseitige Kommentar zu diesem Paragraphen gibt genau an, wie das Gemisch aus Wirkstoff und Milchzucker aufbereitet werden muss. In stetem Wechsel zwischen minutenlangem Reiben und Homogenisieren, indem man zunächst 1/3 aufbereitet, dann das zweite Drittel hinzugibt und schließlich mit der gesamten Menge Milchzucker weiterarbeitet. ***Mörser, Pistill und Spatel müssen wohl gereinigt sein, ehe die Bereitung einer anderen Arznei damit unternommen wird. Mit warmem Wasser wohl gewaschen und rein abgetrocknet werden Mörser, Pistill und Spatel dann nochmals 1/2 Stunde lang mit einem in Wasser gefüllten Kessel ausgekocht.***

Die Arzneizubereitung wird zum Potenzieren in eine kleine Flasche gegeben, die dann zu 2/3 gefüllt sein soll. Die erwähnten 100 Schüttelschläge sind z.B. auf ein mit Leder eingebundenes Buch auszuführen. **Die Kügelchen sollen von der Größe sein, davon 100 1 Gran wiegen (in Deutschland 1 Gran = 5,06 Gramm).**

Als noch ***nach der anfänglichen Vorschrift*** *(in den vorherigen Auflagen des Organons der Heilkunst)* ***immer ein voller Tropfen der Flüssigkeit niederen Potenzgrades zu 100 Tropfen Weingeist zum Höherpotenzieren genommen ward, war dieses Verhältnis des Verdünnungsmediums zu der darin dynamisierten Arzneimenge, (100 : 1) viel zu eng beschränkt, als dass eine Menge solcher Schüttelschläge ohne große Gewalt anzuwenden, die Kräfte der angewandten Arzneisubstanz gehörig und in hohem Grade hätte entwickeln können,*** *wie mich mühsame Versuche davon überzeugt haben.* ***Nimmt man aber ein einziges solches Streukügelchen, wovon 100 1 Gran wiegen, um es mit 100 Tropfen (Weingeist) zu dynamisieren, so wird das Verhältnis wie***

1 : 50.000... Bei diesem ungleich höheren Verhältnisse zwischen Arzneistoff und Verdünnungsmedium, können viele Schüttelschläge des mit Weingeist bis zu 2/3 angefüllten Fläschchens eine bei weitem größere Kraftentwicklung hervorbringen. *Werden aber bei einem so geringen Verdünnungsmedium wie* ***100 : 1*** *der Arznei sehr viele Stöße* ***mittels einer kräftigen Maschine gleichsam eingezwungen, so entstehen Arzneien, welche, vorzüglich in den höheren Dynamisationsgraden, fast augenblicklich aber mit stürmischer, eher gefährlicher Heftigkeit, besonders auf den schwächlichen Kranken einwirken, ohne dauernde, gelinde Gegenwirkung des Lebensprinzips zur Folge zu haben.*** *Die von mir angegebene Weise hingegen erzeugt Arznei von höchster Kraftentwicklung und gelindester Wirkung, die aber, wohl gewählt, alle kranken Punkte heilkräftig berührt. Nur in sehr seltenen Fällen, wo bei schon fast völlig hergestellter Gesundheit und guter Lebenskraft, dennoch ein altes, beschwerliches Lokalübel unverrückt fortdauert, ist es nicht nur erlaubt, sondern sogar unumgänglich nötig, die, sich dafür als homöopathisch hilfreich erwiesene Arznei, jedoch mittels vieler Handschüttelschläge bis zu einem sehr hohen Grade potenziert, in steigenden Dosen einzugeben, worauf ein solches Lokalübel oft wunderbarerweise sehr bald verschwindet.*

Nun zurück zur Dynamisation 1 : 50.000. ***Von diesen (wie eingangs beschrieben mittels 100 starker Schüttelstöße im Verhältnis 1 : 50.000 dynamisierten Arzneien) weiter vollkommenen dynamisierten Arzneibereitungen*** *kann man auch* ***in akuten Fiebern die kleinen Gaben von den niedrigsten Dynamisationsgraden,*** *selbst der Arzneien von lang dauernder Wirkung, z.B. Belladonna,* ***auch in kurzen Zwischenräumen wiederholen, sowie*** **bei** ***Behandlung chronischer Krankheiten am besten mit den niedrigsten Dynamisationsgraden den Anfang machen und, wo nötig, zu den höheren Graden übergehen,*** *den immer kräftiger werdenden, obgleich stets nur gelind wirkenden,* **wobei sich** ***das Materielle der Arznei bei jedem Dynamisationsgrade um 50.000 mal verringert und dennoch unglaublich an Kräftigkeit zunimmt.***

§ 272: ***Ein solches Kügelchen, diese Streukügelchen behalten ihre Arzneikraft viele Jahre lang, wenn sie gegen Sonnenlicht und Hitze verwahrt bleiben, trocken auf die Zunge gelegt, ist eine der kleinsten Gaben für einen mäßigen, soeben entstandenen Krankheitsfall.*** *Hier werden nur wenige Nerven von der*

Arznei berührt, ***aber ein gleiches Kügelchen unter etwas Milchzucker zerquetscht in vielem Wasser (§ 247) aufgelöst und vor jedem Einnehmen wohl geschüttelt, gibt eine weit stärkere Arznei zum Gebrauch auf viele Tage.*** *Jede noch so kleine Menge hiervon als Gabe gereicht, berührt dagegen sogleich viele Nerven.*

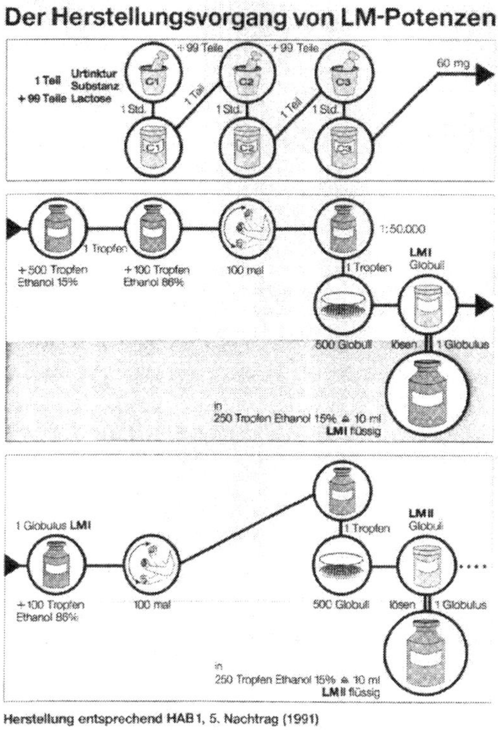

Abbildung 1: Quelle: LM-Potenzen, Deutsche Homöopathie-Union, Karlsruhe, Stand: Dezember 1991.

Siehe § 270 bei Hahnemann, hier S. 48

§ 273: ***In keinem Falle von Heilung ist es nötig und deshalb alleine schon unzulässig, mehr als eine einfache Arzneisubstanz auf einmal beim Kranken anzuwenden.*** *Es ist nicht einzusehen, wie es nur dem mindesten Zweifel unterworfen sein könne, ob es naturgemäß und vernünftiger sei, nur einen* *einzelnen, einfachen wohl gekannten Arzneistoff auf einmal in der Krankheit zu verordnen oder ein Gemisch von mehreren, verschiedenen.*

§ 274: *Da der wahre Heilkünstler* ***bei ganz einfachen, einzeln und unvermischt angewendeten Arzneien*** *schon* ***findet****, was er nur irgend wünschen kann* ***(künstliche Krankheitspotenzen, welche die natürlichen Krankheiten durch homöopathische Kraft vollständig überstimmen, sie für das Gefühl des Lebensprinzips auszulöschen und dauerhaft zu heilen vermögen),*** *so wird es ihm nach dem Weisheitsspruche: „dass es* ***Unrecht*** *sei,* ***durch vielfaches bewirken zu wollen, was durch einfaches möglich," nie einfallen, je mehr als einen einfachen Arzneistoff als Heilmittel auf einmal einzugeben****, schon deshalb nicht,* ***weil,*** *gesetzt auch, die einfachen Arzneien wären auf ihre reinen, eigentümlichen Wirkungen im ungetrübten, gesunden Zustande des Menschen v ö l l i g a u s g e p r ü f t,* ***es doch unmöglich vorauszusehen ist, w i e zwei und mehrere Arzneistoffe in der Zusammensetzung einander in ihren Wirkungen auf den menschlichen Körper hindern und abändern könnten*** *und* ***weil dagegen ein einfacher Arzneistoff*** *bei seinem Gebrauche in Krankheiten, deren Symptomeninbegriff genau bekannt ist,* ***schon vollständig und alleine hilft, wenn er homöopathisch gewählt war*** *und selbst in dem schlimmsten Falle, wo er der Symptomenähnlichkeit nicht ganz angemessen gewählt werden konnte und also nicht hilft, doch dadurch nutzt, dass er die Heilmittelkenntnis befördert, indem durch die in solchem Falle von ihm erregten neuen Beschwerden diejenigen Symptome bestätigt werden, welche dieser Arzneistoff sonst in Versuchen am gesunden menschlichen Körper gezeigt hatte; ein Vorteil, der beim Gebrauche aller zusammengesetzten Mittel wegfällt.*

§ 275: ***Die Angemessenheit einer Arznei für einen gegebenen Krankheitsfall beruht nicht allein auf ihrer treffenden homöopathischen Wahl, sondern ebenso wohl auf der erforderlichen, richtigen Größe oder vielmehr Kleinheit ihrer Gabe.*** *Gibt man* ***eine allzu starke Gabe*** *von einer auch für den gegenwärtigen Krankheitszustand völlig homöopathisch gewählten Arznei, so muss sie ungeachtet der Wohltätigkeit ihrer Natur an sich, dennoch schon* ***durch ihre Größe*** *und den hier unnötigen überstarken Eindruck* ***schaden****, welchen sie auf die Lebenskraft und durch diese gerade auf die empfindlichsten und von der natürlichen Krankheit schon am meisten angegriffenen Teile im Organismus, vermöge ihrer homöopathischen Ähnlichkeitswirkung macht.*

§ 276: ***Aus diesem Grunde schadet eine Arznei, wenn sie dem Krankheitsfalle auch homöopathisch angemessen war, in jeder allzu großen Gabe und in starken Dosen umso mehr, je homöopathischer und je höher die Potenz gewählt war,*** *und zwar weit mehr, als jede ebenso große Gabe einer unhomöopathischen für den Krankheitszustand in keiner Beziehung passenden Arznei.* ***Allzu große Gabe einer treffend homöopathisch gewählten Arznei und vorzüglich eine öftere Wiederholung derselben, richten in der Regel großes Unglück an****.*

Das in neueren Zeiten von einigen Homöopathikern den größeren Gaben erteilte Lob beruht darauf, dass sie sich teils niedrigerer Potenzgrade der zu reichenden nach bisheriger Art dynamisierten Arznei bedienten *(wie etwa ich selbst vor vielen Jahren, in Ermangelung besserem Wissens getan), teils darauf, dass ihre Arznei nicht homöopathisch gewählt und auch vom Verfertiger sehr unvollkommen bereitet waren.*

§ 277: *Aus gleichem Grunde muss* ***eine Arznei um desto heilsamer*** *und fast bis zum Wunder hilfreich sein,* ***je mehr ihre Gabe zu dem für sanfte Hilfe angemessenen Grade von Kleinheit herabsteigt.***

§ 278: Die Frage***, welches dieser angemessene Grad von Kleinheit sei, ist durch reine Versuche, sorgfältige Beobachtung der Erregbarkeit jedes Kranken und richtige Erfahrung in jedem besonderen Falle zu bestimmen.***

§ 279: Hahnemann selbst hebt in seinem Buch folgenden Satz besonders hervor: ***Die Gabe des homöopathisch gewählten, hochpotenzierten Heilmittels für den Anfang der Kur einer wichtigen (vorzüglich chronischen) Krankheit, kann in der Regel nie so klein bereitet werden, dass sie nicht noch stärker als die natürliche Krankheit wäre****, dass sie dieselbe nicht wenigstens zum Teil zu überstimmen nicht schon ein Teil derselben im Gefühl des Lebensprinzips auszulöschen und schon einen Anfang der Heilung zu bewirken vermöchte.*

§ 280: ***Die Gabe der anhaltend dienlichen****, keine neuen beschwerlichen Symptome erzeugenden* ***Arznei wird allmählich erhöht und so lange fortgesetzt bis der Kranke bei allgemeinem Besserbefinden anfängt, eine oder mehrere seiner alten ursprünglichen Beschwerden aufs Neue mäßigen Grades zu spüren****.* ***Dies deutet bei einer so allmählichen Erhöhung der jedes Mal durch Schütteln modifizierten (§ 247), sehr mäßigen Gaben auf nahe Heilung****, nämlich darauf, dass nur das Lebensprinzip fast nicht mehr nötig habe, durch die ähnliche*

Arzneikrankheit affiziert zu werden, um das Gefühl für die natürliche Krankheit zu verlieren (§ 148) deutet an, wie das nun von natürlicher Krankheit freie Lebensprinzip anfängt, bloß noch etwas an derjenigen homöopathischen Arzneikrankheit zu leiden, die sonst homöopathische Verschlimmerung genannt wird.

§ 281: *Um sich hiervon zu überzeugen, lässt man* ***nun den Kranken 8, 10, 15 Tage lang ohne alle Arznei... so vergehen diese Beschwerden binnen wenigen Tagen oder Stunden****. Sollten sich aber in den letzten Tagen* ***noch Spuren von den ehemaligen Krankheitssymptomen*** *zeigen, so sind dies noch Reste der nicht ganz erloschenen ursprünglichen Krankheit, welche* ***aufs Neue mit höheren Dynamisationsgraden der Arznei auf angegebene Art*** *behandelt werden müssen. Die ersten kleinen Gaben müssen dann natürlich auch, wenn Heilung erfolgen soll, wieder* ***allmählich erhöht*** *werden, doch* ***weit weniger und langsamer an Kranken, an denen man eine beträchtliche Erregbarkeit wahrnimmt*** *als bei unempfindlicheren, bei welchen letzten man schneller mit den Gaben steigern kann.* ***Es gibt Kranke, deren ungemeine Erregbarkeit sich zu der der unempfindlichsten wie 1.000 : 1 verhält.***

§ 282: Das Auftreten einer **homöopathischen Verschlimmerung** bei der Behandlung einer **chronischen Erkrankung**, *gleichwohl jede wiederholte Gabe (nach § 247) vor dem Einnehmen durch Schütteln etwas modifiziert (höher dynamisiert) worden war, wäre ein sicheres Zeichen, dass die* ***Gaben allzu groß*** *waren.*

Im Kommentar zu diesem Paragraphen führt er aus: *Die Regel für die* ***chronischen Krankheiten bei ihrer homöopathischen Behandlung mit den kleinstmöglichen Gaben den Anfang zu machen und nur ganz allmählich sie zu steigern,*** *leidet eine* ***merkliche Ausnahme bei der Heilung der drei großen Miasmen, während sie noch auf der Haut blühen,*** *das ist,* ***bei der unlängst ausgebrochenen Krätze, dem unberührt gebliebenen Schanker und den Feigwarzen,*** *diese vertragen nicht nur, sondern* ***sie erfordern sogar gleich anfangs große Gaben ihrer spezifischen Heilmittel von immer höherem Dynamisationsgrade täglich (auch wohl mehrmals des Tages) eingenommen.***

Weiter unten unterstreicht er als Ausnahme zu dem oben gesagten Postulat, dass die Kur einer Erkrankung immer von Innen stattfinden müsse: ***Die Feigwarzen aber, wenn sie schon eine Zeitlang unbehandelt dastanden, haben auch die***

äußere Auflegung ihrer spezifischen zugleich innerlich angewandten Arzneien zur vollkommenen Heilung nötig.

§ 284: *Außer der* ***Zunge, dem Munde und dem Magen****, die am gewöhnlichsten beim Einnehmen von der Arznei affiziert werden, sind vorzüglich die* ***Nase und die Atmungsorgane für die Einwirkung der Arzneien in flüssiger Gestalt empfindlich****, durch* ***Riechen und Einatmen durch den Mund****. Doch ist* ***auch die ganze übrige, mit ihrem Oberhäutchen umkleidete Haut unseres Körpers für die Einwirkung der Arzneiauflösungen geschickt****, vorzüglich, wenn die Einreibung mit der gleichzeitigen Einnahme verbunden wird.*

Im Kommentar zu diesem Absatz schreibt er: ***Bewunderungswürdig hilfreich ist die Kraft der Arzneien auf den Säugling durch die Milch, welche die Mutter oder die Amme ihm reicht. Jede Krankheit des Kindes weicht der für dieselben richtig gewählten homöopathischen von der Amme in sehr mäßigen Gaben eingenommenen Arznei und wird auf diese Art weit leichter und sicherer bei diesem neuen Erdenbürger ausgetilgt als je in späterer Zeit geschehen könnte.***

§ 285: *Daher kann die* ***Heilung sehr alter Krankheiten*** *dadurch befördert werden, dass der Arzt* ***dieselbe Arzneiauflösung****, die innerlich eingenommen sich für den Kranken heilsam zeigt,* ***auch äußerlich (an dem Rücken, den Armen, den Ober- oder Unterschenkeln) täglich einreiben*** *lässt, doch* ***unter Vermeidung der Teile, welche an Schmerzen oder Krämpfen oder Hautausschlägen leiden.***

§ 286: ***Nicht weniger homöopathisch*** *als die eigentlich so genannten Arzneien, welche durch Einnehmen in den Mund, Einreibung in die Haut oder mittels Riechen Krankheiten aufheben und nicht weniger mächtig* ***wirkt die dynamische Kraft des mineralischen Magnets, der Elektrizität und des Galvanismus*** *auf unser Lebensprinzip*

§ 288: *Hier finde ich noch nötig, dass von der Natur aller übrigen Arzneien abweichenden so genannten* ***tierischen Magnetismus*** *oder vielmehr des (dankbarer nach Mesmer, seinem ersten Begründer, zu benennenden)* ***Mesmerismus*** *Erwähnung zu tun.* ***Diese oft törichterweise während eines ganzen Jahrhunderts geleugnete oder geschmähte Heilkraft,*** *ein wundersames, unschätzbares, den Menschen verliehenes Geschenk Gottes, mittels dessen durch den kräftigen Willen eines guten Menschen auf den Kranken durch Berührung und selbst ohne dieselbe, ja selbst in einiger Entfernung die Lebenskraft des gesunden* *mit dieser Kraft begabten Mesmerirer in einem anderen Menschen dynamisch einströmt (wie einer der Pole eines kräftigen Magnetstabes in einen Stab rohen Stahles), wirkt auf verschiedene Weise:* ***indem sie in dem Kranken teils hier und da in seinem Organismus mangelnde Lebenskraft ersetzt, teils die in anderen Stellen allzu sehr angehäufte und unnennbare Nervenleiden erregende und unterhaltende Lebenskraft ableitet, mindert und gleicher verteilt und überhaupt die krankhafte Verstimmung des Lebensprinzips der Kranken auslöscht und mit der normalen des auf ihn kräftig einwirkenden Mesmerirers ersetzt.***

§ 289: *Alle die gedachten Arten von Ausübung des Mesmerismus beruhen auf einer* **dynamischen Einströmung** *von mehr oder weniger Lebenskraft in den Leidenden und werden daher* **positiver Mesmerismus** *genannt. Eine dem* **entgegengesetzte Ausübung des** *Mesmerismus aber verdient, da sie das Gegenteil bewirkt,* **negativer Mesmerismus** *genannt zu werden. Hierher gehören die Striche, welche mit dem Namen Kalmieren und Ventilieren belegt worden sind.*

Am sichersten und einfachsten wird **die Entladung der** *bei ungeschwächten Personen* **in einem einzelnen Teile übermäßig angehäuften Lebenskraft durch den negativen Mesmerismus** *bewirkt, mittels einer sehr schnellen Bewegung der flachen ausgestreckten rechten Hand, etwa parallel einen Zoll entfernt vom Körper, vom Scheitel herab bis über die Fußspitzen ausgeführt. Je schneller dieser Strich vollführt wird, eine desto stärkere Entladung bewirkt er.... So mildert auch zuweilen ein gelinder, weniger schneller Negativstrich bei sehr reizbaren Personen die zuweilen allzu große Unruhe und ängstliche Schlaflosigkeit, welche von einem allzu kräftig gegebenen positiven Striche herrührte.*

§ 290: *Hierher gehört zum Teil auch das so genannte* **Massieren** *durch eine kräftige, gutmütige Person, welche dem chronisch krank gewesenen, zwar geheilten, aber noch in langsamer Erholung begriffenen und noch an Abmagerung, Schwäche der Verdauung und Schlafmangel leidenden die Muskeln der Gliedmaßen, der Brust und des Rückens einzeln ergreift, sie mäßig drückt und gleichsam knetet, wodurch das Lebensprinzip angeregt wird, in seiner Gegenwirkung, den Ton der Muskeln und ihrer Blut- und Lymphgefäße wieder herzustellen. Bei dieser Verrichtung, die man bei denen, welche noch an reizbarem Gemüte leiden, nicht übertreiben darf, ist natürlich die mesmerische Einwirkung die Hauptsache.*

§ 291: *Die Bäder von reinem Wasser erweisen sich teils als palliative, teils als homöopathisch dienliche Beihilfsmittel... Ebenso erweisen sich die kalten Wasserbäder von 10 bis 6 Grad Reaumur (ist gleich Celsius)*[2] *bei der Rekonvaleszenz, als arzneilich bei von chronischen Krankheiten wiederhergestellten Personen, bei deren Mangel an Lebenswärme, als homöopathische Beihilfe durch augenblickliche und später bei öfter wiederholten Eintauchungen als palliative Wiederherstellung des Tonus der erschlafften Faser, zu welcher Absicht solche Bäder von mehr als augenblicklicher, selbst minutenlanger Dauer und von immer niederer Temperatur anzuwenden sind.*

Bis hierhin die sehr verkürzte und stellenweise veränderte Wiedergabe von Hahnemanns Organon der Heilkunst. Es war meine Absicht, Ihnen die Grundlagen homöopathischer Arbeit nahe zu bringen, damit Sie in die Lage versetzt sind, zu entscheiden, ob diese Denk- und Vorgehensweisen eventuell auch für Sie eine Bedeutung haben.

Lebensführung, Diät und Allgemeines

Im Folgenden will ich noch einige grundlegende Aussagen Hahnemanns, vorzugsweise in wörtlichen Zitaten, auszugsweise, entnommen dem ersten Band des Werkes „**Die chronischen Krankheiten**“ wiedergeben. Der Übersichtlichkeit halber wurden die Zitate kursiv gedruckt, Zitatenzeichen aber nicht abgebildet:

Oft müssen ***Einschränkungen und Modifikationen der strengen Lebensweise, die von der Homöopathie als Regel vorgeschrieben*** *sind, eintreten, um die Kur so langwieriger Krankheiten,* ***bei den so sehr verschiedenen Menschen-Individuen*** *möglich zu machen. So muss der homöopathische Heilkünstler* ***bei seinen Vorschriften der Diät und Lebensweise den Umständen nachgeben****. Dann erreicht er den Zweck der Heilung weit gewisser und daher auch vollkommener als beim hartnäckigen Bestehen auf strengen, in vielen Fällen unausführbaren Vorschriften.* ***Wenn er die Kräfte dazu hat****, muss der Tagelöhner seine Handarbeiten fortsetzen, der Handwerksmann sein Handwerk, der Landmann, soviel er vermag, bei seiner Feldarbeit bleiben und die Hausfrau ihre Wirtschaft,*

[2] Hinzufügung durch den Verfasser

soviel ihre Kräfte erlauben, fort betreiben. *Die* ***Menschen, die gewöhnlich sitzend sich beschäftigen, muss er*** *bei der Kur mehr* ***zum Gehen in freier Luft anhalten****, ohne dass sie deshalb ihre Geschäfte gänzlich beiseite setzten.* Den Vornehmen ... *muss ebenfalls mehr als* ihnen *gewöhnlich ist, das Gehen zu Fuße zur Pflicht gemacht werden, anständiger Tanz, mündliche Unterhaltung, unschädliche Musik, in seltenen Fällen das Theater, nie aber das Kartenspiel, sind zu erlauben.* ***Oft wollen sich Ärzte dadurch wichtig machen, dass sie den langwierig Kranken Verheirateten ohne Unterschied allen Beischlaf untersagen. Sind wohl beide Teile zu demselben fähig und geneigt, so ist ein solches Verbot zum wenigsten lächerlich, da es in solchem Falle weder gehalten werden kann noch gehalten wird.*** *Kein Gesetzgeber sollte etwas befehlen, was weder gehalten noch kontrolliert werden kann oder wohl gar größeren Nachteil bei der Befolgung nach sich zieht.* **Die Anwendung von Hausmitteln, besonders die Parfümerien, Riechwasser, Zahnpulver und Zahnarzneien empfiehlt er, zu verbieten**. *Sobald es die Witterung erlaubt, sollte Leinen als Kleidung getragen werden.* (Hahnemann, 1835; S. 132)

Der Kaffee besitzt größtenteils die Nachteile für die Gesundheit des Leibes und der Seele ... , *ist aber dem größten Teile der so genannten gebildeten Nationen dergestalt zur Gewohnheit und zum Bedürfnisse geworden, dass er so wenig leicht als Vorurteil und Aberglauben auszurotten sein wird. Wenn nicht der homöopathische Arzt bei der Kur langwieriger Krankheiten auf einem allgemeinen unbedenklichen Verbote besteht.* **Nur jungen Leuten bis zu 20., höchstens bis zum 30. Jahre kann er ihn sofort ohne sonderliche Nachteile sogleich und auf einmal hinwegnehmen. Personen aber über 30 und 40 Jahre, wenn sie ihn von Kindheit an tranken, schlägt man vor, sich denselben allmählich abzugewöhnen und täglich etwas weniger davon zu trinken, bis sie denselben gänzlich abgeschafft haben;** *und siehe, die meisten lassen ihn sogleich ohne sonderliche Beschwerde davon zu spüren.* **Ein gleiches** *lässt sich sowohl von den teuren, so genannten feinen, als auch von den geringeren Sorten des die Nerven so schmeichlerisch lockenden und so heimlich und unausbleiblich angreifenden und schwächenden* **chinesischen Tees** *sagen.* (Hahnemann, 1835; S. 134)

In Hinsicht der ***Einschränkung des Weines*** *wird der Heilkünstler* ***weit nachsichtiger*** *sein können, da bei chronisch Kranken wohl nie ein absolutes Verbot desselben nötig sein wird.*

Unerlässlich *jedoch ist die* ***Abgewöhnung des Branntweins****. Wo die Kräfte bei Abstellung desselben merklich leiden, muss eine kleine Portion guten puren Weines dafür genossen werden, auf eine Zeit lang, ferner aber mit einigen Teilen Wasser gemischt, je nach den Umständen.* (Hahnemann, 1835; S. 136)

Zu den für chronisch Kranke ***allgemein nachteiligen*** *Diätgegenständen ist auch der Genuss der* ***essig- und zitronensauren Dinge*** *zu zählen, welche die Wirkung mehrerer Arzneien teils aufheben, teils übermäßig erhöhen. So ist das saure Obst nur in geringer, das süße aber nur in mäßiger Menge zu gestatten. Diejenigen deren Geschlechtsvermögen gesunken ist, haben sich im Genuss von jungen Hühnern und Eiern einzuschränken und die reizenden Gewürze der Vanille, die Trüffeln und den Kaviar zu meiden. Frauenzimmer mit spärlichem Monatsflusse müssen sich vor dem Gewürze des Safran und des Zimtes aus gleichem Grunde hüten, sowie Personen mit schwachem Magen ebenfalls vor Zimt, Würznelken, Pfeffer, Ingwer und bitteren Dingen. Das Fleisch und Fett von Gänsen und Enten ist chronisch Kranken noch weniger zu erlauben als das der Schweine.* ***Von gepökeltem und geräuchertem*** *Fleische* ***darf nur selten und sehr wenig Gebrauch gemacht werden.*** *Rohe gehackte Kräuter auf Suppen zu streuen und Gewürzkräuter an Gemüse und alten faulen Käse lasse man vermeiden. Fische guter Art dürfen sehr mäßig und nicht mit gewürzten Brühen genossen werden.* ***Luftgetrockneter oder geräucherter Fisch ist zu vermeiden.*** (Hahnemann, 1835; S. 137)

Mäßigkeit in allen, selbst unschädlichen Genüssen ist eine Hauptpflicht für chronisch Kranke. *Wenn der Kranke von jeher ununterbrochen an das Rauchen von* ***Tabak*** *gewöhnt war und er nicht seinen Speichel dabei ausspuckt, ist der Gebrauch des Tabaks* ***mit Einschränkung*** *zu erlauben. Je weniger, je eher die Geistesfunktionen, der Schlaf oder die Verdauung und die Leibesöffnung darunter leiden. Übermäßige Strapazen, anstrengende Arbeiten, große Beschädigungen und Verwundungen des Körpers, Übermaß von Kälte oder Hitze und selbst der unbefriedigte Hunger vermögen bei weitem nicht so sehr, dass im Hinterhalte der*

Verborgenheit lauernde fürchterliche Siechtum der Psora zum Ausbruche bedeutender chronischer Krankheiten zu bringen, folglich auch weniger die schon vorhandene chronische Krankheit zu verschlimmern. (Hahnemann, 1835; S. 138)

Ja mit weit weniger Beeinträchtigung der Gesundheit kann der unschuldige Mensch 10 Jahre in der Bastille oder auf der Galeere körperlich qualvoll verleben als etliche Monate aller körperlichen Bequemlichkeit in einer unglücklichen Ehe oder mit einem nagenden Gewissen. (Hahnemann, 1835; S. 139)

*Die im Innern schlummernde **chronische Erkrankung entfaltet sich schnell** zu einem chronischen Leiden des Körpers oder verstimmt seine Geistesorgane zum Wahnsinn, **wenn er durch Glückswechsel von seiner glänzenden Höhe gestürzt und der Verachtung und der Dürftigkeit unterliegt.***

Ununterbrochener Kummer oder Ärgernis erhöht die kleinsten Spuren noch schlummernder Psora** gar bald zu größeren Symptomen und entwickelt sie dann unvermutet zum Ausbruche aller erdenklichen chronischen Leiden, gewisser und **öfter als alle anderen nachteiligen Einflüsse im gewöhnlichen Menschenleben. Darum muss es ein Hauptgegenstand ärztlicher Sorgfalt und Menschenliebe sein, Gram und Ärgernis von seinem Kranken und den Angehörigen zu entfernen, weil** selbst durch die meisterhafteste Führung der Kur mit den ausgesuchtesten und den Körperleiden angemessensten Heilmitteln **nichts, gar nichts Gutes bei irgendeinem chronischen Kranken unter fortwährendem Kummer und Verdrusse auszurichten ist, wo der Lebenshaushalt durch stete Angriffe auf das Gemüt zerstört wird. (Hahnemann, 1835; S. 140)

Die Fortsetzung des schönsten Baues ist töricht, wenn der Grund des Gebäudes täglich, obwohl nur allmählich, von anspülenden Wellen begraben wird. (Hahnemann, 1835; S. 141)

*Ein ähnliches großes Hindernis der Heilung findet sich auch oft in der **Entnervung und Schwächung**, welche die Jugend sich, von begüterten Eltern verzogen, in ihrem Überfluss und Übermute, von böser Gesellschaft verführt **durch zerstörende***

***Leidenschaften und Ausschweifungen** durch Schwelgerei, Missbrauch des Geschlechtstriebes und vieles andere mehr zuzuziehen pflegt. Ohne die mindeste Schonung des Lebens oder des Gewissens werden da oft ursprünglich robuste Körper von diesen Lastern bis zum Schatten von Menschen herabgeschwächt.* (Hahnemann, 1835; S. 144)

*Seinerseits kann der Arzt, nächst der **unhomöopathischen Wahl des Arzneimittels**, keinen größeren Fehler begehen, als 1. die nach vielfältigen Versuchen bis soweit von mir gemäßigten, bei jeder antipsorischen Arznei angezeigten **Gaben für zu klein zu halten**, 2. die **unrichtige Wahl des Mittels** und 3. die **Übereilung, jede Gabe nicht hinlänglich auswirken zu lassen**.*
Man kann die Gaben fast nicht zu klein geben, wenn nur alles in der Diät und dem übrigen Verhalten des Kranken, die Arzneiwirkung hindernde oder gar aufhebende vermieden wird. Wer sich mit Geduld und Umsicht dem Kranken widmet, wird die unhomöopathische Wahl der Arznei durch Ungenauigkeit, Leichtsinn und Bequemlichkeit vermeiden. (Hahnemann, 1835; S. 149)

Zu Übereilung und Unbedachtsamkeit ist zu sagen, *wenn nur einmal die Arznei, weil sie richtig homöopathisch gewählt war, gut und vorteilhaft wirkt, was man schon den 8., 10. Tag inne wird, so mag immerhin hier und da eine Stunde oder ein halber Tag vorkommen, wo wieder eine mäßige homöopathische Verschlimmerung eintritt. Die besseren Folgen bleiben dennoch nicht aus, zeigen sich aber bei sehr langwierigen Übeln zuweilen erst nach dem 24., 30. Tage in ihrem besten Lichte. Die Gabe wird dann etwa beim 40., 50. Tage gewöhnlich erst ihre gute Wirkung vollends ausgewirkt haben. Vor deren Ablauf es unverständig und den Fortschritt der Besserung hindernd sein würde, schon wieder eine andere Arznei zu reichen, denn so lange hält ihre gute Wirkung in den angezeigten Gaben an, und sie darf in solchem Falle durch kein neues Mittel gestört oder aufgehoben werden.* (Hahnemann, 1835; S. 151)

Die Gabe der treffend homöopathischen, für den sorgfältig nach seinen Symptomen ausgeforschten Krankheitsfall gewählten Arznei, ungestört auswirken zu lassen, so lange sie sichtbar die Heilung fördert und die Besserung des Übels merklich zunimmt, verbietet die unmittelbare Wiederholung desselben Mittels oder jede Unterbrechung durch eine andere Arznei. (Hahnemann, 1835; S. 155)

Durch übereiltes Wechseln der Arzneien ***gerät der Kranke in einen so überreizten Zustand, dass keine Arznei***- *wie man sagt* – ***mehr anschlägt****, keine mehr ihre Wirkung tut, ja dass die Erregbarkeit nun auf dem Spiele steht, von der geringsten fernen Arzneigabe plötzlich zu verlodern und in wenigen Atemzügen zu verlöschen.* ***Dann ist vorderhand keine Rettung mehr durch Arzneien, wohl aber in einem (auch wo nötig zu wiederholenden) kalmierenden, mesmerischen Striche, vom Scheitel aus (auf welchen zuerst beide flache Hände etwa 1 Minute ruhen müssen) langsam über den Körper herabgeführt (über Hals, Achsel, Arme, Hände, Knie, Unterschenkel, Füße und Zehen herüber).*** *Außerdem lässt sich eine Gabe homöopathischer* ***Arznei für äußerst reizbare Kranke*** *auf keine Art mehr* ***mäßigen und mindern*** *als* ***durch den Gebrauch des Riechens an einem feinsten Streukügelchen, mit dem gewählten Mittel in hoher Potenz befeuchtet****, was in einem gestöpselten* ***Gläschen*** *liegt,* ***dessen Mündung der Kranke in ein Nasloch hält*** *und* ***nur einen augenblicklichen, kleinen Atemzug daraus tut****. Es lässt sich überhaupt durch ähnliches Riechen die Kraft jeder potenzierten Arznei in allen Graden von Gaben dem Kranken mitteilen.* ***1 oder mehre solcher auch größerer arzneilichen Kügelchen*** *können im Riechgläschen befindlich sein und wenn der Arzt den Kranken* ***längere und stärkere Atemzüge aus demselben tun lässt, so kann das die Gabe wohl hundertmal verstärken gegen jene vorhin erwähnte kleinste;*** *auch hält auf diese Weise die* ***Wirkungsdauer, der durch solches Riechen*** *auf eine so große Fläche (als die der Nasenhöhle und der Lungen)* ***eindringenden Kraft der potenzierten Arznei nicht weniger lange an als wenn eine kleine, massive Gabe durch den Mund und Schlund eingenommen worden wäre.***
Solche in verstopften Gläschen aufbewahrten ***Arzneikügelchen behalten ihre Arzneikraft ganz unvermindert,*** *wenn das Gläschen auch öfters zum Riechen gebraucht eröffnet würde,* ***viele Jahre lang, wenn sie vor Hitze und Sonnenschein verwahrt bleiben.*** *Diese Art, durch* ***Riechen*** *die potenzierte Arznei auf den Kranken wirken zu lassen,* ***hat große Vorteile, bei denen mancherlei Unfälle, die die Kur chronischer Krankheit nicht selten zu hindern und zu unterbrechen pflegen****, gegen welche dann, um sie möglichst schnell zu beseitigen,*

der Kranke das Gegenmittel in mehr oder weniger starker, am besten ebenfalls durch Riechen empfängt, was die schnellste Einwirkung auf die Nerven und so auch die schnellste Hilfe gewährt, wodurch die Fortsetzung der Kur der chronischen Krankheit auch am wenigsten aufgehalten wird. (Hahnemann, 1835; S. 160)

Die Heilung von 10, 20, 30 und mehrjähriger großer chronischer Krankheiten kann man schnell verrichtet nennen, wenn man sie in einem bis zwei Jahren zustande bringt. *Wenn sie bei jüngeren, robusten Personen in der Hälfte dieser Zeit zustande kommt, so muss man dagegen* ***im Greisenalter****, auch bei der besten Behandlung von Seiten des Arztes und der pünktlichsten Folgsamkeit von Seiten des Kranken und der Angehörigen,* ***noch ein ziemliches zu dieser Kurzeit zugeben.*** (Hahnemann, 1835; S. 170)

Die ***beste Zeit zur Einnahme einer Gabe antipsorischer Arznei*** *scheint weniger abends, 1 Stunde vor dem Schlafengehen, als* ***früh, nüchtern*** *zu sein, wo man dann das Mittel, wenn es am schwächsten wirken soll, nur trocken einnimmt und so für sich auf der Zunge zergehen lässt oder mit 2, 3 Tropfen Wasser im Löffel angefeuchtet einnimmt, ohne etwas darauf zu trinken oder sonst zu genießen, binnen einer halben oder einer ganzen Stunde.* (Hahnemann, 1835; S. 171)

Weder kurz vor der zu erwartenden weiblichen Periode noch auch während des Flusses derselben darf die Gabe antipsorischer Arznei eingenommen werden. *Wohl aber kann man sie schon, wo nötig, am 4. Tage nach dem Ausbruche derselben etwa 96 Stunden danach eingeben.* (Hahnemann, 1835; S. 172).

Schwangerschaft ist in all ihren Graden so wenig eine Hinderung der antipsorischen Kuren, da sie vielmehr da oft am nötigsten und hilfreichsten werden. (Hahnemann, 1835; S. 172).

Säugenden Kindern selbst wird nie Arznei eingegeben, bloß die Mutter oder die Amme nimmt das Mittel an ihrer Stelle ein*. Durch ihre Milch wirkt es sehr schnell aufs Kind, mild und heilkräftig.* (Hahnemann, 1835; S. 175).

***So genannte warme und heiße Reinlichkeitsbäder**, woran die verwöhnten Kranken oft sehr hängen, **sind**, da sie das Befinden zu stören nie unterlassen, **nicht zu gestatten**, auch nicht nötig, da ein schnelles Abwaschen des Teiles oder des ganzen Körpers mit laukühlem Seifenwasser die Absicht vollkommen erreicht und ohne Nachteil.* (Hahnemann, 1835; S. 176).

*Nach vielfältigen Versuchen und prüfenden Vergleichungen bei Kranken habe ich es seit einigen Jahren (mit Überzeugung) vorgezogen, den höher zu stimmenden und doch zugleich mehr zu mildernden Arzneiflüssigkeiten **nur ein zweimaliges Schütteln (mit 2 Armschlägen) zu geben, statt des sonst gebräuchlichen zehnmaligen, weil bei letzterem die Potenzierung durch vielmaliges Schütteln weit über das (obschon jedes Mal 100fache) Verdünnen hinausgeht – da doch der Zweck ist, durch Schütteln die Arzneikräfte nur in dem Grade zu entwickeln, dass die gleichzeitige Verdünnung die Absicht – bei größerer Eindringlichkeit zugleich die Stärke der Arznei um etwas zu mäßigen – erreichen könne. Das zweimalige Schütteln vermehrt zwar ebenfalls die Menge entwickelter Arzneikräfte wie das zehnmalige, aber nicht in so hohem Grade als letzteres, so dass doch ihre Stärke von der vorgängigen hundertfachen Verdünnung niedergehalten werden kann und so dennoch jedes Mal eine schwächere, obgleich etwas höher potenzierte und eindringlicher wirkende Arznei dadurch entsteht.*** (Hahnemann, 1835; S. 186).

Dieser Hinweis bezieht sich auf die Herstellung der C-Potenzen, während bei den LM- bzw. Q-(1 : 50.000) Potenzen bei der Steigerung um jeden Potenzgrad jeweils 100 Schüttelschläge geführt werden.

Hahnemann selbst hat meines Wissens nach keine D - Potenzen (1 : 10) verwendet. Wurden sie hergestellt, um dem Argument, „wo nichts ist, kann auch nichts wirken“, den Boden zu entziehen? Sie erfreuen sich großer Beliebtheit. Wie dem auch sei; sie wirken durchaus.

Die mit der Arznei zu befeuchtenden Streukügelchen sollen ebenfalls in gleicher Kleinheit genommen werden, kaum der in der Größe des Mohnsamens vom Konditor verfertigt. (Hahnemann, 1835; S. 187).

Die bis hierhin wiedergegebenen Gedanken und Anweisungen Samuel Hahnemanns genügen, einen Eindruck von den Denk- und Arbeitsweisen der Homöopathie zu vermitteln.

Stets standen für Hahnemann der Mensch und seine Gebrechen sowie seine Bestimmung im Mittelpunkt des Bemühens.

Zur Dosierung homöopathischer Mittel

Geheimnis, Erfahrung, Kunst?

Zu wenigen Themen ist soviel unterschiedliches gesagt und geschrieben worden, wie über die Dosierung der homöopathischen Mittel. Ihre Dosierung ist jedoch abhängig auch von ihrer Dynamisierung, d.h. von ihrer Kraftentfaltung. Die Entfaltung der Arzneikraft hingegen hängt sehr von der Art und Weise der Zubereitung ab. „Hierzu ein Beispiel aus „Meyers Artillerietechnik": „**Schwefel, Salpeter und Kohle nur gemischt, ist ohne alle treibende Kraft; 3 Stunden lang gerieben, hat es die Kraft erlangt, eine Kugel in die Weite zu treiben; nach 6-stündiger Reibung jedoch ist die Masse so verfeinert, dass sie zum Schießpulver unbrauchbar geworden ist, vielmehr den Charakter der Knallpräparate angenommen hat und zerstörend auf das Geschütz wirkt**." (Barthel, 1990; S. 58)
Genauso fand es Hahnemann und schrieb über seine Beobachtungen bei der Wirkung von Belladonna: „Überhaupt ist es kaum glaublich, wie viel dieser und jede andere Arznei in ihrer Kraft verliert (..) wenn man sie bloß, und unvermischt aus dem Löffel lecken lässt, sie nur auf Zucker gibt, oder, wenn man sie in eine Flüssigkeit tröpfelt, sie doch nicht tüchtig damit umrührt; **durch Umrühren, durch starkes, anhaltendes Umrühren gewinnt erst eine flüssige Arznei die größte Menge Berührungspunkte für die lebende Phase, wird nur dadurch erst recht kräftig**." (Hahnemann, 1801)
Diese starke **Entfaltung der Arzneikraft durch Umrühren oder Schütteln** ist es schließlich auch, die Hahnemann zu einer eindeutigen Äußerung **gegen den Transport von flüssigen Arzneien** leitet: „Es gibt dagegen Homöopathiker, welche bei ihren Krankenbesuchen die homöopathischen Arzneien in flüssiger Form mit sich herumtragen und dennoch behaupten, dass diese mit der Zeit nicht höher potenziert sich fänden, dadurch aber keinen genauen Beobachtungsgeiste zeigen. Ich löste einen Gran Natron in einem Lothe mit etwas Weingeist vermischtem Wasser, in

einem zu 2/3 damit angefüllten Glase auf und schüttelte diese Auflösung eine halbe Stunde lang ununterbrochen, und die Flüssigkeit war an Potenzierung und Kräftigkeit der 30. Kraft-Entwicklung an die Seite zu setzen.“ (Hahnemann, S., Organon der Heilkunst, 5. Aufl., § 270, Anmerkung S. 281 ff. in Barthel, 1990; S. 235)
Bereits vorher hatte er in seinem 6. Band der reinen Arzneimittellehre, der in der 2. Auflage 1827 erschienen war, geschrieben: **„Arzneistoffe sind nicht tote Substanzen im gewöhnlichen Sinne: Vielmehr ist ihr wahres Wesen bloß dynamisch-geistig – ist lautere Kraft**, die durch jenen zu merkwürdigen Prozess des Reibens (und Schüttelns) nach homöopathischer Art bis an die Grenzen der Unendlichkeit potenziert werden kann. Dies ist so wahr, dass man Schranken darin halten muss, um nicht durch solches Reiben die Kräfte der Arzneien für die Kranken allzu sehr zu erhöhen. 1 Tropfen Drosera in 30. Verdünnung mit 20 Armschlägen bei jeder Verdünnung geschüttelt, bringt zur Gabe einem am Keuchhusten erkrankten Kinde gereicht, dasselbe in Lebensgefahr, während, wenn die Verdünnungsgläser nur zweimal geschüttelt werden, ein mohnsamengroßes Streukügelchen mit der letzten Verdünnung befeuchtet, dasselbe leicht heilt.“ (Hahnemann, S., Reine Arzneimittellehre, 2. Aufl., Band 6, S. 9 in Barthel, 1990; S. 235)

Zur Entwicklung des Potenzierungsverfahrens

Im Folgenden wollen wir die Entwicklung des Potenzierungsverfahrens, wie es Hahnemann aus seinen Erfahrungen schrittweise ableitete, betrachten. In seinem Bemühen, die Heilkraft einzelner, als giftig erkannter Mittel, zu entwickeln, begann Hahnemann zunächst damit, die giftigen Substanzen zu verdünnen. Er schreibt: **„Was ist Giftigkeit? Was anderes, als heftige Äußerung eines in allzu starker Gabe und am unrechten Orte gebrauchten sehr wirksamen Mittels, dessen Vortrefflichkeit vielleicht nur durch unvorsichtigen Gebrauch verschwand?“** (Coullen, Materia medica, Band 2, S. 91 in Barthel,1990; S. 47)
Im Jahr 1801 veröffentlicht Hahnemann eine Herstellungs- und Anwendungsvorschrift für **Belladonna**. Dabei wird **1 Gran (etwa 0,06 g)** der Droge mittels Reiben in einem kleinen Mörser **in 100 Tropfen destillierten Wassers aufgelöst und mit 300 Tropfen Weingeist nachgespült.** Beides werde **durch fleißiges Schütteln wohl vereinigt**. Von dieser, also **400 Tropfen** umfassenden Auflösung, wird **1 Tropfen mit 300 Tropfen** gewässerten Weingeistes durch **minutenlanges**

Schütteln erneut vereinigt und **von dieser zweiten Mischung** wird nun **1 Tropfen mit 200** Tropfen des gewässerten Weingeistes wieder durch **minutenlanges Schütteln** vereinigt. **Man erhält dadurch eine Lösung, die in jedem Tropfen ein 24-millionstel eines Grans getrockneten Belladonna-Saftes enthält.** Dazu gibt er die Anweisung, **je nach Alter 1 – 40 Tropfen den Kindern zu geben, und zwar alle 72 Stunden einmal**, eine Minute hindurch in irgendein Getränk stark mit dem Löffel eingerührt. (Hahnemann, 1801, in Barthel,1990; S. 235)

Hahnemann beginnt also mit schrittweiser Verdünnung und Verschüttelung, wobei das Schütteln noch recht unsystematisch als fleißig und minutenlang beschrieben wird. Die unterschiedliche Kraftentwicklung durch unterschiedlich heftiges Schütteln bemerkend, beginnt er zu experimentieren. „1814, in dem Aufsatz „Heilart des jetzt herrschenden Nerven- und Spitalfiebers", spricht er von „3 Minuten stark umgeschüttelt". Er beschreibt zum ersten Mal die Potenzierung mit 12 Flaschen im Millesimal-Verfahren, also 1 : 1.000. 1816 erscheint der 2. Band der Reinen Arzneimittellehre; hier gibt er bei Arsen die Verdünnungsschritte mit 1 : 100 an und geht bis zur 30. Potenz. Zum Verschütteln sagt er noch: „wohl umgeschüttelt" oder „genau umgeschüttelt". Je nach Mittel verwendet er entweder die millionste Verdünnung (C 3) oder höhere bis zur dezillionsten Verdünnung (C 30). Bis hierhin benutzt er fast ausschließlich Flüssigkeiten und schüttelt diese zum Teil unsystematisch minutenlang. **Daher ist verständlich, dass auch die höheren Potenzen noch sehr heftig wirkten,**[3] und er vermutlich dieses zunächst mit der Giftigkeit in Verbindung brachte." Barthel,1990; S. 49)

Bereits 1821, im 6. Band der Reinen Arzneimittellehre, beschreibt er zur Kraftentfaltung die Verarbeitung der Arznei mit **„10 Schlägen eines kräftigen Armes von oben herab geschüttet."** (Reine Arzneimittellehre, 1. Aufl., Band 6, S. 11 in Barthel, 1990; S. 49) **1824 ändert er sein Aufbereitungsverfahren, indem er zur Milderung der Kräfte der Arzneisubstanz dieselbe nur noch mit 2 Schlägen verschüttelt** bzw. das Pulver der C1 und C2 jeweils nur 1 Stunde, der C3 höchstens während 2 Stunden Verreiben lässt. „Als **1837** der 3. Band der Chronischen Krankheiten in der 2. Auflage erscheint, verändert er sein Verschüttelungsverfahren **wieder in 10 Schüttelschläge**, wobei er angibt, dass **bei mehrmaliger Einnahme** eine **Änderung der vorherigen Potenz durch jedes Mal 5 – 6 Schläge** notwendig

[3] Hervorhebung durch den Verfasser.

ist. **Zwei Jahre später erwähnt er 10, 20, 40, 50 oder mehr Schüttelschläge.**" (Barthel,1990; S. 50 ff.)

Zu dieser Zeit experimentiert er auch mit Potenzen zwischen der 150. und 200. Diese sind wohl mit 100 Schüttelschlägen pro Stufe damals hergestellt worden. Wie aus den Krankenjournalien hervorgeht, beginnt er 1837 die Therapie mit einer C30 über mehrere Tage durch Schütteln verändert, danach eine C20 in gleicher Art, dann eine C18, eine C12 und eine C6 in gleicher Anwendung. Auch das Verfahren, von der C30 auf die C29, C28, C27 usw. herabzusteigen, jeweils aufgelöst und durch Schütteln täglich verändert, hatte er versucht.

Nach 1818 war ihm die Menge der Arznei, die in einem Tropfen vereinigt ist, zu reichlich erschienen. Sein Bestreben ging dahin, diese Menge zu teilen, indem er mit einem Tropfen Streukügelchen aus Zucker oder Stärkemehl von Mohnsamengröße, wobei 100 – 300 1 Gran wiegen, befeuchtete. Aber auch die Verkleinerung der Gabe durch Benetzen von Streukügelchen, also die Teilung eines Tropfens in 100 – 300, ja bis zu 1.000 Teilen, führte ihn nicht weiter. (Barthel,1990; S. 235)

Schließlich entwickelte Hahnemann die Potenzierung in 50.000er Schritten, die er 1842 in der 6. Auflage seines Organons im §262 beschreibt.

Hahnemanns Erfahrungen haben ihm gezeigt, dass es sehr wohl darauf ankommt, ob zweimal, zehnmal oder hundertmal verschüttelt bzw. 1 oder 2 oder 3 Stunden verrieben wird. Nach seinen Erkenntnissen ist es ein Verstoß wider besseres Wissen, die mehrmals tägliche Wiederholung einer Arznei in Form von Globuli oder Tabletten zu verordnen.

Während Hahnemann bei Verwendung der Q-Potenzen eindeutig den Beginn der Kur mit der Q1 empfiehlt, können wir über die C-Potenzen im § 276 des Organons lesen: *Aus diesem Grunde schadet eine Arznei, wenn sie dem Krankheitsfall auch homöopathisch angemessen war, in jeder allzu großen Gabe und in starken Dosen umso mehr, je homöopathischer und in je höherer Potenz sie gewählt war, und zwar weit mehr als jede ebenso große Gabe von einem unhomöopathischen, für den Krankheitszustand in keiner Beziehung passenden (allopathischen) Arznei. Allzu große Gaben einer treffend homöopathisch gewählten Arznei und vorzüglich eine öftere Wiederholung derselben richten in der Regel großes Unglück an.* Und in § 277 schreibt er: *Aus diesem Grunde, und einer wohldynamisierten Arznei, bei vorausgesetzter, gehöriger Kleinheit ihrer Gabe, um desto heilsamer und fast bist zum Wunder hilfreich wird, je homöopathischer sie ausgesucht war, muss auch eine Arznei, deren Wahl passend homöopathisch getroffen worden, um desto heilsamer sein, je mehr ihre Gabe zu dem für sanfte Hilfe angemessenen Grade von Kleinheit herabsteigt.* Weiter steht im § 278: *Hier entsteht nun die Frage, welches dieser, für so gewisse als sanfte Hilfe angemessene Grad von Kleinheit sei, wie klein also zum Zwecke der besten Heilung die Gabe jeder einzelnen, für einen Krankheitsfall homöopathischen gewählten Arznei sein müsse?... Einzig nur reine Versuche, sorgfältige Beobachtung der Erregbarkeit jedes Kranken und richtige Erfahrung können dies in jedem besonderen Falle bestimmen...* Weiter geht es in § 279: ***Diese reine Erfahrung nun zeigt durchgängig, dass, ... die Gabe des homöopathisch gewählten, hochpotenzierten Arzneimittels für den Anfang der Kur einer wichtigen, (vorzüglich chronischen) Krankheit, in der Regel nie so klein bereitet werden kann, dass sie nicht noch stärker als die natürliche Krankheit wäre, dass sie dieselbe nicht, wenigstens zum Teil zu überstimmen, nicht schon einen Teil derselben im Gefühle des Lebensprinzip auszulöschen und schon einen Anfang der Heilung zu bewirken vermöchte***. § 280 führt weiter aus: *Die Gabe der anhaltend dienlichen, keine neuen beschwerlichen Symptome erzeugenden Arznei wird, allmählich erhöht so lange fortgesetzt, bis der Kranke, bei allgemeinem Besserbefinden, anfängt, eine oder mehrere seiner alten, ursprünglichen Beschwerden aufs Neue in mäßigem Grade zu spüren. Dies deutet bei einer so allmählichen Erhöhung der, jedes Mal durch Schütteln modifizierten, (§ 47) sehr gemäßigten Gaben auf nahe Heilung,...*

Meines Wissens nach hat Hahnemann keine D-Potenzen, also keine Verschüttelungen oder Verreibungen im Grade 1 : 10 verwendet. Waren diese aus wirtschaftlichen Interessen von anderen entwickelt worden, um dem Argument „worinnen nichts ist, da kann auch nichts wirken“, zu entgehen? Wie dem auch sei – sie wirken auch. Es kam schließlich dazu, dass, entgegen der deutlichen Empfehlung kleinste Gaben, d.h. hohe Potenzen, LM-Potenzen, in geringsten Mengen, selten anzuwenden, die häufig wiederholte Verabreichung von D-Potenzen niederen Grades zu einer weit verbreiteten Praxis wurde.

Erklärend sei gesagt, dass **Verdünnungen** und **Verschüttelungen** die **Potenz** beeinflussen. Nehmen wir z.B. eine **C6** und eine **D6**. Die Anzahl der **Schüttelschläge** ist, gemäß dem in der BRD gültigen **Homöopathischen Arzneibuch**, 1. Ausgabe 1978, 4. Nachtrag 1985, gleich. Von Stufe zu Stufe muss **10 mal geschüttelt** werden. Das heißt, beide Substanzen wurden 60-mal geschüttelt. Die **D6** ist jedoch **6 mal 1/10** und die **C6** immerhin **6 mal 1/100** verdünnt worden. **Die C-Reihe verkörpert im Vergleich zur D-Reihe bei gleicher Verschüttelung, entsprechend der höheren Verdünnung, die höhere Potenz**. Hinsichtlich der **Verdünnung** entspräche der **C6** (6 mal 1/100) eine **D12** (12 mal 1/10). Dabei wurde aber die **C6 nur 60 mal** jedoch die **D12 immerhin 120-mal geschüttelt. Bei gleicher Verdünnung entscheidet die Anzahl der Schüttelschläge**; die D12 ist hier die höhere Potenz. Der Verdünnung nach, steht der C6 am ehesten die LM 3 nahe. LM-Potenzen werden jedoch 100-mal je Verdünnungsschritt geschüttelt und zuvor 3-mal 1 Stunde bis zur C3 verrieben. Dem "Verschütteln" nach, stünde die C30 am nächsten – bis auf das Verreiben. Wieweit die Potenzreihen exakt vergleichbar sind, lässt sich noch nicht genau sagen. Jeder wird seine Erfahrungen sammeln müssen, ob Verdünnung oder Verschüttelung bei einem Fall hinsichtlich der Wahl der Potenz den Ausschlag geben sollen.[4]

Gänzlich "unhahnemannisch", wenn auch nicht notwendigerweise unwirksam, jedoch aber in ihrer Wirkung unüberschaubar, ist die Verabreichung von Arzneimittelgemischen. Im § 273 schreibt er: ***In keinem Falle von Heilung ist es nötig und deshalb allein schon unzulässig, mehr als eine einzige, einfache Arzneisubstanz auf einmal beim Kranken anzuwenden.*** *Es ist nicht einzusehen, wie es nur dem mindesten Zweifel unterworfen sein könne, ob es naturgemäß und vernünftiger sei, nur einen einzelnen, einfachen, wohlbekannten Arzneistoff auf einmal in einer Krankheit zu verordnen oder ein Gemisch von mehreren verschiedenen.* ***In der einzig wahren und einfachen, der einzig naturgemäßen Heilkunst, in der Homöopathie, ist es durchaus unerlaubt, dem Kranken zwei verschiedene Arzneisubstanzen auf einmal einzugeben.*** ... § 275: *Die Angemessenheit einer Arznei für einen gegebenen Krankheitsfall beruht nicht allein auf ihrer treffenden homöopathischen Wahl, sondern eben sowohl auf der*

[4] Vergleiche auch: Vithoulkas, G.: Die Wissenschaftliche Homöopathie, Burgdorf Verlag, Göttingen 1987.

erforderlichen, richtigen Größe oder vielmehr Kleinheit ihrer Gabe. (Hahnemann,1842)

Kurz gefasst

Jede in der Natur vorkommende Substanz birgt Arzneikraft. Diese kann durch die besondere homöopathische Vorgehensweise des Verreibens, Verschüttelns und Verdünnens, des Potenzierens nach Hahnemann, im Verhältnis 1:100, bzw. wie es in der letzten Ausgabe seines Organon der Heilkunst als Essenz des Weiterführens seiner langjährigen Beobachtungen beschrieben ist, in einem Verhältnis von 1:50.000, freigesetzt werden.
Selbst kleinste Substanzmengen, bzw. bei fortgeführtem Potenzieren ausschließlich „die Information", die in der Trägersubstanz eingeprägt ist, können intensivste Wirkungen haben.

Die Heilkraft der Arzneien ist durch Prüfungen an gesunden Personen in Erfahrung zu bringen.
Das Wirkprofil einer jeden, schließlich arzneilich zu gebrauchenden Substanz ist durch Prüfungen an Gesunden in der Weise zu erarbeiten, dass mehrere freiwillige, gesunde Versuchspersonen von dem zukünftigen Arzneistoff so lange und so viel einnehmen, bis sich Befindensveränderungen einstellen. Diese sind systematisch zu erfassen und in den Symptomenverzeichnissen niederzulegen. Hahnemann beschreibt auf welche Weise, nämlich durch Dynamisieren, die Kraft der Arzneien zu steigern ist.
Ist die Arznei und ihre Stärke bekannt, wird sie nach homöopathischen Gesichtspunkten ausgewählt und verabreicht, d.h. man ist bemüht, **eine Arznei** zu wählen, deren künstliche Krankheitszeichen denen der zu behandelnden Krankheit am ähnlichsten sind.

Man/Frau nehme - Über die Dosierung

Sobald man sich entschlossen hat, ein Mittel zu geben, gebe man zunächst einmalig 1 – 2 Kügelchen. Erfordert ein sehr heftiges Geschehen häufigere Gaben, werden gelegentlich 1 oder mehrere Löffelchen der wässrigen Auflösung, wie anschließend beschrieben, gegeben. **Bei sehr ernsten Zuständen kann man**

nach 5 – 15 oder 30 Minuten erneut 1 – 2 Kügelchen des gleichen Mittels geben. Sollte danach eine weitere Wiederholung der Arznei wünschenswert erscheinen, sind 1 – 2 Kügelchen derselben in einer kleinen Menge klaren Wassers zu lösen und davon, jeweils nach heftigem Umrühren im Glas oder Schütteln in einer Flasche, 1 Eierlöffel voll oder eine Verschlusskappe voll zu verabreichen. Die Arznei wird einen Augenblick im Mund belassen und dann geschluckt. Der Rest wird, z.B. mit einer Untertasse abgedeckt, zur weiteren Verwendung kühl aufbewahrt, um dann vor erneutem Gebrauch wieder mit einem Löffel heftig gekläppert zu werden. So lange diese erste Auflösung wirksam ist und weder trübe geworden noch Geruch oder Geschmack angenommen hat, kann sie verwendet werden. Bevor dieselbe aufgebraucht ist, kann frisches Wasser in geringer Menge hinzugegeben und erneut heftig mit dem Löffel gekläppert bzw. die Flasche mehrfach aufgeklopft werden. Insbesondere bei Durchzug einer Gewitter- oder Schneefront verdirbt die wässrige Arzneilösung häufig innerhalb eines Tages.

Die Arzneien können auch über die gesunde Haut oder als Nasenspray gegeben werden.

Bei stillenden Frauen ist zu beachten, dass die Arznei in die Milch gelangt, was bei evtl. Reaktionen der Kinder zu berücksichtigen ist. Darüber hinaus gilt: gestillte Kinder erhalten die Arznei über die Muttermilch, d.h. Mutter oder Amme nehmen einmalig 1 – 2 Perlchen bzw. die in Wasser aufgelöste Arznei, vor bzw. bei jedem Stillen. Sollte das im Einzelfall nicht ausreichend wirken, erhalten die Kinder von der im Wasser aufgelösten Arznei und in außerordentlich heftigen Fällen bzw. wenn das Stillen wegen der Umstände der Erkrankung zu unregelmäßig erfolgt, kann dem Säugling 1 einzelnes Perlchen direkt verabfolgt werden.

Bei schlafenden Kindern ist es ausreichend, das oder die Arzneikügelchen zwischen die Lippen zu geben, da sie dort verschmelzen und die Arznei sogleich ihre Wirkung beginnt. Eine andere Form, die Arznei zu verabreichen, ist an einem in ein wenig Weingeist aufgelöstem Kügelchen einmalig oder mehrfach riechen zu lassen.

Bei sehr empfindlichen Patienten, häufig bei Kindern, die zugleich mit der Besserung einzelne teils unangenehme Symptome einer Arzneiprüfung erleben, kann 1 Löffelchen aus der wässrigen Auflösung in ein zweites Glas überführt und erneut heftig gekläppert werden. Im Folgenden werden dann aus diesem zweiten Glas die flüssigen Gaben entnommen. Diese Form der Abschwächung kann weiter und weiter fortgeführt werden, wobei sich die Arzneiprüfungssymptome weiter und weiter verlieren werden, während die positive arzneiliche Wirkung erhalten bleibt.

Nach meinen eigenen Beobachtungen gibt es Menschen von so hoher Empfindsamkeit, dass es ausreicht, ihnen 1 Arzneikügelchen in einem verschlossenen Glasröhrchen in die Hand zu geben und andere, die, während sie über dem Inbegriff des Mittels meditieren, zu dessen positiven Wirkungen gelangen, und das, obwohl sie im einen oder anderen Fall, das Mittel selbst weder besaßen noch im einzelnen kannten. Letzteres hat auch geholfen, wenn Mütter für ihre Kinder meditiert haben. Dabei meint der Begriff Meditieren nicht notwendigerweise ein langes Versenken, wobei jedoch die Ruhe und Tiefe der Versenkung im Zusammenhang mit der Wirkwahrscheinlichkeit stehen können. Im Idealfall reichte der kurze, intensive Gedanke. – Ich glaube mich zu erinnern, dass diese „Technik“ entstanden war, als eine Mutter nachts aus dem Urlaub anrief, das Problem ihres Kindes schilderte und schließlich beinahe in Tränen mit der Bemerkung endete, dass sie alle homöopathischen Mittel zu Hause vergessen habe. Ich sagte darauf: Dann stellen sie sich jetzt vor, sie hätten das Mittel und würden es geben, und sie könnten sehen, wie gut es wirke. Am nächsten Morgen war das Kind beschwerdefrei. Seither habe ich das mit den verschiedensten Müttern vielfach erprobt. Es muss nicht funktionieren. Aber es funktioniert wunderbar oft.

Für die Aufbereitung in flüssiger Form scheint es förderlich, metallene Gegenstände, Teelöffel oder metallene Verschlusskappen bei Flaschen möglichst zu vermeiden. Sollte das sich als unmöglich erweisen, so ist dies nicht notwendigerweise ein Anlass zum Versagen der Arzneibehandlung. **Sobald die Erscheinungen besser werden, sind die Arzneigaben zu unterbrechen** oder aber erheblich seltener zu verabfolgen. Sofern die Beschwerden fast ausgeklungen sind, ist die Wiederholung der Arznei zu unterlassen. Sollte dennoch einmal eine Gabe notwendig sein, wird man den Zeitpunkt an der eindeutigen Verschlimmerung erkennen.

Bei chronischen Erkrankungen ist nicht mit sofortiger Wirkung zu rechnen. Vielmehr kann es mehrere Tage, ja bis zu 100 Tagen dauern, bis die günstige Wirkung sich offenbart.

Eine überflüssige Gabe kann alles Erreichte gefährden.

Es kann Fälle geben, wo die in Wasser gelöste Arznei wenig oder nicht wirksam erscheint. Im akuten Stadium können dann ausnahmsweise einzelne Globuli, jedoch nicht mehr als jeweils 2 davon wiederholt gegeben werden. **Künstlicher Süßstoff, Schokolade und Süßigkeiten sowie große Mengen von Joghurt oder anderen Milchprodukten sowie von Milch sind zu meiden. Pfefferminztee und Kamillentee sind Kräutertees. Auch andere Tees, ebenso wie der Kaffee, sind Heilmittel und nur dann anzuwenden, wenn ihre Verwendung tatsächlich angezeigt ist.** Das bedeutet in den allermeisten Fällen, sie sind zu vermeiden. Dennoch genossen oder verabreicht, können sie die bereits eingetretenen guten Wirkungen der gegebenen Arznei aufheben. Auch für viele Nasentropfen und Einreibungen, z.B. mit Pinimenthol, Thymipin oder japanischem Heilpflanzenöl gilt dieser Kommentar.

Häufig ernähren wir uns und unsere Kinder zu eiweißreich. Milch und Milchprodukte sowie Fleisch in großen Mengen erhöhen oft die Erkrankungsbereitschaft und sind daher in vielen Fällen zu reduzieren.

Homöopathische Mittel können die Empfängnisbereitschaft steigern. Das Auszählen des Zyklus zur Empfängnisregelung, sollte es auch schon längere Zeit als sicher praktiziert worden sein, ist während der Einnahme der Mittel als unsicher zu betrachten.

Hahnemann fordert jeweils nur ein Mittel zur selben Zeit zu verabreichen, um die Übersichtlichkeit der anschließenden Reaktion nachvollziehbar zu erhalten. So gesehen sind Misch- und Kombinationsmittel, Komposita, keine homöopathischen Arzneien im strengen Sinne Hahnemanns.

Darüber hinaus fordert er, jeweils die für das Erreichen der erwünschten Wirkung kleinstmögliche Gabe zu wählen. **Bei wiederholten Gaben ist der Dynamisationsgrad von Gabe zu Gabe zu ändern, d.h. ggf. durch Verkläppern oder Schütteln der Arzneilösung zu erhöhen.**

Am Schluss seiner Abhandlung, **Organon der Heilkunst**, bespricht er die Anwendung von Heilmagnetismus zum Ausgleich der krankhaften Verstimmung des Lebensprinzips bei den Patienten. Er weist ausdrücklich darauf hin, dass belastende

Lebensumstände, krankmachende Gewohnheiten, genauso wie bedrückende Beziehungen, als Ursache des Erkrankens zu begreifen und zu ändern sind und wird so zu einem der Begründer unserer heutigen psychosomatischen Medizin.

Hahnemann, Vithoulkas und die Impfung - bis heute[5]

An drei Stellen nimmt Hahnemann in dem anfangs bereits zitierten „**Organon der Heilkunst**" Bezug auf die Pockenschutzimpfung.

Zuerst im § 36, in dem er unterstreicht, dass der **Mensch, der an einer Erkrankung leidet, eine höhere Chance hat, einer zweiten Erkrankung zu entgehen**, d.h., dass es eine Hierarchie in der Erkrankung geben dürfte, in der Form, dass wenn die alte Erkrankung stärker wäre, so die neue den Körper nicht befallen könne. *Ein schon an einer schweren chronischen Krankheit Leidender wird von einer Herbstruhr oder einer anderen mäßigen Seuche nicht angesteckt... Rachitis lässt, nach Jenner, die **Schutzpockenimpfung** nicht haften. Geschwürig Lungensüchtige werden von nicht allzu heftigen endemischen Fiebern angesteckt, nach von Hildebrandt.*

§ 37: *Und so bleibt auch bei einer gewöhnlichen ärztlichen Kur ein altes chronisches Übel ungeheilt und wie es war, wenn es nach gemeiner Kur-Art allöopathisch, das ist mit Arzneien, die an sich keinen der Krankheit ähnlichen Befindenszustand im gesunden Menschen erzeugen können, gelind behandelt wird, selbst wenn die Kur jahrelang dauerte.*[6] *Dies sieht man in der Praxis täglich und es bedarf keiner bestätigenden Beispiele.*

§ 38: *II. **Oder die neue unähnliche Krankheit ist stärker. Hier wird die, woran der Kranke bisher litt, als die schwächere von der stärkeren hinzutretenden Krankheit solange aufgeschoben und suspendiert, bis die neue wieder verflossen oder geheilt ist, dann kommt die alte ungeheilt wieder hervor**. ...*

*Wenn die Masern und **Menschenpocken** zugleich herrschen und beide dasselbe Kind angesteckt haben, so werden gewöhnlich die ausgebrochenen Masern von den etwas stärker hervorbrechenden **Menschenpocken** in ihrem Verlaufe aufgehalten, den sie nicht eher wieder fortsetzen, bis die Kindblattern abgeheilt sind; - doch wurden nicht selten auch die nach der Einimpfung ausgebrochenen*

---

5 Bis einschließlich des Kapitels J. T. Kent enthalten in meinem Buch „**Goldrausch**"

6 Fußnote Hahnemann: Wird es aber mit heftigen allöopathischen Mitteln behandelt, so werden an seiner Stelle andersartige Übel gebildet, die noch beschwerlicher und lebensgefährlicher sind.

Menschenpocken *von den indes hervorkommenden Masern 4 Tage lang suspendiert, wie Manget bemerkte, nach deren Abschuppung die* ***Pocken*** *dann ihren Lauf bis zu Ende fortsetzten. Auch wenn der Impfstich von* ***Menschenpocken*** *schon 6 Tage gehaftet hatte, und die Masern nun ausbrechen, stand die Impf-Entzündung still, und die* ***Pocken*** *brachen nicht eher aus, bis die Masern ihren 7-tägigen Verlauf vollendet hatten. ...*

Und so suspendieren sich alle, einander unähnlichen Krankheiten, die stärkere die schwächere (wo sie sich nicht, wie bei akuten selten geschieht, komplizieren), heilen einander aber nie. (Hahnemann, 1921, S. 86-90)

Im § 46 sagt er: *Es würden sich sehr viele Beispiele von Krankheiten anführen lassen, die im Laufe der Natur durch Krankheiten von ähnlichen Symptomen homöopathisch geheilt wurden,... Unter ihnen ragt die, wegen der großen Zahl ihrer heftigen Symptome so berüchtigten* ***Menschenpocken****-Krankheit hervor, welche schon zahlreiche Übel mit ähnlichen Symptomen aufgehoben und geheilt hat. ...*

Die zu Kuhpocken kommende ***Menschenpocken****-Krankheit hebt wie bekannt ebenso wohl ihrer größeren Stärke, als auch ihrer großen Ähnlichkeit wegen, erstere sogleich gänzlich (homöopathisch) auf und lässt sie nicht zur Vollendung kommen; doch wird ... wiederum, durch die ihrer Reife schon nahe gekommene Kuhpocke, ihrer großen Ähnlichkeit wegen, die darauf ausbrechende Menschenpocke (homöopathisch) wenigstens um vieles gemindert und gutartiger, wie Mühry und viele andere bezeugen. Dies scheint der Grund des so wohltätigen merkwürdigen Ereignisses zu sein, dass, seit der allgemeinen Verbreitung der Jenner'schen Kuhpockenimpfung, die* ***Menschenpocken*** *nie wieder unter uns so epidemisch, noch so bösartig erscheinen, wie vor 40 – 50 Jahren, wo eine davon ergriffene Stadt, wenigstens die Hälfte und auf die 3/4 ihrer Kinder durch den jämmerlichsten Pesttod verlor.*[7]

Die eingeimpfte Kuhpocke, deren Lymphe außer ***Schutzpockenstoff****, auch noch den Zunder zu einem allgemeinen Hautausschlage anderer Natur enthält, welche aus selten größeren, eiternden, gewöhnlich kleinen, trockenen, auf roten Flecken sitzenden, spitzigen Blütchen (Pimpels) besteht; oft mit untermischten, roten, runden Hautflecken, nicht selten von dem heftigsten Jucken begleitet, welcher Ausschlag bei nicht wenigen Kindern auch wirklich mehrere Tage vor, öfter jedoch nach dem roten*

---

[7] Fußnote Hahnemanns

Hofe der Kuhpocke erscheint und, mit Hinterlassung kleiner, roter, harter Hautflecken, in ein paar Tagen vergeht; - ***die geimpfte Kuhpocke, sage ich, heilt durch Ähnlichkeit dieses Nebenmiasms ähnliche oft sehr alte und beschwerliche Hautausschläge der Kinder****, nachdem die Kuhpockenimpfung bei ihnen gehaftet hat, homöopathisch vollkommen und dauerhaft, wie eine Menge Beobachter bezeugen. Die Kuhpocken, deren eigentümliches Symptom es ist, Armgeschwulste zu verursachen, heilten nach ihrem Ausbruche, einen geschwollen, halb gelähmten Arm. ...*

In Fieber und in Hustenbeschaffenheit haben die Masern viel Ähnlichkeit mit dem Keuchhusten und deshalb sah Bosquillon, dass bei einer Epidemie, wo beide herrschten, viele Kinder, welche die Masern bereits überstanden hatten, vom Keuchhusten frei blieben. Sie würden alle und auch in der Folge, vom Keuchhusten frei und durch die Masern unansteckbar geworden sein, wenn der Keuchhusten nicht eine, den Masern nur zum Teil ähnliche Krankheit wäre, das ist, wenn er auch einen ähnlichen Hautausschlag, wie die letzteren bei sich führte. So aber konnten die Masern nur viele, und nur in der gegenwärtigen Epidemie von Keuchhusten frei erhalten. ***Wenn aber die Masern eine, im Ausschlage, ihrem Hauptsymptom ähnliche Krankheit vor sich haben, können sie dieselbe ohne Widerrede aufheben und homöopathisch heilen****. So ward eine langwierige Flechte durch den Ausbruch der Masern, sogleich gänzlich und dauerhaft (homöopathisch) geheilt, wie Kortum beobachtete.*

Ein äußerst brennender, 6-jähriger frieselartiger Ausschlag im Gesichte, am Hals und an den Armen, von jedem Wetterwechsel erneuert, ward von hinzukommenden Masern zu einer aufgeschwollenen Haut-Fläche; nach dem Verlauf der Masern war das Friesel geheilt und kam nicht wieder.

§ 47: *Unmöglich kann es für den Arzt eine deutlichere und überzeugendere Belehrung, als diese geben, welche Art von künstlicher Krankheitspotenz (Arznei) er zu wählen habe, um nach dem Vorgange der Natur, gewiss, schnell und dauerhaft zu heilen.*

§ 48: *Im Laufe der Natur kann, wie wir aus allen diesen Beispielen ersehen, ebenso wenig als mittels Arztes Kunst, ein vorhandenes Leiden und Übelsein von einer unähnlichen, auch noch so starken Krankheits-Potenz aufgehoben und geheilt werden, wohl aber bloß von einer an Symptomen ähnlichen, etwas stärkeren; nach ewigen, unwiderruflichen, bisher jedoch verkannten Natur-Gesetzen.* (Hahnemann, 1921, S. 97-101)

In Hahnemanns Organon sind die beschriebenen „Nebenwirkungen" der einzelnen Erkrankungen untereinander durch Quellenverweise genau belegt. Wir können sehen, dass seine Einstellungen auf dem beruhten, was er den Veröffentlichungen und eigenen Erfahrungen entnehmen konnte. Dennoch überrascht es, dass er nichts von den in einzelnen Fällen durch die **Pocken-Impfung** hervorgebrachten Erkrankungen erwähnt. Der Segen, den er der Pocken-Impfung zuschreibt, ist gewiss auch durch die deutlich verbesserte Ernährungssituation in Europa und insbesondere in Deutschland bedingt. Seit 1770 hatte Friedrich der Große den allgemeinen Anbau der Kartoffel zunächst gegen starken Widerstand vorangetrieben, dass der Hunger nicht länger die Menschen schwächen sollte.

Bei **Georgos Vithoulkas,** dem wohl bedeutendsten Homöopathen der Moderne, der im Dezember 1996 den Alternativen Nobelpreis verliehen bekam, finden wir in den Vorträgen des Seminars in Esalen, Kalifornien, 1980, folgende Sichtweise. „Man wird die Syphilis kein zweites Mal bei ein und demselben Patienten sehen können, - jedenfalls sehr selten! Das würde nämlich bedeuten, dass sie geheilt war, - dann kann es ein zweites Mal zu einer Primärinfektion kommen. Aber wenn sie kein zweites Mal auftritt, obwohl der Patient dem krankmachenden Einfluss ausgesetzt ist, dann bedeutet das, dass er konstitutionell krank ist. Er befindet sich im Zweitstadium (im chronischen Stadium) der Krankheit, - weshalb er kein zweites Mal am Erststadium erkranken kann. Das gleiche geschieht bei einer Impfung. Die Kinder sind von dem Zeitpunkt an vor dem Erststadium, vor der akuten Krankheit, geschützt.

...

Ich habe mich sehr damit beschäftigt, die wirklichen **Ursachen der MS** zu ergründen. ... Nehmen Sie nur **Israel**. Diese Menschen stammen in erster Linie aus europäischen Ländern und aus Amerika. **Sie sind alle geimpft worden. In Israel erkranken daran 9 von 100.000 Einwohnern**. Im **Irak,** der sehr nahe bei Israel liegt, ist die **Anzahl bei 0**. In **Südafrika sind 11 von 100.000 Menschen, - europäischer Abstammung** – betroffen. **Bei den Schwarzen liegt die Zahl bei 0** – die sind nicht geimpft. Es ist so simpel, aber dennoch sieht man es nicht. Gehen Sie in **die arabischen Länder, wo keine besonderen Gesundheitsmaßnahmen getroffen**

werden, da gibt es ebenfalls keine MS. Wenn Sie dann noch die verschiedenen Untersuchungen nehmen, sehen Sie sofort, dass **neurologische Störungen** auftreten, **nachdem geimpft worden ist**. Zwischenfrage eines Kursteilnehmers: Neuerdings heißt es, dass die MS von unterdrückten Masern herrühre. Vithoulkas: Ja, aber sie kommen nicht darauf, dass sie durch die Masernimpfe mehr und mehr MS-Fälle hervorbringen. Zwischenfrage: Die WHO hat nun mit den Pockenimpfungen aufgehört. Vithoulkas: Es ist nicht nur die Pockenimpfung. Die Salk-Impfung – all diese Impfungen lösen eine immunologische Reaktion im Körper aus, die mehr oder weniger spezifisch ist. **Gerade die Impfungen verursachen Schäden im Nervensystem**. Sie werden in der Zukunft sehr viel mehr MS-Fälle sehen." (Vithoulkas, 1988, S. 361)

Im Anschluss berichtet er von den Beobachtungen bei extremen Grippeepidemien in Spanien 1929/30, bei denen Millionen Menschen starben. Auffälligerweise blieben Alte und Kranke verschont, ebenso geisteskranke Patienten. Er unterstreicht nochmals: „Die gesunden Menschen starben. Alte Menschen mit Krebs und Tuberkulose wurden verschont." (Vithoulkas, 1988, S. 364) Er leitet daraus ab, dass man, um überhaupt erkranken zu können, wenigstens ein gewisses Gesundheitsniveau haben müsse. Wenn **der Organismus infolge einer Erkrankung bereits zu sehr gelähmt** sei, könne eine **Zweiterkrankung nicht stattfinden**. Hier erkennen wir die bereits bei Hahnemann geschilderte Beobachtung, wonach die stärkere Erkrankung das Auftreten der schwächeren solange suspendiert, bis sie selbst abgeschlossen ist. Vithoulkas folgert dann, dass bei zunehmender Gesundung die Wahrscheinlichkeit zu erkranken zunächst wieder zunehme, da das Immunsystem wieder reaktionsfähig werde.

Die Gruppe von Menschen, die beim Impfen mit Nebenwirkungen reagieren würden, seien diejenigen, die aufgrund ihrer starken Prädisposition im Falle einer Epidemie der höchsten Gefährdung ausgesetzt seien. Diejenigen, die erzählten, dass sie **nach der Impfung Kopfschmerzen bekamen oder Asthma, Nebenwirkungen vielerlei Art**, würden für den Rest ihres Lebens Schwierigkeiten damit haben. Der chronische Erkrankungszustand sei gleichsam eingepflanzt und wirke sich im Leben dieser Patienten aus. **Weniger gefährdet** seien diejenigen, die nach einer Impfung **mit kurzem heftigen Fieber für** 1 – 2 Tage reagierten. Diese seien auch diejenigen, die im Falle der Epidemie stark genug wären, die Erkrankung überhaupt auszudrücken, d.h. zu erkranken. **Gar nicht merkbar erkranken würden entweder die mit einer exzellenten Gesundheit oder die, die aufgrund ihrer chronischen Vorerkrankung zu schwach wären zu reagieren.**

Sehr revolutionär und durchaus nicht unproblematisch erscheint die Antwort auf die Frage, warum es keine Pocken mehr gäbe: „Wegen der hygienischen Verhältnisse, in denen wir leben und weil wir zu krank sind, um sie zu bekommen. In New York würde z.B. kaum jemand krank werden. Wir sind einfach zu krank dafür, das „schützt" uns. Angenommen wir ließen uns alle impfen. Wir würden keine Reaktion auf die Impfe zeigen, - wir sind zu krank. Man würde sagen, dass die Impfe nicht anschlug. Es wären nur einige wenige, die eine Reaktion auf die Impfe zeigen würden." (Vithoulkas, 1988, S. 363)

Wie wir sehen unterliegen den Ansichten der Homöopathie vom Beginn bis zur Moderne die unterschiedlichsten Erwägungen. Es obliegt daher uns allen, eigene Beweggründe ins Auge zu fassen und eigene Auffassungen zu bilden. Dazu beizutragen ist Zweck dieses Buches. Es wäre völlig missverstanden zu behaupten, dass hier vom Impfen abgeraten wird. Stattdessen werden hier allerlei Erfahrungen und Gedanken referiert, die dazu beitragen können, einen Ausgleich zur täglich erlebten Argumentation zu erfahren, damit eine ausgewogene Meinungsbildung möglich wird.

Ganz und gar unbeachtet bleibt im allgemeinen der homöopathische Aspekt hinsichtlich der arzneilichen Hilfsstoffe, die, wenn sie auch nur in kleinen Mengen, so doch aber wiederholt und den empfindlichsten, empfänglichsten Organismen unserer Kinder verabreicht werden, im Sinne homöopathisch verabreichter Mittel wirksam werden können. Wenn schon die wiederholte Verabreichung von Fremdeiweiß unter Umgehung der gewöhnlichen Eintrittspforte in den Organismus, das ist der Magen-Darm-Trakt, solche, vielerlei gefährdende Folgen haben kann, so werden diese Gefahren durch die unbemerkte Zugabe teils höchst wirksamer Substanzen, wie dem auch auf genetischer Ebene wirksamen und dadurch hochgiftigen queck-silberhaltigen **Thiomersal**, dem sehr wahrscheinlich krebsfördernden **Formaldehyd** und dem im Zusammenhang mit der Alzheimer'schen Erkrankung ins Gespräch gekommene **Aluminiumhydroxid** erheblich gesteigert. Die Erfahrungen homöopathisch arbeitender Ärzte zeigen eindeutig, dass selbst Spuren von Substanz intensivste Wirkung entfalten können. Sogar die schulmedizinischen Beobachtungen lassen das zweifelsfrei erkennen. Denken Sie nur an die vielen **Allergiker**. Sie **beweisen, dass in vielen Fällen schon allein die Berührung mit einer Substanz teils schlimmste Folgen nach sich ziehen kann. Sollte die innere Berührung, nach der Injektion eines Impfstoffes, mit den ihm beigegebenen Substanzen, anderen Gesetzen folgen?**

Die **Gefahr**, die durch die **Manipulation der körperlichen Integrität unserer Kinder**, den meisten Eltern unbewusst, entsteht, die **Gefahr organischer und allgemeiner körperlicher Fehlfunktionen** sowie die Gefahr, die aus kleinsten Störungen in der Organisation **des Gehirns** entsteht, die zur Behinderung der komplexen, integrativen Funktionen mit der Folge der Gefährdung und dem möglichen Verfall der intellektuellen Fähigkeiten, insbesondere unserer heranwachsenden Kinder, aber auch der Erwachsenen führen können, muss zur Neubewertung aller mit dem Impfen zusammenhängenden Fragen führen.

Insbesondere muss **vor jeder Impfung eine intensive, vollständige körperliche Untersuchung und umfassende Anamnese durchgeführt werden. Sodann ist** eine, auch die evtl. Risiken mit einschließende Aufklärung unerlässlich, so dass alle in die Lage versetzt sind, eventuelle durch das Impfen hervorgerufene Störungen sogleich zu bemerken und angemessen zu reagieren. Nur dann kann größerer Schaden vermieden werden.

J. T. Kent

Zeitlich, zwischen dem Begründer der Homöopathie, Samuel Hahnemann, und seinem wohl prominentesten Vertreter in der Moderne, Georgos Vithoulkas, hat **J. T. Kent** ein bedeutendes Kapitel in der Homöopathie geschrieben. Lassen Sie uns sehen, was er **1901** in der Zeitschrift „The homoeopathic recorder“ veröffentlicht hat. „Ich habe das Für und Wider der Impfung untersucht. Nach jahrelangen Beobachtungen und genauer Erwägung der Sachlage bin ich nun zu dem Schluss gekommen, **dass die Beweise, die eine Impfung befürworten, doch äußerst**

zweifelhaft sind. Hingegen hat die **Impfung** einen ungeheuren Beitrag dazu geleistet, **die Menschheit und die Individuen** zu **schädigen**. Sie hat viele Menschen krank gemacht, schwere Geschwüre hervorgerufen und hat, daran zweifle ich nicht, viele konstitutionelle Beschwerden verschleiert. **Wenn ich alles in Erwägung ziehe, sehe ich keine Basis, auf der ich mich für eine Impfung aussprechen kann.** Seit vielen Jahren habe ich jegliches Impfen verweigert. Möchte sich der Patient unbedingt impfen lassen, muss er eben woanders hingehen; ich übernehme die Verantwortung nicht. Ich habe eine Reihe von Arzneien prophylaktisch, solange die Krankheit vorherrschte, angewandt und besitze einige Beweise, die das Verhüten der Krankheit durch das angezeigte Arzneimittel bekunden." (Kent, 1901, übersetzt durch Gypser, 1995, S. 77)

Alles Blödsinn? [8]

Angefangen mit den arzneilichen Zusatzstoffen bei den Impfmitteln, die Notwendigkeit des Impfens überhaupt hinterfragend, über „den lieben Gott" und die fünf Äther sprechen – ist das nicht etwas heftig? Wird da nicht zuviel guter Wille vom Gegenüber verlangt? Der gute Wille ist da. Es bedarf nur, dass er angesprochen wird.

Ich habe mich sehr ausführlich in den Büchern *Bewusstein – oder krank, Teil 1 und 2* bemüht, darzustellen, dass nach meinem Begreifen Erkrankung, Kranksein, Krankheit, dem Betroffenen und seinen Mitmenschen etwas Gutes bedeuten. Sie zeigen auf, dass die Kommunikation, die Verbindung mit dem eigenen höheren Selbst, mit der Weltenseele, mit Gott, in irgendeiner Form belastet ist. Lassen Sie uns noch einmal das Bild eines Strudels nehmen, der evtl. erst weit entfernt von dem Stein, der seine Ursache ist, im Flusslauf erkennbar wird. Auch wenn dieser Stein schließlich umgefallen ist, wird der Strudel noch einige Zeit bestehen, bevor die Energien, die zu seiner Entstehung geführt haben, gänzlich transformiert sind. So geschieht es denn auch uns, dass wir, selbst wenn wir Sinn und Zusammenhänge einer Erkrankung verstanden zu haben meinen, deswegen nicht notwendigerweise von dem Prozess befreit sind, der, seinen inneren Regeln gehorchend, weiter

[8] Bis zum Kapitel „Homöopathie und Quantenmechanik..." enthalten in meinem Buch „**Bewusstsein oder krank,** Teil 2".

verläuft. Dennoch ist es wesentlich, auf das Ziel zu achten und nicht auf die Echos aus der Vergangenheit zu reagieren, sondern im Jetzt zu leben.

Nehmen wir an, wir haben eine gewisse Menge an Energie zur Lösung unserer Aufgaben zur Verfügung. Sie wird in jedem Falle ausreichend sein, unsere Aufgabe zu lösen. Verwenden wir jedoch einen Teil darauf, in der Vergangenheit verhaftet zu sein, einen Teil darauf, die Zukunft vorausahnen zu wollen, und einen Teil auf die daraus entstehenden Empfindungen und Gefühle, so bleibt für die eigentliche Aufgabe deutlich weniger, als uns ursprünglich zur Verfügung stand. Ob das ausreichen wird, hängt dann davon ab, wie gut es uns gelingt, in Resonanz, in Verbindung mit unserem Ursprung zu kommen. Wir sind die im Äußeren begrenzte Manifestation des EINS, des grenzenlosen jenseits aller Namen und Begriffe.

Die Überlagerungen im Jetzt sind so vielgestaltig und das Wechselspiel mit den noch aus der Vergangenheit wirksamen Echos im allgemeinen so unübersichtlich, dass der Versuch all dies zu entwirren zum einen nur unvollständig gelingt, und zum anderen wieder die Energie für das Jetzt mindert.

Sind wir zunächst auf der Ebene unserer Begrenzungen, gilt es, dass wir uns auf das **Jetzt** besinnen. Nehmen wir z.B. Erinnerungen, Verletzungen, Niederlagen aus der Vergangenheit, Ängste und daraus entstehende Begrenzungen hinsichtlich unserer Zukunft in unseren gegenwärtigen Tag mit hinein, schmälern wir unsere Lösungsmöglichkeiten. Die zur Verfügung stehende Energie ist hinreichend zur Lösung der anstehenden Fragen. Anderenfalls verlieren wir nicht nur die Energie, die Gegenwart zu meistern, sondern vergrößern die Verluste dadurch, dass die ungelösten Fragen der Gegenwart stets als Echo aus der Vergangenheit wirksam bleiben und den Fortschritt in die gegenwärtige Zukunft aufhalten. Anders ist es, wenn wir uns über die Ebene der eigenen Begrenztheit erheben und in Resonanz mit unserem Ursprung, dem Ursprung der Schöpfung, der jenseits aller Namen, Begriffe und Beschreibungen liegt, kommen. Dann existiert nur noch das Jetzt. Wir sind in der zeitlosen Erkenntnis, in der Vergangenheit, Gegenwart und Zukunft eins sind.

Voller Achtung und Bewunderung für das Unbeschreibliche und seine Kraft können wir auf die Stimme unseres Herzens hören und begreifen, dass der Zeitgeist, wie wir

ihn heute erleben, irregeleitet ist, glaubend, dass wir die Ursachen aller Dinge und Erkrankungen fassen und manipulieren könnten.
Als der Dalai-Lama einmal gefragt wurde, was er den Menschen zu sagen hätte, die glauben, dass ihre Erkrankungen durch seelisches oder spirituelles Fehlverhalten verursacht seien, antwortete er mit einem lauten Lachen: „Ich würde ihnen sagen, dass sie nicht so einfältig sein sollen. Ihr müsst auf die Genetik und auf die Umwelt genauso sehr achten wie auf die Einflüsse des Geistes auf den Körper. Wenn immer etwas Schlimmes in Eurem Leben passiert, ist es immer gut zu verstehen, in welcher Weise Ihr dazu beigetragen habt. Das aber heißt nicht, dass ihr Euch selbst anklagen sollt. Denn in einigen Fällen wird dort ein Beitrag von Euch sein und in den anderen nicht." (Bodian, 1990, S. 49) Ich denke, dass hier gemeint ist, „in einigen Fällen könnt Ihr Euren Beitrag, Eure Rolle im Ursachen-Wirkungsgefüge erkennen, und in anderen nicht – weil die Zusammenhänge viel zu komplex sind." Wir können uns bemühen, rational zu zergliedern, zu erfassen. Doch je mehr wir das Ganze und den Teil voneinander trennen, desto ferner sind wir von der Erfahrung des Einsseins. Aus dem Einssein heraus einzelne Aspekte der Erfahrung, der vermeintlichen Wirklichkeit, zu betrachten, eröffnet viele Erkenntnisse; die Untersuchung vieler Einzelheiten, wo eine Antwort stets neue Fragen aufwirft, und der Horizont so weit zurückweicht, wie wir voranschreiten, kann zur Ahnung und schließlich zum Einssein führen – der östliche und der westliche Weg?

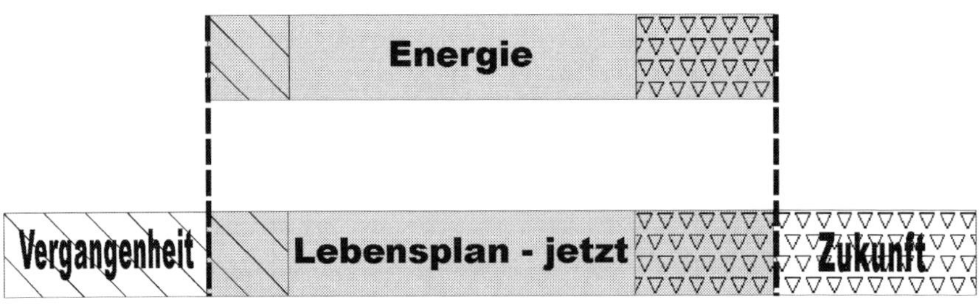

Handeln **im Jetzt**

„Denn sorge nicht für den morgigen Tag. Denn der morgige wird für das Seine sorgen. Es ist genug, dass ein jeder Tag seine eigene Plage hat." (Mt 6,34)

„Meister, wer hat gesündigt, dieser oder seine Eltern, dass er blind geboren ist? Jesus antwortete: Es hat weder dieser gesündigt, noch seine Eltern, sondern es sollen die Werke

offenbar werden an ihm. Ich muss wirken die Werke des, der mich gesandt hat, solange es Tag ist, es kommt die Nacht, da niemand wirken kann.“ (Johannes 9, 1-4)

Bewusst sein, das morphogenetische Feld, die Quantentheorie und das Konzept der implizierten Ordnung Ein erklärendes Modell, mit dem Sie beliebig experimentieren können.

Indem die moderne Wissenschafts- und Erkenntnistheorie in den Folgerungen aus der Quanten- und Feldtheorie die Einheit von Geist und Materie wieder entdeckt hat, hat sie gleichsam auch die Umkehrung von Ursache und Wirkung, die Vereinigung der Pole von Anfang und Ende vollzogen – aus dem Eins in das Eins.

Was mag die Ursache sein, dass lebende Formen einander ähnlich sind, dass wir aus einem Zweig einen Baum ziehen können und in der gleichen Erde die verschiedensten Pflanzen ihre Gestalt ausprägen, obwohl sie alle die gleiche Nahrung erhalten? Nehmen Sie einen Blumentopf und stecken Sie einen Kirschkern hinein, einen Apfel- oder einen Feigenkern oder ein Getreidekorn. Hegen Sie und pflegen Sie sie und Sie werden das Wunder des Lebens vor sich erblühen sehen. Wenden wir uns dann dem Tierreich zu und **betrachten eine Gruppe im Vergleich mit einer anderen derselben Art**, so können wir aufregenderweise folgendes feststellen: **Wenn eine bestimmte, kritische Anzahl von Mitgliedern der ersten Gruppe ein bestimmtes Verhalten erlernt hat, können wir dies plötzlich auch bei den Mitgliedern der anderen Gruppe feststellen, obwohl es zwischen beiden Gruppen keine direkten Kontakte gegeben hatte**. Dort scheint etwas zu existieren, ein Informationsfeld, an das jedes Wesen angeschlossen ist, insbesondere Wesen der gleichen Art.

Der englische Biologe, **Rupert Scheldrake**, hat dieses von Raum und Zeit unabhängige Phänomen **morphogenetisches Feld** genannt. Kommt es zur

morphischen Resonanz, entwickelt eine Seinsform Eigenschaften, die vorher an ihr nicht bemerkt werden konnten. Das gilt sowohl für das Wachstum von Kristallen als auch für das Verhalten von Tieren. Übertragen wir die Erkenntnis auf unsere menschliche Gemeinschaft, können wir erst ihre wirkliche Reichweite erkennen.
Mut und Größe können inspirieren, überspringen, anstecken. Doch viel öfter sind es Besorgnis, Angst und Panik, die verbreitet werden und sich ausbreiten. In immer zunehmendem Maße sind es Verhaltens- und Persönlichkeitsstörungen, deren Ausbreitung geradezu explosiv zu sein scheint. Bisher haben wir immer die Reizüberflutung und Umweltbedingungen dafür verantwortlich gemacht. Wenn wir nun ein uns alle verbindendes Informationsfeld als wirksam erkennen müssen, sind wir aufgerufen, ganz intensiv an unserer eigenen Entwicklung, an unserem Bewusst-Sein zu arbeiten. **Spätestens zu diesem Zeitpunkt ist es dann auch unerlässlich, über die möglicherweise verheerenden Wirkungen arzneilicher Hilfsstoffe in Impfmitteln und über die Manipulation ganzer Volksgruppen, Völker und Völkergemeinschaften z.B. durch das Impfen nachzudenken.**
Wie auf nahezu jedem Impfstoff-Beipackzettel zu lesen ist, kann es in einzelnen, manchmal steht auch seltenen Fällen, nach dem Impfen zum Auftreten neurologischer Krankheitsbilder kommen. Was aber ist selten? Wenn 1996 allein in Deutschland für ca. 559 Mill. DM Impfstoffe verkauft wurden – wie viele Hunderte, Tausende, Einhunderttausende oder gar Millionen kleiner, vermutlich meist unerkannter Veränderungen, wurden dadurch ausgelöst**? Was auch immer bei den Betroffenen ausgelöst wurde, es teilt sich der Gesamtheit mit, ob wir wollen oder nicht**. Seuchengleich gefährlich und hochansteckend mögen dem einen oder der anderen auch die Inhalte so vieler Fernseh- und Videopräsentationen scheinen, die geeignet sind, die Betrachter von der Erkenntnis ihres Ursprungs abzulenken und sie **anfällig machen für praktisch jede Art der Manipulation** – nicht sofort, nicht über Nacht, jedoch in kleinen Schritten, wohin auch immer man sie haben will.

Seit der Pfarrer Johann Gregor Mendel (1822 – 1884) nach mehr als 8-jähriger Arbeit mit mehr als 10.000 Erbsen-Kreuzungsversuchen, die später nach ihm als Mendel'sche Gesetze bezeichneten Erbgesetze, die Regeln, nach denen Gattungsmerkmale an die nachfolgenden Generationen weitergegeben werden, formuliert hatte, war die Basis des heutigen Verständnisses der medizinischen Genetik gelegt. Dass aber nicht nur Haar- und Augenfarbe und andere körperliche

Merkmale vererbbar sein könnten, hatte Antoine de Lamarck (1744 – 1829), ein französischer Biologe, geäußert.
Die Frage, vor der jedoch auch die heutigen „Wissenschaftler" stehen, ist die, wie ein erlerntes Verhalten, das nach der mechanistischen Theorie ausschließlich Folge einer biochemischen Veränderungen im Nervensystem darstellt bzw. von biochemischen Veränderungen im Nervensystem begleitet und erhalten wird, wie also ein erlerntes Verhalten in der Lage sein sollte, stoffliche Veränderungen an den Chromosomen, also auf der Ebene der DNS-Struktur zu bewirken. Eine besondere Herausforderung ist dabei, dass die Eizellen bereits zum Zeitpunkt der Geburt angelegt sind und nur noch Mondzyklus begleitend reifen. Genau genommen sind auch die Stammzellen der Samenzellen mit ihrem eindeutigen Chromosomensatz bereits vorhanden, nur mit dem Unterschied, dass die Ausformung erst mit der Pubertät einsetzt.

Wenn es aber stimmt, dass typische Verhaltens-, Reaktionsweisen von der einen an die nachfolgende Generation weitergegeben werden, so ist das zuvor über das Impfen und die Medienkultur Gesagte evtl. gleichsam der Anfang einer Lawine. Jede folgende Generation hat zugleich die Altlasten der vorangehenden Generationen zu tragen – biologisch mit der Folge, sich sehr schnell vermehrender **Anfälligkeit für allerlei funktionelle und chronische Erkrankungen, wie z.B. des atopischen Formenkreises, Neurodermitis und allergisches Asthma**, sowie Heuschnupfen und viele andere als **auch psychopathologisch im Sinne zunehmender Neigung zu Depression und allerlei Formen der geistigen Verwirrtheit bis hin zu totalen geistigen Dissoziation, die zwischen Phantasie und Wirklichkeit nicht mehr zu unterscheiden vermag.** Die Zukunft wird uns darüber einiges lehren.

Im Jahre 1920 hatte an der Harvard University W. McDougall einen Versuch unternommen, bei dem er mittels elektrischer Schläge Ratten lehrte, dass sie der Pein nicht durch den hell erleuchteten, sondern durch den dunklen Ausgang entkommen konnten. Dabei wurde das **Lernverhalten der Ratten über mehr als 32 Rattengenerationen beobachtet**, während man, um einen systematischen Fehler zu vermeiden, die Auswahl der zur Weiterzucht verwendeten Ratten unabhängig von deren Lernfähigkeit getroffen hatte. Aus den gewonnenen Daten geht klar hervor, dass die Ratten von Generation zu Generation schneller lernten. Die Versuche wurden 1954 nach heftigen Kontroversen abgebrochen, da sie die mechanistische Theorie zu stürzen drohten. (Schmieke, 1997; 197-98)

Eine ähnliche Beobachtung wird aus Großbritannien vorgetragen, wo man am Verhalten von Schafen einen interessanten Wandel entdeckte. In vielen Gebieten werden Gitter von Metallrollen vor die Einfahrt zu den Weideflächen gelegt, damit die Tiere nicht entkommen können, obwohl es keine Tore gibt. Der landwirtschaftliche Verkehr kann darüber hinwegfahren, während die Schafe auf dem Feld bleiben, da sie die Unsicherheit der Rollen meiden. Nachdem das jahrelang gut ging, hat man schließlich beobachtet, dass einige Schafe sich auf die Rollen legten, dann über das Gitter rollten und auf diese Weise aus ihrem Feld ausbrachen. Kaum, dass die ersten derartigen Beobachtungen beschrieben wurden, wurde ein ähnliches Verhalten auch in anderen Teilen des Landes bemerkt. (Peat, 1992, S.191)

Eine dritte derartige Merkwürdigkeit will ich Ihnen nicht vorenthalten. Blaumeisen sind kleine Vögel mit blauen Köpfen. 1921, als in Southampton, England, die Milch noch in Flaschen vor die Haustüren ausgeliefert wurde, begannen die Blaumeisen irgendwann den Pappverschluss aufzupicken und den Rahm aus den Flaschen abzutrinken. Es dauerte nicht lange, da wurde dieses Verhalten in ganz England beobachtet. Das allein ist noch nicht sehr erstaunlich. Überraschend jedoch ist, dass sich dieses Verhalten in die skandinavischen Länder und in die Niederlande ausbreitete. Skeptiker haben eingewandt, dass einige Vögel die große Distanz fliegend überwunden und das Verhalten übertragen hätten. Als aber die Niederlande von den deutschen Armeen besetzt waren, wurde die Auslieferung der Milch bis 1948 unterbrochen. Diese Vögel leben aber nur 2 oder 3 Jahre. Das heißt, diejenigen, die über diese Technik Bescheid wussten, waren bis Nachkriegsende bestimmt ausgestorben und hatten in Ermangelung von Milchflaschen auch keine Gelegenheit, diese Technik ihren Jungen zu lehren. Als aber 1948 die Milchauslieferung wieder aufgenommen wurde, tauchte das Verhaltensmuster bei den Blaumeisen sofort wieder auf. Innerhalb eines Jahres hatte sich das Verhaltensmuster wieder durch Europa verbreitet. Auch diese Beobachtung würde C.G. Jungs Modell eines kollektiven Unterbewussten und eines kollektiven Gedächtnisses unterstützen. (Clapp, 1997, S. 4)

Da diese gestaltbildenden Informationsfelder auch bei Kristallisationsversuchen beobachtet wurden, hat Rupert Scheldrake folgende Hypothese der morphogenetischen Felder formuliert:

1. Morphogenetische Felder spielen bei der Bildung und Aufrechterhaltung von Strukturen auf allen Ebenen der Komplexität eine wesentliche Rolle und lassen sich nicht auf die bisher bekannten physikalischen Felder zurückführen. Sie wirken gleicherweise auf subatomare Teilchen, Atome, Moleküle, Kristalle, quasi kristalline Aggregate, Zellorganellen, Zellen, Organe, Organismen und daraus resultierende Gemeinschaften.

2. Im *Feld* enthalten ist die Information der *morphischen Einheit*. Die Information führt zur Positionsfindung der Komponenten.

3. Die Entwicklung der endgültigen Gestalt, die der Information des Feldes entspricht, kann über mehrere verschiedene Zwischenstufen vor sich gehen, deren Aufeinanderfolgen ebenfalls Teil der Information des Feldes ist.

4. Die Komponenten, an denen das Feld wirkt, stehen mit dem Feld und über das Feld untereinander in Verbindung und Wechselbeziehung, Wechselwirken aufeinander.

5. Alle vergangenen Systeme beeinflussen die folgenden durch *morphische Resonanz*. Diese ist umso größer, je ähnlicher die Systeme in ihren dimensionalen Strukturen einander sind. Die morphische Resonanz wird nicht durch räumliche oder zeitliche Distanz geschwächt, sondern verstärkt sich wie bei anderen resonanten Systemen mit der Anzahl der an der Resonanz beteiligten Komponenten. (Schmieke, 1997, S. 198-199)

6. Aufgrund der großen Bedeutung wurde das Rattenexperiment von McDougalls von zwei Australiern, F.A.E. Crew und W.E. Agar wiederholt. W.E. Agar schreibt: „Dies ist der letzte Bericht eines Versuchs von 20 Jahren Dauer, in welchen wir die bekannten Versuche von William McDougalls wiederholten, um festzustellen, ob Lamarck'sches Lernverhalten bei Ratten gegeben ist. Unsere Versuche

bestätigten McDougall in der Weise, dass auch wir eine Verbesserung der Lerngeschwindigkeit über längere Zeiträume feststellten. Wir fanden jedoch, dass dieser Effekt nicht anhielt. **Außerdem konnten wir in einem Kontrollversuch bemerken, dass die Verbesserung der Lerngeschwindigkeit auch bei untrainierten Ratten festzustellen ist**. Dadurch wird jedoch eine Lamarck'sche Interpretation ausgeschlossen. Während der ganzen Dauer des Versuches war die Übereinstimmung der Ergebnisse zwischen den trainierten und den untrainierten Kontrolltieren überraschend, wobei für die letzteren Generationen die untrainierten sogar bessere Ergebnisse zeigten als die trainierten." (Schmieke, 1997, S. 20)

Wie so oft wird die Wahrheit in der Mitte liegen. Eine der Grundlagen der biologischen Erhaltung der Art bleibt die Vererbungslehre. Es ist gut denkbar, dass auch Verhaltensweisen auf diese Art und Weise weitergegeben werden können. Die Übertragung auf räumlich getrennte Wesen ist leicht mit der Existenz informationsübertragender Felder erklärbar.

Das Gesetz wie Oben, so Unten, wie im Großen so im Kleinen, ist vielen von Ihnen schon einmal begegnet. Es wird den goldenen Lehren des Hermes Trismegistos zugeschrieben. Mit der Entwicklung der Computertechnik und der mathematischen Theorien gelangt man zur Entdeckung der Selbstähnlichkeiten, der Tatsache, dass Form und Muster sich in den Schöpfungen der Natur immer wiederholten. Das gilt für die Struktur von Elementen und Molekülen, für Polymere genauso wie für die Formen bei den Schneeflocken und die Verzweigungen von Ästen und Blutadern. Der Mathematiker **Benoit Mandelbrot** gab diesem Phänomen, an dessen mathematischer Erforschung und Darstellung er großen Anteil hat, den Namen „Fraktal". „Ob man die fingerdicke Aorta betrachtet oder die feinsten Äderchen, die die Blutkörperchen nur noch einzeln passieren lassen – das Verzweigungsschema ist ähnlich wie bei Baumzweigen, im Prinzip auf jeder Hierarchieebene dasselbe. Fraktale Muster kennen keine Größenordnung – vom Größten zum Kleinsten erstreckt sich ein sich selbst reproduzierendes Kontinuum, beschrieben durch ein fraktales Prinzip.... Aber auch dem Normalsterblichen begegnen heute immer öfter Fraktale. Landschaften, Wolken und Ozeane in Computergrafiken werden mit fraktalen Algorithmen erzeugt. Richard Voss und

Robert Musgrave, Kollegen von Mandelbrot am IBM-Forschungszentrum, entwickelten fast natürlich aussehende Bilder von Landschaften und Planeten. Das zugrunde liegende Prinzip ist wieder die Iteration (Selbstwiederholung[9]): Einfache Regeln, deren wiederholte Anwendung zu komplizierten Formen führen." (Breuer, 1993, S. 62-63)

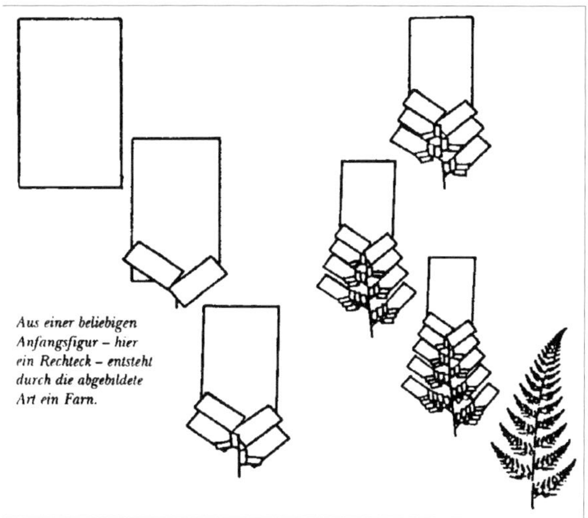

Aus einer beliebigen Anfangsfigur – hier ein Rechteck – entsteht durch die abgebildete Art ein Farn.

nach Breuer, R.; Der Flügelschlag des Schmetterlings

Durch die Erkenntnis der sich stets wiederholenden, einfachen Regeln, deren Wiederholung zu kompliziertesten Formen führt, wurde es möglich, die Formenvielfalt der Natur in vielen Fällen mathematisch zu fassen und dadurch die Datenmenge, die zu ihrer Beschreibung oder Übermittlung notwendig ist, z.B. bis auf ein Zehntausendstel des ursprünglichen Wertes zu reduzieren.

Für uns ist es insofern von Bedeutung, **weil es die Erklärung bietet, wie die Veränderung eines kleinen Teiles auf das gesamte Bild wirken wird**. Das kollektive Unterbewusstsein, das morphogenetische Feld, das individuelle Unterbewusstsein, fraktale Ebenen? Wie anders, wenn nicht durch eine gemeinsame Verbindung sollten die Millionen Zellen, die jeden Tag in einem menschlichen Körper

[9] Ergänzung durch den Verfasser.

entstehen und zugrundegehen, miteinander kommunizieren? Wie anders sollten sie erfahren, wo, wann und bis zu welchem Ausmaß sie zu wachsen haben?

Die Hamilton-Jacobi-Theorie geht davon aus, dass alle Materie aus einer komplexen Überschneidung von Wellenbewegungen aufgebaut ist, so dass der Weg eines einzelnen Teilchens das Ergebnis aller Wellenabläufe in ihrer Gesamtheit darstellt. (Peat, 1992, S. 193) Daraus können wir folgern, dass Energie und Materie unterschiedlich dichte Manifestationen, unterschiedliche Phasen derselben Ursache sind, und dass die Unterschiede in der Materie als das Ergebnis sehr komplexer Überlagerungen aufgefasst werden können.

Homöopathie und Quantenmechanik ein Modell fürs Leben

> Es bedarf der gleichen Energie, nach rechts zu gehen oder links,
> nach vorn zu gehen oder zurück,
> in Angst zu leben oder Zuversicht,
> zu Tadel oder zu Lob,
> zu fluchten oder zu preisen.
>
> Das eine ist ein Strudel, der in die Tiefe führt, das andere der Weg in den Himmel.

Wieso sollte Homöopathie funktionieren, wenn ab der C12 oder der D24 praktisch keine Substanz außer dem Lösungsmittel vorhanden ist? Berezin, 1990, diskutierte die Möglichkeit, dass durch die Lösung eines bestimmten Stoffes z.B. im Wasser-Alkohol-Gemisch ein bestimmtes Verhältnis an Wasserisotopen gebunden werden könnte. Das **Isotopenverhältnis,** das dem Charakter der gelösten Substanz entsprechen würde, könnte sich über den Potenzierungsvorgang weiter fortpflanzen und entspräche der spezifischen Information, die schließlich zur Wirkung käme. Ein anderes Lösungsmodell stammt von Anagnostatos (1991, 1994, 1995).
In einem Lösungsmittel, z.B. in Wasser, bilden die Wasseratome um den gelösten Stoff **kugelähnliche, räumliche Strukturen, Klathrate**. Diese Zusammenballungen

von Atomen, kleine Cluster, kopieren in ihrer Gestalt die Charakteristik der gelösten Substanz. Selbst wenn die ursprünglich gelösten Moleküle durch den Potenzierungsvorgang ausgeschwemmt sind, können die Klathrate zum Muster für neue Klathratbildungen werden. Matsumoto (1995) diskutiert die Theorie, „Die Wirkung homöopathischer Arzneien könnte, durch Klathrate vermittelt, bestimmte Zellrezeptoren aktivieren, die dann in der Folge die entsprechenden biomolekularen Wirkungsketten auslösten, die zur Heilungsreaktionen führten."

Es bleibt zu überlegen, ob es darüber hinaus Modelle gibt, die über die Grundlage der Kausalität, deren drei Bedingungen das zeitliche Vorausgehen der Ursache, die räumliche Nachbarschaft von Ursache und Wirkung und die Regelmäßigkeit der Abfolge von Ursache und Wirkung sind. Auf die Homöopathie angewandt bedeutet das die Suche nach einer Erklärung, die nicht von dem Einwand betroffen ist, dass etwas, das in der homöopathischen Lösung einst enthalten war, jetzt, da es aufgrund der hohen Verdünnung nicht mehr enthalten ist, keine Rolle mehr spielen könne, es sei denn es wären noch Entsprechungen im Isotopenverhältnis oder in den Klathraten vorhanden. Es gibt in der Tat ein Erklärungsmodell, das solches leistet. Es ist ein Konzept, dass sich aus der Quantenmechanik ableitet. Gegenwärtig handelt es sich mehr um einen Erklärungsversuch als um eine formale Theorie, doch die Analogie ist verblüffend: „Die Physik, die Newton inauguriert hatte und die nach ihm ausformuliert wurde, hatte zum ersten Mal in der Geschichte der Wissenschaften die Möglichkeit eröffnet, Bahnen und damit zukünftige Orte von Körpern vorherzusagen, wenn man einmal von den relativ präzisen Aussagen der ptolemäischen Astronomie absieht, die nur für die erdnahen Planeten gilt (Oeser, 1979). Verbunden mit dem grundlegenden Postulat des Atomismus, demzufolge Materie aus kleinen Teilen zusammengesetzt ist, resultiert aus dieser Art der Physik eine prinzipielle Determiniertheit der Welt und all ihrer Abläufe. Während im Newton'schen Modell ein Nichtwissen lediglich faktisch ist, welches durch genauere Kenntnis der Anfangsbedingungen auflösbar und in Wissen überführbar ist, zeigt die Quantenmechanik, dass unser Wissen (auf dieser Seinsebene[10]) prinzipielle Grenzen hat. Dadurch, dass auf sehr elementarem Niveau stochastische Prozesse angenommen werden, ergibt sich aus der Quantenmechanik die generelle Nichtdeterminiertheit einzelner Ereignisse. Erst aus der statistischen Mitteilung vieler Ereignisse ergibt sich so etwas wie makroskopische Regelmäßigkeit.

[10] Ergänzung durch den Verfasser.

Grundlegend für diesen Sachverhalt ist die Heisenberg'sche Unschärferelation, die ausdrückt, dass wir zwei Eigenschaften eines Teilchens nur mit begrenzter Genauigkeit gleichzeitig wissen können. Wir können an einem Teilchen zwar den Ort genau ermitteln, verlieren dann aber die scharfe Kenntnis seines Impulses oder umgekehrt... Bekannt ist dieses Phänomen als Komplimentarität von Teilchen und Welle. Einstein, dem die Quantenmechanik wegen ihrer prinzipiellen stochastischen Natur zuwider war, brachte nun zusammen mit seinen Kollegen Podolsky und Rosen ein Gedankenexperiment vor, welches berühmt wurde, das so genannte **Einstein-Podolsky-Rosen-Paradox**. Aus dem Formalismus der Quantenmechanik folgt folgende Situation: Wenn man eine Strahlungsquelle Zwillingsteilchen ausstrahlen lässt, also Teilchen, die zum gleichen Zeitpunkt in entgegengesetzte Richtung abgestrahlt werden, so behandelt die Quantenmechanik diese beiden mit Lichtgeschwindigkeit auseinanderstrebenden Teilchen als ein einziges System. Dieses System ist korreliert. Messe ich an einem Teilchen eine Quanteneigenschaft, z.B. den Spin, dann weiß ich im selben Moment, welches Ereignis an einem Detektor gemessen wird, der zur gleichen Zeit das andere Teilchen misst. Das aber bedeutet, dass die beiden Teilchen miteinander in Verbindung sind und sich so verhalten, als würden Signale zwischen ihnen ausgetauscht. Die beiden Teilchen verhalten sich laut Quantenmechanik eben nicht unabhängig, sondern verbunden, „entangeld". Deswegen kann man durch die Messung eines Teilchens im selben Moment den entsprechenden Wert des anderen Teilchens kennen. In der klassischen Physik wären beide Teilchen unverbunden. Die Messung eines Teilchens würde uns keine Information über den Zustand des anderen bringen. Und die Aussage, dass durch die Messung eines von zwei Teilchen der Zustand des anderen bekannt ist, wäre etwas Ungeheuerliches: ein nicht lokaler „Einfluss". Im Formalismus der Quantenmechanik kann man von einem „Einfluss" nicht sprechen. Dadurch, dass beide Teilchen, egal wie weit sie räumlich voneinander getrennt sind, sich wie ein System verhalten, ist die Messung eines Teilchens die Messung eines einzigen Quantensystems, dessen paralleler Wert damit feststeht. Einstein, Podolsky, Rosen haben versucht, dieses Argument zu verwenden, um im Denkrahmen der klassischen Physik zu zeigen, zu welch „absurden" Konsequenzen die Quantenmechanik führt. Denn die Teilchen verhalten sich so, als „wüssten" sie voneinander. Aber es kann (nach den alten Erklärungsmodellen[11]) keine Verbindung

[11] Ergänzung durch den Verfasser.

zwischen ihnen geben. Denn jede physikalisch-kausale Verbindung würde der speziellen Relativitätstheorie genügen müssen und wäre an die Lichtgeschwindigkeit gebunden. Die Quantenmechanik sagt aber, dass die Anzeige des parallelen Wertes des anderen Teilchens sofort stattfindet und dieses völlig unabhängig davon, ob ich mein Experiment im selben Raum, zwischen New York und Tokio oder auf der Erde und dem Mond aufbaue. Immer ist mit der Messung eines Teilchens auch das Ergebnis der Messung des anderen Teilchens feststehend... Der irische Physiker John Bell hatte zuvor eine einfache Ungleichung aufgestellt, die formuliert, welche Arten von Korrelation von Teilchenmessungen unter normalen, unabhängigen Bedingungen vorkommen dürfen. Das heißt, er hatte ein Theorem aufgestellt darüber, welche maximalen Korrelationen man erwarten könnte unter der Voraussetzung, dass beide Teilchen voneinander unabhängig sind, wie man klassisch annehmen würde. Damit wurde diese Aussage der Quantenmechanik experimentell testbar, weil ein numerischer, präziser Wert vorlag, der unter der Bedingung der Unabhängigkeit (Kontra-Quantenmechanik) zu erwarten wäre, wenn das oben geschilderte Experiment durchgeführt wurde.
Es wurden bereits eine Reihe solcher Experimente durchgeführt, entweder als Polarisationsmessungen von Photonenpaaren oder als Spinmessungen von Protonen... Aus einer Fülle von Daten werden die Korrelationen der entsprechenden Messpaare errechnet. Es zeigt sich, dass die Bell'sche Ungleichung verletzt wird, d.h., dass die Messwerte höher miteinander korreliert sind, als dies unter der Voraussetzung der Lokalität sein dürfte. Anders ausgedrückt: die von der Quantenmechanik ausgesagte Nichtlokalität eines Quantensystems ist tatsächlich Realität. Das berühmteste dieser Experimente ist vielleicht das von Aspect et al. (1982a, 1982b). Mittlerweile wird es von fast allen Physikern akzeptiert, dass lokale Theorien diesen holistischen Aspekt der Quantenmechanik nicht erklären können, und dass Nichtlokalität zu den grundlegenden Aspekten der Natur gehört (Walach, 1996).

Was für uns Nichtphysiker zunächst bleibt, ist die Erkenntnis, dass auch in der Wissenschaft das Wissen Einzug hält, dass alles mit allem in Verbindung steht.

Walach schreibt in der oben bereits zitierten Arbeit auch: „Indem wir separieren, trennen, zerstören wir den ursprünglichen, verbundenen Zustand (entangled state)".

Wir können es so verstehen, dass in speziellen Situationen, durch bewusste Anstrengung, bei emotionalen Ausnahmezuständen, während veränderter Bewusstseinszustände, durch Rituale oder durch kognitive Strukturierung eines Geschehens der Zustand der holistischen Korrelation wieder verbessert wird. Dadurch entstehen Effekte, die wie kausale Zusammenhänge wirken, ihrem Wesen nach jedoch Korrelationen bleiben. Auch der Arzneifindungsprozess, die Zubereitung und die Arzneiprüfung sind Teile eines „Rituals", welches den Zustand der ursprünglichen Verbundenheit, des Einsseins wieder herzustellen versucht. Je besser das gelingt, desto wahrscheinlicher tritt ein heilender Prozess ein. „Dies wird allerdings häufig kausal missdeutet, vielleicht, weil die Korrelation hoch ist. Ontologisch könnte es aber sehr wohl sein, dass keine kausalen, sondern korrelativ-kausale Prozesse am Werk sind. In der normalen ärztlichen Praxis würde das keine Rolle spielen. Denn eine 100 %-ige Wirkung wird aufgrund der Komplexität niemand erwarten... Beispiele, die für eine solche Interpretation der Homöopathie sprechen, sind folgende:

1. Es sind Heilungen bekannt, die auch ohne materielle Gabe eines Arzneimittels zustande kommen.

2. Heilungen kommen oft nicht zustande, obwohl anscheinend das beste Arzneimittel gegeben wurde.

3. Heilungen können auch zustande kommen, obwohl eine offenbar falsche Arznei gegeben wurde.

4. In klinischen Studien erlebt man immer wieder, das „Tunneln" eines starken therapeutischen Effektes mit allen Arzneimitteln einer spezifischen Arzneimittelwirkung in die Placebo-Gruppe. Das Phänomen ist übrigens nicht auf Homöopathie-Studien beschränkt, sondern kommt auch in konventionellen Studien vor. Aber in Homöopathie-Studien wirkt es sich fataler aus.

5. Homöopathie-Studien zeigen manchmal ein sehr bizarres Verhalten: Manche Studien zeigen sehr starke Effekte, andere gar keine. Oder: was sich in der

klinischen Praxis bewährt, ist in einer klinischen Studie fruchtlos und umgekehrt... Im Einzelfall ist es immer wieder eine Überraschung, ob und wie ein Arzneimittel wirkt. Zwar wirkt es, wenn richtig gewählt, sehr häufig, weswegen man es gut zu therapeutischen Zwecken verwenden kann, aber es ist nicht im Sinn einer klaren kausalen Manipulation einsetzbar, sondern entzieht sich im tiefsten Kern und ist nicht verfügbar. (Walach, 1996)

Bei genauer Betrachtung haben wir hier nicht nur ein Modell für die Wirkungen der Homöopathie, sondern ein Modell für alle Prozesse des Lebens. Es ist ein Modell für jedes Geschehen, dass sich über die verschiedenen Phasen vom Gedanken zur Empfindung, zum Wollen, zur Tat, ins Sein verdichtet, transformiert. Dabei sind die direkten Wirkungen die, die wir selbst spürbar und erkennbar verursachen und die indirekten, deren phasenhaften Wandel wir oft nicht einmal bemerken, weil ihre Ergebnisse außerhalb der Reichweite unseres Tagesbewusstseins liegen. Es ist die Vereinigung von Ursache und Wirkung, auch gefasst im Bild der Heimkehr des verlorenen Sohnes.

Prüfungssymptome von

Mercurius solubilis – Mercuroamidonitrat Hg Mercurooxid - NH2Hg2NO3 Hg HgO

Dieser Auszug wurde mit Hilfe des **Computerprogrammes Radar aus dem Repertorium SYNTHESIS, Version 6,** erstellt. Der Abdruck erfolgt mit der freundlichen Genehmigung der **Firma Archibel S.A., Belgien und des Hahnemann Institutes, Greifenberg**. An dieser Stelle nochmals herzlichen Dank.

Nr.	Symptom / Zeichen	Intensität	Anzahl der Mittel in der Rubrik
1.	Gemüt - Abneigung - allem, gegenüber	1	39
2.	Gemüt - Abneigung - Familienmitglieder; gegen	3	19
3.	Gemüt - Abneigung - Menschen; gegen - alle, gegen	2	8
4.	Gemüt - Abscheu - allgemeiner	1	42
5.	Gemüt - Abscheu - Arbeit, vor der	1	21
6.	Gemüt - Abscheu - Leben, vor dem	3	84
7.	Gemüt - Albernes Benehmen	2	65
8.	Gemüt - Alkoholismus	1	135
9.	Gemüt - Alkoholismus - Schüchternheit, aus	1	2
10.	Gemüt - Anarchist	2	4
11.	Gemüt - Anarchist - Revolutionär	3	1
12.	Gemüt - Angesehen zu werden; erträgt es nicht	1	23
13.	Gemüt - Angst	2	362
14.	Gemüt - Angst - tagsüber	1	21
15.	Gemüt - Angst - abends	2	87
16.	Gemüt - Angst - nachts	2	119
17.	Gemüt - Angst - nachts - Mitternacht - vor	1	36
18.	Gemüt - Angst - Essen - nach	1	39
19.	Gemüt - Angst - Fieber - während	1	91
20.	Gemüt - Angst - Furcht, mit	2	110
21.	Gemüt - Angst - Gesicht - Hitze des Gesichtes, mit	1	7
22.	Gemüt - Angst - Gesundheit; um die - Verwandten; von	1	6
23.	Gemüt - Angst - Gewissensangst (= als wäre er eines Verbrechens schuldig)	2	75
24.	Gemüt - Angst - Menses - vor	1	22
25.	Gemüt - Angst - Menses - während	1	33
26.	Gemüt - Angst - Müdigkeit, mit	1	16
27.	Gemüt - Angst - Schlaf - während	1	42
28.	Gemüt - Angst - Schlaf - Einschlafen, beim	1	13
29.	Gemüt - Angst - Schreck - nach	1	12
30.	Gemüt - Angst - Schweiß - während	1	2
31.	Gemüt - Angst - Seelenheil, um das - Glaubens; um den Verlust seines	1	5
32.	Gemüt - Angst - Stuhlgang - vor	2	24
33.	Gemüt - Angst - Stuhlgang - während	1	20
34.	Gemüt - Angst - Stuhlgang - nach	1	17
35.	Gemüt - Angst - Suizidneigung, mit	2	10
36.	Gemüt - Angst - treibt von einer Stelle zur anderen	1	6
37.	Gemüt - Angst - Untätigkeit, mit	1	4
38.	Gemüt - Angst - Zukunft: in bezug auf die	1	108
39.	Gemüt - Antworten - Abneigung zu antworten	1	67
40.	Gemüt - Antworten - denkt lange nach	1	10
41.	Gemüt - Antworten - einsilbig	1	15
42.	Gemüt - Antworten - falsch, unrichtig	1	13
43.	Gemüt - Antworten - langsam	3	35
44.	Gemüt - Anziehen - unfähig sich anzuziehen	1	1
45.	Gemüt - Aphasie	2	53
46.	Gemüt - Argwöhnisch (= mißtrauisch)	2	105
47.	Gemüt - Argwöhnisch - tagsüber	2	1
48.	Gemüt - Argwöhnisch - beleidigend	1	1
49.	Gemüt - Argwöhnisch - Feind; hält jeden für seinen	2	2
50.	Gemüt - Auffahren, Zusammenfahren	1	117
51.	Gemüt - Auffahren, Zusammenfahren - Geräusche, durch	2	60
52.	Gemüt - Auffahren, Zusammenfahren - leicht	1	52
53.	Gemüt - Auffahren, Zusammenfahren - Schlaf - während	2	163
54.	Gemüt - Auffahren, Zusammenfahren - Schlaf - durch	2	124
55.	Gemüt - Auffahren, Zusammenfahren - Schlaf - Einschlafen, beim	1	72
56.	Gemüt - Auffahren, Zusammenfahren - Schläfrigkeit, bei	1	13
57.	Gemüt - Auffahren, Zusammenfahren - Schreck oder wie durch Schreck; durch	2	68
58.	Gemüt - Auffahren, Zusammenfahren - Umherwerfen der Arme; durch	1	1
59.	Gemüt - Außer sich; ist	1	51
60.	Gemüt - Außer sich; ist - Angst; vor	1	14
61.	Gemüt - Beleidigt, leicht (= nimmt alles übel; sieht alles von der schlechten Seite)	1	79
62.	Gemüt - Berühren; muss alles	2	6
63.	Gemüt - Berührt zu werden; Abneigung	1	46
64.	Gemüt - Beschimpfen, beleidigen, schmähen	1	67
65.	Gemüt - Beschwerden durch - Ehrgeiz - enttäuscht	1	6

Nr.	Symptom / Zeichen	Intensität	Anzahl der Mittel in der Rubrik
66.	Gemüt - Beschwerden durch - Enttäuschung	3	17
67.	Gemüt - Beschwerden durch - Erwartungsspannung (= Vorahnungen; Vorgefühl)	1	68
68.	Gemüt - Beschwerden durch - Ichbezogenheit, Selbstüberhebung	1	9
69.	Gemüt - Beschwerden durch - Kränkung, Demütigung	1	39
70.	Gemüt - Beschwerden durch - Schreck	1	72
71.	Gemüt - Beschwerden durch - sexuell - Exzesse	2	59
72.	Gemüt - Beschwerden durch - Überraschungen - angenehme	1	5
73.	Gemüt - Beschwerden durch - Uneinigkeit zwischen - Eltern, Freunden	1	11
74.	Gemüt - Beschwerden durch - Uneinigkeit zwischen - Vorgesetzten und Untergebenen	1	9
75.	Gemüt - Beschwerden durch - Zorn (= Verdruß, Ärger)	1	94
76.	Gemüt - Beschwerden durch - Zorn - Entrüstung; mit	1	11
77.	Gemüt - Bestimmtheit (= Rechthaberei)	2	11
78.	Gemüt - Betäubung (= wie berauscht)	2	237
79.	Gemüt - Betäubung - Freien, im - amel.	1	4
80.	Gemüt - Betäubung - weiß nicht, wo er ist	1	3
81.	Gemüt - Bett - Abneigung gegen das Bett, meidet es	1	18
82.	Gemüt - Bett - bleiben; möchte im Bett	1	12
83.	Gemüt - Bewußtlosigkeit (= Koma, Stupor)	1	280
84.	Gemüt - Bewußtlosigkeit - morgens	1	45
85.	Gemüt - Bewußtlosigkeit - Meningitis, bei	2	10
86.	Gemüt - Bewußtlosigkeit - Schwindel, bei	1	46
87.	Gemüt - Bewußtlosigkeit - Traum, wie ein einem - weiß nicht, wo er ist	1	9
88.	Gemüt - Boshaft (= bösartig, heimtückisch, rachsüchtig)	1	99
89.	Gemüt - Boshaft - beleidigend	1	2
90.	Gemüt - Bulimie	2	16
91.	Gemüt - Chaotisch	2	44
92.	Gemüt - Delirium	2	233
93.	Gemüt - Delirium - morgens	1	8
94.	Gemüt - Delirium - nachts	2	67
95.	Gemüt - Delirium - albern, töricht	1	11
96.	Gemüt - Delirium - brummt	2	44
97.	Gemüt - Delirium - erkennt niemanden	1	11
98.	Gemüt - Delirium - Erwachen, beim	1	20
99.	Gemüt - Delirium - flüstert - sich selbst, zu	1	3
100.	Gemüt - Delirium - manisch	1	47
101.	Gemüt - Delirium - Mund; steckt Steine in den	1	1
102.	Gemüt - Delirium - nackt sein; möchte im Delirium	1	7
103.	Gemüt - Delirium - rasend (= tobend)	2	84
104.	Gemüt - Delirium - Schimpfen	1	5
105.	Gemüt - Delirium - Schlaf - während	1	26
106.	Gemüt - Delirium - Schlaf - Einschlafen, beim	1	17
107.	Gemüt - Delirium - Schlaflosigkeit - mit	1	45
108.	Gemüt - Delirium - Schreien, mit	1	18
109.	Gemüt - Delirium - Springen, mit	1	4
110.	Gemüt - Delirium - Verfolgungswahn im Delirium	1	9
111.	Gemüt - Delirium tremens (= Säuferwahn)	2	84
112.	Gemüt - Demenz	1	33
113.	Gemüt - Demenz - paralytica, Dementia	1	18
114.	Gemüt - Demenz - Syphilitikern, von	1	5
115.	Gemüt - Denken - Beschwerden - agg.; Denken an seine Beschwerden	1	71
116.	Gemüt - Diktatorisch, herrschsüchtig, dogmatisch, despotisch	2	25
117.	Gemüt - Eifersucht	1	34
118.	Gemüt - Eigensinnig, starrköpfig, dickköpfig	1	107
119.	Gemüt - Eitelkeit	2	10
120.	Gemüt - Empfindlich (= überempfindlich)	2	192
121.	Gemüt - Empfindlich - abends	1	6
122.	Gemüt - Empfindlich - Geräusche, gegen	2	149
123.	Gemüt - Empfindlich - Geräusche, gegen - Musik amel.	1	15
124.	Gemüt - Empfindlich - Gerüche, gegen	1	30
125.	Gemüt - Empfindlich - Lesen, gegen	1	4
126.	Gemüt - Empfindlich - Musik, gegen	1	46
127.	Gemüt - Entfremdet - Freunde und Verwandte - ignoriert seine	1	4
128.	Gemüt - Entmutigt	1	135
129.	Gemüt - Entmutigt - Zukunft, in bezug auf die	1	2
130.	Gemüt - Erkennt - nicht; erkennt - Haus nicht; erkennt das eigene	1	4
131.	Gemüt - Erkennt - nicht; erkennt - Verwandten nicht; erkennt seine eigenen	2	28
132.	Gemüt - Ernst	2	77
133.	Gemüt - Erotisch	2	39
134.	Gemüt - Erregung (= Erregbarkeit)	2	287
135.	Gemüt - Erregung - abends - Bett, im	2	31
136.	Gemüt - Erregung - Ausscheidungen; durch Unterdrückung von	1	3
137.	Gemüt - Erregung - Erwachen, beim - erschreckt, wie	2	1
138.	Gemüt - Erregung - fiebrig	1	11

Nr.	Symptom / Zeichen	Intensität	Anzahl der Mittel in der Rubrik
139.	Gemüt - Erregung - lasziv, mit schmerzhaften nächtlichen Erektionen	2	1
140.	Gemüt - Erregung - Sprechen, beim	1	7
141.	Gemüt - Erregung - Stammelt, wenn er zu Fremden spricht	1	2
142.	Gemüt - Erschöpfung; geistige (= blackout / geistige Leere)	1	217
143.	Gemüt - Erschreckt leicht	2	125
144.	Gemüt - Erschreckt leicht - abends	1	5
145.	Gemüt - Erschreckt leicht - Kleinigkeiten, über	1	27
146.	Gemüt - Fäzes - leckt Kuhmist, Schlamm und Speichel auf	1	2
147.	Gemüt - Fäzes - schluckt seinen	1	5
148.	Gemüt - Farben - blau - amel. - himmelblau	1	1
149.	Gemüt - Farben - grün - amel. - hellgrün	1	1
150.	Gemüt - Faulheit (= Abneigung gegen Arbeit, Trägheit)	2	269
151.	Gemüt - Faulheit - morgens	1	51
152.	Gemüt - Fehler; macht - Lesen, beim	1	9
153.	Gemüt - Fehler; macht - Orte; in bezug auf	1	32
154.	Gemüt - Fehler; macht - Rechnen, beim	1	14
155.	Gemüt - Fehler; macht - Sprechen, beim	2	81
156.	Gemüt - Fehler; macht - Sprechen, beim - Worte - falsche Worte; benutzt	1	53
157.	Gemüt - Fehler; macht - Sprechen, beim - Worte - stellt Worte an die falsche Stelle	1	46
158.	Gemüt - Feigheit	1	89
159.	Gemüt - Feind; betrachtet jeden als	2	1
160.	Gemüt - Fliehen, versucht zu	1	61
161.	Gemüt - Fliehen, versucht zu - nachts	1	1
162.	Gemüt - Fliehen, versucht zu - Angst in der Nacht; mit	2	1
163.	Gemüt - Fliehen, versucht zu - Verbrechen begangen zu haben; aus Furcht, ein	2	1
164.	Gemüt - Fliehen, versucht zu - wegzulaufen, um	2	16
165.	Gemüt - Frivol	3	14
166.	Gemüt - Froh (= heiter)	1	182
167.	Gemüt - Froh - abends - Bett, im	2	29
168.	Gemüt - Froh - abwechselnd mit - Mitleid, Mitgefühl; Mangel an	1	1
169.	Gemüt - Frühreif	2	7
170.	Gemüt - Furcht (= Befürchtungen, Scheu vor)	2	242
171.	Gemüt - Furcht - abends	1	51
172.	Gemüt - Furcht - abends - Bett, im	1	8
173.	Gemüt - Furcht - nachts	2	58
174.	Gemüt - Furcht - allein zu sein	1	54
175.	Gemüt - Furcht - allein zu sein - aus Furcht - verletzen; sich zu	1	3
176.	Gemüt - Furcht - Anfall zu bekommen; einen	1	13
177.	Gemüt - Furcht - Bett - vor dem	1	20
178.	Gemüt - Furcht - eingebildeten - Dingen, vor	1	15
179.	Gemüt - Furcht - Epilepsie, vor	1	3
180.	Gemüt - Furcht - Ersticken, vor dem	1	24
181.	Gemüt - Furcht - fliehen; mit Verlangen zu	1	9
182.	Gemüt - Furcht - Geisteskrankheit (= den Verstand zu verlieren)	2	74
183.	Gemüt - Furcht - Geisteskrankheit - nachts	2	3
184.	Gemüt - Furcht - geschehen; etwas werde	1	82
185.	Gemüt - Furcht - Gesundheit - geliebter Menschen; in bezug auf die Gesundheit	1	3
186.	Gemüt - Furcht - Gewitter, vor	1	25
187.	Gemüt - Furcht - Glauben zu verlieren; davor seinen religiösen	1	5
188.	Gemüt - Furcht - Herzklopfen, mit	2	11
189.	Gemüt - Furcht - Hunden, vor	1	22
190.	Gemüt - Furcht - Krankheit, vor drohender	1	66
191.	Gemüt - Furcht - Männern, vor	1	30
192.	Gemüt - Furcht - Menschen, vor (= Anthropophobie)	1	81
193.	Gemüt - Furcht - Nadeln, vor (= spitzen Gegenständen)	1	10
194.	Gemüt - Furcht - Räubern, vor	2	25
195.	Gemüt - Furcht - Räubern, vor - Erwachen, beim	1	3
196.	Gemüt - Furcht - Ruhelosigkeit aus Furcht	1	8
197.	Gemüt - Furcht - Schlaf - einzuschlafen; Furcht	1	18
198.	Gemüt - Furcht - Selbstmord, vor	2	10
199.	Gemüt - Furcht - Syphilis; vor	1	3
200.	Gemüt - Furcht - Tod; vor dem	2	143
201.	Gemüt - Furcht - Tod; vor dem - drohendem Tod, vor	3	17
202.	Gemüt - Furcht - töten, davor zu	1	12
203.	Gemüt - Furcht - Unglück, vor	2	93
204.	Gemüt - Furcht - Unheil; Furcht vor	1	115
205.	Gemüt - Gedächtnis - gut, aktiv	2	91
206.	Gemüt - Gedächtnis - Gedächtnisschwäche	3	284
207.	Gemüt - Gedächtnis - Gedächtnisschwäche - Eigennamen; für	1	44
208.	Gemüt - Gedächtnis - Gedächtnisschwäche - gelesen hat; für das, was er	2	41
209.	Gemüt - Gedächtnis - Gedächtnisschwäche - gesagt hat; für das, was er	1	29
210.	Gemüt - Gedächtnis - Gedächtnisschwäche - Orte, für	1	11
211.	Gemüt - Gedächtnis - Gedächtnisschwäche - Personen, für	1	23
212.	Gemüt - Gedächtnis - Gedächtnisschwäche - sagen will; für das, was er gerade	1	38

Nr.	Symptom / Zeichen	Intensität	Anzahl der Mittel in der Rubrik
213.	Gemüt - Gedächtnis - Gedächtnisschwäche - Termine, für das Datum; für	1	12
214.	Gemüt - Gedächtnis - Gedächtnisschwäche - Zeit, für die	1	2
215.	Gemüt - Gedächtnis - Gedächtnisverlust - Geisteskrankheit, bei	2	3
216.	Gemüt - Gedächtnis - Gedächtnisverlust - Verletzungen, nach - Kopfes, des	1	7
217.	Gemüt - Gedanken - drängen auf ihn ein und schwirren durcheinander	2	16
218.	Gemüt - Gedanken - Gedankenandrang, einstürmende Gedanken, Gedankenfluß	1	78
219.	Gemüt - Gedanken - hartnäckig	1	83
220.	Gemüt - Gedanken - Krankheit, über seine - unheilbare, an eine	1	1
221.	Gemüt - Gedanken - Vergehen, Schwinden der Gedanken	2	76
222.	Gemüt - Gedanken - wandernd	1	72
223.	Gemüt - Gedanken versunken, in	1	90
224.	Gemüt - Gefahr - kein Gefühl für Gefahr; hat	1	4
225.	Gemüt - Geistesabwesend	2	71
226.	Gemüt - Geisteskrankheit, Wahnsinn	3	153
227.	Gemüt - Geisteskrankheit, Wahnsinn - albern, lächerlich	1	6
228.	Gemüt - Geisteskrankheit, Wahnsinn - Alkoholikern; bei	1	22
229.	Gemüt - Geisteskrankheit, Wahnsinn - Gesicht - blassem, mit	1	5
230.	Gemüt - Geisteskrankheit, Wahnsinn - ißt - Mist	1	1
231.	Gemüt - Geisteskrankheit, Wahnsinn - Mutwilligkeit, Ausgelassenheit; mit	1	7
232.	Gemüt - Geisteskrankheit, Wahnsinn - religiös	1	19
233.	Gemüt - Geisteskrankheit, Wahnsinn - Ruhelosigkeit, mit	1	14
234.	Gemüt - Geisteskrankheit, Wahnsinn - Weinen, mit	1	3
235.	Gemüt - Geistige Anstrengung - agg. - unmöglich	1	130
236.	Gemüt - Geiz	3	34
237.	Gemüt - Gelingt nichts, es	1	9
238.	Gemüt - Geräusche - Neigung Krach, Lärm zu machen	1	7
239.	Gemüt - Geschäftig	1	45
240.	Gemüt - Gesellschaft - Abneigung gegen - ertragen, kann niemanden	1	4
241.	Gemüt - Gesellschaft - Abneigung gegen - Land; möchte von Menschen weg aufs	1	5
242.	Gemüt - Gesellschaft - Verlangen nach (= Abneigung gegen Einsamkeit)	1	83
243.	Gemüt - Gesellschaft - Verlangen nach - allein; agg. wenn	2	48
244.	Gemüt - Gesten, Gebärden; macht - Hände; unwillkürliche Bewegungen der	1	23
245.	Gemüt - Gesten, Gebärden; macht - Hände; unwillkürliche Bewegungen der - Greifen - Mund - alles in den Mund; steckt	1	3
246.	Gemüt - Gesten, Gebärden; macht - konvulsivisch	1	24
247.	Gemüt - Gesten, Gebärden; macht - lächerlich oder albern	1	19
248.	Gemüt - Gesten, Gebärden; macht - sonderbare Posen und Haltungen	1	20
249.	Gemüt - Gesund - sagt, er sei gesund - krank ist; wenn er sehr	1	17
250.	Gemüt - Getragen - Verlangen getragen zu werden	1	31
251.	Gemüt - Gewissenhaft, peinlich genau in bezug auf Kleinigkeiten	1	58
252.	Gemüt - Gier, Habsucht	2	19
253.	Gemüt - Gleichgültigkeit, Apathie	2	251
254.	Gemüt - Gleichgültigkeit, Apathie - tagsüber	1	6
255.	Gemüt - Gleichgültigkeit, Apathie - allem; gegenüber	2	71
256.	Gemüt - Gleichgültigkeit, Apathie - Angenehmes, gegen	1	10
257.	Gemüt - Gleichgültigkeit, Apathie - Essen - gegenüber dem Essen	1	5
258.	Gemüt - Gleichgültigkeit, Apathie - Geld zu verdienen	1	5
259.	Gemüt - Gleichgültigkeit, Apathie - geliebte Personen, gegen	1	17
260.	Gemüt - Gleichgültigkeit, Apathie - Leben; gegen das	2	12
261.	Gemüt - Gleichgültigkeit, Apathie - Pflichten, gegenüber	1	12
262.	Gemüt - Gleichgültigkeit, Apathie - Umgebung, gegen die	1	16
263.	Gemüt - Gleichgültigkeit, Apathie - Vorwürfe, gegen alle	2	1
264.	Gemüt - Grimassen - sonderbare Gesichter; schneidet	1	6
265.	Gemüt - Haß - Menschen, auf - beleidigt haben; die ihn	1	11
266.	Gemüt - Hast, Eile	3	112
267.	Gemüt - Hast, Eile - Bewegungen in den	1	23
268.	Gemüt - Hause, zu - verlassen; Verlangen das Zuhause zu	1	7
269.	Gemüt - Heftig, vehement	1	100
270.	Gemüt - Heimweh	3	52
271.	Gemüt - Heuchelei	1	11
272.	Gemüt - Heulen	1	30
273.	Gemüt - Hinterhältig, hinterlistig, falsch, verschlagen	1	32
274.	Gemüt - Hinterhältig, hinterlistig, falsch, verschlagen - betrügerisch	1	3
275.	Gemüt - Hochmütig, arrogant	1	53
276.	Gemüt - Hoffnung, voller - abwechselnd mit - Entmutigung	2	5
277.	Gemüt - Hypochondrie	1	116
278.	Gemüt - Hysterie	2	194
279.	Gemüt - Hysterie - Menses - während	1	27
280.	Gemüt - Ichbezogenheit, Egotismus, Selbstüberschätzung	1	24
281.	Gemüt - Ideen, Einfälle - Mangel an	2	102
282.	Gemüt - Ideen, Einfälle - Reichtum an, Klarheit des Geistes	1	125
283.	Gemüt - Idiotie	1	45
284.	Gemüt - Imbezillität	2	140
285.	Gemüt - Impulse, Triebe; krankhafte	1	10

Nr.	Symptom / Zeichen	Intensität	Anzahl der Mittel in der Rubrik
286.	Gemüt - Impulse, Triebe; krankhafte - gewalttätig zu werden	1	1
287.	Gemüt - Indiskretion, Taktlosigkeit	2	30
288.	Gemüt - Jammern (= Gejammer, Lamentieren)	1	93
289.	Gemüt - Jammern - andere, um	1	1
290.	Gemüt - Jammern - Erwachen, beim	1	5
291.	Gemüt - Kämpfen, möchte	1	10
292.	Gemüt - Katalepsie (= Trance)	1	20
293.	Gemüt - Klagen	2	64
294.	Gemüt - Klagen - Verwandten und seine Umgebung; über seine	2	1
295.	Gemüt - Konzentration - schwierig	2	261
296.	Gemüt - Konzentration - schwierig - Rechnen, beim	2	7
297.	Gemüt - Konzentration - schwierig - Schreiben, beim	1	5
298.	Gemüt - Konzentration - schwierig - Studieren (= Lesen etc.)	1	52
299.	Gemüt - Kummer	2	76
300.	Gemüt - Kummer - Furcht in der Nacht; mit	2	1
301.	Gemüt - Lächeln - albern	2	4
302.	Gemüt - Lachen - abwechselnd mit - Weinen	3	43
303.	Gemüt - Lachen - albern	1	16
304.	Gemüt - Lakonisch	1	3
305.	Gemüt - Langeweile	3	53
306.	Gemüt - Langsamkeit	1	68
307.	Gemüt - Lästig, geht auf die Nerven	1	79
308.	Gemüt - Lasziv, lüstern	1	77
309.	Gemüt - Launenhaftigkeit, launisch	2	108
310.	Gemüt - Lebensüberdruß	2	82
311.	Gemüt - Lebensüberdruß - Schweiß, beim	2	6
312.	Gemüt - Lesen - unfähig zu lesen	1	9
313.	Gemüt - Lügner	1	22
314.	Gemüt - Lustig, fröhlich	1	123
315.	Gemüt - Lustig, fröhlich - albern	1	8
316.	Gemüt - Manie	3	149
317.	Gemüt - Manie - Raserei, mit	2	27
318.	Gemüt - Mathematik - Unfähigkeit zur - rechnen; kann nicht	1	16
319.	Gemüt - Menschenfeindlichkeit, Misanthropie	1	45
320.	Gemüt - Menses - während; Gemütssymptome	1	28
321.	Gemüt - Moralischem Empfinden; Mangel an - Verbrecher zu werden, ohne Reue; Neigung zum	1	5
322.	Gemüt - Morphiumsucht	1	31
323.	Gemüt - Murmeln	2	55
324.	Gemüt - Murmeln - Schlaf, im	1	18
325.	Gemüt - Mürrisch (= mißmutig, schlechte Laune, verdrießlich)	2	290
326.	Gemüt - Mürrisch - tagsüber	1	17
327.	Gemüt - Mürrisch - Essen, nach dem	1	21
328.	Gemüt - Musik - agg.	1	40
329.	Gemüt - Musik - Abneigung gegen	1	13
330.	Gemüt - Mutig	1	26
331.	Gemüt - Mutig - abwechselnd mit - Entmutigung	1	3
332.	Gemüt - Mutwillig, boshaft	2	24
333.	Gemüt - Mutwillig, boshaft - Imbezillität, bei	2	1
334.	Gemüt - Nackt sein, möchte	1	13
335.	Gemüt - Nackt sein, möchte - Delirium, im	1	7
336.	Gemüt - Nackt sein, möchte - Schlaf, im	1	4
337.	Gemüt - Nymphomanie	2	67
338.	Gemüt - Pelz; hüllt sich im Sommer in	1	4
339.	Gemüt - Pflicht - kein Pflichtgefühl	2	12
340.	Gemüt - Phantasien - übertrieben	2	114
341.	Gemüt - Phantasien - übertrieben - abends - Bett, im	1	28
342.	Gemüt - Phantasien - übertrieben - Schlaflosigkeit, mit	1	41
343.	Gemüt - Phantasien - übertrieben - schrecklich	1	9
344.	Gemüt - Possen, spielt	1	15
345.	Gemüt - Prahler, Aufschneider	1	13
346.	Gemüt - Protestiert, erhebt Einspruch	1	5
347.	Gemüt - Qualvolle Angst - tagsüber	1	8
348.	Gemüt - Qualvolle Angst - Menses - während	1	10
349.	Gemüt - Qualvolle Angst - Stuhlgang - vor	1	4
350.	Gemüt - Qualvolle Angst - Stuhlgang - während	1	2
351.	Gemüt - Raserei, Tobsucht, Wut	2	95
352.	Gemüt - Raserei, Tobsucht, Wut - abends	1	16
353.	Gemüt - Raserei, Tobsucht, Wut - nachts	1	15
354.	Gemüt - Raserei, Tobsucht, Wut - Wasser, beim Anblick von	1	7
355.	Gemüt - Rebelliert gegen Umschläge	1	17
356.	Gemüt - Reisen - Verlangen nach	2	28
357.	Gemüt - Reizbarkeit	2	408
358.	Gemüt - Reizbarkeit - tagsüber	1	32

Nr.	Symptom / Zeichen	Intensität	Anzahl der Mittel in der Rubrik
359.	Gemüt - Reizbarkeit - abwechselnd mit - Fröhlichkeit, Frohsinn	1	23
360.	Gemüt - Reizbarkeit - Essen - nach	1	26
361.	Gemüt - Reizbarkeit - Essen - Sättigung, bis zur	1	1
362.	Gemüt - Reizbarkeit - Fieberfrost, im	1	57
363.	Gemüt - Reizbarkeit - Kopfschmerzen, bei	1	61
364.	Gemüt - Reizbarkeit - mißtrauisch	1	3
365.	Gemüt - Reizbarkeit - Schweiß, beim	1	14
366.	Gemüt - Reizbarkeit - Stuhlgang - vor	1	5
367.	Gemüt - Reizbarkeit - Trost - agg.	1	21
368.	Gemüt - Religiös - Gemütsstörungen, religiöse	1	63
369.	Gemüt - Religiös - Mangel an religiösem Empfinden	1	12
370.	Gemüt - Reue	1	63
371.	Gemüt - Ruhelosigkeit	3	420
372.	Gemüt - Ruhelosigkeit - nachmittags	1	25
373.	Gemüt - Ruhelosigkeit - abends	2	51
374.	Gemüt - Ruhelosigkeit - abends - 20 h	3	2
375.	Gemüt - Ruhelosigkeit - nachts	3	249
376.	Gemüt - Ruhelosigkeit - nachts - Mitternacht - nach	1	13
377.	Gemüt - Ruhelosigkeit - ängstlich	2	111
378.	Gemüt - Ruhelosigkeit - Anstrengung, nach	2	2
379.	Gemüt - Ruhelosigkeit - Bett - aus einem Bett zum anderen gehen; will	1	15
380.	Gemüt - Ruhelosigkeit - Bett - Herumwerfen im	2	123
381.	Gemüt - Ruhelosigkeit - Bett - treibt aus dem	1	39
382.	Gemüt - Ruhelosigkeit - Erwachen, beim	1	30
383.	Gemüt - Ruhelosigkeit - Gehen, beim	1	7
384.	Gemüt - Ruhelosigkeit - Gewissens, des	1	4
385.	Gemüt - Ruhelosigkeit - Kindern, bei	3	22
386.	Gemüt - Ruhelosigkeit - Liegen, beim	1	8
387.	Gemüt - Ruhelosigkeit - Menses - während	1	40
388.	Gemüt - Ruhelosigkeit - Schläfrigkeit, bei	2	12
389.	Gemüt - Ruhelosigkeit - Schmerzen, durch	1	19
390.	Gemüt - Ruhelosigkeit - Sitzen, im	1	21
391.	Gemüt - Ruhelosigkeit - treibt umher	1	41
392.	Gemüt - Sachlich, vernünftig	1	9
393.	Gemüt - Satyriasis	1	26
394.	Gemüt - Schlemmer	1	8
395.	Gemüt - Schmollen	3	41
396.	Gemüt - Schmutzig	2	17
397.	Gemüt - Schreiben - unleserlich, schreibt	1	3
398.	Gemüt - Schreien (= Kreischen / Brüllen)	1	133
399.	Gemüt - Schreien - Berührung, bei	2	9
400.	Gemüt - Schreien - Cri encéphalique	2	29
401.	Gemüt - Schreien - Hydrozephalus, bei	1	7
402.	Gemüt - Schreien - Konvulsionen - während	2	31
403.	Gemüt - Schüchternheit, Zaghaftigkeit	2	113
404.	Gemüt - Schüchternheit, Zaghaftigkeit - schamhaft	1	58
405.	Gemüt - Schwangerschaft; Gemütsbeschwerden während der	1	17
406.	Gemüt - Schweigsam (= möchte still sein, schweigen / wortkarg)	2	209
407.	Gemüt - Schweigsam - Schweiß; beim	1	7
408.	Gemüt - Selbstsucht, Egoismus	1	32
409.	Gemüt - Selbstvertrauen - Mangel an Selbstvertrauen	1	86
410.	Gemüt - Sinne - abgestumpft, stumpf	1	107
411.	Gemüt - Sinne - Vergehen, Schwinden der	1	51
412.	Gemüt - Sinnlichkeit (= erotisch)	2	24
413.	Gemüt - Sitzen - Neigung zu sitzen	1	110
414.	Gemüt - Spaßen	1	52
415.	Gemüt - Spaßen - Abneigung gegen	2	22
416.	Gemüt - Spaßen - Spaß; verträgt keinen	1	12
417.	Gemüt - Spielen - Abneigung gegen Spielen - Kindern; bei	1	9
418.	Gemüt - Spielen - Spielleidenschaft	1	10
419.	Gemüt - Spielen - Spielleidenschaft - Geld zu verdienen; um	2	10
420.	Gemüt - Spielen - Unfähigkeit zu spielen	1	2
421.	Gemüt - Spontan, impulsiv	1	33
422.	Gemüt - Sprache - affektiert, manieriert, unnatürlich	2	22
423.	Gemüt - Sprache - einsilbig	1	7
424.	Gemüt - Sprache - hastig	3	44
425.	Gemüt - Sprache - langsam	1	59
426.	Gemüt - Sprache - unklar, unverständlich	2	20
427.	Gemüt - Sprache - unsinnig	1	29
428.	Gemüt - Sprache - unzusammenhängend	1	65
429.	Gemüt - Sprache - verlegen	1	8
430.	Gemüt - Sprache - zögernd	1	22
431.	Gemüt - Sprechen - Schlaf, im	1	93
432.	Gemüt - Sprechen - schweift von einem Thema zum anderen	1	47

Nr.	Symptom / Zeichen	Intensität	Anzahl der Mittel in der Rubrik
433.	Gemüt - Sprechen - sich selbst ; mit (= Selbstgespräche)	1	31
434.	Gemüt - Springen - Bett; aus dem	2	41
435.	Gemüt - Spucken	1	32
436.	Gemüt - Spucken - Boden und leckt es auf; spuckt auf den	1	1
437.	Gemüt - Spucken - Gesicht; Menschen ins	1	14
438.	Gemüt - Stimmung, Laune - abweisend, zurückweisend	2	40
439.	Gemüt - Stimmung, Laune - veränderlich (= unbeständig, wankelmütig)	2	158
440.	Gemüt - Stimmung, Laune - wechselnd, wechselhaft	1	80
441.	Gemüt - Stöhnen (= Ächzen, Wehklagen, Wimmern)	1	119
442.	Gemüt - Stöhnen - Schlaf, im	1	62
443.	Gemüt - Stöhnen - Schweiß, beim	2	10
444.	Gemüt - Stöhnen - ständiges Stöhnen und Schnappen nach Luft	1	4
445.	Gemüt - Streitsüchtig (= zänkisch, zanksüchtig)	2	136
446.	Gemüt - Streitsüchtig - Schlaf, im	1	9
447.	Gemüt - Streitsüchtig - sich selbst, mit	1	2
448.	Gemüt - Stumpfheit (= Trägheit, schwieriges Denken und Verstehen, Benommenheit)	2	332
449.	Gemüt - Stumpfheit - tagsüber	1	4
450.	Gemüt - Stumpfheit - morgens	1	54
451.	Gemüt - Stumpfheit - morgens - Erwachen, beim	1	26
452.	Gemüt - Stumpfheit - feuchte Luft - durch	1	10
453.	Gemüt - Stumpfheit - Hitze - während	1	14
454.	Gemüt - Stumpfheit - kaltem Wetter, bei	1	1
455.	Gemüt - Stumpfheit - Kindern; bei	1	21
456.	Gemüt - Stumpfheit - Kopfverletzungen, nach	1	5
457.	Gemüt - Stumpfheit - Schläfrigkeit, bei	2	30
458.	Gemüt - Stumpfheit - Schwindel; während	1	22
459.	Gemüt - Stupor	1	138
460.	Gemüt - Stupor - morgens	1	36
461.	Gemüt - Stupor - Meningitis, bei	2	7
462.	Gemüt - Suizidneigung; Neigung zum Selbstmord	2	98
463.	Gemüt - Suizidneigung; Neigung zum Selbstmord - Anblick von; beim - Schneidewerkzeug, scharfen Instrumenten; von	2	1
464.	Gemüt - Suizidneigung; Neigung zum Selbstmord - Furcht - Fenster oder einem Messer; mit Furcht vor einem offenen	2	4
465.	Gemüt - Suizidneigung; Neigung zum Selbstmord - Gedanken an Selbstmord	2	33
466.	Gemüt - Suizidneigung; Neigung zum Selbstmord - Menses - während	2	2
467.	Gemüt - Suizidneigung; Neigung zum Selbstmord - Messer - mit einem Messer	2	8
468.	Gemüt - Suizidneigung; Neigung zum Selbstmord - Schweiß, beim	2	9
469.	Gemüt - Suizidneigung; Neigung zum Selbstmord - Verhungern, durch	1	1
470.	Gemüt - Suizidneigung; Neigung zum Selbstmord - Weinen amel.	1	2
471.	Gemüt - Tadelsüchtig, krittelig	2	80
472.	Gemüt - Tadelt - andere	3	32
473.	Gemüt - Tadelt - sich selbst	1	36
474.	Gemüt - Tanzen	1	33
475.	Gemüt - Tod - Gedanken an den Tod	1	54
476.	Gemüt - Tod - Gedanken an den Tod - Furcht, ohne	1	4
477.	Gemüt - Tod - Vorahnung des Todes	3	62
478.	Gemüt - Tod - wünscht sich den Tod, möchte sterben	2	72
479.	Gemüt - Tollwut, Hydrophobie	1	46
480.	Gemüt - Töten, Verlangen zu	2	32
481.	Gemüt - Töten, Verlangen zu - Beleidigung zu töten; plötzlicher Impuls wegen einer geringen	2	3
482.	Gemüt - Töten, Verlangen zu - Ehemann zu töten; Impuls den geliebten	2	3
483.	Gemüt - Töten, Verlangen zu - Ehemann zu töten; Impuls den geliebten - Menses agg.; bei den	2	1
484.	Gemüt - Töten, Verlangen zu - Ehemann zu töten; Impuls den geliebten - Rasiermesser zu verstecken; deshalb fleht sie ihn an, das	2	1
485.	Gemüt - Töten, Verlangen zu - geliebte Menschen	1	6
486.	Gemüt - Töten, Verlangen zu - Kind, das eigene	1	4
487.	Gemüt - Töten, Verlangen zu - Menses - während	2	2
488.	Gemüt - Töten, Verlangen zu - Messer - Anblick eines Messers; beim	2	4
489.	Gemüt - Töten, Verlangen zu - Messer - mit einem Messer	2	12
490.	Gemüt - Töten, Verlangen zu - plötzlicher Impuls zu töten	1	10
491.	Gemüt - Töten, Verlangen zu - sich selbst zu töten; plötzlicher Impuls	1	8
492.	Gemüt - Töten, Verlangen zu - widerspricht; den der ihr	2	1
493.	Gemüt - Traum; wie in einem	1	69
494.	Gemüt - Traurigkeit (= Niedergeschlagenheit, Verzagtheit, Depression, Schwermut, Melancholie)	3	477
495.	Gemüt - Traurigkeit - ängstlich	1	32
496.	Gemüt - Traurigkeit - Diarrhoe, bei	2	7
497.	Gemüt - Traurigkeit - Frost - während	1	37
498.	Gemüt - Trurigkeit - Menses - während	1	35
499.	Gemüt - Trurigkeit - Sonnenschein, bei	2	3

Nr.	Symptom / Zeichen	Intensität	Anzahl der Mittel in der Rubrik
500.	Gemüt - Trost - agg.	1	39
501.	Gemüt - Unaufmerksam	1	23
502.	Gemüt - Unbesonnen	2	82
503.	Gemüt - Unbeständigkeit - Gedanken, der	1	6
504.	Gemüt - Unduldsamkeit	1	7
505.	Gemüt - Unentschlossenheit	2	146
506.	Gemüt - Ungeduld	1	131
507.	Gemüt - Ungeduld - immer	1	2
508.	Gemüt - Ungeduld - Kleinigkeiten, um	1	7
509.	Gemüt - Ungehorsam	3	30
510.	Gemüt - Unglücklich, bedauernswert; fühlt sich	1	29
511.	Gemüt - Unhöflich	2	4
512.	Gemüt - Unordentlich	1	7
513.	Gemüt - Unzüchtig, obszön	1	34
514.	Gemüt - Unzufrieden (= mißvergnügt, unbefriedigt)	3	168
515.	Gemüt - Unzufrieden - allem; mit	3	66
516.	Gemüt - Unzufrieden - immer	3	4
517.	Gemüt - Unzufrieden - sich selbst, mit	1	36
518.	Gemüt - Unzufrieden - Umgebung, mit der	1	8
519.	Gemüt - Unzuverlässig - Versprechungen, bei seinen	1	8
520.	Gemüt - Verächtlich	1	35
521.	Gemüt - Vergeßlich	3	187
522.	Gemüt - Vergeßlich - Alkoholikern; Vergeßlichkeit bei	1	7
523.	Gemüt - Vergeßlich - geht; vergißt, wohin sie	2	2
524.	Gemüt - Verlassen zu sein; Gefühl	2	56
525.	Gemüt - Verletzen, sich zu - fürchtet sich davor alleingelassen zu werden, aus Furcht, sich zu verletzen	2	7
526.	Gemüt - Verleumden, Neigung zu	1	21
527.	Gemüt - Verschwenderisch	3	13
528.	Gemüt - Verschwenderisch - abwechselnd mit - Geiz	1	4
529.	Gemüt - Verwegenheit	1	26
530.	Gemüt - Verwirrung, geistige	3	321
531.	Gemüt - Verwirrung, geistige - morgens	1	115
532.	Gemüt - Verwirrung, geistige - morgens - Aufstehen - und nach dem Aufstehen	1	37
533.	Gemüt - Verwirrung, geistige - morgens - Erwachen, beim	1	50
534.	Gemüt - Verwirrung, geistige - Arbeit, bei der	1	1
535.	Gemüt - Verwirrung, geistige - Aufstehen - nach	1	12
536.	Gemüt - Verwirrung, geistige - Bett, im - herausspringen, läßt ihn	1	4
537.	Gemüt - Verwirrung, geistige - Erwachen, beim	1	71
538.	Gemüt - Verwirrung, geistige - Essen - nach	2	52
539.	Gemüt - Verwirrung, geistige - Freien, im - amel.	1	30
540.	Gemüt - Verwirrung, geistige - Liegen; beim	1	10
541.	Gemüt - Verwirrung, geistige - Sitzen, im	1	33
542.	Gemüt - Verwirrung, geistige - verläuft sich in bekannten Straßen	2	12
543.	Gemüt - Verwirrung, geistige - weiß nicht, wo er ist	1	7
544.	Gemüt - Verzweiflung	2	137
545.	Gemüt - Verzweiflung - Fieberfrost, im	1	20
546.	Gemüt - Verzweiflung - Genesung, in bezug auf die	2	44
547.	Gemüt - Wahnideen (= Einbildungen, Halluzinationen, Sinnestäuschungen)	2	191
548.	Gemüt - Wahnideen - abends - Bett, im	1	16
549.	Gemüt - Wahnideen - nachts	2	36
550.	Gemüt - Wahnideen - Ansammlungen von Dingen, Schwärmen, Menschenmengen etc.	1	17
551.	Gemüt - Wahnideen - Bilder, Phantome; sieht	2	76
552.	Gemüt - Wahnideen - Bilder, Phantome; sieht - nachts	2	40
553.	Gemüt - Wahnideen - Bilder, Phantome; sieht - Schlaf - vor	1	4
554.	Gemüt - Wahnideen - Bilder, Phantome; sieht - schreckliche	2	60
555.	Gemüt - Wahnideen - Bilder, Phantome; sieht - überall	1	3
556.	Gemüt - Wahnideen - Diebe - Haus, im	1	9
557.	Gemüt - Wahnideen - Diebe - sieht	1	21
558.	Gemüt - Wahnideen - drehen - sie - würde sich drehen - Kreis, im	1	10
559.	Gemüt - Wahnideen - ermordet - er würde ermordet - werden; er würde ermordet werden	1	21
560.	Gemüt - Wahnideen - Erwachen, beim	1	8
561.	Gemüt - Wahnideen - fehlschlagen, versagen; alles werde	1	6
562.	Gemüt - Wahnideen - Feind - jeder sei ein	2	3
563.	Gemüt - Wahnideen - Feind - umgeben von Feinden	2	5
564.	Gemüt - Wahnideen - geisteskrank - werden; er würde geisteskrank	1	43
565.	Gemüt - Wahnideen - Gesichter, sieht	1	26
566.	Gemüt - Wahnideen - Gesichter, sieht - häßliche (= gräßliche)	1	17
567.	Gemüt - Wahnideen - Gespenster, Geister, Gestalten - sieht	1	55
568.	Gemüt - Wahnideen - Gespenster, Geister, Gestalten - sieht - nachts	1	2
569.	Gemüt - Wahnideen - gesund, er sei	1	12
570.	Gemüt - Wahnideen - gezogen - er würde - hinten; nach	1	1

Nr.	Symptom / Zeichen	Intensität	Anzahl der Mittel in der Rubrik
571.	Gemüt - Wahnideen - Haus - Menschen; das Haus sei voller	1	10
572.	Gemüt - Wahnideen - Hause, zu - weg von zu Hause; er sei	1	23
573.	Gemüt - Wahnideen - Hölle - Qualen der Hölle, ohne sie erklären zu können; er erleidet die	2	2
574.	Gemüt - Wahnideen - Hölle - sei in	1	6
575.	Gemüt - Wahnideen - Hören - Einbildung; etwas zu hören	1	44
576.	Gemüt - Wahnideen - Hunde - sieht	1	18
577.	Gemüt - Wahnideen - Insekten, sieht	1	14
578.	Gemüt - Wahnideen - Körper - Süßigkeiten; sei aus	1	1
579.	Gemüt - Wahnideen - Mann - Männer sind nachts auf dem Bett	1	1
580.	Gemüt - Wahnideen - Menschen - sieht	1	29
581.	Gemüt - Wahnideen - Mund - Lebendiges würde in den Mund hineinkriechen - nachts	1	1
582.	Gemüt - Wahnideen - Musik - glaubt Musik zu hören	1	13
583.	Gemüt - Wahnideen - nachgestellt - ihm würde nachgestellt	1	28
584.	Gemüt - Wahnideen - Nadeln, sieht	1	2
585.	Gemüt - Wahnideen - närrisch	1	4
586.	Gemüt - Wahnideen - Nase - faßt Personen an der Nase	1	1
587.	Gemüt - Wahnideen - Ofen - heizt in der Sommerhitze den Ofen an	1	1
588.	Gemüt - Wahnideen - Phantasiegebilde, Illusionen	2	115
589.	Gemüt - Wahnideen - Phantasiegebilde, Illusionen - Fieberhitze, in der	1	7
590.	Gemüt - Wahnideen - religiös	1	17
591.	Gemüt - Wahnideen - schaukeln; er würde	1	3
592.	Gemüt - Wahnideen - schießen; er versucht, mit einem Stock zu	1	2
593.	Gemüt - Wahnideen - Schlaf - Einschlafen; Wahnideen beim	1	12
594.	Gemüt - Wahnideen - Schreck - nach	1	5
595.	Gemüt - Wahnideen - sonderbar, merkwürdig - Vertrautes scheint fremd	1	38
596.	Gemüt - Wahnideen - sterben - gleich sterben; glaubt, er würde	1	57
597.	Gemüt - Wahnideen - Tiere	1	42
598.	Gemüt - Wahnideen - Tiere - springen - an; springen sie	2	1
599.	Gemüt - Wahnideen - tot - Leiche - verstümmelte Leiche	1	7
600.	Gemüt - Wahnideen - Unglück	1	4
601.	Gemüt - Wahnideen - Unrecht - begangen; er habe Unrecht	1	26
602.	Gemüt - Wahnideen - Vagina - Lebendiges würde nachts in die Vagina hineinkriechen	1	1
603.	Gemüt - Wahnideen - Verbrechen - begangen; er habe ein Verbrechen	1	29
604.	Gemüt - Wahnideen - Verbrecher; er sei ein	2	11
605.	Gemüt - Wahnideen - Verbrechern, von	1	24
606.	Gemüt - Wahnideen - verfolgt - Feinden, von	1	30
607.	Gemüt - Wahnideen - verfolgt; er würde	1	23
608.	Gemüt - Wahnideen - vergehen - Sinne; scheint als würden seine	1	2
609.	Gemüt - Wahnideen - Verletzung - werden; würde gleich verletzt	1	13
610.	Gemüt - Wahnideen - verstümmelte Körper; sieht	1	8
611.	Gemüt - Wahnideen - Visionen, hat	1	76
612.	Gemüt - Wahnideen - Visionen, hat - schrecklich	1	27
613.	Gemüt - Wahnideen - wanken - er würde der Länge nach wanken - Liegen, beim	1	1
614.	Gemüt - Wahnideen - Wasser - fließen; sieht	2	1
615.	Gemüt - Wahnideen - Weinen, mit	1	5
616.	Gemüt - Wandern - Verlangen zu wandern	1	15
617.	Gemüt - Waschen - Verlangen zu waschen - Hände; wäscht sich ständig die	1	11
618.	Gemüt - Weinen (= Weinerlichkeit, weinerliche Stimmung)	3	244
619.	Gemüt - Weinen - amel.	1	24
620.	Gemüt - Weinen - nachts	1	81
621.	Gemüt - Weinen - nachts - Mitternacht - vor	1	3
622.	Gemüt - Weinen - Erwachen, beim	1	36
623.	Gemüt - Weinen - Fieberfrost - im	1	25
624.	Gemüt - Weinen - Konvulsionen - während	2	27
625.	Gemüt - Weinen - Schlaf, im	2	88
626.	Gemüt - Weinen - Schluchzen; Weinen mit	1	34
627.	Gemüt - Weinen - Schmerzen - während den Schmerzen	2	23
628.	Gemüt - Weinen - Trost - agg.	1	22
629.	Gemüt - Weinen - unwillkürlich	2	35
630.	Gemüt - Weinen - Verlangen zu weinen - immer; die ganze Zeit	1	16
631.	Gemüt - Weinen - Wimmern, Winseln	2	27
632.	Gemüt - Weinen - Wimmern, Winseln - Schlaf, im	1	28
633.	Gemüt - Widerspenstig	3	66
634.	Gemüt - Widerspruch - Neigung zu widersprechen	2	38
635.	Gemüt - Widerspruch - verträgt keinen Widerspruch	1	73
636.	Gemüt - Widerwillen	2	39
637.	Gemüt - Widerwillen - allem, vor	2	22
638.	Gemüt - Widerwillen - sich selbst; vor - Lebensmut, möchte nicht mit sich leben; hat keinen	2	2
639.	Gemüt - Wille - Verlust der Willenskraft	2	34
640.	Gemüt - Wille - Willensschwäche	1	58

Nr.	Symptom / Zeichen	Intensität	Anzahl der Mittel in der Rubrik
641.	Gemüt - Zeit - langsam, scheint länger; vergeht zu	2	29
642.	Gemüt - Zerreißt - Dinge im allgemeinen	1	21
643.	Gemüt - Zerstreut	2	166
644.	Gemüt - Ziehen - Haaren; an den - Verlangen zu ziehen - jemanden an den Haaren	1	11
645.	Gemüt - Ziehen - Nase; an der - jemanden in der Straße an der Nase	1	1
646.	Gemüt - Zorn (= Jähzorn / Ärgerlichkeit / üble Laune / Verdruß)	3	243
647.	Gemüt - Zorn - erstechen könnte; so wütend, dass er jeden	1	8
648.	Gemüt - Zorn - plötzlich	1	7
649.	Gemüt - Zorn - Weinen vor Schmerzen; mit	1	3
650.	Gemüt - Zorn - Widerspruch, durch	1	37
651.	Gemüt - Zügellosigkeit, sexuelle Ausschweifung	1	32
652.	Gemüt - Zurückhaltend, reserviert	1	64
653.	Gemüt - Zweifelt - Genesung; an der	2	31
654.	Schwindel - Schwindel im allgemeinen	2	291
655.	Schwindel - Mittags (12 - 13 h)	1	22
656.	Schwindel - Nachmittags (13 - 18 h)	1	42
657.	Schwindel - Abends (18 - 22 h)	1	75
658.	Schwindel - Angst, bei	1	18
659.	Schwindel - Aufrichten, beim - Bücken, vom	1	39
660.	Schwindel - Aufsetzen, beim - Bett, im	1	23
661.	Schwindel - Aufstehen - beim	1	87
662.	Schwindel - Aufstehen - Sitzen, vom - nach - gebeugtem Sitzen	1	1
663.	Schwindel - Aufstehen - Sitzen, vom - beim	1	51
664.	Schwindel - Balancieren, Gefühl zu	1	6
665.	Schwindel - Berauscht, wie	1	91
666.	Schwindel - Beugen des Kopfes; beim - vorne, nach	1	5
667.	Schwindel - Bewegung - Kopfes, des - schneller Bewegung, bei	1	20
668.	Schwindel - Bier, nach	1	3
669.	Schwindel - Blicken, beim - unten, nach	1	33
670.	Schwindel - Bücken, beim	2	97
671.	Schwindel - Drehen - beim Drehen	1	17
672.	Schwindel - Drehen - Kopfes; beim Drehen oder Bewegen des - schnell	1	22
673.	Schwindel - Eintritt ins Haus; beim	1	11
674.	Schwindel - Erbrechen - mit	2	34
675.	Schwindel - Essen - beim	1	20
676.	Schwindel - Essen - nach	1	41
677.	Schwindel - Fallen, stürzen; Neigung zu	1	88
678.	Schwindel - Fallen, stürzen; Neigung zu - hinten, nach	1	35
679.	Schwindel - Freien, im - amel.	1	44
680.	Schwindel - Gegenstände - drehen; scheinen sich im Kreis	1	53
681.	Schwindel - Gegenstände - drehen; scheinen sich im Kreis - Zimmer dreht sich; das	1	14
682.	Schwindel - Gehen - beim	1	133
683.	Schwindel - Gehen - Freien, im	1	67
684.	Schwindel - Gehen - Zimmer, in einem	1	7
685.	Schwindel - Haus - im	1	18
686.	Schwindel - Haus - im - amel.	1	7
687.	Schwindel - Heben des Kopfes; beim	1	28
688.	Schwindel - Herabsteigen, beim - Treppen, von	1	13
689.	Schwindel - Hitze - während der	1	23
690.	Schwindel - Kopfschmerz - während	2	109
691.	Schwindel - Kopfschmerz - nach	1	4
692.	Schwindel - Liegen - beim	1	54
693.	Schwindel - Liegen - Hinlegen (während er dabei ist, sich hinzulegen), beim - muss sich hinlegen	1	34
694.	Schwindel - Liegen - Rücken, auf dem	2	9
695.	Schwindel - Liegen - Seite, auf der - amel.	1	1
696.	Schwindel - Schaukeln, Schwingen; wie ein	2	6
697.	Schwindel - Schlaf - nach, agg.	1	31
698.	Schwindel - Schließen der Augen; beim	1	37
699.	Schwindel - Schreiben, beim	1	12
700.	Schwindel - Sitzen, im	2	84
701.	Schwindel - Sitzen, im - Schreiben, beim	1	2
702.	Schwindel - Stehen, im	2	67
703.	Schwindel - Steigen - Gefühl aufzusteigen	2	17
704.	Schwindel - Steigen - Treppensteigen, beim	1	16
705.	Schwindel - Taumeln, Wanken; mit	1	58
706.	Schwindel - Übelkeit, mit	2	121
707.	Schwindel - Übelkeit, mit - Heben des Kopfes; beim	2	1
708.	Schwindel - Verdunkelung des Gesichtsfeldes; mit	2	67
709.	Schwindel - Warm - Zimmer, im warmen	2	19
710.	Schwindel - Wärme von der Brust zum Hals aufsteigen; Gefühl, als würde	1	1
711.	Schwindel - Waschen, beim - Füße, der	1	1
712.	Kopf - Abszeß	2	5
713.	Kopf - Ausgedehnt, Gefühl wie - Ring, wie ein	1	1

Nr.	Symptom / Zeichen	Intensität	Anzahl der Mittel in der Rubrik
714.	Kopf - Bewegungen des Kopfes - Rollen des Kopfes	2	42
715.	Kopf - Bewegungen des Kopfes - Rollen des Kopfes - anfallsweise	1	1
716.	Kopf - Bewegungen des Kopfes - unwillkürlich	1	8
717.	Kopf - Bewegungen des Kopfes - vorne, nach	1	4
718.	Kopf - Bewegungen des Kopfes - Werfen des Kopfes - Herumwerfen	1	5
719.	Kopf - Bewegungen des Kopfes - Werfen des Kopfes - hinten, nach	1	13
720.	Kopf - Blutandrang (= Hyperämie, Kongestion etc.)	2	193
721.	Kopf - Blutandrang - Husten, beim	1	38
722.	Kopf - Blutandrang - Menses - vor	2	16
723.	Kopf - Blutandrang - Menses - während	1	33
724.	Kopf - Blutandrang - Menses - unterdrückte, durch	1	22
725.	Kopf - Eingeschlafen, Gefühl wie	1	12
726.	Kopf - Eingeschlafen, Gefühl wie - Liegen, beim	1	1
727.	Kopf - Entblößen des Kopfes agg.	2	66
728.	Kopf - Exostosen	3	14
729.	Kopf - Exostosen - schmerzhaft	3	5
730.	Kopf - Fallen des Kopfes - vorne, nach	2	35
731.	Kopf - Gefühllosigkeit, Taubheitsgefühl	1	66
732.	Kopf - Gefühllosigkeit, Taubheitsgefühl - Liegen, beim	1	2
733.	Kopf - Gefühllosigkeit, Taubheitsgefühl - Stirn	1	15
734.	Kopf - Gehirnblutung	1	32
735.	Kopf - Gehirnentzündung	2	28
736.	Kopf - Gehirnentzündung - Gehirnhaut, der (= Meningitis; Gehirnhautentzündung)	2	32
737.	Kopf - Gehirnentzündung - tuberkulös	2	10
738.	Kopf - Gehirnentzündung - Periosts, des (= Periostitis)	2	18
739.	Kopf - Gehirnerschütterung (= Commotio cerebri)	1	16
740.	Kopf - Geräusche im Kopf - Eustachischen Röhre; bei Entzündung der	3	2
741.	Kopf - Gezogen; der Kopf wird - hinten, nach	1	49
742.	Kopf - Gezogen; der Kopf wird - seitwärts	1	31
743.	Kopf - Gezogen; der Kopf wird - vorne, nach	1	8
744.	Kopf - Groß	1	6
745.	Kopf - Haar - fettig	1	11
746.	Kopf - Haar - Haarausfall	2	110
747.	Kopf - Haar - Haarausfall - Hinterkopf, am	1	6
748.	Kopf - Haar - Haarausfall - Schläfen	1	7
749.	Kopf - Haar - Haarausfall - Stirn	2	7
750.	Kopf - Haar - Sträuben der Haare	1	40
751.	Kopf - Hämatom am Kopf	2	3
752.	Kopf - Hautausschläge	3	59
753.	Kopf - Hautausschläge - abschilfernd	1	9
754.	Kopf - Hautausschläge - Bläschen	1	14
755.	Kopf - Hautausschläge - blutet nach Kratzen	2	14
756.	Kopf - Hautausschläge - Ekzem	1	50
757.	Kopf - Hautausschläge - feucht	2	35
758.	Kopf - Hautausschläge - feucht - zerfrißt das Haar	2	7
759.	Kopf - Hautausschläge - Impetigo	3	12
760.	Kopf - Hautausschläge - juckend	3	29
761.	Kopf - Hautausschläge - Krusten, Schorfe	3	74
762.	Kopf - Hautausschläge - Krusten, Schorfe - gelb	2	14
763.	Kopf - Hautausschläge - Pickel - Hinterkopf, am	1	9
764.	Kopf - Hautausschläge - Pusteln	2	19
765.	Kopf - Hautausschläge - Schuppen	1	27
766.	Kopf - Hautausschläge - schuppig	2	19
767.	Kopf - Hautausschläge - trocken	1	11
768.	Kopf - Hautausschläge - trocken - übelriechend	1	3
769.	Kopf - Hautausschläge - übelriechend	1	16
770.	Kopf - Hautausschläge - wundfressend	3	13
771.	Kopf - Hautausschläge - zerstören das Haar	1	4
772.	Kopf - Hautausschläge - Hinterkopf	1	20
773.	Kopf - Hitze	1	219
774.	Kopf - Hitze - brennend	1	24
775.	Kopf - Hitze - Frösteln - während	2	10
776.	Kopf - Hitze - Sitzen, im	1	5
777.	Kopf - Hitze - Stirn	1	117
778.	Kopf - Hydrozephalus	2	43
779.	Kopf - Hydrozephalus - liegt mit tief gelagertem Kopf	1	4
780.	Kopf - Hydrozephalus - Schweiß, mit	1	1
781.	Kopf - Jucken der Kopfhaut	2	131
782.	Kopf - Jucken der Kopfhaut - Stirn	1	47
783.	Kopf - Kälte, Frösteln etc.	2	118
784.	Kopf - Kälte, Frösteln etc. - abends	1	9
785.	Kopf - Kälte, Frösteln etc. - abwechselnd mit Hitze	1	6
786.	Kopf - Kälte, Frösteln etc. - Stirn	1	45
787.	Kopf - Kalte Luft; Kopf empfindlich gegen	2	39

Nr.	Symptom / Zeichen	Intensität	Anzahl der Mittel in der Rubrik
788.	Kopf - Läuse	2	16
789.	Kopf - Luft oder Wind - empfindlich gegen Luftzug	2	30
790.	Kopf - Offene Fontanellen	2	10
791.	Kopf - Prickeln, Kribbeln	1	27
792.	Kopf - Prickeln, Kribbeln - Liegen, beim	1	1
793.	Kopf - Pulsieren (= Pochen, Klopfen)	1	180
794.	Kopf - Pulsieren - Stirn	2	118
795.	Kopf - Pulsieren - Stirn - nachts	2	4
796.	Kopf - Pulsieren - Stirn - Bewegung, bei	1	5
797.	Kopf - Rucken des Kopfes - hinten, nach	1	11
798.	Kopf - Ruhelosigkeit	1	11
799.	Kopf - Schläge (= Schocks, Stöße, Rucke)	1	89
800.	Kopf - Schläge - Bewegung, durch	1	5
801.	Kopf - Schläge - Bücken, beim	1	4
802.	Kopf - Schmerz (= Kopfschmerzen im allgemeinen)	3	272
803.	Kopf - Schmerz - morgens	1	167
804.	Kopf - Schmerz - morgens - Aufstehen - beim	1	55
805.	Kopf - Schmerz - morgens - Bett, im	1	73
806.	Kopf - Schmerz - mittags	1	45
807.	Kopf - Schmerz - abends	2	167
808.	Kopf - Schmerz - nachts	3	118
809.	Kopf - Schmerz - abwechselnd mit - Schweiß - Füße	1	1
810.	Kopf - Schmerz - Absonderungen - unterdrückt	1	1
811.	Kopf - Schmerz - alkoholische Getränke - durch	1	56
812.	Kopf - Schmerz - Anstrengung, bei - körperlicher Anstrengung u.ä.; bei	1	29
813.	Kopf - Schmerz - Aufsetzen - aufrechtes Sitzen amel.; oder	1	7
814.	Kopf - Schmerz - Aufstehen - amel.	1	10
815.	Kopf - Schmerz - Berührung	2	68
816.	Kopf - Schmerz - Bett, im - Einschlafen, beim	2	10
817.	Kopf - Schmerz - Bewegung, bei - agg.	1	149
818.	Kopf - Schmerz - Bier, durch	1	11
819.	Kopf - Schmerz - Blicken, beim - seitwärts - durch	1	4
820.	Kopf - Schmerz - Bücken - durch	3	133
821.	Kopf - Schmerz - Druck, äußerlicher - amel.	1	91
822.	Kopf - Schmerz - Einhüllen des Kopfes	1	36
823.	Kopf - Schmerz - Erhitzung, durch - Feuer oder einen Ofen; durch ein	1	21
824.	Kopf - Schmerz - Erschütterung - jegliche Erschütterung, durch	1	63
825.	Kopf - Schmerz - Erschütterung (des Kopfes); durch	1	9
826.	Kopf - Schmerz - Essen - nach	1	98
827.	Kopf - Schmerz - Fahren - Wagen, im - amel.	1	6
828.	Kopf - Schmerz - festhalten; muss den Kopf	1	12
829.	Kopf - Schmerz - Gehen - beim	1	113
830.	Kopf - Schmerz - Gehen - Luft - Freien, im - beim	1	61
831.	Kopf - Schmerz - geistige Anstrengung - durch	1	130
832.	Kopf - Schmerz - Geräusche, durch	1	82
833.	Kopf - Schmerz - Hals; mit Schmerz im äußeren	1	66
834.	Kopf - Schmerz - Hals; mit Schmerz im äußeren - Nacken, im	1	70
835.	Kopf - Schmerz - heftige Schmerzen	2	94
836.	Kopf - Schmerz - Husten - beim	2	106
837.	Kopf - Schmerz - Kaffee - durch	1	27
838.	Kopf - Schmerz - kalt - Abkühlung, durch	2	47
839.	Kopf - Schmerz - kalt - Erkälten, durch	1	43
840.	Kopf - Schmerz - katarrhalisch	3	69
841.	Kopf - Schmerz - Lehnen an etwas - amel.	1	23
842.	Kopf - Schmerz - Lesen, beim - agg.	1	52
843.	Kopf - Schmerz - Liegen	2	83
844.	Kopf - Schmerz - Liegen - amel.	1	69
845.	Kopf - Schmerz - Liegen - Seite, auf der - rechts	1	9
846.	Kopf - Schmerz - Liegen - Seite, auf der - amel.	1	6
847.	Kopf - Schmerz - Luft - Freien, im	3	62
848.	Kopf - Schmerz - Luft - Luftzug; durch	2	33
849.	Kopf - Schmerz - Menses - vor	1	69
850.	Kopf - Schmerz - Obstipation, bei	1	30
851.	Kopf - Schmerz - rheumatisch	3	63
852.	Kopf - Schmerz - Säfteverlust; durch	1	20
853.	Kopf - Schmerz - Scharlach, nach	2	11
854.	Kopf - Schmerz - Schlaf - nach	1	115
855.	Kopf - Schmerz - Schmerzen im Rücken; mit	1	18
856.	Kopf - Schmerz - Schnupfen - mit	3	86
857.	Kopf - Schmerz - Schütteln des Kopfes; beim	1	55
858.	Kopf - Schmerz - Schweiß - nach	1	8
859.	Kopf - Schmerz - Schweiß - unterdrückten, durch	1	16
860.	Kopf - Schmerz - sexuell - Exzessen, nach	1	25
861.	Kopf - Schmerz - sexuell - Masturbation, nach	1	14

Nr.	Symptom / Zeichen	Intensität	Anzahl der Mittel in der Rubrik
862.	Kopf - Schmerz - Sitzen	1	67
863.	Kopf - Schmerz - Sitzen - amel.	1	33
864.	Kopf - Schmerz - Sprechen - beim	1	54
865.	Kopf - Schmerz - Sprechen - anderen, von	1	8
866.	Kopf - Schmerz - Stuhlgang - vor	1	4
867.	Kopf - Schmerz - syphilitisch	2	16
868.	Kopf - Schmerz - Trinken - durch	1	10
869.	Kopf - Schmerz - Verletzungen, nach mechanischen	1	21
870.	Kopf - Schmerz - warm - Zimmer, im warmen - amel.	2	32
871.	Kopf - Schmerz - Waschen - Kopfes; durch Waschen des	1	22
872.	Kopf - Schmerz - Wetter - bewölktem Wetter, bei	1	11
873.	Kopf - Schmerz - Wetter - kaltem Wetter, bei	2	42
874.	Kopf - Schmerz - Wetter - naßkaltem Wetter, bei	3	33
875.	Kopf - Schmerz - Zahnung, bei der	1	14
876.	Kopf - Schmerz - erstreckt sich zu - Augen	1	33
877.	Kopf - Schmerz - erstreckt sich zu - Hals; zum äußeren	1	27
878.	Kopf - Schmerz - erstreckt sich zu - Hals; zum inneren	1	4
879.	Kopf - Schmerz - erstreckt sich zu - Ohren	1	8
880.	Kopf - Schmerz - erstreckt sich zu - Zähne	1	20
881.	Kopf - Schmerz - Gehirn; schmerzhaftes Drücken tief im	1	75
882.	Kopf - Schmerz - Gehirn; schmerzhaftes Drücken tief im - Berührung, durch	1	21
883.	Kopf - Schmerz - Gehirn; schmerzhaftes Drücken tief im - Körperübungen, bei	1	1
884.	Kopf - Schmerz - Hinterkopf	1	251
885.	Kopf - Schmerz - Hinterkopf - Husten, beim	1	24
886.	Kopf - Schmerz - Hinterkopf - Schlaf - nach	1	50
887.	Kopf - Schmerz - Hinterkopf - zusammengeschraubt, wie	1	3
888.	Kopf - Schmerz - Hinterkopf - erstreckt sich zu - Hals - unten; den Nacken nach	1	33
889.	Kopf - Schmerz - Hinterkopf - erstreckt sich zu - Kopf	1	17
890.	Kopf - Schmerz - Hinterkopf - erstreckt sich zu - Stirn	1	46
891.	Kopf - Schmerz - Hinterkopf - erstreckt sich zu - vorne, nach	1	13
892.	Kopf - Schmerz - Hinterkopf und Stirn	1	78
893.	Kopf - Schmerz - Knochen	3	49
894.	Kopf - Schmerz - Scheitel	2	165
895.	Kopf - Schmerz - Scheitel - morgens	1	21
896.	Kopf - Schmerz - Scheitel - abends	1	34
897.	Kopf - Schmerz - Scheitel und Stirn	1	62
898.	Kopf - Schmerz - Schläfen	2	219
899.	Kopf - Schmerz - Schläfen - links	2	25
900.	Kopf - Schmerz - Schläfen - nachts	1	19
901.	Kopf - Schmerz - Schläfen - Bewegung, bei - amel.	1	5
902.	Kopf - Schmerz - Schläfen - Sitzen - amel.	1	8
903.	Kopf - Schmerz - Seiten - links	2	98
904.	Kopf - Schmerz - Seiten - rechts	1	80
905.	Kopf - Schmerz - Seiten - erstreckt sich zu - Hals	2	5
906.	Kopf - Schmerz - Seiten - erstreckt sich zu - Ohr	2	5
907.	Kopf - Schmerz - Seiten - erstreckt sich zu - Zähne	2	4
908.	Kopf - Schmerz - Seiten - eine Seite	2	190
909.	Kopf - Schmerz - Seiten - eine Seite - erstreckt sich zu - Hals	1	4
910.	Kopf - Schmerz - Stirn, in der	3	262
911.	Kopf - Schmerz - Stirn, in der - linke Seite	1	98
912.	Kopf - Schmerz - Stirn, in der - rechte Seite	1	104
913.	Kopf - Schmerz - Stirn, in der - abends	1	118
914.	Kopf - Schmerz - Stirn, in der - nachts	1	36
915.	Kopf - Schmerz - Stirn, in der - Bücken - durch	3	82
916.	Kopf - Schmerz - Stirn, in der - Druck - amel.	1	48
917.	Kopf - Schmerz - Stirn, in der - Gehen - Freien, im	1	23
918.	Kopf - Schmerz - Stirn, in der - Liegen - beim	1	17
919.	Kopf - Schmerz - Stirn, in der - Luft - Freien, im - amel.	1	45
920.	Kopf - Schmerz - Stirn, in der - Menses - während	1	36
921.	Kopf - Schmerz - Stirn, in der - Sitzen, im	1	27
922.	Kopf - Schmerz - Stirn, in der - Stehen - beim	1	20
923.	Kopf - Schmerz - Stirn, in der - Zimmer, im - warmen Zimmer, im	1	19
924.	Kopf - Schmerz - Stirn, in der - erstreckt sich zu - Gesicht	1	12
925.	Kopf - Schmerz - Stirn, in der - erstreckt sich zu - Scheitel	1	12
926.	Kopf - Schmerz - Stirn, in der - Augen - über den Augen	1	186
927.	Kopf - Schmerz - Stirn, in der - Mitte	3	29
928.	Kopf - Schmerz - Stirn, in der - Nasenwurzel, über der	1	56
929.	Kopf - Schmerz - ablösen würde; Schmerz, als ob sich die Schädeldecke	1	19
930.	Kopf - Schmerz - ablösen würde; Schmerz, als ob sich die Schädeldecke - Erschütterung, bei jeder	1	2
931.	Kopf - Schmerz - berstend	3	123
932.	Kopf - Schmerz - berstend - Husten, beim	1	27
933.	Kopf - Schmerz - berstend - Stirn	3	49
934.	Kopf - Schmerz - bohrend (= wühlend, grabend, schraubend)	1	98

Nr.	Symptom / Zeichen	Intensität	Anzahl der Mittel in der Rubrik
935.	Kopf - Schmerz - bohrend - Bücken, beim	1	3
936.	Kopf - Schmerz - bohrend - Hinterkopf	1	20
937.	Kopf - Schmerz - bohrend - Stirn	2	71
938.	Kopf - Schmerz - brennend	3	110
939.	Kopf - Schmerz - brennend - abends - Bett, im	2	3
940.	Kopf - Schmerz - brennend - nachts	2	4
941.	Kopf - Schmerz - brennend - Kratzen, nach	1	6
942.	Kopf - Schmerz - brennend - Liegen - Bett agg.; im	2	1
943.	Kopf - Schmerz - brennend - reißend	1	1
944.	Kopf - Schmerz - brennend - Sitzen, im - aufrecht amel.	1	1
945.	Kopf - Schmerz - brennend - Wetter - Wetterwechsel agg.	1	1
946.	Kopf - Schmerz - brennend - Schläfen	2	34
947.	Kopf - Schmerz - brennend - Schläfen - links	1	12
948.	Kopf - Schmerz - brennend - Stirn	1	67
949.	Kopf - Schmerz - brennend - Stirn - links	1	2
950.	Kopf - Schmerz - brennend - Stirn - nachts	2	2
951.	Kopf - Schmerz - brennend - Stirn - Augen, über den	1	14
952.	Kopf - Schmerz - brennend - Stirn - Augen, über den - Seiten	1	8
953.	Kopf - Schmerz - drückend	3	217
954.	Kopf - Schmerz - drückend - auseinanderdrückend	2	53
955.	Kopf - Schmerz - drückend - außen, nach	2	78
956.	Kopf - Schmerz - drückend - Band; wie durch ein	2	16
957.	Kopf - Schmerz - drückend - Druck - amel.	1	20
958.	Kopf - Schmerz - drückend - Hut - engen Hut; wie durch einen	1	3
959.	Kopf - Schmerz - drückend - innen, nach	1	27
960.	Kopf - Schmerz - drückend - Liegen, beim	1	7
961.	Kopf - Schmerz - drückend - Luft - Freien, im	2	13
962.	Kopf - Schmerz - drückend - Menses - während	1	23
963.	Kopf - Schmerz - drückend - Schlaf - agg.	1	11
964.	Kopf - Schmerz - drückend - Schraubstock; wie in einem	3	52
965.	Kopf - Schmerz - drückend - Stuhlgang - vor	1	1
966.	Kopf - Schmerz - drückend - Stuhlgang - während	1	3
967.	Kopf - Schmerz - drückend - Trinken agg.	1	2
968.	Kopf - Schmerz - drückend - unten, nach	1	29
969.	Kopf - Schmerz - drückend - Zimmer, im - amel.	1	4
970.	Kopf - Schmerz - drückend - Gehirn - gebunden, wie fest	2	51
971.	Kopf - Schmerz - drückend - Hinterkopf	2	162
972.	Kopf - Schmerz - drückend - Hinterkopf - Schraubstock; wie in einem	1	4
973.	Kopf - Schmerz - drückend - Schläfen	2	185
974.	Kopf - Schmerz - drückend - Schläfen - Stuhlgang - vor	1	1
975.	Kopf - Schmerz - drückend - Schläfen - Stuhlgang - während	1	1
976.	Kopf - Schmerz - drückend - Seiten - außen, nach	1	13
977.	Kopf - Schmerz - drückend - Stirn	2	212
978.	Kopf - Schmerz - drückend - Stirn - außen, nach	1	100
979.	Kopf - Schmerz - drückend - Stirn - Band; wie durch ein	2	20
980.	Kopf - Schmerz - drückend - Stirn - Bücken - beim	1	29
981.	Kopf - Schmerz - drückend - Stirn - Seiten - links	1	36
982.	Kopf - Schmerz - drückend - Stirn - Seiten - rechts	1	41
983.	Kopf - Schmerz - drückend - Stirn - erstreckt sich zu - unten, nach	1	3
984.	Kopf - Schmerz - drückend - Stirn - Augen, über den	1	119
985.	Kopf - Schmerz - drückend - Stirn - Nase, über der	1	49
986.	Kopf - Schmerz - dumpf	2	109
987.	Kopf - Schmerz - geschwürig	1	26
988.	Kopf - Schmerz - nagend - Stirn - Nase, über der	1	5
989.	Kopf - Schmerz - reißend	3	144
990.	Kopf - Schmerz - reißend - abends	1	27
991.	Kopf - Schmerz - reißend - nachts	1	13
992.	Kopf - Schmerz - reißend - Liegen - Stilliegen amel. gegen Morgen	1	1
993.	Kopf - Schmerz - reißend - Wärme - Bettwärme - agg.	1	4
994.	Kopf - Schmerz - reißend - zerschlagen, wie	1	2
995.	Kopf - Schmerz - reißend - erstreckt sich zu - Hals; zum äußeren	2	4
996.	Kopf - Schmerz - reißend - erstreckt sich zu - Hals; zum inneren	1	2
997.	Kopf - Schmerz - reißend - erstreckt sich zu - Zähne	2	4
998.	Kopf - Schmerz - reißend - Hinterkopf	2	79
999.	Kopf - Schmerz - reißend - Hinterkopf - erstreckt sich zu - Stirn	1	5
1000.	Kopf - Schmerz - reißend - Hinterkopf - erstreckt sich zu - vorne, nach	1	6
1001.	Kopf - Schmerz - reißend - Scheitel	1	67
1002.	Kopf - Schmerz - reißend - Scheitel - nachts	2	3
1003.	Kopf - Schmerz - reißend - Schläfen	1	123
1004.	Kopf - Schmerz - reißend - Schläfen - links	2	20
1005.	Kopf - Schmerz - reißend - Seiten	2	92
1006.	Kopf - Schmerz - reißend - Seiten - erstreckt sich zu - Ohr	2	2
1007.	Kopf - Schmerz - reißend - Seiten - erstreckt sich zu - Zähne und Halsdrüsen	1	2
1008.	Kopf - Schmerz - reißend - Stirn	3	115

Nr.	Symptom / Zeichen	Intensität	Anzahl der Mittel in der Rubrik
1009.	Kopf - Schmerz - reißend - Stirn - abends	2	12
1010.	Kopf - Schmerz - reißend - Stirn - nachts	2	7
1011.	Kopf - Schmerz - reißend - Stirn - Sitzen, im	1	4
1012.	Kopf - Schmerz - reißend - Stirn - Stehen, im	1	2
1013.	Kopf - Schmerz - reißend - Stirn - erstreckt sich zu - Scheitel	1	3
1014.	Kopf - Schmerz - reißend - Stirn - Augen, über den	1	25
1015.	Kopf - Schmerz - reißend - Stirn - Augen, über den - links	1	9
1016.	Kopf - Schmerz - reißend - Stirn - Augen, über den - Freien amel.; im	1	3
1017.	Kopf - Schmerz - reißend - Stirn - Seiten	2	30
1018.	Kopf - Schmerz - reißend - Stirn - Seiten - links	2	7
1019.	Kopf - Schmerz - ruckend	1	71
1020.	Kopf - Schmerz - schneidend (= zuckend)	1	77
1021.	Kopf - Schmerz - stechend	2	173
1022.	Kopf - Schmerz - stechend - Gehen - beim	1	12
1023.	Kopf - Schmerz - stechend - reißend	1	8
1024.	Kopf - Schmerz - stechend - Wetterwechsel; bei	1	2
1025.	Kopf - Schmerz - stechend - erstreckt sich zu - Zähne, Ohren und Hals	2	1
1026.	Kopf - Schmerz - stechend - Hinterkopf	2	87
1027.	Kopf - Schmerz - stechend - Schläfen	2	155
1028.	Kopf - Schmerz - stechend - Stirn	2	125
1029.	Kopf - Schmerz - stechend - Stirn - Gehen, beim	1	7
1030.	Kopf - Schmerz - stechend - Stirn - Gehen, beim - Freien, im	1	3
1031.	Kopf - Schmerz - stechend - Stirn - Seiten der Stirn - Sitzen, im	1	3
1032.	Kopf - Schmerz - wund schmerzend (= wie zerschlagen, empfindlich etc.)	3	162
1033.	Kopf - Schmerz - wund schmerzend - morgens	1	16
1034.	Kopf - Schmerz - wund schmerzend - Bewegung, bei	1	15
1035.	Kopf - Schmerz - wund schmerzend - Frühstück, nach dem	1	1
1036.	Kopf - Schmerz - wund schmerzend - Gehirn, im	1	27
1037.	Kopf - Schmerz - wund schmerzend - Scheitel	1	46
1038.	Kopf - Schmerz - wund schmerzend - Stirn	1	57
1039.	Kopf - Schmerz - zerrissen, wie	1	48
1040.	Kopf - Schmerz - zerschmettert, zermalmt, in Stücke geschlagen	1	53
1041.	Kopf - Schmerz - ziehend	3	116
1042.	Kopf - Schmerz - ziehend - Hinterkopf	1	72
1043.	Kopf - Schmerz - ziehend - Hinterkopf - erstreckt sich zu - Hals	1	5
1044.	Kopf - Schmerz - ziehend - Hinterkopf - erstreckt sich zu - Hals - Nacken	1	4
1045.	Kopf - Schmerz - ziehend - Periost, wie im	2	2
1046.	Kopf - Schmerz - ziehend - Schläfen	1	77
1047.	Kopf - Schmerz - ziehend - Schläfen - rechts	2	10
1048.	Kopf - Schmerz - ziehend - Stirn	3	105
1049.	Kopf - Schmerz - ziehend - Stirn - Nasenwurzel, über der	1	12
1050.	Kopf - Schmerz - zwickend - Schläfen	1	14
1051.	Kopf - Schmerz - zwickend - Schläfen - rechts	1	3
1052.	Kopf - Schütteln; Gefühl von	1	72
1053.	Kopf - Schütteln; Gefühl von - Stirn	2	2
1054.	Kopf - Schwäche	2	46
1055.	Kopf - Schweiß der Kopfhaut	3	86
1056.	Kopf - Schweiß der Kopfhaut - nachts	2	15
1057.	Kopf - Schweiß der Kopfhaut - außer am Kopf	1	9
1058.	Kopf - Schweiß der Kopfhaut - Gehen - nach	1	3
1059.	Kopf - Schweiß der Kopfhaut - Husten, beim	1	6
1060.	Kopf - Schweiß der Kopfhaut - kalt	1	23
1061.	Kopf - Schweiß der Kopfhaut - klebrig	1	3
1062.	Kopf - Schweiß der Kopfhaut - Menses, während	1	4
1063.	Kopf - Schweiß der Kopfhaut - ölig	2	3
1064.	Kopf - Schweiß der Kopfhaut - sauer	2	7
1065.	Kopf - Schweiß der Kopfhaut - Schlaf - während	2	11
1066.	Kopf - Schweiß der Kopfhaut - stinkend	2	4
1067.	Kopf - Schweiß der Kopfhaut - Stirn - Gehen im Freien; beim	1	4
1068.	Kopf - Schweiß der Kopfhaut - Stirn - kalt	2	56
1069.	Kopf - Schweiß der Kopfhaut - Stirn - Stuhlgang - nach	1	5
1070.	Kopf - Schwellung - Drüsen des Kopfes	2	7
1071.	Kopf - Schwellungsgefühl	1	62
1072.	Kopf - Schwellungsgefühl - Stirn	1	19
1073.	Kopf - Schweregefühl	2	234
1074.	Kopf - Schweregefühl - Liegen, beim	1	11
1075.	Kopf - Schweregefühl - Sitzen, beim	1	13
1076.	Kopf - Schweregefühl - warm - Zimmer, im warmen	1	10
1077.	Kopf - Schweregefühl - Stirn	1	139
1078.	Kopf - Spannung, Hochziehen der Stirnhaut	1	4
1079.	Kopf - Vergrößerungsgefühl	1	63
1080.	Kopf - Völlegefühl	2	163
1081.	Kopf - Völlegefühl - Schwindel, bei	1	18
1082.	Kopf - Völlegefühl - zerplatzen, bersten würde; als ob er	1	10

Nr.	Symptom / Zeichen	Intensität	Anzahl der Mittel in der Rubrik
1083.	Kopf - Wallen, Brodeln; Gefühl von	1	23
1084.	Kopf - Warme Bedeckungen auf dem Kopf agg.	1	32
1085.	Kopf - Waschen des Kopfes agg.	1	24
1086.	Kopf - Wogendes Gefühl	1	36
1087.	Kopf - Wogendes Gefühl - Stirn	1	5
1088.	Kopf - Zittern (einschließlich zittriges Gefühl)	1	29
1089.	Kopf - Zucken des Kopfes und der Muskeln des Kopfes	1	46
1090.	Kopf - Zucken des Kopfes und der Muskeln des Kopfes - Hinterkopf	1	12
1091.	Kopf - Zucken des Kopfes und der Muskeln des Kopfes - Schläfen	1	29
1092.	Kopf - Zucken des Kopfes und der Muskeln des Kopfes - Schläfen - rechts	1	5
1093.	Kopf - Zucken des Kopfes und der Muskeln des Kopfes - Seiten - erstreckt sich zu - Seite zur anderen; von einer	1	1
1094.	Kopf - Zusammenschnürung (= Spannung)	2	169
1095.	Kopf - Zusammenschnürung - abends	1	16
1096.	Kopf - Zusammenschnürung - abends - Bett, im	1	3
1097.	Kopf - Zusammenschnürung - nachts	1	3
1098.	Kopf - Zusammenschnürung - Aufstehen amel.	1	3
1099.	Kopf - Zusammenschnürung - Band oder Reifen; wie ein	2	74
1100.	Kopf - Zusammenschnürung - Freien, im - agg.	1	4
1101.	Kopf - Zusammenschnürung - Menses - während	1	7
1102.	Kopf - Zusammenschnürung - Schlafen agg.	1	2
1103.	Kopf - Zusammenschnürung - Schnur zusammengeschnürt; wie mit einer	1	21
1104.	Kopf - Zusammenschnürung - Trinken agg.	1	1
1105.	Kopf - Zusammenschnürung - Hinterkopf	1	55
1106.	Kopf - Zusammenschnürung - Schläfen - Husten, beim	1	5
1107.	Kopf - Zusammenschnürung - Stirn	3	124
1108.	Kopf - Zusammenschnürung - Stirn - Band; wie durch ein	3	29
1109.	Kopf - Zusammenziehung der Kopfhaut; Gefühl der	1	16
1110.	Auge - Absonderungen (= von Schleim oder Eiter)	3	93
1111.	Auge - Absonderungen - blutig	2	26
1112.	Auge - Absonderungen - eitrig	3	45
1113.	Auge - Absonderungen - gelb	2	38
1114.	Auge - Absonderungen - scharf	1	19
1115.	Auge - Absonderungen - Tränensack, aus dem	2	12
1116.	Auge - Auftreibung, Gefühl von	1	31
1117.	Auge - Beben - Lider	1	48
1118.	Auge - Bewegung der Augäpfel - Rollen der Augen	1	38
1119.	Auge - Bläschen auf der Hornhaut	2	24
1120.	Auge - Blicken, angestrengtes	2	10
1121.	Auge - Blinzeln	1	28
1122.	Auge - Chemose	1	29
1123.	Auge - Eingesunken	2	101
1124.	Auge - Ektropium	2	23
1125.	Auge - Empfindlichkeit - Hitze, gegen	2	7
1126.	Auge - Empfindlichkeit - kalt - Luft, gegen kalte	1	8
1127.	Auge - Entropium	2	12
1128.	Auge - Entzündung	3	145
1129.	Auge - Entzündung - akut	2	17
1130.	Auge - Entzündung - arthritisch (gichtig und rheumatisch)	2	36
1131.	Auge - Entzündung - Bettwärme agg.	3	1
1132.	Auge - Entzündung - erysipelatös	2	12
1133.	Auge - Entzündung - Feuer - agg.	3	4
1134.	Auge - Entzündung - Gaslicht, durch	2	1
1135.	Auge - Entzündung - gonorrhoisch	2	14
1136.	Auge - Entzündung - Hitze - agg.	2	9
1137.	Auge - Entzündung - katarrhalisch durch Erkältung	3	57
1138.	Auge - Entzündung - katarrhalisch durch Erkältung - nachts	3	5
1139.	Auge - Entzündung - Kindern; bei - Kleinkindern; bei	2	28
1140.	Auge - Entzündung - skrofulös	3	70
1141.	Auge - Entzündung - syphilitisch	3	27
1142.	Auge - Entzündung - Bindehaut	2	80
1143.	Auge - Entzündung - Bindehaut - granulär	2	17
1144.	Auge - Entzündung - Bindehaut - kruppös	1	3
1145.	Auge - Entzündung - Bindehaut - pustulöse (einschließlich Hornhaut)	2	43
1146.	Auge - Entzündung - Canthi	1	15
1147.	Auge - Entzündung - Choroidea	2	27
1148.	Auge - Entzündung - Hornhaut	3	32
1149.	Auge - Entzündung - Iris	2	49
1150.	Auge - Entzündung - Iris - nachts agg.	3	10
1151.	Auge - Entzündung - Iris - Hypopyon, mit	2	8
1152.	Auge - Entzündung - Iris - syphilitisch	2	19
1153.	Auge - Entzündung - Lider	3	79
1154.	Auge - Entzündung - Lider - Lidränder	1	29
1155.	Auge - Entzündung - Netzhaut	2	16

Nr.	Symptom / Zeichen	Intensität	Anzahl der Mittel in der Rubrik
1156.	Auge - Entzündung - Sehnerv	1	6
1157.	Auge - Entzündung - Skleren	2	9
1158.	Auge - Entzündung - Tränenapparat - Tränensack	2	9
1159.	Auge - Exkoriation - Lider	3	14
1160.	Auge - Feuer agg.; Blick ins	2	2
1161.	Auge - Flecken, Punkte etc. auf der Hornhaut	2	46
1162.	Auge - Flecken, Punkte etc. auf der Hornhaut - Narben	2	8
1163.	Auge - Gerstenkörner	2	46
1164.	Auge - Gerstenkörner - Lider - Oberlid	1	9
1165.	Auge - Geschlossen - krampfhaft	3	26
1166.	Auge - Geschlossen - krampfhaft - Blicken, beim	2	1
1167.	Auge - Geschwüre - Hornhaut	2	69
1168.	Auge - Geschwüre - Lider	2	27
1169.	Auge - Geschwüre - Lider - Lidränder	2	15
1170.	Auge - Geschwüre - Lider - Oberfläche, unter der	1	9
1171.	Auge - Glasig	1	49
1172.	Auge - Haare - Ausfallen der - Augenbrauen	1	17
1173.	Auge - Haare - Ausfallen der - Wimpern	2	23
1174.	Auge - Hautausschläge - Lidern, an den - Pusteln	2	10
1175.	Auge - Hautausschläge - Lidern, an den - schuppiger Herpes - Lidränder	2	10
1176.	Auge - Hautausschläge - um die Augen	3	28
1177.	Auge - Hautausschläge - um die Augen - Pickel	1	4
1178.	Auge - Herabfallen - Lider, der	1	41
1179.	Auge - Hitze	2	83
1180.	Auge - Hitze agg.	3	9
1181.	Auge - Injiziert	2	30
1182.	Auge - Injiziert - Bindehaut - dunklen Blutgefäßen; voll von	1	56
1183.	Auge - Injiziert - Hornhaut	2	7
1184.	Auge - Jucken	2	117
1185.	Auge - Kälte - agg.	3	5
1186.	Auge - Katarakt	1	58
1187.	Auge - Katarakt - weich, Linsenerweichung	1	3
1188.	Auge - Kondylom	2	8
1189.	Auge - Kondylom - Iris	3	4
1190.	Auge - Lähmung - Sehnerv (= Amaurose)	2	82
1191.	Auge - Offen - halboffen	2	54
1192.	Auge - Öffnen der Lider - schwierig	2	37
1193.	Auge - Onyx	2	3
1194.	Auge - Pannus	1	23
1195.	Auge - Photophobie	3	148
1196.	Auge - Photophobie - abends	2	15
1197.	Auge - Photophobie - Feuerschein, bei	3	2
1198.	Auge - Photophobie - Gaslicht, bei	3	6
1199.	Auge - Photophobie - künstlichem Licht, bei	2	24
1200.	Auge - Photophobie - Raserei, Tobsuchtsanfall; bei	1	9
1201.	Auge - Photophobie - Sonnenlicht, im	2	28
1202.	Auge - Photophobie - Tageslicht, im	2	43
1203.	Auge - Pterygium	1	20
1204.	Auge - Pulsieren in den Augen	2	40
1205.	Auge - Pulsieren in den Augen - nachts	3	4
1206.	Auge - Pupillen - erweitert	2	127
1207.	Auge - Pupillen - erweitert - Fieberhitze, in der	1	15
1208.	Auge - Pupillen - träge	1	18
1209.	Auge - Pupillen - unempfindlich gegen Licht	2	53
1210.	Auge - Pupillen - unregelmäßig	1	13
1211.	Auge - Pupillen - zusammengezogen	2	88
1212.	Auge - Risse in den Canthi	1	21
1213.	Auge - Röte	1	183
1214.	Auge - Röte - Menses - während	1	12
1215.	Auge - Röte - Lider	3	76
1216.	Auge - Röte - Lider - nachts	3	2
1217.	Auge - Röte - Venen	2	53
1218.	Auge - Schließen der Augen - unwillkürlich	2	26
1219.	Auge - Schmerz	3	202
1220.	Auge - Schmerz - abends	1	48
1221.	Auge - Schmerz - nachts	3	42
1222.	Auge - Schmerz - nachts - Mitternacht	1	1
1223.	Auge - Schmerz - Anstrengung der Augen; durch - feiner Arbeit; bei	1	11
1224.	Auge - Schmerz - Berührung agg.	2	28
1225.	Auge - Schmerz - Bewegung, bei - Augen, der	1	61
1226.	Auge - Schmerz - Bücken, beim	1	7
1227.	Auge - Schmerz - Feuerschein	3	1
1228.	Auge - Schmerz - Lesen, beim	1	65
1229.	Auge - Schmerz - Licht	2	40

Nr.	Symptom / Zeichen	Intensität	Anzahl der Mittel in der Rubrik
1230.	Auge - Schmerz - Licht - Tageslicht, durch	2	7
1231.	Auge - Schmerz - Nähen, beim - feiner Arbeit, bei	1	6
1232.	Auge - Schmerz - Sitzen, im	1	3
1233.	Auge - Schmerz - Sonnenlicht agg.	1	11
1234.	Auge - Schmerz - Wärme - agg.	1	8
1235.	Auge - Schmerz - Wetter - nasses Wetter agg.	2	5
1236.	Auge - Schmerz - um die Augen	1	14
1237.	Auge - Schmerz - bohrend	2	21
1238.	Auge - Schmerz - brennend (= beißend, scharf)	2	210
1239.	Auge - Schmerz - brennend - nachts	1	17
1240.	Auge - Schmerz - brennend - Feuer; beim Blick ins	2	5
1241.	Auge - Schmerz - brennend - Luft - Freien, im	2	8
1242.	Auge - Schmerz - brennend - Sand, wie durch	1	9
1243.	Auge - Schmerz - brennend - warm - Bett, agg. im	2	1
1244.	Auge - Schmerz - drückend, Druck etc.	3	189
1245.	Auge - Schmerz - drückend, Druck etc. - außen, nach	2	51
1246.	Auge - Schmerz - drückend, Druck etc. - Bewegen der Augen; beim	1	15
1247.	Auge - Schmerz - Fremdkörper; wie durch einen	2	51
1248.	Auge - Schmerz - Fremdkörper; wie durch einen - hinter den Lidern	2	5
1249.	Auge - Schmerz - reißend	3	87
1250.	Auge - Schmerz - reißend - nachts	3	6
1251.	Auge - Schmerz - reißend - nachts - Bett, im	3	1
1252.	Auge - Schmerz - reißend - Bett agg.; im	3	4
1253.	Auge - Schmerz - reißend - Wetter - feuchtem Wetter, bei	2	1
1254.	Auge - Schmerz - Sand, wie durch	1	103
1255.	Auge - Schmerz - schneidend	2	51
1256.	Auge - Schmerz - schneidend - nachts agg.	2	1
1257.	Auge - Schmerz - schneidend - Anstrengung der Augen; bei	1	2
1258.	Auge - Schmerz - schneidend - Lesen, beim	2	4
1259.	Auge - Schmerz - stechend	2	156
1260.	Auge - Schmerz - stechend - abends	2	12
1261.	Auge - Schmerz - stechend - nachts	3	15
1262.	Auge - Schmerz - stechend - Iritis, bei	3	4
1263.	Auge - Schmerz - stechend - Licht, in hellem	2	10
1264.	Auge - Schmerz - stechend - rheumatisch	2	3
1265.	Auge - Schmerz - Wehtun (= unbestimmt, drückend)	1	124
1266.	Auge - Schmerz - Wehtun - abends	1	11
1267.	Auge - Schmerz - Wehtun - nachts	1	5
1268.	Auge - Schmerz - Wehtun - Blicken, bei scharfem - Überanstrengung der Augen; bei	1	5
1269.	Auge - Schmerz - wund schmerzend (= wie zerschlagen, empfindlich etc.)	2	119
1270.	Auge - Schmerz - wund schmerzend - Lider	1	27
1271.	Auge - Schmerz - ziehend - Sitzen, im	1	1
1272.	Auge - Schwäche	1	113
1273.	Auge - Schwäche - Licht, bei	1	4
1274.	Auge - Schwellung	1	62
1275.	Auge - Schwellung - Canthi	1	14
1276.	Auge - Schwellung - Lider	3	114
1277.	Auge - Schwellung - Lider - Menses - unterdrückt	1	10
1278.	Auge - Schwellung - Lider - Unterlider - links	1	2
1279.	Auge - Schwellung - Meibomsche Drüsen	1	13
1280.	Auge - Skrofulöse Erkrankungen	1	27
1281.	Auge - Starren, Stieren	3	120
1282.	Auge - Strabismus, Schielen	2	53
1283.	Auge - Stumpfe, trübe Augen	2	84
1284.	Auge - Tränen - brennend	2	37
1285.	Auge - Tränen - Gefühl wie von	1	12
1286.	Auge - Tränen - scharf	2	41
1287.	Auge - Tränen - scharf - nachts	2	1
1288.	Auge - Tränenfluß	3	171
1289.	Auge - Tränenfluß - morgens	1	24
1290.	Auge - Tränenfluß - abends	1	14
1291.	Auge - Tränenfluß - Feuer; beim Blick ins	2	5
1292.	Auge - Tränenfluß - Husten, mit	1	34
1293.	Auge - Tränenfluß - Kopfschmerzen, bei	1	32
1294.	Auge - Tränenfluß - Luft - Freien, im	1	49
1295.	Auge - Trockenheit	1	96
1296.	Auge - Trübung der Hornhaut (= Hornhauttrübung)	2	48
1297.	Auge - Trübung der Hornhaut - Arcus senilis	2	15
1298.	Auge - Tumoren an den Lidern - Zysten	2	7
1299.	Auge - Verdickung - Lider	3	19
1300.	Auge - Verdreht; krampfhaft	2	44
1301.	Auge - Verklebt - morgens	2	87
1302.	Auge - Verzerrt - Iris	2	3
1303.	Auge - Zucken - Lider	1	86

Nr.	Symptom / Zeichen	Intensität	Anzahl der Mittel in der Rubrik
1304.	Auge - Zucken - Lider - geschlossen, wenn	1	3
1305.	Auge - Zusammengezogen; Gefühl wie	1	7
1306.	Auge - Zusammenziehung der Lider	1	36
1307.	Sehen - Anstrengung - Augen agg.; der	1	94
1308.	Sehen - Bewegung	1	28
1309.	Sehen - Bewegung - abends, beim Lesen	1	1
1310.	Sehen - Bewegung - Buchstaben, der	1	7
1311.	Sehen - Diplopie, Doppeltsehen	1	86
1312.	Sehen - Farben vor den Augen	1	54
1313.	Sehen - Farben vor den Augen - dunkel	2	61
1314.	Sehen - Farben vor den Augen - dunkel - Flecken	2	20
1315.	Sehen - Farben vor den Augen - grün	1	25
1316.	Sehen - Farben vor den Augen - schwarz	2	11
1317.	Sehen - Farben vor den Augen - schwarz - Flecken - schwebend (Mouches volantes)	2	62
1318.	Sehen - Farben vor den Augen - schwarz - Punkte	2	19
1319.	Sehen - Federn vor den Augen; wie	2	10
1320.	Sehen - Feurig - Punkte	1	8
1321.	Sehen - Flimmern, Flackern	1	98
1322.	Sehen - Flimmern, Flackern - abends	1	3
1323.	Sehen - Flimmern, Flackern - Lesen, beim	1	7
1324.	Sehen - Funken	2	77
1325.	Sehen - Geblendet	2	34
1326.	Sehen - Halluzinationen, optische	2	25
1327.	Sehen - Halluzinationen, optische - Insekten	1	3
1328.	Sehen - Klein; Gegenstände erscheinen	2	18
1329.	Sehen - Lichtblitze	1	29
1330.	Sehen - Nebelig	3	151
1331.	Sehen - Schwach, Schwachsichtigkeit	2	87
1332.	Sehen - Trübsichtigkeit, trübes Sehen	3	199
1333.	Sehen - Trübsichtigkeit, trübes Sehen - abends - Feuerschein agg.	1	1
1334.	Sehen - Trübsichtigkeit, trübes Sehen - Feuerschein agg.	2	2
1335.	Sehen - Trübsichtigkeit, trübes Sehen - Schwindel - während	2	59
1336.	Sehen - Trübsichtigkeit, trübes Sehen - Sonnenlicht agg.	2	4
1337.	Sehen - Trübsichtigkeit, trübes Sehen - Wasser, wie voller	2	14
1338.	Sehen - Verlust des Sehvermögens (= vorübergehende Blindheit)	3	114
1339.	Sehen - Verlust des Sehvermögens - nachts	1	19
1340.	Sehen - Verlust des Sehvermögens - Aufstehen - Essen, nach dem	1	1
1341.	Sehen - Verlust des Sehvermögens - Freien, im - amel.	1	2
1342.	Sehen - Verlust des Sehvermögens - Gehen, beim - Freien, im	1	1
1343.	Sehen - Verlust des Sehvermögens - Ohnmacht, wie durch	1	25
1344.	Sehen - Verlust des Sehvermögens - periodisch	1	13
1345.	Sehen - Verlust des Sehvermögens - Schwindel, bei	1	16
1346.	Sehen - Verlust des Sehvermögens - Sitzen - beim	1	3
1347.	Sehen - Verlust des Sehvermögens - Stehen, im - amel.	1	1
1348.	Sehen - Verlust des Sehvermögens - vorübergehend	1	3
1349.	Sehen - Verlust des Sehvermögens - warmes Zimmer agg.	1	1
1350.	Ohr - Absonderungen	3	105
1351.	Ohr - Absonderungen - nachts - warmen Bett, im	1	1
1352.	Ohr - Absonderungen - Blut	1	29
1353.	Ohr - Absonderungen - Blut - morgens	1	1
1354.	Ohr - Absonderungen - blutig	3	42
1355.	Ohr - Absonderungen - dick	1	20
1356.	Ohr - Absonderungen - dünn	1	11
1357.	Ohr - Absonderungen - eitrig	3	71
1358.	Ohr - Absonderungen - eitrig - Ekzem, mit	2	5
1359.	Ohr - Absonderungen - eitrig - Schwefel; nach Mißbrauch von	1	3
1360.	Ohr - Absonderungen - Folgeerscheinung, als	1	15
1361.	Ohr - Absonderungen - Gefühl von Absonderung	1	10
1362.	Ohr - Absonderungen - gelb	2	22
1363.	Ohr - Absonderungen - gelblichgrün	2	8
1364.	Ohr - Absonderungen - grün	2	6
1365.	Ohr - Absonderungen - Masern, nach	1	10
1366.	Ohr - Absonderungen - Ohrschmalz	1	11
1367.	Ohr - Absonderungen - Scharlach, nach	2	20
1368.	Ohr - Absonderungen - schmerzhaft	3	4
1369.	Ohr - Absonderungen - stinkend	3	33
1370.	Ohr - Absonderungen - übelriechend	3	48
1371.	Ohr - Absonderungen - unterdrückt	3	14
1372.	Ohr - Absonderungen - wäßrig	2	13
1373.	Ohr - Absonderungen - wundfressend	2	14
1374.	Ohr - Ameisenlaufen	1	35
1375.	Ohr - Eiterung - Mittelohr	3	22
1376.	Ohr - Eiterung - vor dem Ohr	2	1

Nr.	Symptom / Zeichen	Intensität	Anzahl der Mittel in der Rubrik
1377.	Ohr - Empfindlichkeit - vermehrt	1	6
1378.	Ohr - Entzündung	3	25
1379.	Ohr - Entzündung - erysipelatös	2	19
1380.	Ohr - Entzündung - Eustachische Röhre	2	20
1381.	Ohr - Entzündung - innen	3	54
1382.	Ohr - Entzündung - Mittelohr (= Otitis media)	3	39
1383.	Ohr - Farbe - Röte	2	60
1384.	Ohr - Geräusche im Ohr, Ohrgeräusche	2	221
1385.	Ohr - Geräusche im Ohr, Ohrgeräusche - rechts	1	30
1386.	Ohr - Geräusche im Ohr, Ohrgeräusche - morgens	1	35
1387.	Ohr - Geräusche im Ohr, Ohrgeräusche - abends	2	47
1388.	Ohr - Geräusche im Ohr, Ohrgeräusche - abends - Bett, im	2	9
1389.	Ohr - Geräusche im Ohr, Ohrgeräusche - Liegen, beim	1	18
1390.	Ohr - Geräusche im Ohr, Ohrgeräusche - Puls; synchron mit dem	1	14
1391.	Ohr - Geräusche im Ohr, Ohrgeräusche - Brummen	1	111
1392.	Ohr - Geräusche im Ohr, Ohrgeräusche - Flattern	2	66
1393.	Ohr - Geräusche im Ohr, Ohrgeräusche - Klingeln	2	199
1394.	Ohr - Geräusche im Ohr, Ohrgeräusche - Klingeln - abends	2	8
1395.	Ohr - Geräusche im Ohr, Ohrgeräusche - Klingeln - abends - Bett, im	2	5
1396.	Ohr - Geräusche im Ohr, Ohrgeräusche - Musik zu hören; er scheint	2	15
1397.	Ohr - Geräusche im Ohr, Ohrgeräusche - Pfeifen	1	30
1398.	Ohr - Geräusche im Ohr, Ohrgeräusche - Pulsieren, Pochen	1	11
1399.	Ohr - Geräusche im Ohr, Ohrgeräusche - Rascheln	1	13
1400.	Ohr - Geräusche im Ohr, Ohrgeräusche - Rauschen	1	73
1401.	Ohr - Geräusche im Ohr, Ohrgeräusche - Rauschen - morgens	1	2
1402.	Ohr - Geräusche im Ohr, Ohrgeräusche - Rauschen - Liegen, beim	1	5
1403.	Ohr - Geräusche im Ohr, Ohrgeräusche - Sausen, Brausen	2	185
1404.	Ohr - Geräusche im Ohr, Ohrgeräusche - Sausen, Brausen - morgens	1	9
1405.	Ohr - Geräusche im Ohr, Ohrgeräusche - Sausen, Brausen - Liegen	1	6
1406.	Ohr - Geräusche im Ohr, Ohrgeräusche - Schwirren, Sausen	1	51
1407.	Ohr - Geräusche im Ohr, Ohrgeräusche - Summen	1	125
1408.	Ohr - Geräusche im Ohr, Ohrgeräusche - Widerhall (einschließlich Echos)	1	37
1409.	Ohr - Geräusche im Ohr, Ohrgeräusche - Widerhall (einschließlich Echos) - jedes Geräusch hallt wider - Schwerhörigkeit, mit	1	3
1410.	Ohr - Geschwüre	1	18
1411.	Ohr - Geschwüre - innen	2	14
1412.	Ohr - Geschwüre - Trommelfell	3	11
1413.	Ohr - Geschwüre - vor dem Ohr	1	2
1414.	Ohr - Hautausschläge - abschilfernd	1	8
1415.	Ohr - Hautausschläge - feucht	2	15
1416.	Ohr - Hautausschläge - Flecken	1	12
1417.	Ohr - Hautausschläge - Pickel	1	24
1418.	Ohr - Hautausschläge - wundfressend	2	6
1419.	Ohr - Hautausschläge - Gehörgang, im - Furunkel	3	8
1420.	Ohr - Hautausschläge - Gehörgang, im - Herpes	1	1
1421.	Ohr - Hautausschläge - hinter den Ohren	2	48
1422.	Ohr - Hautausschläge - Ohrläppchen, an den - Pickel	1	2
1423.	Ohr - Hitze	2	116
1424.	Ohr - Hitze - Frost, beim	1	7
1425.	Ohr - Jucken	2	107
1426.	Ohr - Kälte	1	31
1427.	Ohr - Kälte - abends - warmen Bett, im	1	1
1428.	Ohr - Kälte - Schwangerschaft, in der	1	2
1429.	Ohr - Kälte - warm - Bett - agg.	1	1
1430.	Ohr - Kälte - Wasser - herausgelaufen wäre; als ob kaltes Wasser	1	1
1431.	Ohr - Kälte - Gehörgang, im	2	5
1432.	Ohr - Katarrh - Eustachische Röhre	2	50
1433.	Ohr - Knoten - äußeren Ohren; kupferfarbene Knoten an den	1	5
1434.	Ohr - Ohrschmalz - dünn	2	13
1435.	Ohr - Perforation - Trommelfell - drohend bei Otitis media	3	2
1436.	Ohr - Polyp	2	17
1437.	Ohr - Polyp - blutend	1	3
1438.	Ohr - Polyp - blutend - weicher Polyp, blutet leicht	2	3
1439.	Ohr - Pulsieren	2	92
1440.	Ohr - Pulsieren - nachts - Bett - Warmwerden im; beim	2	1
1441.	Ohr - Schmerz	3	231
1442.	Ohr - Schmerz - links - dann rechts	1	4
1443.	Ohr - Schmerz - rechts	2	58
1444.	Ohr - Schmerz - morgens	1	22
1445.	Ohr - Schmerz - abends	1	44
1446.	Ohr - Schmerz - nachts	3	26
1447.	Ohr - Schmerz - Bettwärme agg.	3	5
1448.	Ohr - Schmerz - Bücken, beim	1	9
1449.	Ohr - Schmerz - Gesicht; mit Schmerz im	1	3

Nr.	Symptom / Zeichen	Intensität	Anzahl der Mittel in der Rubrik
1450.	Ohr - Schmerz - Halsentzündung, mit	2	7
1451.	Ohr - Schmerz - kalt - Anwendungen - amel.	1	3
1452.	Ohr - Schmerz - kalt - Erkälten, durch	2	7
1453.	Ohr - Schmerz - kalt - Luft, in kalter	1	21
1454.	Ohr - Schmerz - Kopfschmerzen, bei	1	8
1455.	Ohr - Schmerz - Menses - während	1	7
1456.	Ohr - Schmerz - Ohnmacht vor Schmerzen im Ohr	2	3
1457.	Ohr - Schmerz - Schlucken, beim	2	38
1458.	Ohr - Schmerz - Verstand bringt; Schmerz, der ihn fast um den	1	2
1459.	Ohr - Schmerz - erstreckt sich zu - Gesicht	2	7
1460.	Ohr - Schmerz - hinter dem Ohr	1	114
1461.	Ohr - Schmerz - innen (im Gehörgang)	2	110
1462.	Ohr - Schmerz - über dem Ohr	1	28
1463.	Ohr - Schmerz - unter dem Ohr	2	18
1464.	Ohr - Schmerz - unter dem Ohr - erstreckt sich zum Unterkiefer	2	1
1465.	Ohr - Schmerz - berstendes, platzendes Gefühl	2	15
1466.	Ohr - Schmerz - bohrend	3	59
1467.	Ohr - Schmerz - bohrend - Bettwärme; durch	3	1
1468.	Ohr - Schmerz - brennend	3	86
1469.	Ohr - Schmerz - brennend - Gehörgang, im	2	15
1470.	Ohr - Schmerz - brennend - Ohrmuschel	1	9
1471.	Ohr - Schmerz - drückend	3	93
1472.	Ohr - Schmerz - drückend - außen, nach	2	22
1473.	Ohr - Schmerz - Krampf	2	42
1474.	Ohr - Schmerz - reißend	3	126
1475.	Ohr - Schmerz - reißend - Menses, während	2	1
1476.	Ohr - Schmerz - ruckend - hinter dem Ohr	1	5
1477.	Ohr - Schmerz - spasmodisch	1	7
1478.	Ohr - Schmerz - spasmodisch - im Ohr	1	16
1479.	Ohr - Schmerz - stechend	2	185
1480.	Ohr - Schmerz - stechend - abends	1	22
1481.	Ohr - Schmerz - stechend - Bettwärme agg.	3	1
1482.	Ohr - Schmerz - stechend - Bücken, beim	2	3
1483.	Ohr - Schmerz - stechend - kalt - amel. durch Kälte	1	1
1484.	Ohr - Schmerz - stechend - Liegen, beim - Seite, auf der - links	1	1
1485.	Ohr - Schmerz - stechend - über dem Ohr	1	10
1486.	Ohr - Schmerz - stechend - über dem Ohr - 16 h	1	1
1487.	Ohr - Schmerz - stechend, wie mit einer Nadel	1	5
1488.	Ohr - Schmerz - windend	1	24
1489.	Ohr - Schmerz - wund	2	28
1490.	Ohr - Schmerz - wund - hinter dem Ohr	1	20
1491.	Ohr - Schmerz - ziehend	1	82
1492.	Ohr - Schmerz - ziehend - hinter dem Ohr	1	27
1493.	Ohr - Schmerz - zwickend	2	31
1494.	Ohr - Schmerz - zwickend - hinter dem Ohr	1	4
1495.	Ohr - Schwammartige Wucherungen	2	1
1496.	Ohr - Schwellung	2	51
1497.	Ohr - Schwellung - um das Ohr - Drüsen, der	2	8
1498.	Ohr - Schwellung - vor dem Ohr	2	6
1499.	Ohr - Spannung - innen	2	8
1500.	Ohr - Tuberkel, harter - Ohrläppchen, am	1	2
1501.	Ohr - Tumoren - Ohrläppchen - am	1	2
1502.	Ohr - Verstopfungsgefühl	3	126
1503.	Ohr - Verstopfungsgefühl - Schlucken - amel.	1	4
1504.	Ohr - Verstopfungsgefühl - Schneuzen der Nase - amel.	2	2
1505.	Ohr - Völlegefühl	2	41
1506.	Ohr - Wasser; Gefühl von - aus den Ohren; läuft - kaltes Wasser	1	1
1507.	Ohr - Zucken	1	49
1508.	Hören - Schwerhörig	2	186
1509.	Hören - Schwerhörig - rechts	1	9
1510.	Hören - Schwerhörig - Bücken agg.	1	2
1511.	Hören - Schwerhörig - Erkältung, durch	1	21
1512.	Hören - Schwerhörig - Freien, im - amel.	1	2
1513.	Hören - Schwerhörig - Gehörnervs; durch Lähmung des	1	20
1514.	Hören - Schwerhörig - Geräuschen, mit	1	13
1515.	Hören - Schwerhörig - Masern, nach	2	8
1516.	Hören - Schwerhörig - Schlucken, beim - amel.	1	2
1517.	Hören - Schwerhörig - Schneuzen der Nase amel.	1	5
1518.	Hören - Schwerhörig - Tonsillen - vergrößert	2	7
1519.	Hören - Schwerhörig - Überhitzung, nach	1	2
1520.	Hören - Schwerhörig - Warmwerden durch Gehen; beim	1	1
1521.	Hören - Schwerhörig - Wetter - naßkaltem Wetter, bei	2	5
1522.	Hören - Taubheit, Verlust des Gehörs	1	98
1523.	Hören - Überempfindliches Gehör	1	90

Nr.	Symptom / Zeichen	Intensität	Anzahl der Mittel in der Rubrik
1524.	Nase - Absonderung - blutig	3	129
1525.	Nase - Absonderung - brennend	1	37
1526.	Nase - Absonderung - dick	2	121
1527.	Nase - Absonderung - eitrig	3	103
1528.	Nase - Absonderung - gelb	1	104
1529.	Nase - Absonderung - gelblichgrün	3	36
1530.	Nase - Absonderung - grünlich	3	78
1531.	Nase - Absonderung - hart, trocken	2	48
1532.	Nase - Absonderung - hart, trocken - Choanen	2	1
1533.	Nase - Absonderung - jauchig	1	9
1534.	Nase - Absonderung - Krusten, Schorfe in der Nase	2	95
1535.	Nase - Absonderung - schaumig	1	2
1536.	Nase - Absonderung - übelriechend	3	82
1537.	Nase - Absonderung - übelriechend - Käse, wie	1	3
1538.	Nase - Absonderung - übelriechend - stinkend	2	36
1539.	Nase - Absonderung - unterdrückt	3	45
1540.	Nase - Absonderung - wäßrig	3	135
1541.	Nase - Absonderung - weiß	1	28
1542.	Nase - Absonderung - wundfressend	3	105
1543.	Nase - Absonderung - Choanen	2	78
1544.	Nase - Abszeß	2	8
1545.	Nase - Aufgetrieben	1	10
1546.	Nase - Bohren mit den Fingern in der Nase	1	25
1547.	Nase - Druck der Brille agg.	2	10
1548.	Nase - Eingesunken	1	6
1549.	Nase - Entzündung	2	42
1550.	Nase - Entzündung - Trinkern, bei	1	8
1551.	Nase - Entzündung - innen	1	31
1552.	Nase - Entzündung - Nasenspitze	1	18
1553.	Nase - Exostosen	1	2
1554.	Nase - Farbe - Röte	2	67
1555.	Nase - Farbe - Röte - glänzend	1	5
1556.	Nase - Farbe - Röte - innen	3	25
1557.	Nase - Farbe - Röte - Nasenspitze	1	29
1558.	Nase - Farbe - schwarz	1	1
1559.	Nase - Flüssigkeiten kommen beim Versuch zu schlucken zur Nase heraus	2	31
1560.	Nase - Gerüche; eingebildete und wirkliche - faulig	1	20
1561.	Nase - Gerüche; eingebildete und wirkliche - faulig - Eiern, von	1	11
1562.	Nase - Gerüche; eingebildete und wirkliche - Schnupfen, wie alter	1	5
1563.	Nase - Gerüche; eingebildete und wirkliche - stinkend	1	32
1564.	Nase - Gerüche; eingebildete und wirkliche - übelriechend	1	25
1565.	Nase - Geruch, Geruchssinn - verloren, fehlend, Geruchsverlust	3	74
1566.	Nase - Geschwüre	2	26
1567.	Nase - Geschwüre - perforierend	1	5
1568.	Nase - Geschwüre - innen	2	61
1569.	Nase - Geschwüre - Nasenlöcher	1	15
1570.	Nase - Geschwüre - Septum - runde Geschwüre	1	17
1571.	Nase - Glänzend	1	9
1572.	Nase - Heuschnupfen	1	74
1573.	Nase - Jucken	2	98
1574.	Nase - Jucken - innen	2	102
1575.	Nase - Jucken - innen - Nasenwurzel	1	4
1576.	Nase - Jucken - Nasenflügel	1	13
1577.	Nase - Jucken - Nasenspitze	1	27
1578.	Nase - Katarrh	3	189
1579.	Nase - Katarrh - erstreckt sich zu - Antrum	1	4
1580.	Nase - Katarrh - erstreckt sich zu - Stirnhöhlen	3	20
1581.	Nase - Krebs	1	13
1582.	Nase - Nasenbluten	3	211
1583.	Nase - Nasenbluten - links	1	17
1584.	Nase - Nasenbluten - morgens	1	61
1585.	Nase - Nasenbluten - nachts	2	27
1586.	Nase - Nasenbluten - Blut - dunkel, schwarz	2	57
1587.	Nase - Nasenbluten - Blut - fadenziehend	2	12
1588.	Nase - Nasenbluten - Blut - geronnen, klumpig	2	50
1589.	Nase - Nasenbluten - Blut - geronnen, klumpig - schnell	1	5
1590.	Nase - Nasenbluten - Blut - hell	1	57
1591.	Nase - Nasenbluten - Husten, mit	1	37
1592.	Nase - Nasenbluten - Keuchhusten	2	13
1593.	Nase - Nasenbluten - Kindern, bei	1	13
1594.	Nase - Nasenbluten - Schlaf, im	3	13
1595.	Nase - Nasenbluten - Schneuzen der Nase; durch	1	90
1596.	Nase - Niesen	3	194
1597.	Nase - Niesen - morgens	1	42

Nr.	Symptom / Zeichen	Intensität	Anzahl der Mittel in der Rubrik
1598.	Nase - Niesen - anhaltend	1	14
1599.	Nase - Niesen - Entblößen, durch	2	6
1600.	Nase - Niesen - häufig	3	93
1601.	Nase - Niesen - heftig	1	64
1602.	Nase - Niesen - Liegen amel.	1	1
1603.	Nase - Niesen - Schnupfen, ohne	2	37
1604.	Nase - Niesen - Sonnenschein - durch	2	3
1605.	Nase - Niesen - Sonnenschein - in	1	6
1606.	Nase - Ozaena	3	62
1607.	Nase - Ozaena - syphilitisch	2	12
1608.	Nase - Perforation des Septums	2	7
1609.	Nase - Polyp	1	40
1610.	Nase - Risse - Nasenflügel	2	6
1611.	Nase - Risse - Nasenwinkel	1	2
1612.	Nase - Risse - Septum	1	1
1613.	Nase - Schmerz	2	93
1614.	Nase - Schmerz - Berührung, bei	3	32
1615.	Nase - Schmerz - Kopfschmerzen, mit	1	6
1616.	Nase - Schmerz - Knochen	1	36
1617.	Nase - Schmerz - Nasenwurzel	2	55
1618.	Nase - Schmerz - Nasenwurzel - Kopfschmerzen, mit	2	8
1619.	Nase - Schmerz - Nasenwurzel - erstreckt sich zu - Stirn	1	4
1620.	Nase - Schmerz - brennend, beißend	1	103
1621.	Nase - Schmerz - drückend	1	31
1622.	Nase - Schmerz - drückend - unten, nach	1	2
1623.	Nase - Schmerz - drückend - Nasenwurzel	2	63
1624.	Nase - Schmerz - nagend	1	3
1625.	Nase - Schmerz - nagend - Nasenwurzel	1	3
1626.	Nase - Schmerz - reißend - Knochen	1	7
1627.	Nase - Schmerz - Roheit	1	27
1628.	Nase - Schmerz - Roheit - Nasenlöcher	1	18
1629.	Nase - Schmerz - wund schmerzend - Berührung	2	28
1630.	Nase - Schmerz - wund schmerzend - innen	2	101
1631.	Nase - Schmerz - wund schmerzend - Knochen, in den	1	16
1632.	Nase - Schniefen	1	33
1633.	Nase - Schniefen - Kindern, Neugeborenen; bei	2	7
1634.	Nase - Schnupfen	3	208
1635.	Nase - Schnupfen - tagsüber	1	7
1636.	Nase - Schnupfen - nachts	3	23
1637.	Nase - Schnupfen - Absonderung, mit (= Fließschnupfen)	3	173
1638.	Nase - Schnupfen - Absonderung, mit - tagsüber	1	9
1639.	Nase - Schnupfen - Absonderung, mit - nachts	1	7
1640.	Nase - Schnupfen - Absonderung, mit - Bücken, beim	2	2
1641.	Nase - Schnupfen - Absonderung, mit - kalt - Zimmer	2	3
1642.	Nase - Schnupfen - Absonderung, mit - warmes Zimmer	2	6
1643.	Nase - Schnupfen - Absonderung, ohne (= Stockschnupfen)	1	99
1644.	Nase - Schnupfen - Absonderung, ohne - nachts - Fließschnupfen tagsüber	1	7
1645.	Nase - Schnupfen - Fieber, mit	3	21
1646.	Nase - Schnupfen - Frösteln, mit	3	19
1647.	Nase - Schnupfen - Halsentzündung, mit	3	10
1648.	Nase - Schnupfen - Herbst, im	1	1
1649.	Nase - Schnupfen - Husten, mit	1	72
1650.	Nase - Schnupfen - kalt - Abkühlen; beim	2	9
1651.	Nase - Schnupfen - kalt - Luft agg.; kalte	3	11
1652.	Nase - Schnupfen - Kehlkopfentzündung, mit	3	48
1653.	Nase - Schnupfen - Liegen - amel.	1	2
1654.	Nase - Schnupfen - Luft - Freien, im	1	29
1655.	Nase - Schnupfen - Luft - Freien, im - amel.	1	20
1656.	Nase - Schnupfen - Luft - Zugluft, durch	2	6
1657.	Nase - Schnupfen - Schweiß, mit	2	3
1658.	Nase - Schnupfen - warm - Luft	3	3
1659.	Nase - Schnupfen - warm - Luft - Scheu vor kalter Luft; aber	2	2
1660.	Nase - Schnupfen - warm - Zimmer	2	13
1661.	Nase - Schnupfen - Wetter - nassem Wetter, bei	2	7
1662.	Nase - Schnupfen - erstreckt sich zu - Brust	1	8
1663.	Nase - Schorfige Nasenlöcher	2	34
1664.	Nase - Schwellung	3	96
1665.	Nase - Schwellung - links	1	13
1666.	Nase - Schwellung - glänzend - rot	1	5
1667.	Nase - Schwellung - innen	2	31
1668.	Nase - Schwellung - Knochen	2	11
1669.	Nase - Schwellung - Nasenflügel - links	1	6
1670.	Nase - Schwellung - Nasenspitze	1	17
1671.	Nase - Schwellung - Nasenwurzel	1	7

Nr.	Symptom / Zeichen	Intensität	Anzahl der Mittel in der Rubrik
1672.	Nase - Schwellung - Septum	1	6
1673.	Nase - Schweregefühl	1	14
1674.	Nase - Schweregefühl - Gewichtes; Gefühl eines herabhängenden	1	2
1675.	Nase - Spannung	1	16
1676.	Nase - Spannung - Nasenwurzel	1	15
1677.	Nase - Spannung - quer über die Nase	1	1
1678.	Nase - Trockenheit, innen	2	159
1679.	Nase - Verstopfung	2	176
1680.	Nase - Verstopfung - rechts	2	26
1681.	Nase - Verstopfung - Absonderung, mit	1	15
1682.	Nase - Zupfen - Nase, an der	1	24
1683.	Gesicht - Abszeß	3	7
1684.	Gesicht - Abszeß - Antrum	2	5
1685.	Gesicht - Ausdruck - abgehärmt	1	33
1686.	Gesicht - Ausdruck - ängstlich	1	73
1687.	Gesicht - Ausdruck - berauscht	1	22
1688.	Gesicht - Ausdruck - dumm, einfältig	1	35
1689.	Gesicht - Ausdruck - hager, lang	1	19
1690.	Gesicht - Ausdruck - kränklich	2	93
1691.	Gesicht - Chlorotisch	1	54
1692.	Gesicht - Eingefallen	2	93
1693.	Gesicht - Empfindlich - Knochen	2	5
1694.	Gesicht - Empfindlich - Lippen	1	6
1695.	Gesicht - Entzündung - Lippen	3	7
1696.	Gesicht - Entzündung - Parotis	3	39
1697.	Gesicht - Entzündung - Parotis - rechts	3	5
1698.	Gesicht - Entzündung - Parotis - Eiterung, mit	3	13
1699.	Gesicht - Entzündung - Periost	2	15
1700.	Gesicht - Entzündung - Periost - Unterkiefer	2	4
1701.	Gesicht - Entzündung - Sublingualdrüse	3	4
1702.	Gesicht - Entzündung - Submaxillardrüse	3	30
1703.	Gesicht - Erysipel - ödematös	1	10
1704.	Gesicht - Erysipel - phlegmonös	1	22
1705.	Gesicht - Erysipel - Auge, um das	2	13
1706.	Gesicht - Exkoriation - Lippen	1	32
1707.	Gesicht - Exkoriation - Mundwinkel	3	28
1708.	Gesicht - Farbe - blaß	2	250
1709.	Gesicht - Farbe - blaß - abends	1	7
1710.	Gesicht - Farbe - blaß - nachts	1	3
1711.	Gesicht - Farbe - blaß - Raserei, Tobsuchtsanfall; bei	1	7
1712.	Gesicht - Farbe - bläulich	1	117
1713.	Gesicht - Farbe - bläulich - Raserei, Tobsuchtsanfall; bei	1	10
1714.	Gesicht - Farbe - bläulich - Augen; Ringe um die	1	100
1715.	Gesicht - Farbe - bläulich - Lippen	1	62
1716.	Gesicht - Farbe - bleich	2	63
1717.	Gesicht - Farbe - bleifarben	1	18
1718.	Gesicht - Farbe - erdfahl	3	82
1719.	Gesicht - Farbe - gelb	3	119
1720.	Gesicht - Farbe - gelb - Raserei, Tobsuchtsanfall; bei	1	9
1721.	Gesicht - Farbe - grünlich	1	18
1722.	Gesicht - Farbe - kränkliche Farbe	2	85
1723.	Gesicht - Farbe - rot	2	238
1724.	Gesicht - Farbe - rot - abwechselnd mit Blässe	1	53
1725.	Gesicht - Farbe - rot - bläulichrot	1	46
1726.	Gesicht - Farbe - rot - erysipelatös	1	31
1727.	Gesicht - Farbe - rot - Essen - nach	1	18
1728.	Gesicht - Farbe - rot - Fieber - während	1	34
1729.	Gesicht - Farbe - rot - Flecken	1	45
1730.	Gesicht - Farbe - rot - Frost - während	1	39
1731.	Gesicht - Farbe - rot - Raserei, Tobsuchtsanfall; bei	1	14
1732.	Gesicht - Farbe - rot - umschrieben	1	64
1733.	Gesicht - Farbe - rot - Zahnschmerzen, mit	1	11
1734.	Gesicht - Farbe - rot - Lippen	1	26
1735.	Gesicht - Farbe - schmutzig aussehend	2	18
1736.	Gesicht - Farbe - schwarz - Lippen	2	24
1737.	Gesicht - Farbe - weißer Flecken	1	4
1738.	Gesicht - Fettig	2	32
1739.	Gesicht - Gangrän	2	2
1740.	Gesicht - Gedunsen	1	81
1741.	Gesicht - Gedunsen - Menses, vor den	2	5
1742.	Gesicht - Gedunsen - unter den Augen	1	12
1743.	Gesicht - Gerunzelt	1	27
1744.	Gesicht - Gerunzelt - Stirn, Stirnrunzeln	1	24
1745.	Gesicht - Geschwüre	1	23

Nr.	Symptom / Zeichen	Intensität	Anzahl der Mittel in der Rubrik
1746.	Gesicht - Geschwüre - faulig	1	1
1747.	Gesicht - Geschwüre - Kinn	1	7
1748.	Gesicht - Geschwüre - Lippen	2	49
1749.	Gesicht - Geschwüre - Lippen - Oberlippe	1	6
1750.	Gesicht - Geschwüre - Mund - Mundwinkel	3	32
1751.	Gesicht - Hautausschläge	3	137
1752.	Gesicht - Hautausschläge - Kinn	2	63
1753.	Gesicht - Hautausschläge - Kinn - schmerzhaft	1	4
1754.	Gesicht - Hautausschläge - Lippen	1	95
1755.	Gesicht - Hautausschläge - Mund - Mundwinkel	3	34
1756.	Gesicht - Hautausschläge - Mund - Mundwinkel - rechts	1	5
1757.	Gesicht - Hautausschläge - Mund - um den	2	59
1758.	Gesicht - Hautausschläge - Nase	2	99
1759.	Gesicht - Hautausschläge - Wangen	1	44
1760.	Gesicht - Hautausschläge - abschilfernd	2	19
1761.	Gesicht - Hautausschläge - Akne	2	91
1762.	Gesicht - Hautausschläge - beißend	1	5
1763.	Gesicht - Hautausschläge - Bläschen	2	62
1764.	Gesicht - Hautausschläge - Bläschen - gelb	2	17
1765.	Gesicht - Hautausschläge - Bläschen - Lippen	1	41
1766.	Gesicht - Hautausschläge - blutend - berührt; wenn an der Nase	2	2
1767.	Gesicht - Hautausschläge - blutend - gekratzt wird, wenn	2	7
1768.	Gesicht - Hautausschläge - brennend	1	27
1769.	Gesicht - Hautausschläge - Ekzem	2	52
1770.	Gesicht - Hautausschläge - Ekzem - blutend	2	10
1771.	Gesicht - Hautausschläge - Entzündete Flecken (Hitzblattern)	1	44
1772.	Gesicht - Hautausschläge - Exanthem, flüchtiges	2	35
1773.	Gesicht - Hautausschläge - exkoriierend	3	9
1774.	Gesicht - Hautausschläge - feucht	2	35
1775.	Gesicht - Hautausschläge - feucht - stinkend	1	2
1776.	Gesicht - Hautausschläge - Fissuren	2	9
1777.	Gesicht - Hautausschläge - Flecken	2	30
1778.	Gesicht - Hautausschläge - Flecken; große	2	12
1779.	Gesicht - Hautausschläge - Herpes	2	62
1780.	Gesicht - Hautausschläge - Herpes - mehlig	1	9
1781.	Gesicht - Hautausschläge - Herpes - Wangen	1	26
1782.	Gesicht - Hautausschläge - Impetigo	2	18
1783.	Gesicht - Hautausschläge - Impetigo - Stirn	2	8
1784.	Gesicht - Hautausschläge - juckend	2	49
1785.	Gesicht - Hautausschläge - Krusten, Schorfen; mit	2	48
1786.	Gesicht - Hautausschläge - Krusten, Schorfen; mit - gelb	2	10
1787.	Gesicht - Hautausschläge - Krusten, Schorfen; mit - grünlichgelb	2	3
1788.	Gesicht - Hautausschläge - Krusten, Schorfen; mit - Lippen	2	21
1789.	Gesicht - Hautausschläge - Krusten, Schorfen; mit - Mund - um den	2	9
1790.	Gesicht - Hautausschläge - Krusten, Schorfen; mit - Nase	3	34
1791.	Gesicht - Hautausschläge - Krusten, Schorfen; mit - Nase - in und auf der	2	22
1792.	Gesicht - Hautausschläge - kupferfarben	1	17
1793.	Gesicht - Hautausschläge - papulös - Kinn, am	1	7
1794.	Gesicht - Hautausschläge - Pickel	3	104
1795.	Gesicht - Hautausschläge - Pickel - purpurnem Hof; mit	3	1
1796.	Gesicht - Hautausschläge - Pickel - Kinn	1	29
1797.	Gesicht - Hautausschläge - Pickel - Lippen	2	32
1798.	Gesicht - Hautausschläge - Pickel - Nase	2	52
1799.	Gesicht - Hautausschläge - Pusteln	2	69
1800.	Gesicht - Hautausschläge - Pusteln - Kinn	1	21
1801.	Gesicht - Hautausschläge - Pusteln - Nase	1	23
1802.	Gesicht - Hautausschläge - Pusteln - Stirn	2	20
1803.	Gesicht - Hautausschläge - rauh - Lippen	1	3
1804.	Gesicht - Hautausschläge - schuppig	2	57
1805.	Gesicht - Hautausschläge - schuppig - gelb	2	1
1806.	Gesicht - Hautausschläge - schuppig - Kinn	1	7
1807.	Gesicht - Hautausschläge - schuppig - Lippen	1	26
1808.	Gesicht - Hautausschläge - syphilitisch	3	18
1809.	Gesicht - Hautausschläge - Tuberkel	1	32
1810.	Gesicht - Hippokratisches Gesicht	1	49
1811.	Gesicht - Hitze	2	204
1812.	Gesicht - Hitze - Essen - nach	1	23
1813.	Gesicht - Hitze - Frost - während	2	57
1814.	Gesicht - Hitze - Frösteln - während	3	14
1815.	Gesicht - Hitze - Gefühl von	2	17
1816.	Gesicht - Hitze - Raserei, Tobsuchtsanfall; bei	1	9
1817.	Gesicht - Hitze - Stuhlgang - während	1	3
1818.	Gesicht - Hitze - Lippen	2	17
1819.	Gesicht - Jucken	1	96

Nr.	Symptom / Zeichen	Intensität	Anzahl der Mittel in der Rubrik
1820.	Gesicht - Jucken - beißend	2	21
1821.	Gesicht - Jucken - stechend, fein	1	22
1822.	Gesicht - Kälte	1	84
1823.	Gesicht - Kälte - abwechselnd mit - Hitze	1	4
1824.	Gesicht - Kälte - Gefühl von	2	5
1825.	Gesicht - Kälte - Stirn	1	6
1826.	Gesicht - Karies der Knochen; Knochenfraß - Unterkiefer	2	15
1827.	Gesicht - Kaubewegungen des Kiefers	2	30
1828.	Gesicht - Kiefersperre	2	75
1829.	Gesicht - Knotige Schwellungen	1	9
1830.	Gesicht - Konvulsionen, Spasmen - Mund	1	11
1831.	Gesicht - Krebs - Kiefer - links	1	4
1832.	Gesicht - Langgezogen (= in die Länge gezogen)	2	85
1833.	Gesicht - Nekrose - Unterkiefer	1	4
1834.	Gesicht - Rissig - Lippen	2	101
1835.	Gesicht - Rissig - Mundwinkel	2	25
1836.	Gesicht - Runzelig, faltig	1	12
1837.	Gesicht - Schmerz	2	176
1838.	Gesicht - Schmerz - rechts	2	59
1839.	Gesicht - Schmerz - nachts	3	28
1840.	Gesicht - Schmerz - Anstrengung, bei - agg.	1	5
1841.	Gesicht - Schmerz - Bewegung - Unterkiefers, des - agg.	2	25
1842.	Gesicht - Schmerz - entzündlich	3	14
1843.	Gesicht - Schmerz - Gehen - agg.	1	7
1844.	Gesicht - Schmerz - kalt - Einwirkung von Kälte; durch	2	26
1845.	Gesicht - Schmerz - kalt - Einwirkung von Kälte; durch - Hitze, oder	1	3
1846.	Gesicht - Schmerz - kalt - Luft, kalte - agg.	2	20
1847.	Gesicht - Schmerz - Luft - Freien, im - agg.	2	35
1848.	Gesicht - Schmerz - Öffnen, beim - Mundes, des	1	12
1849.	Gesicht - Schmerz - rheumatisch	2	32
1850.	Gesicht - Schmerz - Schneuzen der Nase agg.	3	1
1851.	Gesicht - Schmerz - warm - Bett - agg.	2	7
1852.	Gesicht - Schmerz - Wetter - feuchtes - agg.	2	12
1853.	Gesicht - Schmerz - Zugluft agg.	2	16
1854.	Gesicht - Schmerz - erstreckt sich zu - Zähne	1	1
1855.	Gesicht - Schmerz - Kiefer	1	21
1856.	Gesicht - Schmerz - Kiefer - Unterkiefer	2	49
1857.	Gesicht - Schmerz - Knochen	2	26
1858.	Gesicht - Schmerz - Lippen	1	15
1859.	Gesicht - Schmerz - Lippen - Berührung agg.	1	4
1860.	Gesicht - Schmerz - Parotis	2	31
1861.	Gesicht - Schmerz - Parotis - rechts	1	4
1862.	Gesicht - Schmerz - Parotis - kalt - Anwendungen - amel.	1	1
1863.	Gesicht - Schmerz - Wange	2	35
1864.	Gesicht - Schmerz - brennend	1	102
1865.	Gesicht - Schmerz - brennend - rechts	2	8
1866.	Gesicht - Schmerz - brennend - Kinn	1	14
1867.	Gesicht - Schmerz - brennend - Lippen	2	58
1868.	Gesicht - Schmerz - brennend - Parotis	1	3
1869.	Gesicht - Schmerz - brennend - Parotis - kalte Luft - amel.	1	1
1870.	Gesicht - Schmerz - drückend	1	28
1871.	Gesicht - Schmerz - drückend - herausdrückend	1	2
1872.	Gesicht - Schmerz - drückend - Wangenknochen	2	36
1873.	Gesicht - Schmerz - drückend - Wangenknochen - Schneuzen der Nase; beim	2	1
1874.	Gesicht - Schmerz - krampfartig - Lippen	2	5
1875.	Gesicht - Schmerz - reißend	3	95
1876.	Gesicht - Schmerz - reißend - Wetter - nasses Wetter agg.	2	4
1877.	Gesicht - Schmerz - reißend - Kiefer - Unterkiefer	2	55
1878.	Gesicht - Schmerz - reißend - Kiefer - Unterkiefer - abends	1	5
1879.	Gesicht - Schmerz - reißend - Wangenknochen	3	47
1880.	Gesicht - Schmerz - stechend	2	115
1881.	Gesicht - Schmerz - stechend - Kiefer - Oberkiefer	1	9
1882.	Gesicht - Schmerz - stechend - Parotis	1	21
1883.	Gesicht - Schmerz - stechend - Submaxillardrüse	1	12
1884.	Gesicht - Schmerz - stechend - Wangenknochen	1	24
1885.	Gesicht - Schmerz - stechend, fein - Lippen	1	18
1886.	Gesicht - Schmerz - stechend, fein - Parotis	1	2
1887.	Gesicht - Schmerz - wund schmerzend - Parotis	1	14
1888.	Gesicht - Schmerz - ziehend	3	91
1889.	Gesicht - Schweiß	3	122
1890.	Gesicht - Schweiß - kalt	2	76
1891.	Gesicht - Schwellung	3	152
1892.	Gesicht - Schwellung - rechts	1	9
1893.	Gesicht - Schwellung - eine Seite	2	18

Nr.	Symptom / Zeichen	Intensität	Anzahl der Mittel in der Rubrik
1894.	Gesicht - Schwellung - morgens	1	18
1895.	Gesicht - Schwellung - Essen - nach	1	1
1896.	Gesicht - Schwellung - hart	2	9
1897.	Gesicht - Schwellung - Menses - vor	2	5
1898.	Gesicht - Schwellung - ödematös	2	44
1899.	Gesicht - Schwellung - rot	1	17
1900.	Gesicht - Schwellung - Zahnschmerzen	3	31
1901.	Gesicht - Schwellung - Augen - um die	1	18
1902.	Gesicht - Schwellung - Augen - unter den	1	27
1903.	Gesicht - Schwellung - Kiefer - Drüsen im allgemeinen	3	65
1904.	Gesicht - Schwellung - Kiefer - Unterkiefer	1	25
1905.	Gesicht - Schwellung - Lippen	2	76
1906.	Gesicht - Schwellung - Lippen - Oberlippe	2	36
1907.	Gesicht - Schwellung - Parotis	3	85
1908.	Gesicht - Schwellung - Parotis - rechts	2	13
1909.	Gesicht - Schwellung - Parotis - hart	2	6
1910.	Gesicht - Schwellung - Parotis - kalte Luft amel.	2	1
1911.	Gesicht - Schwellung - Sublingualdrüse	3	10
1912.	Gesicht - Schwellung - Submaxillardrüsen	2	95
1913.	Gesicht - Schwellung - Submaxillardrüsen - hart	2	8
1914.	Gesicht - Schwellung - Wangen	3	39
1915.	Gesicht - Spannung der Haut	2	55
1916.	Gesicht - Spannung der Haut - Kiefer - Kiefergelenk	2	6
1917.	Gesicht - Spannung der Haut - Kiefer - Unterkiefer	1	18
1918.	Gesicht - Steifheit - Unterkiefer	2	51
1919.	Gesicht - Trockenheit - Lippen	2	124
1920.	Gesicht - Verhärtungen - Parotis	1	24
1921.	Gesicht - Verhärtungen - Wangen	1	2
1922.	Gesicht - Verzerrung - Mund	1	31
1923.	Gesicht - Zittern	1	6
1924.	Gesicht - Zittern - Sprechen, beim	1	1
1925.	Gesicht - Zusammengebissen; Kiefer fest	2	28
1926.	Gesicht - Zusammenziehung	2	24
1927.	Mund - Abgelöst; Zahnfleisch ist von den Zähnen	3	52
1928.	Mund - Abszeß des Zahnfleisches	1	16
1929.	Mund - Aphthen	3	105
1930.	Mund - Aphthen - Kindern, bei	3	16
1931.	Mund - Aphthen - Zunge	2	30
1932.	Mund - Atrophie - Zahnfleisch	2	3
1933.	Mund - Belag - Gaumen von einer Pseudomembran bedeckt	2	11
1934.	Mund - Bewegung - Zunge - schwierig	2	31
1935.	Mund - Bläschen	2	54
1936.	Mund - Bläschen - Geschwüren, werden zu	2	4
1937.	Mund - Bläschen - Zahnfleisch	2	15
1938.	Mund - Bläschen - Zunge	2	74
1939.	Mund - Bluten	2	46
1940.	Mund - Bluten - Zahnfleisch	3	117
1941.	Mund - Bluten - Zahnfleisch - Berührung, bei	3	11
1942.	Mund - Bluten - Zahnfleisch - leicht	2	54
1943.	Mund - Bluten - Zunge	2	36
1944.	Mund - Eingedellt - Zunge	3	28
1945.	Mund - Eiterung - Zahnfleisch	2	15
1946.	Mund - Eiterung - Zunge	2	5
1947.	Mund - Empfindlichkeit - Zunge	2	18
1948.	Mund - Entzündung	3	55
1949.	Mund - Entzündung - Gaumen	1	18
1950.	Mund - Entzündung - Zahnfleisch	2	41
1951.	Mund - Entzündung - Zunge	2	53
1952.	Mund - Entzündung - Zunge - gichtig	2	2
1953.	Mund - Entzündung - Zunge - Verhärtung, mit	2	9
1954.	Mund - Erweichung des Zahnfleisches	3	9
1955.	Mund - Farbe - blaß	1	9
1956.	Mund - Farbe - blau	1	4
1957.	Mund - Farbe - purpurfarbene Flecken	1	3
1958.	Mund - Farbe - rot	2	31
1959.	Mund - Farbe - weiß - Flecken	1	4
1960.	Mund - Farbe - Gaumen - kupferfarben	2	2
1961.	Mund - Farbe - Gaumen - rot - Gaumensegel	2	18
1962.	Mund - Farbe - Gaumen - weiß	2	7
1963.	Mund - Farbe - Zahnfleisch - blaue Linie am Rand	1	2
1964.	Mund - Farbe - Zahnfleisch - bläulich	1	8
1965.	Mund - Farbe - Zahnfleisch - gelb	2	3
1966.	Mund - Farbe - Zahnfleisch - rot	3	38
1967.	Mund - Farbe - Zahnfleisch - rot - Ränder - hellrot	2	2

Nr.	Symptom / Zeichen	Intensität	Anzahl der Mittel in der Rubrik
1968.	Mund - Farbe - Zahnfleisch - schmutzig	1	2
1969.	Mund - Farbe - Zahnfleisch - schwarz	2	3
1970.	Mund - Farbe - Zahnfleisch - weiß	3	13
1971.	Mund - Farbe - Zunge - blaß	3	19
1972.	Mund - Farbe - Zunge - braun	2	66
1973.	Mund - Farbe - Zunge - gelb	3	84
1974.	Mund - Farbe - Zunge - gelb - schmutzig	3	12
1975.	Mund - Farbe - Zunge - gelb - Basis	2	18
1976.	Mund - Farbe - Zunge - rot	3	78
1977.	Mund - Farbe - Zunge - rot - Flecken	2	7
1978.	Mund - Farbe - Zunge - rot - Kanten	3	50
1979.	Mund - Farbe - Zunge - schwarz	3	33
1980.	Mund - Farbe - Zunge - schwarz - roter Rand	3	2
1981.	Mund - Farbe - Zunge - schwarz - Mitte	2	5
1982.	Mund - Farbe - Zunge - weiß	3	179
1983.	Mund - Furunkel am Zahnfleisch	2	28
1984.	Mund - Gangränös - Zunge	1	5
1985.	Mund - Gefühllosigkeit, Taubheit - Zunge	1	47
1986.	Mund - Geruch - Essen, nach dem	1	9
1987.	Mund - Geruch - faulig	3	91
1988.	Mund - Geruch - Quecksilber, wie	1	4
1989.	Mund - Geruch - schlecht	2	13
1990.	Mund - Geruch - süßlich	2	4
1991.	Mund - Geruch - Übelkeit erregend	1	14
1992.	Mund - Geruch - übelriechend	3	128
1993.	Mund - Geruch - übelriechend - Husten, beim	1	14
1994.	Mund - Geruch - übelriechend - Menses - während	2	3
1995.	Mund - Geschmack - adstringierend	1	29
1996.	Mund - Geschmack - bitter	3	186
1997.	Mund - Geschmack - bitter - morgens	1	58
1998.	Mund - Geschmack - bitter - Brot schmeckt	1	23
1999.	Mund - Geschmack - bitter - Essen - während	1	38
2000.	Mund - Geschmack - bitter - Essen - nach	1	23
2001.	Mund - Geschmack - bitter - Kaffee - schmeckt	1	5
2002.	Mund - Geschmack - Brei, wie	4	112
2003.	Mund - Geschmack - Dung, wie	2	6
2004.	Mund - Geschmack - Eier; wie faule	3	12
2005.	Mund - Geschmack - eitrig - Hals, im inneren	1	2
2006.	Mund - Geschmack - fade	3	124
2007.	Mund - Geschmack - faulig	2	87
2008.	Mund - Geschmack - Geschmacklosigkeit der Speisen	1	46
2009.	Mund - Geschmack - Geschmacksverlust	2	74
2010.	Mund - Geschmack - metallisch	3	92
2011.	Mund - Geschmack - metallisch - Husten agg.	1	2
2012.	Mund - Geschmack - pervertiert	1	2
2013.	Mund - Geschmack - salzig, etwas	3	71
2014.	Mund - Geschmack - salzig, etwas - Speisen schmecken	1	15
2015.	Mund - Geschmack - salzig, etwas - Wasser schmeckt	1	3
2016.	Mund - Geschmack - sauer	2	114
2017.	Mund - Geschmack - sauer - morgens	1	23
2018.	Mund - Geschmack - sauer - Bier schmeckt	1	3
2019.	Mund - Geschmack - schlecht	3	112
2020.	Mund - Geschmack - schlecht - morgens	2	28
2021.	Mund - Geschmack - schlecht - morgens - Erwachen, beim	2	11
2022.	Mund - Geschmack - schleimig	3	45
2023.	Mund - Geschmack - seifig	1	10
2024.	Mund - Geschmack - süßlich	3	103
2025.	Mund - Geschmack - süßlich - Brot schmeckt	3	2
2026.	Mund - Geschmack - teigig	1	9
2027.	Mund - Geschwüre	2	83
2028.	Mund - Geschwüre - ausbreitend, sich	1	6
2029.	Mund - Geschwüre - blutend	1	5
2030.	Mund - Geschwüre - brennend	2	19
2031.	Mund - Geschwüre - flach	1	6
2032.	Mund - Geschwüre - gelb - Mündung der Speicheldrüsen; an der	3	3
2033.	Mund - Geschwüre - klein	2	6
2034.	Mund - Geschwüre - phagedänisch	1	9
2035.	Mund - Geschwüre - schmerzhaft	2	9
2036.	Mund - Geschwüre - stinkend	2	5
2037.	Mund - Geschwüre - syphilitisch	3	15
2038.	Mund - Geschwüre - Basis - speckig	3	8
2039.	Mund - Geschwüre - Gaumen	3	24
2040.	Mund - Geschwüre - Gaumen - Gaumensegel, am	2	9
2041.	Mund - Geschwüre - Kanten - gezackt	1	2

Nr.	Symptom / Zeichen	Intensität	Anzahl der Mittel in der Rubrik
2042.	Mund - Geschwüre - Kanten - unregelmäßig	1	3
2043.	Mund - Geschwüre - Wangen - perforierend	1	1
2044.	Mund - Geschwüre - Wangen - Innenseite	1	1
2045.	Mund - Geschwüre - Zahnfleisch	3	55
2046.	Mund - Geschwüre - Zahnfleisch - phagedänisch	2	4
2047.	Mund - Geschwüre - Zunge	3	57
2048.	Mund - Geschwüre - Zunge - blutend	1	1
2049.	Mund - Geschwüre - Zunge - syphilitisch	3	6
2050.	Mund - Geschwüre - Zunge - verhärtet	1	3
2051.	Mund - Geschwüre - Zunge - Kanten	2	14
2052.	Mund - Geschwüre - Zunge - Zungenspitze	1	8
2053.	Mund - Herausstrecken der Zunge - schnellt heraus und hinein wie bei einer Schlange, züngelt	1	10
2054.	Mund - Hitze	1	58
2055.	Mund - Jucken	2	9
2056.	Mund - Jucken - Gaumen	2	18
2057.	Mund - Jucken - Zahnfleisch	2	13
2058.	Mund - Kalt - Atem, kalter	1	24
2059.	Mund - Kalt - Zunge, kalte	1	25
2060.	Mund - Karies - Gaumen	2	6
2061.	Mund - Landkartenzunge	1	25
2062.	Mund - Offen	1	41
2063.	Mund - Offen - Schlaf, im	1	20
2064.	Mund - Papillen - aufrecht	2	37
2065.	Mund - Prickeln, Kribbeln - Zunge	2	45
2066.	Mund - Pulsieren - Zahnfleisch	1	15
2067.	Mund - Quecksilber angegriffenes Zahnfleisch; durch	2	8
2068.	Mund - Ranula, Froschgeschwulst	2	20
2069.	Mund - Rissig	1	13
2070.	Mund - Rissig - Zunge	2	76
2071.	Mund - Rissig - Zunge - quer verlaufend	1	6
2072.	Mund - Runzelig, faltig - Zahnfleisch	1	3
2073.	Mund - Schlaffe Zunge	3	20
2074.	Mund - Schleimhaut - blaß	2	7
2075.	Mund - Schleimhaut - Exkoriation	1	48
2076.	Mund - Schleimhaut - Zunge, exkoriiert	2	31
2077.	Mund - Schleimhautpapel bei sekundärer Syphilis (= Plaques muqueuses)	2	13
2078.	Mund - Schleim, Schleimabsonderung etc.	2	91
2079.	Mund - Schleim, Schleimabsonderung etc. - morgens	1	39
2080.	Mund - Schleim, Schleimabsonderung etc. - Zunge; Schleimansammlung auf der	2	50
2081.	Mund - Schleim, Schleimabsonderung etc. - Zunge; Schleimansammlung auf der - zäh	1	10
2082.	Mund - Schmerz	1	20
2083.	Mund - Schmerz - Gaumen, im	1	29
2084.	Mund - Schmerz - Zahnfleisch	3	52
2085.	Mund - Schmerz - Zahnfleisch - Berührung; bei	3	13
2086.	Mund - Schmerz - Zunge	2	38
2087.	Mund - Schmerz - bohrend - Zahnfleisch	1	2
2088.	Mund - Schmerz - brennend (= roh und beißend)	2	128
2089.	Mund - Schmerz - brennend - nachts	1	3
2090.	Mund - Schmerz - brennend - Gaumen	1	59
2091.	Mund - Schmerz - brennend - Zahnfleisch	3	31
2092.	Mund - Schmerz - brennend - Zunge	2	137
2093.	Mund - Schmerz - brennend - Zunge - Zungenspitze	1	55
2094.	Mund - Schmerz - drückend - Zunge	2	5
2095.	Mund - Schmerz - reißend - Zahnfleisch	2	18
2096.	Mund - Schmerz - stechend - Zahnfleisch	1	17
2097.	Mund - Schmerz - stechend - Zunge	1	57
2098.	Mund - Schmerz - stechend - Zunge - Zungenspitze	2	33
2099.	Mund - Schmerz - verbrannt, wie - Zunge	2	49
2100.	Mund - Schmerz - Wehtun - Gaumen	1	13
2101.	Mund - Schmerz - wund schmerzend (= empfindlich)	3	72
2102.	Mund - Schmerz - wund schmerzend - Gaumen	1	41
2103.	Mund - Schmerz - wund schmerzend - Gaumen - Berührung; bei	1	3
2104.	Mund - Schmerz - wund schmerzend - Zahnfleisch	3	78
2105.	Mund - Schmerz - wund schmerzend - Zunge	1	69
2106.	Mund - Schmerz - wund schmerzend - Zunge - rechts	1	5
2107.	Mund - Schmerz - ziehend - Gaumen - konvulsivisch, erstreckt sich zu den Fauces	1	2
2108.	Mund - Schwammig - Zahnfleisch	3	27
2109.	Mund - Schwellung	3	37
2110.	Mund - Schwellung - Gaumen	2	32
2111.	Mund - Schwellung - Gaumen - Eiterung, mit	1	5
2112.	Mund - Schwellung - Gaumen - Gaumenbogen	1	7
2113.	Mund - Schwellung - Gaumen - Gaumensegel	2	11

Nr.	Symptom / Zeichen	Intensität	Anzahl der Mittel in der Rubrik
2114.	Mund - Schwellung - Zahnfleisch	3	118
2115.	Mund - Schwellung - Zahnfleisch - rechts	2	4
2116.	Mund - Schwellung - Zunge	3	88
2117.	Mund - Schwellung - Zunge - eine Seite	1	5
2118.	Mund - Schwellung - Zunge - nachts	1	1
2119.	Mund - Schwellung - Zunge - Insektenstich, nach	1	7
2120.	Mund - Schwere der Zunge - Bewegen der Zunge ist schwierig	1	11
2121.	Mund - Skorbut des Zahnfleisches	3	54
2122.	Mund - Speichel - blutig	2	44
2123.	Mund - Speichel - Kupfer, schmeckt nach	1	2
2124.	Mund - Speichel - metallisch schmeckend	1	15
2125.	Mund - Speichel - salzig, etwas	2	31
2126.	Mund - Speichel - sauer	1	31
2127.	Mund - Speichel - scharf, wundfressend	2	24
2128.	Mund - Speichel - schleimig	2	9
2129.	Mund - Speichel - seifig	2	6
2130.	Mund - Speichel - stinkend	3	11
2131.	Mund - Speichel - übelriechend	3	20
2132.	Mund - Speichel - übelriechend - nachts	1	1
2133.	Mund - Speichel - zäh	3	62
2134.	Mund - Speichel - zäh - nachts	1	1
2135.	Mund - Speichelfluß	3	234
2136.	Mund - Speichelfluß - nachts	3	28
2137.	Mund - Speichelfluß - nachts - Mitternacht - nach - 1 h	2	1
2138.	Mund - Speichelfluß - geistiger Arbeit, bei	1	3
2139.	Mund - Speichelfluß - Husten, beim	1	14
2140.	Mund - Speichelfluß - Kopfschmerz - während	3	15
2141.	Mund - Speichelfluß - Menses - während	2	9
2142.	Mund - Speichelfluß - Rauchen, beim	1	5
2143.	Mund - Speichelfluß - reichlich	1	4
2144.	Mund - Speichelfluß - Schlaf, im	3	25
2145.	Mund - Speichelfluß - Schmerzen, bei den	1	8
2146.	Mund - Speichelfluß - Trockenheit - Gefühl von, mit	2	18
2147.	Mund - Sprache - schwierig	2	92
2148.	Mund - Sprache - stotternd	3	50
2149.	Mund - Sprache - stotternd - schnell und	2	1
2150.	Mund - Sprache - unklar	1	19
2151.	Mund - Sprache - Verlust der Sprache	2	44
2152.	Mund - Stomatitis ulcerosa, Stomakaze	2	43
2153.	Mund - Stomatitis ulcerosa, Stomakaze - Kaugummi, durch	1	1
2154.	Mund - Trockenheit	3	213
2155.	Mund - Trockenheit - Gaumen	2	67
2156.	Mund - Trockenheit - Zunge	3	140
2157.	Mund - Verhärtung - Zunge	2	20
2158.	Mund - Weiche Zunge	1	4
2159.	Mund - Zittern der Zunge	3	38
2160.	Mund - Zittern der Zunge - Herausstrecken, beim	1	14
2161.	Zähne - Abszeß der Zahnwurzeln	2	19
2162.	Zähne - Empfindlichkeit	2	45
2163.	Zähne - Empfindlichkeit - kaltes Wasser, gegen	1	19
2164.	Zähne - Entzündung des Dentins	3	1
2165.	Zähne - Farbe - gelb	2	13
2166.	Zähne - Farbe - grau	3	3
2167.	Zähne - Farbe - schwarz	3	18
2168.	Zähne - Geruch aus den Zähnen; übler	1	8
2169.	Zähne - Karies, faule, hohle Zähne	3	93
2170.	Zähne - Karies, faule, hohle Zähne - vorzeitig, bei Kindern	1	15
2171.	Zähne - Karies, faule, hohle Zähne - Zahnwurzeln, an den	1	7
2172.	Zähne - Lockerheit der Zähne, lose Zähne	3	88
2173.	Zähne - Lockerheit der Zähne, lose Zähne - Ausfallen der Zähne	2	9
2174.	Zähne - Lockerheit der Zähne, lose Zähne - Gefühl von	2	35
2175.	Zähne - Lockerheit der Zähne, lose Zähne - gesunde Zähne	3	4
2176.	Zähne - Lockerheit der Zähne, lose Zähne - schmerzhaft	1	12
2177.	Zähne - Schmerz	3	168
2178.	Zähne - Schmerz - links	1	33
2179.	Zähne - Schmerz - morgens	1	26
2180.	Zähne - Schmerz - nachmittags	1	14
2181.	Zähne - Schmerz - abends	2	54
2182.	Zähne - Schmerz - abends - 21 h	3	1
2183.	Zähne - Schmerz - abends - Bett, im	2	29
2184.	Zähne - Schmerz - nachts	3	80
2185.	Zähne - Schmerz - nachts - Mitternacht - nach	2	15
2186.	Zähne - Schmerz - nachts - Frösteln, wenn die Zahnschmerzen verschwinden	1	1
2187.	Zähne - Schmerz - abwechselnd mit - Reißen in den Gliedern	1	1

Nr.	Symptom / Zeichen	Intensität	Anzahl der Mittel in der Rubrik
2188.	Zähne - Schmerz - abwechselnd mit - Schwindel	1	2
2189.	Zähne - Schmerz - abwechselnd mit - Schwindeligkeit	1	1
2190.	Zähne - Schmerz - anfallsweise (Siehe intermittierend)	1	18
2191.	Zähne - Schmerz - Beißen, beim - Zusammenbeißen der Zähne; beim	2	45
2192.	Zähne - Schmerz - Berührung, bei	1	60
2193.	Zähne - Schmerz - Berührung, bei - Zunge, der	2	19
2194.	Zähne - Schmerz - Bett - im	3	25
2195.	Zähne - Schmerz - Bewegung - agg.	1	14
2196.	Zähne - Schmerz - Erkältung - durch eine	2	29
2197.	Zähne - Schmerz - Essen - während	3	42
2198.	Zähne - Schmerz - Essen - nach	2	43
2199.	Zähne - Schmerz - Füllung, nach einer	1	5
2200.	Zähne - Schmerz - Getränke - kalte Getränke, durch	2	51
2201.	Zähne - Schmerz - Getränke - warme Getränke, durch	2	28
2202.	Zähne - Schmerz - Herbst, im	1	10
2203.	Zähne - Schmerz - intermittierend	1	19
2204.	Zähne - Schmerz - Kaffee, durch	1	13
2205.	Zähne - Schmerz - kalt - faulen Zahn, im	1	10
2206.	Zähne - Schmerz - kalt - Kaltes	2	50
2207.	Zähne - Schmerz - kalt - Kaltes - amel.	1	21
2208.	Zähne - Schmerz - kalt - Luft, kalte	3	44
2209.	Zähne - Schmerz - kalt - Wasser - amel.	1	32
2210.	Zähne - Schmerz - Kauen, durch	2	64
2211.	Zähne - Schmerz - Kindern, bei	2	11
2212.	Zähne - Schmerz - Liegen - beim	1	21
2213.	Zähne - Schmerz - Luft - eingezogene Luft; durch	3	35
2214.	Zähne - Schmerz - pulsierend, pochend	2	69
2215.	Zähne - Schmerz - Reiben der Wange amel.	3	2
2216.	Zähne - Schmerz - rheumatisch	2	19
2217.	Zähne - Schmerz - Schlaf - nach - amel.	1	4
2218.	Zähne - Schmerz - Schlaf - Einschlafen, beim	2	5
2219.	Zähne - Schmerz - Schwangerschaft, in der	2	23
2220.	Zähne - Schmerz - Schwellung, mit - Wangen, der	3	26
2221.	Zähne - Schmerz - Sitzen - agg.	1	7
2222.	Zähne - Schmerz - Sitzen - Aufsitzen im Bett amel.	1	6
2223.	Zähne - Schmerz - Speichelfluß, mit unwillkürlichem	3	7
2224.	Zähne - Schmerz - Speisen - kalte, durch	1	16
2225.	Zähne - Schmerz - Speisen - warme, durch	1	28
2226.	Zähne - Schmerz - Spülen der Zähne; nach	2	12
2227.	Zähne - Schmerz - Spülen der Zähne; nach - kaltem Wasser, mit	1	12
2228.	Zähne - Schmerz - stillenden Müttern; bei	1	10
2229.	Zähne - Schmerz - Tabak - Rauchen (von Tabak); beim	2	13
2230.	Zähne - Schmerz - Tabak - Rauchen (von Tabak); beim - amel.	2	8
2231.	Zähne - Schmerz - warm - Bett, im warmen - agg.	3	17
2232.	Zähne - Schmerz - warm - Warmes, durch	2	41
2233.	Zähne - Schmerz - warm - Zimmer, im warmen - agg.	1	20
2234.	Zähne - Schmerz - Wärme, durch - äußerliche - amel.	3	32
2235.	Zähne - Schmerz - Wetter - nassem Wetter, bei	3	16
2236.	Zähne - Schmerz - Wetter - Wetterwechsel, bei	1	6
2237.	Zähne - Schmerz - Winter, im	3	21
2238.	Zähne - Schmerz - erstreckt sich zu - Augen	1	26
2239.	Zähne - Schmerz - erstreckt sich zu - Gesicht	3	25
2240.	Zähne - Schmerz - erstreckt sich zu - Kopf	1	32
2241.	Zähne - Schmerz - erstreckt sich zu - Ohr	3	54
2242.	Zähne - Schmerz - Backenzähne	1	91
2243.	Zähne - Schmerz - oben	1	74
2244.	Zähne - Schmerz - Schneidezähne	2	61
2245.	Zähne - Schmerz - unten	1	94
2246.	Zähne - Schmerz - brennend	1	27
2247.	Zähne - Schmerz - drückend	3	52
2248.	Zähne - Schmerz - durchdringend stechend	2	18
2249.	Zähne - Schmerz - fressend	1	13
2250.	Zähne - Schmerz - geschwürig - Zahnwurzeln	1	4
2251.	Zähne - Schmerz - reißend	3	133
2252.	Zähne - Schmerz - reißend - nachts	2	16
2253.	Zähne - Schmerz - reißend - Mitternacht - vor	1	4
2254.	Zähne - Schmerz - reißend - Zahnwurzeln	2	16
2255.	Zähne - Schmerz - ruckend	2	77
2256.	Zähne - Schmerz - ruckend - nachts	3	5
2257.	Zähne - Schmerz - stechend, fein stechend	2	108
2258.	Zähne - Schmerz - wund schmerzend (= wie zerschlagen, empfindlich etc.)	3	45
2259.	Zähne - Schmerz - ziehend	3	112
2260.	Zähne - Schmerz - zuckend	2	27
2261.	Zähne - Sordes	2	35

Nr.	Symptom / Zeichen	Intensität	Anzahl der Mittel in der Rubrik
2262.	Zähne - Stumpf, wie	1	48
2263.	Zähne - Stumpf, wie - Menses, während	2	1
2264.	Zähne - Verlängerungsgefühl	2	89
2265.	Zähne - Weich, fühlen sich	1	9
2266.	Zähne - Zähneknirschen	2	52
2267.	Zähne - Zähneknirschen - Schlaf, im	2	40
2268.	Zähne - Zahnung - schwierig	3	25
2269.	Zähne - Zusammengebissen, fest	1	9
2270.	Innerer Hals - Belag (= Exsudat, Diphtherie etc.)	2	63
2271.	Innerer Hals - Belag - rechts	2	8
2272.	Innerer Hals - Belag - gelb	1	13
2273.	Innerer Hals - Belag - grau	1	21
2274.	Innerer Hals - Belag - weiß	2	25
2275.	Innerer Hals - Belag - erstreckt sich zu - Nase	1	8
2276.	Innerer Hals - Belag - Tonsillen	1	17
2277.	Innerer Hals - Dampf, Rauch im Hals aufsteigen würde; als ob	1	26
2278.	Innerer Hals - Eiterung der Tonsillen	3	37
2279.	Innerer Hals - Engegefühl	1	15
2280.	Innerer Hals - Entzündung	3	134
2281.	Innerer Hals - Entzündung - rechts	2	14
2282.	Innerer Hals - Entzündung - nachts	3	2
2283.	Innerer Hals - Entzündung - chronisch	2	32
2284.	Innerer Hals - Entzündung - erysipelatös	2	9
2285.	Innerer Hals - Entzündung - follikulär	2	22
2286.	Innerer Hals - Entzündung - phlegmonös	2	11
2287.	Innerer Hals - Entzündung - erstreckt sich zu - oben, nach	1	1
2288.	Innerer Hals - Entzündung - erstreckt sich zu - oben, nach - und nach unten	2	1
2289.	Innerer Hals - Entzündung - Ösophagus	1	22
2290.	Innerer Hals - Entzündung - Tonsillen	3	79
2291.	Innerer Hals - Farbe - kupferfarben	3	2
2292.	Innerer Hals - Farbe - Röte	2	92
2293.	Innerer Hals - Farbe - Röte - dunkelrot	1	26
2294.	Innerer Hals - Farbe - Röte - Stellen, an kleinen	1	2
2295.	Innerer Hals - Farbe - Röte - Rachen	2	26
2296.	Innerer Hals - Farbe - Röte - Tonsillen	2	16
2297.	Innerer Hals - Farbe - Röte - Uvula	1	24
2298.	Innerer Hals - Farbe - violett	2	20
2299.	Innerer Hals - Flüssigkeiten kommen beim Schlucken in die Nase	2	34
2300.	Innerer Hals - Fremdkörpers; Gefühl eines	2	45
2301.	Innerer Hals - Gangrän	1	32
2302.	Innerer Hals - Geschwüre	3	71
2303.	Innerer Hals - Geschwüre - Stechen darin, mit	2	4
2304.	Innerer Hals - Geschwüre - Fauces	3	21
2305.	Innerer Hals - Geschwüre - Tonsillen	2	25
2306.	Innerer Hals - Geschwüre - Uvula	2	11
2307.	Innerer Hals - Geschwüre - Uvula - syphilitisch	2	7
2308.	Innerer Hals - Hitze	2	95
2309.	Innerer Hals - Hitze - erstreckt sich zum Magen	1	7
2310.	Innerer Hals - Katarrh	2	32
2311.	Innerer Hals - Klumpens; Gefühl eines (= Pfropf, Kloß, Globus hystericus etc.)	1	124
2312.	Innerer Hals - Klumpens; Gefühl eines - Schlucken, beim	2	14
2313.	Innerer Hals - Kratzen; schabendes, scharrendes	1	129
2314.	Innerer Hals - Kribbeln	1	34
2315.	Innerer Hals - Kribbeln - Wurm darin winden; als würde sich ein	1	3
2316.	Innerer Hals - Lähmung	1	27
2317.	Innerer Hals - Rauheit	2	105
2318.	Innerer Hals - Räuspern - Neigung zum	1	119
2319.	Innerer Hals - Schleim	2	171
2320.	Innerer Hals - Schleim - bitter	1	9
2321.	Innerer Hals - Schleim - dick	1	46
2322.	Innerer Hals - Schleim - gezogen; wird aus den Choanen	1	56
2323.	Innerer Hals - Schleim - salzig, leicht	1	16
2324.	Innerer Hals - Schleim - zäh	1	106
2325.	Innerer Hals - Schleim - Vorderseite des Halses	1	1
2326.	Innerer Hals - Schleimhautpapel	2	8
2327.	Innerer Hals - Schleimhautpapel - Vorderseite des Halses	1	1
2328.	Innerer Hals - Schlucken - schwierig	2	153
2329.	Innerer Hals - Schlucken - schwierig - Flüssigkeiten	2	39
2330.	Innerer Hals - Schlucken - unwillkürlich	1	5
2331.	Innerer Hals - Schlucken; ständige Neigung zu	2	64
2332.	Innerer Hals - Schmerz	2	123
2333.	Innerer Hals - Schmerz - nachts	2	16
2334.	Innerer Hals - Schmerz - Apfelbutzen; wie durch einen	2	2
2335.	Innerer Hals - Schmerz - Bett, im	2	2

Nr.	Symptom / Zeichen	Intensität	Anzahl der Mittel in der Rubrik
2336.	Innerer Hals - Schmerz - Bewegung, bei	1	4
2337.	Innerer Hals - Schmerz - kalt - Abkühlung, bei	2	12
2338.	Innerer Hals - Schmerz - kalt - Luft, kalte	2	10
2339.	Innerer Hals - Schmerz - Schlucken	3	139
2340.	Innerer Hals - Schmerz - Schlucken - nach - amel.	1	11
2341.	Innerer Hals - Schmerz - Schlucken - leerem Schlucken, bei	2	52
2342.	Innerer Hals - Schmerz - Schneuzen der Nase; beim	1	2
2343.	Innerer Hals - Schmerz - spricht, wenn er	1	11
2344.	Innerer Hals - Schmerz - warm - allgemeinen; Wärme im	1	7
2345.	Innerer Hals - Schmerz - warm - Bett, im warmen	2	3
2346.	Innerer Hals - Schmerz - erstreckt sich zu - Ohr	1	43
2347.	Innerer Hals - Schmerz - erstreckt sich zu - Ohr - Schlucken, beim	1	19
2348.	Innerer Hals - Schmerz - erstreckt sich zu - Submaxillardrüsen	2	1
2349.	Innerer Hals - Schmerz - Ösophagus	1	17
2350.	Innerer Hals - Schmerz - Tonsillen	1	24
2351.	Innerer Hals - Schmerz - Uvula	1	6
2352.	Innerer Hals - Schmerz - brennend	2	193
2353.	Innerer Hals - Schmerz - brennend - Dampf; wie durch heißen	1	1
2354.	Innerer Hals - Schmerz - brennend - juckend, beißend	1	12
2355.	Innerer Hals - Schmerz - brennend - Ösophagus	1	70
2356.	Innerer Hals - Schmerz - brennend - Tonsillen	1	8
2357.	Innerer Hals - Schmerz - drückend	2	82
2358.	Innerer Hals - Schmerz - drückend - Ösophagus	1	20
2359.	Innerer Hals - Schmerz - Roheit	2	124
2360.	Innerer Hals - Schmerz - Roheit - Ösophagus	1	5
2361.	Innerer Hals - Schmerz - Splitter - wie durch einen	1	25
2362.	Innerer Hals - Schmerz - stechend	2	110
2363.	Innerer Hals - Schmerz - stechend - Schlucken, beim	3	57
2364.	Innerer Hals - Schmerz - stechend - erstreckt sich zu - Ohr	1	19
2365.	Innerer Hals - Schmerz - stechend - erstreckt sich zu - Ohr - Schlucken, beim	2	13
2366.	Innerer Hals - Schmerz - stechend - Tonsillen	2	10
2367.	Innerer Hals - Schmerz - stechend, fein - Schlucken, beim	2	13
2368.	Innerer Hals - Schmerz - wund schmerzend (= wie zerschlagen, empfindlich)	3	152
2369.	Innerer Hals - Schmerz - wund schmerzend - rechts	2	24
2370.	Innerer Hals - Schmerz - wund schmerzend - nachts	2	10
2371.	Innerer Hals - Schwellung	3	89
2372.	Innerer Hals - Schwellung - nachts	1	1
2373.	Innerer Hals - Schwellung - Tonsillen	2	85
2374.	Innerer Hals - Schwellung - Tonsillen - rechts	1	21
2375.	Innerer Hals - Schwellung - Uvula	2	43
2376.	Innerer Hals - Schwellungsgefühl	1	42
2377.	Innerer Hals - Spannung	3	30
2378.	Innerer Hals - Syphilitische Erkrankungen	3	16
2379.	Innerer Hals - Trockenheit	3	211
2380.	Innerer Hals - Trockenheit - Sprechen ist sehr schwierig	1	3
2381.	Innerer Hals - Vergrößerung - Tonsillen	2	42
2382.	Innerer Hals - Verlängerung der Uvula	2	40
2383.	Innerer Hals - Würgen, Zusammenziehen	1	165
2384.	Innerer Hals - Würgen, Zusammenziehen - Schlucken, beim	2	33
2385.	Äußerer Hals - Abszeß	3	14
2386.	Äußerer Hals - Entblößen des Halses agg.	2	17
2387.	Äußerer Hals - Hautausschläge	1	20
2388.	Äußerer Hals - Luft - empfindlich gegen	2	8
2389.	Äußerer Hals - Schmerz	2	10
2390.	Äußerer Hals - Schmerz - Halsdrüsen	2	16
2391.	Äußerer Hals - Schmerz - Halsdrüsen - nachts	1	2
2392.	Äußerer Hals - Schmerz - Seiten - Schneuzen der Nase; beim	1	1
2393.	Äußerer Hals - Schmerz - brennend - Halsdrüsen	3	3
2394.	Äußerer Hals - Schmerz - drückend - Seiten	2	29
2395.	Äußerer Hals - Schmerz - wund schmerzend, wie wund - Halsdrüsen	1	14
2396.	Äußerer Hals - Schwellung	2	28
2397.	Äußerer Hals - Schwellung - Halsdrüsen	3	73
2398.	Äußerer Hals - Schwellung - Halsdrüsen - eitrig	3	9
2399.	Äußerer Hals - Schwellung - Halsdrüsen - hart	1	8
2400.	Äußerer Hals - Schwellung - Schilddrüse - rechts	1	1
2401.	Äußerer Hals - Schwellung - Seiten	1	23
2402.	Äußerer Hals - Verhärtung der Drüsen	2	39
2403.	Äußerer Hals - Verhärtung der Drüsen - perlschnurartig	2	18
2404.	Magen - Abneigung gegen - Alkohol	1	11
2405.	Magen - Abneigung gegen - alles	1	22
2406.	Magen - Abneigung gegen - Butter	2	12
2407.	Magen - Abneigung gegen - feste Speisen	1	5
2408.	Magen - Abneigung gegen - fette und reichhaltige Speisen	2	34
2409.	Magen - Abneigung gegen - Fleisch	2	88

Nr.	Symptom / Zeichen	Intensität	Anzahl der Mittel in der Rubrik
2410.	Magen - Abneigung gegen - Getränke	1	33
2411.	Magen - Abneigung gegen - Kaffee	2	31
2412.	Magen - Abneigung gegen - Milch - Muttermilch	1	7
2413.	Magen - Abneigung gegen - Rindfleisch	1	2
2414.	Magen - Abneigung gegen - Speisen	2	122
2415.	Magen - Abneigung gegen - Speisen - gekochte Speisen	1	18
2416.	Magen - Abneigung gegen - Speisen - warme Speisen	1	20
2417.	Magen - Abneigung gegen - Süßigkeiten	2	12
2418.	Magen - Abneigung gegen - Wein	2	15
2419.	Magen - Abneigung gegen - Weinbrand, Brandy	2	4
2420.	Magen - Angst	1	84
2421.	Magen - Appetit - anhaltend	2	11
2422.	Magen - Appetit - fehlend (= Appetitlosigkeit)	2	206
2423.	Magen - Appetit - fehlend - abends	1	26
2424.	Magen - Appetit - Genuß, ohne	1	66
2425.	Magen - Appetit - Heißhunger (= übermäßiger Hunger)	2	143
2426.	Magen - Appetit - Heißhunger - Essen - nach, bald	2	29
2427.	Magen - Appetit - schnelle Sättigung	1	73
2428.	Magen - Appetit - veränderlich	1	20
2429.	Magen - Appetit - vermehrt (= Hunger im allgemeinen)	2	175
2430.	Magen - Appetit - vermehrt - Essen - nach	2	38
2431.	Magen - Appetit - vermehrt - Schwäche, mit	1	5
2432.	Magen - Appetit - vermindert	1	114
2433.	Magen - Aufstoßen	3	218
2434.	Magen - Aufstoßen - nachmittags	1	27
2435.	Magen - Aufstoßen - nachts	2	21
2436.	Magen - Aufstoßen - Brot, nach	1	5
2437.	Magen - Aufstoßen - Essen - beim	1	9
2438.	Magen - Aufstoßen - Essen - nach	1	94
2439.	Magen - Aufstoßen - Mittagessen - nach	1	28
2440.	Magen - Aufstoßen - Stuhlgang - während	2	7
2441.	Magen - Aufstoßen - Stuhlgang - nach	1	9
2442.	Magen - Aufstoßen - Trinken, nach dem	1	22
2443.	Magen - Aufstoßen - bitter	2	102
2444.	Magen - Aufstoßen - bitter - nachts	2	7
2445.	Magen - Aufstoßen - faulig	1	55
2446.	Magen - Aufstoßen - faulig - nachts	1	1
2447.	Magen - Aufstoßen - laut	1	46
2448.	Magen - Aufstoßen - leer (= Aufstoßen von Luft)	1	203
2449.	Magen - Aufstoßen - ranzig	1	33
2450.	Magen - Aufstoßen - ranzig - nachts	2	1
2451.	Magen - Aufstoßen - sauer - Brot, nach	1	4
2452.	Magen - Aufstoßen - sauer - Milch, nach	1	12
2453.	Magen - Aufstoßen - scharf	2	56
2454.	Magen - Aufstoßen - scharf - nachts	1	1
2455.	Magen - Aufstoßen - Speisen, von (= Aufsteigen der Speisen)	2	74
2456.	Magen - Aufstoßen - Speisen, von - Essen - beim	1	6
2457.	Magen - Aufstoßen - süßlich	1	14
2458.	Magen - Aufstoßen - verdorben, faulig	1	23
2459.	Magen - Aufstoßen - Wasser in den Mund ; Hochsteigen von (= Aufschwulken)	2	131
2460.	Magen - Aufstoßen - Wasser in den Mund ; Hochsteigen von - bitter	1	22
2461.	Magen - Aufstoßen - Wasser in den Mund ; Hochsteigen von - Essen, nach dem	1	18
2462.	Magen - Aufstoßen - Wasser, von	2	31
2463.	Magen - Aufstoßen - Wasser, von - nachts	3	2
2464.	Magen - Aufstoßen - Wasser, von - Übelkeit, bei	3	3
2465.	Magen - Auftreibung	2	127
2466.	Magen - Durst	3	215
2467.	Magen - Durst - nachts	2	62
2468.	Magen - Durst - nachts - Mitternacht	1	7
2469.	Magen - Durst - Abscheu vor Flüssigkeiten; mit	1	24
2470.	Magen - Durst - brennend, heftig	3	73
2471.	Magen - Durst - extrem	3	189
2472.	Magen - Durst - unstillbar	2	52
2473.	Magen - Durstlos - Hitze, in der	2	110
2474.	Magen - Ekel vor Speisen	2	107
2475.	Magen - Erbrechen	2	177
2476.	Magen - Erbrechen - abends	1	22
2477.	Magen - Erbrechen - nachts	2	53
2478.	Magen - Erbrechen - Diarrhoe - während	1	50
2479.	Magen - Erbrechen - Essen - nach	1	82
2480.	Magen - Erbrechen - heftig	1	34
2481.	Magen - Erbrechen - Husten	1	79
2482.	Magen - Erbrechen - Schweiß - während	1	9
2483.	Magen - Erbrechen - Schwindel, bei	2	31

Nr.	Symptom / Zeichen	Intensität	Anzahl der Mittel in der Rubrik
2484.	Magen - Erbrechen - Stuhlgang - während	2	16
2485.	Magen - Erbrechen - Trinken - nach	1	70
2486.	Magen - Erbrechen - bitter	2	74
2487.	Magen - Erbrechen - Blut	1	110
2488.	Magen - Erbrechen - Galle	3	134
2489.	Magen - Erbrechen - Galle - nachts	2	6
2490.	Magen - Erbrechen - Galle - Essen, nach dem	1	4
2491.	Magen - Erbrechen - Galle - Fieber, beim	1	24
2492.	Magen - Erbrechen - Galle - Schweiß, beim	1	13
2493.	Magen - Erbrechen - gelb	1	36
2494.	Magen - Erbrechen - grün	2	66
2495.	Magen - Erbrechen - Schleim	2	127
2496.	Magen - Erbrechen - Speisen	1	121
2497.	Magen - Erbrechen - übelriechend	1	33
2498.	Magen - Erbrechen - Wasser	1	112
2499.	Magen - Erbrechen - Würmer	1	17
2500.	Magen - Flaues Gefühl	2	88
2501.	Magen - Flaues Gefühl - Druck, durch	3	1
2502.	Magen - Herabhängen würde; als ob der Magen schlaff	1	28
2503.	Magen - Hitzewallungen	1	142
2504.	Magen - Leeregefühl (= Schwächegefühl; Ohnmachtsgefühl; vergehendes Gefühl; Hungergefühl)	3	195
2505.	Magen - Leeregefühl - Druck, durch	3	1
2506.	Magen - Leeregefühl - Essen - nicht gebessert durch	2	41
2507.	Magen - Reizung	2	21
2508.	Magen - Schlaffheit	1	7
2509.	Magen - Schluckauf	3	157
2510.	Magen - Schluckauf - nachts	1	8
2511.	Magen - Schluckauf - Erbrechen - beim	1	10
2512.	Magen - Schluckauf - Essen - beim	1	6
2513.	Magen - Schluckauf - Essen - nach	1	42
2514.	Magen - Schmerz	2	204
2515.	Magen - Schmerz - abends	1	34
2516.	Magen - Schmerz - Atmen, beim - tiefen Atmen, beim	1	3
2517.	Magen - Schmerz - Berührung	1	17
2518.	Magen - Schmerz - Brot, nach	1	17
2519.	Magen - Schmerz - Essen - beim	1	21
2520.	Magen - Schmerz - Essen - nach	2	117
2521.	Magen - Schmerz - Flüssigkeiten, nach	1	2
2522.	Magen - Schmerz - heftig	1	33
2523.	Magen - Schmerz - Milch - amel. - süße Milch	1	3
2524.	Magen - Schmerz - Stehen - beim	1	6
2525.	Magen - Schmerz - brennend	2	198
2526.	Magen - Schmerz - brennend - morgens	1	8
2527.	Magen - Schmerz - drückend	2	204
2528.	Magen - Schmerz - drückend - Essen - nach	1	88
2529.	Magen - Schmerz - drückend - Gewicht; wie durch ein	1	35
2530.	Magen - Schmerz - drückend - Stehen - beim	1	2
2531.	Magen - Schmerz - krampfartig (= kneifend, zusammenschnürend)	1	170
2532.	Magen - Schmerz - krampfartig - abends	1	12
2533.	Magen - Schmerz - reißend	1	36
2534.	Magen - Schmerz - schneidend	2	91
2535.	Magen - Schmerz - wund schmerzend (= wie zerschlagen, empfindlich etc.)	2	151
2536.	Magen - Schmerz - wund schmerzend - Atmen, beim tiefen	2	1
2537.	Magen - Schmerz - ziehend	1	48
2538.	Magen - Schweregefühl (= Gewicht; Beklemmung)	1	138
2539.	Magen - Schweregefühl - Brot, nach	1	2
2540.	Magen - Schweregefühl - Essen - nach	1	59
2541.	Magen - Sodbrennen	2	120
2542.	Magen - Sodbrennen - nachts	2	5
2543.	Magen - Sodbrennen - nachts - Schwangerschaft, in der	2	1
2544.	Magen - Sodbrennen - Essen, nach dem	1	20
2545.	Magen - Sodbrennen - Schwangerschaft, in der	2	10
2546.	Magen - Sodbrennen - Stuhlgang, nach	1	1
2547.	Magen - Spannung	1	81
2548.	Magen - Steines; Gefühl eines	2	62
2549.	Magen - Übelkeit	2	276
2550.	Magen - Übelkeit - morgens	1	96
2551.	Magen - Übelkeit - abends	1	60
2552.	Magen - Übelkeit - nachts	2	48
2553.	Magen - Übelkeit - Augensymptomen, mit	1	9
2554.	Magen - Übelkeit - Brust, in der	2	19
2555.	Magen - Übelkeit - Essen - nach	1	111
2556.	Magen - Übelkeit - Fleisch - nach	1	7

Nr.	Symptom / Zeichen	Intensität	Anzahl der Mittel in der Rubrik
2557.	Magen - Übelkeit - Gehen	1	32
2558.	Magen - Übelkeit - Hals, im inneren	1	41
2559.	Magen - Übelkeit - Hinlegen, beim - Rücken, auf dem	1	1
2560.	Magen - Übelkeit - Husten, beim	2	37
2561.	Magen - Übelkeit - Kopfschmerzen, bei	2	121
2562.	Magen - Übelkeit - Schweiß - während	1	9
2563.	Magen - Übelkeit - Stehen, im	1	16
2564.	Magen - Übelkeit - Stuhlgang - vor	2	21
2565.	Magen - Übelkeit - Stuhlgang - während	2	30
2566.	Magen - Übelkeit - Süßigkeiten, durch	1	8
2567.	Magen - Übelkeit - Urinieren, nach	1	5
2568.	Magen - Verdauungsstörung (einschließlich Beschwerden nach sonst nicht beschriebenen Substanzen)	2	63
2569.	Magen - Verdauungsstörung (einschließlich Beschwerden nach sonst nicht beschriebenen Substanzen) - Bücken, durch	1	1
2570.	Magen - Verdorben	3	46
2571.	Magen - Verdorben - Brot, nach	2	7
2572.	Magen - Verlangen nach - alkoholische Getränke	1	57
2573.	Magen - Verlangen nach - Bier	2	52
2574.	Magen - Verlangen nach - Brot	2	30
2575.	Magen - Verlangen nach - Brot - Butterbrot	3	10
2576.	Magen - Verlangen nach - Butter	1	2
2577.	Magen - Verlangen nach - Fleisch	1	20
2578.	Magen - Verlangen nach - flüssige Nahrung	2	11
2579.	Magen - Verlangen nach - Getränke - kalte	3	95
2580.	Magen - Verlangen nach - Milch	2	27
2581.	Magen - Verlangen nach - Süßigkeiten	1	36
2582.	Magen - Verlangen nach - Wein	1	37
2583.	Magen - Verlangen nach - Whisky	1	22
2584.	Magen - Völlegefühl	2	145
2585.	Magen - Würgen	1	151
2586.	Magen - Würgen - nachts	2	13
2587.	Magen - Würgen - Husten, mit	2	72
2588.	Magen - Zusammenschnürung	1	75
2589.	Magen - Zusammenziehung - nachts	1	5
2590.	Abdomen - Abszeß - Leistengegend	2	4
2591.	Abdomen - Angst im Abdomen	1	35
2592.	Abdomen - Angst im Abdomen - Stuhlgang - vor	1	2
2593.	Abdomen - Atrophie der Leber, Leberatrophie	2	33
2594.	Abdomen - Auftreibung	3	212
2595.	Abdomen - Auftreibung - schmerzhaft	3	33
2596.	Abdomen - Auftreibung - tympanitisch	2	77
2597.	Abdomen - Auftreibung - Hypochondrien	2	12
2598.	Abdomen - Auftreibung - Hypochondrien - links	2	7
2599.	Abdomen - Bewegungen im	1	92
2600.	Abdomen - Bubo	2	30
2601.	Abdomen - Bubo - eiternd	2	17
2602.	Abdomen - Bubo - Gonorrhoe; nach unterdrückter	1	8
2603.	Abdomen - Eingezogen	1	50
2604.	Abdomen - Eiterung der Leistendrüsen	3	18
2605.	Abdomen - Entzündung (Peritonitis; Enteritis etc.)	2	72
2606.	Abdomen - Entzündung (Peritonitis; Enteritis etc.) - Appendizitis	2	26
2607.	Abdomen - Entzündung (Peritonitis; Enteritis etc.) - Typhlitis	3	24
2608.	Abdomen - Entzündung (Peritonitis; Enteritis etc.) - Leber	2	51
2609.	Abdomen - Entzündung (Peritonitis; Enteritis etc.) - Leistendrüsen	2	12
2610.	Abdomen - Erschlaffung, Gefühl von	2	21
2611.	Abdomen - Fallen; Gefühl, als würden die Därme - Drehen von einer Seite auf die andere herabfallen; Gefühl, als würden die Därme beim	2	3
2612.	Abdomen - Farbe - Röte - Flecken	2	12
2613.	Abdomen - Fettige Degeneration der Leber	2	9
2614.	Abdomen - Flatulenz	2	184
2615.	Abdomen - Flatulenz - morgens	1	11
2616.	Abdomen - Flatulenz - abends	1	22
2617.	Abdomen - Flatulenz - nachts	1	27
2618.	Abdomen - Flatulenz - Milch, nach	1	5
2619.	Abdomen - Flatulenz - Urinieren, beim	1	1
2620.	Abdomen - Gefühllosigkeit, Taubheit	1	7
2621.	Abdomen - Geschwüre	1	21
2622.	Abdomen - Geschwüre - Leistengegend	2	10
2623.	Abdomen - Gluckern; Gurgeln	1	75
2624.	Abdomen - Gluckern; Gurgeln - Stuhlgang - vor	1	9
2625.	Abdomen - Glucksen	1	15
2626.	Abdomen - Halten, muss	1	4
2627.	Abdomen - Hart	3	80

Nr.	Symptom / Zeichen	Intensität	Anzahl der Mittel in der Rubrik
2628.	Abdomen - Hart - Leber	2	40
2629.	Abdomen - Hautausschläge	2	19
2630.	Abdomen - Hautausschläge - abschälend	1	2
2631.	Abdomen - Hautausschläge - Bläschen	2	7
2632.	Abdomen - Hautausschläge - feucht	1	1
2633.	Abdomen - Hautausschläge - Flecken	1	3
2634.	Abdomen - Hautausschläge - Furunkel - Leistengegend	1	6
2635.	Abdomen - Hautausschläge - Herpes - zoster	2	6
2636.	Abdomen - Hautausschläge - Herpes - zoster - Bettwärme agg.	2	1
2637.	Abdomen - Hautausschläge - juckend	1	6
2638.	Abdomen - Hautausschläge - krätzeartig	1	2
2639.	Abdomen - Hautausschläge - Pickel	1	15
2640.	Abdomen - Hautausschläge - Pusteln	1	7
2641.	Abdomen - Hautausschläge - Schuppen - Leistengegend	1	1
2642.	Abdomen - Hautausschläge - Urtikaria	1	2
2643.	Abdomen - Hautausschläge - Leistengegend	2	5
2644.	Abdomen - Intussuszeption	2	25
2645.	Abdomen - Jucken	2	45
2646.	Abdomen - Jucken - abends	1	4
2647.	Abdomen - Jucken - Hypogastrium	1	13
2648.	Abdomen - Jucken - Leistengegend	1	18
2649.	Abdomen - Kälte	2	85
2650.	Abdomen - Kälte - äußerlich	1	3
2651.	Abdomen - Lebendigem, Gefühl von etwas	1	32
2652.	Abdomen - Leber und Lebergegend	3	115
2653.	Abdomen - Leeregefühl	2	58
2654.	Abdomen - Locker, lose sind; als ob die Därme	1	13
2655.	Abdomen - Milz, Erkrankungen der	1	75
2656.	Abdomen - Pulsieren	1	54
2657.	Abdomen - Rumoren, Kollern	2	236
2658.	Abdomen - Rumoren, Kollern - abends	1	27
2659.	Abdomen - Rumoren, Kollern - nachts	1	13
2660.	Abdomen - Rumoren, Kollern - Stuhlgang - vor	1	43
2661.	Abdomen - Rumoren, Kollern - Trinken, nach dem	1	4
2662.	Abdomen - Schmerz	1	236
2663.	Abdomen - Schmerz - abends	1	88
2664.	Abdomen - Schmerz - abends - Luft, in	2	1
2665.	Abdomen - Schmerz - nachts	3	88
2666.	Abdomen - Schmerz - Berührung - Kaltem; durch Berühren von	1	1
2667.	Abdomen - Schmerz - Beugen - Zusammenkrümmen - muss sich zusammenkrümmen	1	46
2668.	Abdomen - Schmerz - Bewegung, bei	1	43
2669.	Abdomen - Schmerz - Diarrhoe - während (Kolik)	1	87
2670.	Abdomen - Schmerz - Essen - nach	1	96
2671.	Abdomen - Schmerz - Frost - während	1	28
2672.	Abdomen - Schmerz - Gehen - beim	2	47
2673.	Abdomen - Schmerz - Hunger, bei	1	2
2674.	Abdomen - Schmerz - kalt - Abkühlung, durch	1	9
2675.	Abdomen - Schmerz - kalt - Erkälten, durch	2	21
2676.	Abdomen - Schmerz - Liegen - amel.	1	9
2677.	Abdomen - Schmerz - Liegen - Seite, auf der - rechten, auf der	2	5
2678.	Abdomen - Schmerz - Menses - vor	1	64
2679.	Abdomen - Schmerz - Menses - während	1	116
2680.	Abdomen - Schmerz - Sitzen - gebeugt - amel.	1	5
2681.	Abdomen - Schmerz - Stuhlgang - vor	1	112
2682.	Abdomen - Schmerz - Stuhlgang - während	1	64
2683.	Abdomen - Schmerz - Stuhlgang - nach	2	59
2684.	Abdomen - Schmerz - Stuhlgang - durchfälligem Stuhl, bei	2	54
2685.	Abdomen - Schmerz - Urinieren - während	2	9
2686.	Abdomen - Schmerz - Verstopfung - durch	1	12
2687.	Abdomen - Schmerz - erstreckt sich zu - Hals; zum inneren	1	4
2688.	Abdomen - Schmerz - erstreckt sich zu - oben, nach	1	16
2689.	Abdomen - Schmerz - erstreckt sich zu - quer über das Abdomen	1	25
2690.	Abdomen - Schmerz - Hypochondrien	3	129
2691.	Abdomen - Schmerz - Hypochondrien - rechts	2	77
2692.	Abdomen - Schmerz - Hypochondrien - Liegen - rechten Seite, auf der	2	5
2693.	Abdomen - Schmerz - Hypogastrium	2	111
2694.	Abdomen - Schmerz - Hypogastrium - Menses - vor	2	22
2695.	Abdomen - Schmerz - Hypogastrium - Menses - während	1	44
2696.	Abdomen - Schmerz - Hypogastrium - Menses - nach	1	8
2697.	Abdomen - Schmerz - Leber	3	121
2698.	Abdomen - Schmerz - Leber - Berührung, bei	3	21
2699.	Abdomen - Schmerz - Leber - Gallenkolik	1	37
2700.	Abdomen - Schmerz - Leber - geistiger Arbeit, nach	2	5

Nr.	Symptom / Zeichen	Intensität	Anzahl der Mittel in der Rubrik
2701.	Abdomen - Schmerz - Leber - Körperübungen, bei	1	5
2702.	Abdomen - Schmerz - Leber - Liegen, beim - Seite, auf der - rechten Seite; auf der	2	15
2703.	Abdomen - Schmerz - Leistengegend	2	110
2704.	Abdomen - Schmerz - Leistengegend - rechts	3	24
2705.	Abdomen - Schmerz - Leistengegend - Gehen, beim	2	22
2706.	Abdomen - Schmerz - Leistengegend - Liegen, beim	3	1
2707.	Abdomen - Schmerz - Leistengegend - Drüsen	2	29
2708.	Abdomen - Schmerz - Nabel - Nabelgegend	1	111
2709.	Abdomen - Schmerz - Nabel - Nabelgegend - nachts	1	24
2710.	Abdomen - Schmerz - Seiten - rechts	2	18
2711.	Abdomen - Schmerz - Seiten - morgens	1	4
2712.	Abdomen - Schmerz - abwärtsdrängend, zerrend	2	88
2713.	Abdomen - Schmerz - brennend	1	137
2714.	Abdomen - Schmerz - brennend - Menses, während	1	13
2715.	Abdomen - Schmerz - brennend - Hypochondrien	1	42
2716.	Abdomen - Schmerz - brennend - Leistengegend - Urinieren, beim	1	2
2717.	Abdomen - Schmerz - brennend - Nabel - Nabelgegend	1	42
2718.	Abdomen - Schmerz - drückend	2	107
2719.	Abdomen - Schmerz - drückend - Stein; wie durch einen	2	6
2720.	Abdomen - Schmerz - drückend - Hypochondrien	1	68
2721.	Abdomen - Schmerz - drückend - Hypochondrien - rechts	1	44
2722.	Abdomen - Schmerz - drückend - Hypogastrium	1	81
2723.	Abdomen - Schmerz - drückend - Hypogastrium - Gehen	1	4
2724.	Abdomen - Schmerz - drückend - Hypogastrium - unten, nach	1	11
2725.	Abdomen - Schmerz - drückend - Leber	2	68
2726.	Abdomen - Schmerz - drückend - Leistengegend	1	30
2727.	Abdomen - Schmerz - drückend - Seiten	1	31
2728.	Abdomen - Schmerz - drückend - Seiten - rechts	2	15
2729.	Abdomen - Schmerz - drückend - Seiten - morgens	1	2
2730.	Abdomen - Schmerz - krampfartig, kneifend	2	247
2731.	Abdomen - Schmerz - krampfartig, kneifend - abends	1	33
2732.	Abdomen - Schmerz - krampfartig, kneifend - Obstipation, bei	1	5
2733.	Abdomen - Schmerz - krampfartig, kneifend - Stuhlgang - vor	2	89
2734.	Abdomen - Schmerz - krampfartig, kneifend - Stuhlgang - während	2	47
2735.	Abdomen - Schmerz - krampfartig, kneifend - Urinieren, beim	2	4
2736.	Abdomen - Schmerz - reißend	2	70
2737.	Abdomen - Schmerz - reißend - nachts	1	3
2738.	Abdomen - Schmerz - reißend - Menses - während	2	11
2739.	Abdomen - Schmerz - schneidend	2	191
2740.	Abdomen - Schmerz - schneidend - abends	1	32
2741.	Abdomen - Schmerz - schneidend - nachts	1	23
2742.	Abdomen - Schmerz - schneidend - Steigen, beim	1	1
2743.	Abdomen - Schmerz - schneidend - Stuhlgang - vor	2	72
2744.	Abdomen - Schmerz - schneidend - Stuhlgang - während	1	41
2745.	Abdomen - Schmerz - schneidend - Stuhlgang - nach	2	15
2746.	Abdomen - Schmerz - schneidend - Stuhlgang - durchfälligem Stuhl, bei	2	9
2747.	Abdomen - Schmerz - schneidend - Urinieren - während	1	6
2748.	Abdomen - Schmerz - schneidend - Hypogastrium	2	54
2749.	Abdomen - Schmerz - schneidend - Leistengegend	1	30
2750.	Abdomen - Schmerz - stechend (scharf, schießend etc.)	1	116
2751.	Abdomen - Schmerz - stechend (scharf, schießend etc.) - Darmbeingegend	1	17
2752.	Abdomen - Schmerz - stechend (scharf, schießend etc.) - Darmbeinkamm	1	15
2753.	Abdomen - Schmerz - stechend (scharf, schießend etc.) - Hypochondrien	1	119
2754.	Abdomen - Schmerz - stechend (scharf, schießend etc.) - Hypochondrien - rechts	2	69
2755.	Abdomen - Schmerz - stechend (scharf, schießend etc.) - Hypochondrien - Einatmen, beim	2	25
2756.	Abdomen - Schmerz - stechend (scharf, schießend etc.) - Leber	3	96
2757.	Abdomen - Schmerz - stechend (scharf, schießend etc.) - Leber - Atmen, beim	2	12
2758.	Abdomen - Schmerz - stechend (scharf, schießend etc.) - Leber - Aufstoßen; beim	1	1
2759.	Abdomen - Schmerz - stechend (scharf, schießend etc.) - Leber - Husten, durch	1	6
2760.	Abdomen - Schmerz - stechend (scharf, schießend etc.) - Leber - Liegen - Seite, auf der - rechten Seite; auf der	1	1
2761.	Abdomen - Schmerz - stechend (scharf, schießend etc.) - Leistengegend	2	76
2762.	Abdomen - Schmerz - stechend (scharf, schießend etc.) - Leistengegend - links	1	16
2763.	Abdomen - Schmerz - stechend (scharf, schießend etc.) - Leistengegend - Einatmen, beim	1	2
2764.	Abdomen - Schmerz - stechend (scharf, schießend etc.) - Leistengegend - Gehen, beim - Freien, im	2	3
2765.	Abdomen - Schmerz - windend, drehend	1	40
2766.	Abdomen - Schmerz - wund schmerzend (= wie zerschlagen, empfindlich etc.)	3	164
2767.	Abdomen - Schmerz - wund schmerzend - Liegen - Seite; auf der rechten - agg.	2	1
2768.	Abdomen - Schmerz - wund schmerzend - Hypochondrien	3	68
2769.	Abdomen - Schmerz - wund schmerzend - Hypochondrien - rechts - Liegen auf der rechten Seite; beim	2	3

Nr.	Symptom / Zeichen	Intensität	Anzahl der Mittel in der Rubrik
2770.	Abdomen - Schmerz - wund schmerzend - Hypogastrium	1	45
2771.	Abdomen - Schmerz - wund schmerzend - Ileozökalregion	2	21
2772.	Abdomen - Schmerz - wund schmerzend - Leber, in der	1	60
2773.	Abdomen - Schmerz - wund schmerzend - Leistengegend - Drüsen	1	9
2774.	Abdomen - Schmerz - wund schmerzend - Nabel - Nabelgegend	2	24
2775.	Abdomen - Schmerz - ziehend	1	101
2776.	Abdomen - Schmerz - ziehend - Leistengegend	2	36
2777.	Abdomen - Schütteln	1	5
2778.	Abdomen - Schütteln - Gehen, beim	1	5
2779.	Abdomen - Schwappen, Plätschern	1	12
2780.	Abdomen - Schweiß	1	16
2781.	Abdomen - Schwellung - Leber	3	38
2782.	Abdomen - Schwellung - Leistengegend - Drüsen, der	3	73
2783.	Abdomen - Schwellung - Mesenterialdrüsen	1	19
2784.	Abdomen - Spannung	1	117
2785.	Abdomen - Spannung - Hypogastrium	1	17
2786.	Abdomen - Spannung - Leistengegend	1	32
2787.	Abdomen - Spannung - Leistengegend - links	1	6
2788.	Abdomen - Spannung - Seiten	1	11
2789.	Abdomen - Tabes mesenterica	1	30
2790.	Abdomen - Vergrößert - Leber	2	65
2791.	Abdomen - Völlegefühl - Hypochondrien	2	29
2792.	Abdomen - Wassersucht - Aszites	2	72
2793.	Abdomen - Zittern - Leistengegend	1	5
2794.	Abdomen - Zucken und Rucken	1	32
2795.	Abdomen - Zucken und Rucken - Hypochondrien	1	13
2796.	Abdomen - Zucken und Rucken - Hypochondrien - rechts	1	6
2797.	Abdomen - Zusammenziehung	1	46
2798.	Rektum - Abszeß	2	9
2799.	Rektum - Abszeß - Perineum	2	3
2800.	Rektum - Abwärtszerren, Schwere, Gewicht	1	59
2801.	Rektum - Abwärtszerren, Schwere, Gewicht - Stuhlgang - vor	1	2
2802.	Rektum - Aphthen am Anus	2	10
2803.	Rektum - Blutung aus dem Anus	2	134
2804.	Rektum - Blutung aus dem Anus - periodisch	1	3
2805.	Rektum - Blutung aus dem Anus - Stuhlgang - nach	1	27
2806.	Rektum - Blutung aus dem Anus - Urinieren, beim	1	2
2807.	Rektum - Diarrhoe	3	237
2808.	Rektum - Diarrhoe - morgens	2	118
2809.	Rektum - Diarrhoe - abends	1	55
2810.	Rektum - Diarrhoe - abends - kalter Luft, in	3	3
2811.	Rektum - Diarrhoe - nachts	3	95
2812.	Rektum - Diarrhoe - gallig	2	23
2813.	Rektum - Diarrhoe - Gehen - agg.	1	5
2814.	Rektum - Diarrhoe - Gelbsucht, bei	2	10
2815.	Rektum - Diarrhoe - Hautausschläge - unterdrückten, nach	1	11
2816.	Rektum - Diarrhoe - Herbst, im	1	10
2817.	Rektum - Diarrhoe - kalt - Erkältung, nach	1	45
2818.	Rektum - Diarrhoe - Kindern, bei	3	55
2819.	Rektum - Diarrhoe - Kummer, nach	1	7
2820.	Rektum - Diarrhoe - Liegen - amel.	1	4
2821.	Rektum - Diarrhoe - Luft - abends	3	1
2822.	Rektum - Diarrhoe - Masern - während	1	7
2823.	Rektum - Diarrhoe - Masern - nach	1	6
2824.	Rektum - Diarrhoe - Rhabarber, nach	1	5
2825.	Rektum - Diarrhoe - schmerzlos	1	98
2826.	Rektum - Diarrhoe - schmerzlos - nachts	1	12
2827.	Rektum - Diarrhoe - Schwangerschaft, in der	1	22
2828.	Rektum - Diarrhoe - Stehen - amel.	1	1
2829.	Rektum - Diarrhoe - Wetter - kaltes Wetter - durch	1	11
2830.	Rektum - Diarrhoe - Wetter - kaltes Wetter - naßkaltes Wetter	2	8
2831.	Rektum - Diarrhoe - Wetter - warmes Wetter	1	54
2832.	Rektum - Diarrhoe - Zahnung, bei der	2	50
2833.	Rektum - Diarrhoe - Zucker - nach	2	8
2834.	Rektum - Dysenterie	3	96
2835.	Rektum - Dysenterie - nachts	2	3
2836.	Rektum - Entzündung	2	15
2837.	Rektum - Exkoriation	2	59
2838.	Rektum - Exkoriation - reiben, bis er roh ist; muss den Anus	2	18
2839.	Rektum - Exkoriation - Stuhl, durch den	2	18
2840.	Rektum - Exkoriation - Perineums, des	2	19
2841.	Rektum - Feuchtigkeit	2	84
2842.	Rektum - Feuchtigkeit - kratzend, scharf	2	16
2843.	Rektum - Fissur	2	49

Nr.	Symptom / Zeichen	Intensität	Anzahl der Mittel in der Rubrik
2844.	Rektum - Fistel	2	44
2845.	Rektum - Flatus	3	134
2846.	Rektum - Flatus - laut	1	28
2847.	Rektum - Flatus - übelriechend	1	105
2848.	Rektum - Hämorrhoiden	2	169
2849.	Rektum - Hämorrhoiden - nachts agg.	2	18
2850.	Rektum - Hämorrhoiden - äußerlich	2	88
2851.	Rektum - Hämorrhoiden - Berührung agg.	1	27
2852.	Rektum - Hämorrhoiden - Bewegung agg.	1	7
2853.	Rektum - Hämorrhoiden - eiternd	2	6
2854.	Rektum - Hämorrhoiden - geschwollen	2	31
2855.	Rektum - Hämorrhoiden - groß	2	46
2856.	Rektum - Hämorrhoiden - treten hervor - Urinieren - während	1	8
2857.	Rektum - Hämorrhoiden - treten hervor - Urinieren - nach	1	1
2858.	Rektum - Hautausschläge - um den Anus	1	27
2859.	Rektum - Jucken	2	169
2860.	Rektum - Jucken - Kratzen agg.	1	27
2861.	Rektum - Jucken - Schlaf - verhindert	1	1
2862.	Rektum - Jucken - Stuhlgang - während	1	9
2863.	Rektum - Jucken - Stuhlgang - nach	2	35
2864.	Rektum - Jucken - wollüstig	1	15
2865.	Rektum - Kondylome	1	24
2866.	Rektum - Obstipation	2	237
2867.	Rektum - Obstipation - abwechselnd mit Diarrhoe	1	92
2868.	Rektum - Obstipation - schwieriger Stuhlgang	2	132
2869.	Rektum - Obstipation - vergeblicher Stuhldrang und vergebliches Pressen	3	169
2870.	Rektum - Prolapsus	3	83
2871.	Rektum - Prolapsus - Diarrhoe, bei	3	7
2872.	Rektum - Prolapsus - Stuhlgang - nach	2	28
2873.	Rektum - Schmerz	2	129
2874.	Rektum - Schmerz - Stuhlgang - vor	1	18
2875.	Rektum - Schmerz - Stuhlgang - während	2	105
2876.	Rektum - Schmerz - Stuhlgang - nach	3	80
2877.	Rektum - Schmerz - brennend	3	168
2878.	Rektum - Schmerz - brennend - Diarrhoe - während	3	36
2879.	Rektum - Schmerz - brennend - Stuhlgang - während	2	103
2880.	Rektum - Schmerz - brennend - Stuhlgang - nach	2	119
2881.	Rektum - Schmerz - drückend (Druck)	2	100
2882.	Rektum - Schmerz - drückend (Druck) - Stuhlgang - nach	2	19
2883.	Rektum - Schmerz - durchbohrend - Perineum	1	8
2884.	Rektum - Schmerz - nagend	1	6
2885.	Rektum - Schmerz - schneidend	2	53
2886.	Rektum - Schmerz - stechend	3	133
2887.	Rektum - Schmerz - stechend - Perineum	1	17
2888.	Rektum - Schmerz - Tenesmus	3	170
2889.	Rektum - Schmerz - Tenesmus - nachts	2	3
2890.	Rektum - Schmerz - Tenesmus - Diarrhoe - während	2	30
2891.	Rektum - Schmerz - Tenesmus - Dysenterie, bei	2	18
2892.	Rektum - Schmerz - Tenesmus - Stuhlgang - vor	2	23
2893.	Rektum - Schmerz - Tenesmus - Stuhlgang - während	3	107
2894.	Rektum - Schmerz - Tenesmus - Stuhlgang - nach	3	75
2895.	Rektum - Schmerz - wund schmerzend (= wie zerschlagen; empfindlich)	3	99
2896.	Rektum - Schmerz - wund schmerzend - Stuhlgang - nach	2	35
2897.	Rektum - Schmerz - zwickend	1	9
2898.	Rektum - Stuhldrang	3	193
2899.	Rektum - Stuhldrang - ängstlich	2	5
2900.	Rektum - Stuhldrang - anhaltend	3	43
2901.	Rektum - Stuhldrang - häufig	3	50
2902.	Rektum - Stuhldrang - Stuhlgang - nach	3	61
2903.	Rektum - Stuhldrang - Urinieren - während	1	19
2904.	Rektum - Untätigkeit des Rektums	1	128
2905.	Rektum - Unwillkürlicher Stuhl	1	102
2906.	Rektum - Unwillkürlicher Stuhl - Husten oder Niesen; beim	1	9
2907.	Rektum - Unwillkürlicher Stuhl - Schlaf, im	1	29
2908.	Rektum - Wurm - Bandwürmer (= Taeniae, alte Rubrik)	1	41
2909.	Rektum - Wurm - Beschwerden	2	52
2910.	Rektum - Wurm - Fadenwürmer (= Madenwurm, Oxyuris, Enterobius vermicularis; alte Rubrik Askariden)	1	66
2911.	Rektum - Wurm - Spulwürmer (= Rundwürmer, Ascaris lumbricoides; alte Rubrik Lumbricoides)	1	47
2912.	Rektum - Zucken	2	13
2913.	Stuhl - Abschabsel - Därme; wie Schleimhaut der	2	13
2914.	Stuhl - Blutig	1	150
2915.	Stuhl - Blutig - Streifen, in	3	23

Nr.	Symptom / Zeichen	Intensität	Anzahl der Mittel in der Rubrik
2916.	Stuhl - Braun	3	81
2917.	Stuhl - Bröckelig	3	34
2918.	Stuhl - Dünn, flüssig	2	138
2919.	Stuhl - Dünn, flüssig - gelb	1	25
2920.	Stuhl - Dünn, flüssig - herausströmend	1	21
2921.	Stuhl - Eitrig	3	31
2922.	Stuhl - Eiweißartig	1	7
2923.	Stuhl - Flach	2	6
2924.	Stuhl - Gallig	3	57
2925.	Stuhl - Gehackt - Eier, wie gehackte	3	6
2926.	Stuhl - Gehackt - Spinat, wie gehackter	2	4
2927.	Stuhl - Gelb	3	130
2928.	Stuhl - Gelb - grünlich	1	21
2929.	Stuhl - Gelb - orange	1	10
2930.	Stuhl - Gelb - Safran, wie	1	4
2931.	Stuhl - Geronnen	1	20
2932.	Stuhl - Geruch - sauer	3	35
2933.	Stuhl - Geruch - übelriechend	1	147
2934.	Stuhl - Geruchlos	1	18
2935.	Stuhl - Gewaltsam, plötzlich, in einem Schwall	2	65
2936.	Stuhl - Grau	3	37
2937.	Stuhl - Groß	1	84
2938.	Stuhl - Grün	3	96
2939.	Stuhl - Grün - bräunlich	1	9
2940.	Stuhl - Grün - Schaum auf einem Froschteich; wie	1	5
2941.	Stuhl - Grün - schwärzlich	1	6
2942.	Stuhl - Hart	2	188
2943.	Stuhl - Häufig	3	112
2944.	Stuhl - Heiß	2	25
2945.	Stuhl - Hell	3	67
2946.	Stuhl - Herausschießend	1	40
2947.	Stuhl - Klein	3	67
2948.	Stuhl - Knotig, klumpig	2	96
2949.	Stuhl - Kugeln, wie	3	31
2950.	Stuhl - Lang, schmal	1	16
2951.	Stuhl - Lehmfarben	2	27
2952.	Stuhl - Membranös	1	20
2953.	Stuhl - Reichlich	2	137
2954.	Stuhl - Rötlich	3	9
2955.	Stuhl - Schafskot, wie	3	43
2956.	Stuhl - Scharf, wundfressend	3	63
2957.	Stuhl - Schaumig	3	50
2958.	Stuhl - Schleimig	3	126
2959.	Stuhl - Schleimig - blutig	3	77
2960.	Stuhl - Schleimig - durchsichtig	1	13
2961.	Stuhl - Schleimig - grün	3	61
2962.	Stuhl - Schleimig - rot	1	11
2963.	Stuhl - Schleimig - weiß	1	31
2964.	Stuhl - Schwarz	3	102
2965.	Stuhl - Spärlich	3	145
2966.	Stuhl - Teigig, breiig	3	142
2967.	Stuhl - Unverdaut (= Lienterie)	2	90
2968.	Stuhl - Wäßrig	3	184
2969.	Stuhl - Wäßrig - grün - Schaum, mit	2	2
2970.	Stuhl - Wäßrig - klar	2	7
2971.	Stuhl - Wäßrig - weiß	1	19
2972.	Stuhl - Weich	3	207
2973.	Stuhl - Weiß	1	95
2974.	Stuhl - Weiß - grau etc.	2	12
2975.	Stuhl - Weiß - milchig, wie Darmlymphe	3	32
2976.	Stuhl - Zäh	2	26
2977.	Blase - Entzündung (= Zystitis)	2	75
2978.	Blase - Hämorrhoiden - blutend	1	10
2979.	Blase - Harndrang (= krankhafter Drang)	2	161
2980.	Blase - Harndrang - morgens - Erwachen, beim	1	6
2981.	Blase - Harndrang - nachmittags	1	13
2982.	Blase - Harndrang - nachts	2	83
2983.	Blase - Harndrang - nachts - Tag und Nacht	1	17
2984.	Blase - Harndrang - nachts - 4 h	1	2
2985.	Blase - Harndrang - anhaltend	3	111
2986.	Blase - Harndrang - anhaltend - nachts	2	7
2987.	Blase - Harndrang - häufig	3	186
2988.	Blase - Harndrang - heftig	1	22
2989.	Blase - Harndrang - plötzlich	2	48

Nr.	Symptom / Zeichen	Intensität	Anzahl der Mittel in der Rubrik
2990.	Blase - Harndrang - plötzlich - beeilen um zu urinieren, sonst geht Urin ab; muss sich	2	43
2991.	Blase - Harndrang - schmerzhaft - Kinder - greifen sich an die Genitalien und schreien auf	1	2
2992.	Blase - Harndrang - Schweiß, beim	3	22
2993.	Blase - Harndrang - Urinieren, nach dem	1	50
2994.	Blase - Harndrang - vergeblich	1	106
2995.	Blase - Harnverhaltung	1	132
2996.	Blase - Harnverhaltung - Dysenterie, bei	1	2
2997.	Blase - Lähmung	2	52
2998.	Blase - Polypen	1	11
2999.	Blase - Schmerz	1	85
3000.	Blase - Schmerz - Urinieren - Beginn des Urinierens; zu	3	10
3001.	Blase - Schmerz - brennend - Blasenhals - Urinieren - nach	1	5
3002.	Blase - Schmerz - drückend, Druck in - Urinieren - nach	1	18
3003.	Blase - Schmerz - wund schmerzend, empfindlich	2	33
3004.	Blase - Tenesmus	2	90
3005.	Blase - Tenesmus - nachts	2	3
3006.	Blase - Tenesmus - Stuhlgang - während	2	8
3007.	Blase - Urinieren - dünner Strahl	2	28
3008.	Blase - Urinieren - Dysurie	2	125
3009.	Blase - Urinieren - Dysurie - nachts	2	3
3010.	Blase - Urinieren - Dysurie - Frost, beim	1	9
3011.	Blase - Urinieren - Dysurie - Schweiß, beim	2	9
3012.	Blase - Urinieren - gegabelter Strahl	2	14
3013.	Blase - Urinieren - häufig	3	195
3014.	Blase - Urinieren - häufig - tagsüber - und nachts	3	20
3015.	Blase - Urinieren - häufig - nachts	3	128
3016.	Blase - Urinieren - häufig - Fieber - während	1	10
3017.	Blase - Urinieren - häufig - Frost, beim	3	10
3018.	Blase - Urinieren - häufig - Schweiß, beim	2	22
3019.	Blase - Urinieren - schwacher Strahl (= langsam)	3	73
3020.	Blase - Urinieren - tröpfelnd (= tropfenweise; Harntröpfeln)	3	105
3021.	Blase - Urinieren - unbefriedigend	1	63
3022.	Blase - Urinieren - unbewußt, Harnröhre ist gefühllos	1	17
3023.	Blase - Urinieren - unwillkürlich	2	141
3024.	Blase - Urinieren - unwillkürlich - nachts (= Bettnässen, Incontinentia urinae)	2	107
3025.	Blase - Urinieren - unwillkürlich - Harndrang nicht nachgegeben wird; wenn dem	1	10
3026.	Blase - Völlegefühl	1	43
3027.	Blase - Völlegefühl - Urinieren, nach dem	1	16
3028.	Nieren - Abszeß	2	8
3029.	Nieren - Entzündung (= Nephritis)	2	90
3030.	Nieren - Entzündung - eitrig	2	6
3031.	Nieren - Harnsperre	1	88
3032.	Nieren - Schmerz - schneidend	2	26
3033.	Nieren - Schmerz - wund schmerzend (= wie zerschlagen, empfindlich etc.)	1	50
3034.	Prostata - Entzündung	2	48
3035.	Prostata - Entzündung - Gonorrhoe, durch unterdrückte	2	14
3036.	Prostata - Schmerz	1	40
3037.	Prostata - Schmerz - drückend	1	21
3038.	Prostata - Vergrößerung	2	55
3039.	Prostata - Verhärtung - chronisch	2	33
3040.	Harnröhre - Absonderung - blutig	2	22
3041.	Harnröhre - Absonderung - dick	2	22
3042.	Harnröhre - Absonderung - dünn, schleimig	2	76
3043.	Harnröhre - Absonderung - dünn, schleimig - schmerzlos	2	22
3044.	Harnröhre - Absonderung - eitrig	2	42
3045.	Harnröhre - Absonderung - gelb	3	44
3046.	Harnröhre - Absonderung - gelb - nachts	2	2
3047.	Harnröhre - Absonderung - gelb - chronisch	1	15
3048.	Harnröhre - Absonderung - gonorrhoisch	3	86
3049.	Harnröhre - Absonderung - gonorrhoisch - nachts	2	3
3050.	Harnröhre - Absonderung - gonorrhoisch - Syphilitikern, bei	1	4
3051.	Harnröhre - Absonderung - grünlich	3	17
3052.	Harnröhre - Absonderung - grünlich - nachts	3	2
3053.	Harnröhre - Absonderung - grünlich - dick	2	3
3054.	Harnröhre - Absonderung - grünlich - gelb	3	20
3055.	Harnröhre - Absonderung - milchig	2	14
3056.	Harnröhre - Absonderung - schleimig	2	53
3057.	Harnröhre - Absonderung - wäßrig	1	17
3058.	Harnröhre - Absonderung - weiß	1	32
3059.	Harnröhre - Absonderung - weiß - chronisch	1	14
3060.	Harnröhre - Blutung	2	63
3061.	Harnröhre - Blutung - Brennen, mit	1	12

Nr.	Symptom / Zeichen	Intensität	Anzahl der Mittel in der Rubrik
3062.	Harnröhre - Blutung - schmerzhaft	1	2
3063.	Harnröhre - Blutung - schmerzlos	1	5
3064.	Harnröhre - Chorda, Krümmung des erigierten Penis bei Gonorrhoe	2	38
3065.	Harnröhre - Empfindung - fehlt beim Urinieren	1	17
3066.	Harnröhre - Hitze	1	10
3067.	Harnröhre - Jucken	1	58
3068.	Harnröhre - Jucken - Meatus - Urinieren - Harndrang - nach	2	4
3069.	Harnröhre - Pulsieren	1	9
3070.	Harnröhre - Schmerz - Urinieren - während	1	32
3071.	Harnröhre - Schmerz - erstreckt sich zu - unten; die Harnröhre entlang nach	1	4
3072.	Harnröhre - Schmerz - beißend - Urinieren - während	2	20
3073.	Harnröhre - Schmerz - brennend	3	128
3074.	Harnröhre - Schmerz - brennend - nachts	2	5
3075.	Harnröhre - Schmerz - brennend - Berührung, bei	1	3
3076.	Harnröhre - Schmerz - brennend - Ejakulation - während	1	17
3077.	Harnröhre - Schmerz - brennend - Ejakulation - nach	1	9
3078.	Harnröhre - Schmerz - brennend - Koitus - während	1	9
3079.	Harnröhre - Schmerz - brennend - Urinieren - vor	2	30
3080.	Harnröhre - Schmerz - brennend - Urinieren - während	2	150
3081.	Harnröhre - Schmerz - brennend - Urinieren - nach	2	68
3082.	Harnröhre - Schmerz - brennend - Urinieren - amel.	2	7
3083.	Harnröhre - Schmerz - brennend - Urinieren - Beginn des Urinierens; zu	3	8
3084.	Harnröhre - Schmerz - brennend - Urinieren - letzte Tropfen verursachen heftiges Brennen	2	11
3085.	Harnröhre - Schmerz - brennend - Urinieren - nicht uriniert; wenn er	3	19
3086.	Harnröhre - Schmerz - brennend - Meatus - Urinieren - während	1	24
3087.	Harnröhre - Schmerz - brennend - vorderer Teil - Urinieren - während	2	21
3088.	Harnröhre - Schmerz - schneidend	2	45
3089.	Harnröhre - Schmerz - schneidend - morgens	1	3
3090.	Harnröhre - Schmerz - schneidend - beißend, wird gegen Ende des Urinierens, sogar bis zum letzten Tropfen, schlimmer; und	2	1
3091.	Harnröhre - Schmerz - schneidend - Urinieren - vor	1	7
3092.	Harnröhre - Schmerz - schneidend - Urinieren - während	2	45
3093.	Harnröhre - Schmerz - schneidend - Urinieren - Beginn des Urinierens; zu	1	4
3094.	Harnröhre - Schmerz - stechend	2	76
3095.	Harnröhre - Schmerz - stechend - dumpf	1	2
3096.	Harnröhre - Schmerz - stechend - stechend, fein - Gonorrhoe, bei	3	2
3097.	Harnröhre - Schmerz - stechend - Urinieren - während	1	24
3098.	Harnröhre - Schmerz - stechend - Urinieren - nach	1	14
3099.	Harnröhre - Schmerz - stechend - uriniert; wenn er nicht	3	18
3100.	Harnröhre - Schmerz - stechend - ziehend, wenn er nicht uriniert	1	1
3101.	Harnröhre - Schmerz - stechend - erstreckt sich zu - Abdomen, abends	1	1
3102.	Harnröhre - Schmerz - stechend - Fossa navicularis	1	12
3103.	Harnröhre - Schmerz - stechend - vorderer Teil	2	22
3104.	Harnröhre - Schmerz - stechend - vorderer Teil - uriniert; wenn er nicht	2	6
3105.	Harnröhre - Schmerz - wund schmerzend (= wie zerschlagen, empfindlich etc.)	1	29
3106.	Harnröhre - Schmerz - ziehend	2	30
3107.	Harnröhre - Schwellung	2	17
3108.	Harnröhre - Schwellung - Meatus	1	17
3109.	Harnröhre - Schwellung - vorderer Teil	1	1
3110.	Harnröhre - Striktur	2	39
3111.	Harnröhre - Verstopft; durch Stücke geronnenen Schleimes	2	5
3112.	Urin - Blutig	2	109
3113.	Urin - Brennend (einschließlich heiß)	3	172
3114.	Urin - Dick	2	61
3115.	Urin - Dick - Stehenlassen; beim	2	12
3116.	Urin - Eiweißhaltig	2	120
3117.	Urin - Eiweißhaltig - Alkoholmißbrauch; nach	1	16
3118.	Urin - Eiweißhaltig - Schwangerschaft; in der	2	40
3119.	Urin - Farbe - blaß	1	147
3120.	Urin - Farbe - braun	1	61
3121.	Urin - Farbe - braun - dunkel	2	39
3122.	Urin - Farbe - braun - Schweiß; beim	2	19
3123.	Urin - Farbe - dunkel	3	158
3124.	Urin - Farbe - grünlich	1	42
3125.	Urin - Farbe - rot	2	132
3126.	Urin - Farbe - rot - blutrot	1	19
3127.	Urin - Farbe - rot - bräunlichrot	1	14
3128.	Urin - Farbe - rot - dunkelrot	2	43
3129.	Urin - Farbe - rot - feuerrot	1	8
3130.	Urin - Farbe - rot - tiefrot	2	10
3131.	Urin - Farbe - weiß	1	34
3132.	Urin - Farbe - weiß - Kreide vermischt; wie mit	1	3
3133.	Urin - Galle; enthält	2	21

Nr.	Symptom / Zeichen	Intensität	Anzahl der Mittel in der Rubrik
3134.	Urin - Geruch - ammoniakalisch	2	41
3135.	Urin - Geruch - kräftig	2	55
3136.	Urin - Geruch - kräftig - Menses - vor	1	1
3137.	Urin - Geruch - säuerlich	2	10
3138.	Urin - Geruch - scharf, beißend	1	25
3139.	Urin - Geruch - übelriechend	2	99
3140.	Urin - Geruch - übelriechend - Fieber; im	2	9
3141.	Urin - Gewicht; spezifisches - vermehrt	2	42
3142.	Urin - Gewicht; spezifisches - vermindert	1	24
3143.	Urin - Milchig	1	50
3144.	Urin - Reichlich (= vermehrt)	3	252
3145.	Urin - Reichlich - morgens	1	16
3146.	Urin - Reichlich - nachts	2	73
3147.	Urin - Reichlich - getrunken hat; mehr als er	2	17
3148.	Urin - Scharf	3	64
3149.	Urin - Sediment	3	77
3150.	Urin - Sediment - dick	1	30
3151.	Urin - Sediment - eitrig	2	45
3152.	Urin - Sediment - fadenförmig	1	4
3153.	Urin - Sediment - Fleisch; wie	1	1
3154.	Urin - Sediment - flockig	1	54
3155.	Urin - Sediment - flockig - weiß	1	3
3156.	Urin - Sediment - Kreidemehl; wie	2	17
3157.	Urin - Sediment - mehlig	1	21
3158.	Urin - Sediment - Sand	1	50
3159.	Urin - Sediment - schleimig	2	91
3160.	Urin - Sediment - wolkig	1	33
3161.	Urin - Spärlich	3	226
3162.	Urin - Spärlich - Schweiß; beim	2	26
3163.	Urin - Trübe	1	17
3164.	Urin - Wäßrig, klar wie Wasser	1	104
3165.	Urin - Wolkig	3	146
3166.	Urin - Wolkig - Abgang; beim	2	23
3167.	Urin - Wolkig - Schweiß; mit	3	12
3168.	Urin - Wolkig - Stehenlassen; beim	2	88
3169.	Männliche Genitalien - Ameisenlaufen - Hoden	1	9
3170.	Männliche Genitalien - Ameisenlaufen - Penis - Eichel	1	5
3171.	Männliche Genitalien - Ameisenlaufen - Skrotum	1	14
3172.	Männliche Genitalien - Blennorrhoe der Eichel	2	22
3173.	Männliche Genitalien - Eiterung - Vorhaut, unter der	2	11
3174.	Männliche Genitalien - Ejakulation - blutig	3	14
3175.	Männliche Genitalien - Ejakulation - blutig - nachts	3	1
3176.	Männliche Genitalien - Ejakulation - schmerzhaft	1	23
3177.	Männliche Genitalien - Empfindlichkeit - Penis - Vorhaut	2	3
3178.	Männliche Genitalien - Entzündung	2	25
3179.	Männliche Genitalien - Entzündung - Hoden	2	46
3180.	Männliche Genitalien - Entzündung - Hoden - Gonorrhoe, durch unterdrückte	2	25
3181.	Männliche Genitalien - Entzündung - Hoden - Nebenhoden	1	16
3182.	Männliche Genitalien - Entzündung - Lymphdrüsen	1	2
3183.	Männliche Genitalien - Entzündung - Penis	1	17
3184.	Männliche Genitalien - Entzündung - Penis - Eichel	2	47
3185.	Männliche Genitalien - Entzündung - Penis - Vorhaut	3	24
3186.	Männliche Genitalien - Entzündung - Penis - Vorhaut - Innenfläche	1	3
3187.	Männliche Genitalien - Entzündung - Prostata (= Prostatitis)	2	38
3188.	Männliche Genitalien - Entzündung - Skrotum - erysipelatös	1	14
3189.	Männliche Genitalien - Erektionen - nachts	2	76
3190.	Männliche Genitalien - Erektionen - anhaltend (Priapismus)	1	76
3191.	Männliche Genitalien - Erektionen - anhaltend (Priapismus) - schmerzhaft (Chorda)	2	40
3192.	Männliche Genitalien - Erektionen - fehlend	2	178
3193.	Männliche Genitalien - Erektionen - fehlend - Syphilis, durch	1	1
3194.	Männliche Genitalien - Erektionen - häufig	1	78
3195.	Männliche Genitalien - Erektionen - häufig - nachts	2	8
3196.	Männliche Genitalien - Erektionen - Kindern, bei	2	5
3197.	Männliche Genitalien - Erektionen - lästig	3	150
3198.	Männliche Genitalien - Erektionen - Pollutionen - während	2	35
3199.	Männliche Genitalien - Erektionen - Schlaf - während	1	19
3200.	Männliche Genitalien - Erektionen - schmerzhaft	1	91
3201.	Männliche Genitalien - Erektionen - schmerzhaft - nachts	2	13
3202.	Männliche Genitalien - Erektionen - stören den Schlaf	1	27
3203.	Männliche Genitalien - Erektionen - Träumen, mit erotischen	1	27
3204.	Männliche Genitalien - Erektionen - unvollständig	1	67
3205.	Männliche Genitalien - Exkoriation - Penis - Eichel	3	12
3206.	Männliche Genitalien - Exkoriation - Penis - Vorhaut	3	12
3207.	Männliche Genitalien - Exkoriation - Skrotum - Oberschenkeln; zwischen Skrotum	3	13

Nr.	Symptom / Zeichen	Intensität	Anzahl der Mittel in der Rubrik
	und		
3208.	Männliche Genitalien - Faßt die Genitalien an	2	13
3209.	Männliche Genitalien - Faßt die Genitalien an - Kind	2	4
3210.	Männliche Genitalien - Feuchtigkeit - Oberschenkeln; zwischen Skrotum und	1	10
3211.	Männliche Genitalien - Flecken - Skrotum - weiß	2	2
3212.	Männliche Genitalien - Gangrän - Penis - Paraphimose, durch	1	7
3213.	Männliche Genitalien - Gefühllosigkeit, Taubheit - Penis	2	2
3214.	Männliche Genitalien - Geschrumpft	1	6
3215.	Männliche Genitalien - Geschwüre	2	7
3216.	Männliche Genitalien - Geschwüre - tief	2	1
3217.	Männliche Genitalien - Geschwüre - Penis	3	32
3218.	Männliche Genitalien - Geschwüre - Penis - blutend	3	5
3219.	Männliche Genitalien - Geschwüre - Penis - erhaben	1	3
3220.	Männliche Genitalien - Geschwüre - Penis - flach	1	5
3221.	Männliche Genitalien - Geschwüre - Penis - hart	3	10
3222.	Männliche Genitalien - Geschwüre - Penis - juckend	1	7
3223.	Männliche Genitalien - Geschwüre - Penis - Schanker	3	38
3224.	Männliche Genitalien - Geschwüre - Penis - Schanker - erhabene Ränder	2	7
3225.	Männliche Genitalien - Geschwüre - Penis - speckige Basis	3	5
3226.	Männliche Genitalien - Geschwüre - Penis - tief	1	6
3227.	Männliche Genitalien - Geschwüre - Penis - übelriechend	1	4
3228.	Männliche Genitalien - Geschwüre - Penis - wund	2	1
3229.	Männliche Genitalien - Geschwüre - Penis - Eichel	3	19
3230.	Männliche Genitalien - Geschwüre - Penis - Spitze	2	3
3231.	Männliche Genitalien - Geschwüre - Penis - Vorhaut	3	24
3232.	Männliche Genitalien - Glänzendes Skrotum	2	2
3233.	Männliche Genitalien - Haarausfall	1	11
3234.	Männliche Genitalien - Hautausschläge	2	40
3235.	Männliche Genitalien - Hautausschläge - Blasenausschlag	2	16
3236.	Männliche Genitalien - Hautausschläge - brennend	2	10
3237.	Männliche Genitalien - Hautausschläge - erhaben	1	2
3238.	Männliche Genitalien - Hautausschläge - feucht	1	11
3239.	Männliche Genitalien - Hautausschläge - Flecken	2	7
3240.	Männliche Genitalien - Hautausschläge - Pickel	2	12
3241.	Männliche Genitalien - Hautausschläge - rot	1	9
3242.	Männliche Genitalien - Hautausschläge - syphilitisch	1	3
3243.	Männliche Genitalien - Hautausschläge - Urtikaria	1	4
3244.	Männliche Genitalien - Hautausschläge - Penis - Bläschen	2	16
3245.	Männliche Genitalien - Hautausschläge - Penis - Bläschen - brennend	2	2
3246.	Männliche Genitalien - Hautausschläge - Penis - Bläschen - Geschwüren; werden zu	3	4
3247.	Männliche Genitalien - Hautausschläge - Penis - Bläschen - weiß	1	1
3248.	Männliche Genitalien - Hautausschläge - Penis - Eichel	2	17
3249.	Männliche Genitalien - Hautausschläge - Penis - Eichel - Bläschen	2	8
3250.	Männliche Genitalien - Hautausschläge - Penis - Vorhaut	2	20
3251.	Männliche Genitalien - Hautausschläge - Penis - Vorhaut - Bläschen	1	6
3252.	Männliche Genitalien - Hautausschläge - Penis - Vorhaut - brennend	2	2
3253.	Männliche Genitalien - Hautausschläge - Penis - Vorhaut - herpetisch	2	17
3254.	Männliche Genitalien - Hautausschläge - Penis - Vorhaut - unterer Teil	2	7
3255.	Männliche Genitalien - Hitze - Penis - Vorhaut	1	3
3256.	Männliche Genitalien - Jucken	2	59
3257.	Männliche Genitalien - Jucken - nachts - Bett, im	2	2
3258.	Männliche Genitalien - Jucken - Penis	1	61
3259.	Männliche Genitalien - Jucken - Penis - Eichel	1	49
3260.	Männliche Genitalien - Jucken - Penis - Vorhaut	2	37
3261.	Männliche Genitalien - Jucken - Skrotum	2	83
3262.	Männliche Genitalien - Kälte	1	23
3263.	Männliche Genitalien - Kälte - Hoden	2	10
3264.	Männliche Genitalien - Kälte - Hoden - abends	2	2
3265.	Männliche Genitalien - Kälte - Penis	1	11
3266.	Männliche Genitalien - Kälte - Penis - Eichel	1	4
3267.	Männliche Genitalien - Kälte - Skrotum	2	7
3268.	Männliche Genitalien - Kondylome	2	27
3269.	Männliche Genitalien - Kondylome - Penis	2	27
3270.	Männliche Genitalien - Kondylome - Penis - Vorhaut	1	15
3271.	Männliche Genitalien - Kribbeln - Hoden	1	8
3272.	Männliche Genitalien - Kribbeln - Penis - Eichel	1	18
3273.	Männliche Genitalien - Kribbeln - Penis - Vorhaut	1	5
3274.	Männliche Genitalien - Masturbation, Neigung zur	1	63
3275.	Männliche Genitalien - Phimose	3	23
3276.	Männliche Genitalien - Phimose - Eiterung, mit	2	5
3277.	Männliche Genitalien - Phimose - Paraphimose	3	11
3278.	Männliche Genitalien - Pollutionen	2	253
3279.	Männliche Genitalien - Pollutionen - nachmittags - Mittagsschlaf, beim	1	13

Nr.	Symptom / Zeichen	Intensität	Anzahl der Mittel in der Rubrik
3280.	Männliche Genitalien - Pollutionen - Erektionen - mit	2	46
3281.	Männliche Genitalien - Pollutionen - Erektionen - mit - schmerzhaften	1	11
3282.	Männliche Genitalien - Pollutionen - Träume - mit Träumen	1	101
3283.	Männliche Genitalien - Pollutionen - Träume - ohne Träume, traumlos	1	45
3284.	Männliche Genitalien - Risse - Vorhaut	1	3
3285.	Männliche Genitalien - Röte - Eichel	1	13
3286.	Männliche Genitalien - Röte - Skrotum	2	12
3287.	Männliche Genitalien - Röte - Vorhaut	2	13
3288.	Männliche Genitalien - Schlaff - Penis	1	21
3289.	Männliche Genitalien - Schmerz - Hoden	2	71
3290.	Männliche Genitalien - Schmerz - Penis	2	29
3291.	Männliche Genitalien - Schmerz - Penis - Eichel	2	23
3292.	Männliche Genitalien - Schmerz - Samenstränge	2	41
3293.	Männliche Genitalien - Schmerz - Samenstränge - erstreckt sich zu - Hoden; in die	1	11
3294.	Männliche Genitalien - Schmerz - beißend - Penis - Vorhaut	1	4
3295.	Männliche Genitalien - Schmerz - brennend - Penis	2	22
3296.	Männliche Genitalien - Schmerz - brennend - Penis - Eichel	1	22
3297.	Männliche Genitalien - Schmerz - brennend - Penis - Vorhaut	2	16
3298.	Männliche Genitalien - Schmerz - brennend - Penis - Vorhaut - Urinieren, nach dem	2	19
3299.	Männliche Genitalien - Schmerz - drückend	1	9
3300.	Männliche Genitalien - Schmerz - drückend - Hoden	1	31
3301.	Männliche Genitalien - Schmerz - durchdringend stechend	1	9
3302.	Männliche Genitalien - Schmerz - reißend - Penis	1	14
3303.	Männliche Genitalien - Schmerz - reißend - Penis - Eichel	1	12
3304.	Männliche Genitalien - Schmerz - schneidend - Urinierens; zu Beginn des	1	5
3305.	Männliche Genitalien - Schmerz - stechend - Hoden	1	33
3306.	Männliche Genitalien - Schmerz - stechend - Penis	1	57
3307.	Männliche Genitalien - Schmerz - stechend - Penis - Urinieren - während	2	3
3308.	Männliche Genitalien - Schmerz - stechend - Penis - erstreckt sich zu - Anus	1	1
3309.	Männliche Genitalien - Schmerz - stechend - Penis - Eichel	2	35
3310.	Männliche Genitalien - Schmerz - stechend - Penis - Vorhaut - Urinieren, nach dem	1	4
3311.	Männliche Genitalien - Schmerz - stechend - Samenstränge	2	26
3312.	Männliche Genitalien - Schmerz - wund schmerzend - Hoden	2	55
3313.	Männliche Genitalien - Schmerz - wund schmerzend - Penis - Eichel	1	9
3314.	Männliche Genitalien - Schmerz - wund schmerzend - Penis - Vorhaut - Gehen, beim	3	1
3315.	Männliche Genitalien - Schmerz - wund schmerzend - Skrotum - Oberschenkel - zwischen Oberschenkeln und Skrotum	2	10
3316.	Männliche Genitalien - Schmerz - ziehend - Hoden	2	61
3317.	Männliche Genitalien - Schmerz - ziehend - Penis	1	20
3318.	Männliche Genitalien - Schmerz - ziehend - Samenstränge	2	51
3319.	Männliche Genitalien - Schmerz - ziehend - Samenstränge - anfallsweise	1	1
3320.	Männliche Genitalien - Schweiß	2	45
3321.	Männliche Genitalien - Schweiß - Skrotum	2	44
3322.	Männliche Genitalien - Schwellung	2	15
3323.	Männliche Genitalien - Schwellung - Hoden	2	91
3324.	Männliche Genitalien - Schwellung - Hoden - Mumps, durch	2	11
3325.	Männliche Genitalien - Schwellung - Penis	2	38
3326.	Männliche Genitalien - Schwellung - Penis - hart	1	6
3327.	Männliche Genitalien - Schwellung - Penis - ödematös	2	20
3328.	Männliche Genitalien - Schwellung - Penis - schmerzhaft	2	17
3329.	Männliche Genitalien - Schwellung - Penis - Eichel	2	16
3330.	Männliche Genitalien - Schwellung - Penis - Lymphgefäße	2	2
3331.	Männliche Genitalien - Schwellung - Penis - Vorhaut	3	33
3332.	Männliche Genitalien - Sexuelles Verlangen - exzessiv	3	60
3333.	Männliche Genitalien - Sexuelles Verlangen - fehlend	2	132
3334.	Männliche Genitalien - Sexuelles Verlangen - fehlend - Kälte des Skrotums, mit	2	5
3335.	Männliche Genitalien - Sexuelles Verlangen - heftig	1	49
3336.	Männliche Genitalien - Sexuelles Verlangen - vermehrt	2	237
3337.	Männliche Genitalien - Sexuelles Verlangen - vermehrt - nachts - Erektionen, mit - schmerzhaften, mit	1	1
3338.	Männliche Genitalien - Sexuelles Verlangen - vermehrt - Schlaf - Einschlafen, beim	1	3
3339.	Männliche Genitalien - Tuberkel - Hoden	2	27
3340.	Männliche Genitalien - Tuberkel - Samenstrang	2	18
3341.	Männliche Genitalien - Verhärtung - Hoden	2	59
3342.	Männliche Genitalien - Verhärtung - Hoden - rechts	1	13
3343.	Männliche Genitalien - Verhärtung - Hoden - geschwollen	2	1
3344.	Männliche Genitalien - Verhärtung - Hoden - Nebenhoden	1	7
3345.	Männliche Genitalien - Zusammenschnürung - Vorhaut	1	5
3346.	Weibliche Genitalien - Abort	2	117
3347.	Weibliche Genitalien - Abort - drohender Abort	2	57
3348.	Weibliche Genitalien - Abort - Folgeerscheinungen von Abort	2	14
3349.	Weibliche Genitalien - Abort - Monat - dritter Monat	2	17
3350.	Weibliche Genitalien - Abort - Monat - dritter Monat - Ende des dritten Monats; am	1	1

Nr.	Symptom / Zeichen	Intensität	Anzahl der Mittel in der Rubrik
3351.	Weibliche Genitalien - Abort - Neigung zu Abort	1	55
3352.	Weibliche Genitalien - Abort - Syphilis, durch	2	9
3353.	Weibliche Genitalien - Abszeß	2	7
3354.	Weibliche Genitalien - Abszeß - Ovarien	2	8
3355.	Weibliche Genitalien - Aphthen	2	10
3356.	Weibliche Genitalien - Blutandrang	2	20
3357.	Weibliche Genitalien - Blutandrang - Ovarien	2	31
3358.	Weibliche Genitalien - Empfindlichkeit	1	18
3359.	Weibliche Genitalien - Empfindlichkeit - Vagina	1	23
3360.	Weibliche Genitalien - Entbindung - nach; Beschwerden	1	80
3361.	Weibliche Genitalien - Entzündung	3	36
3362.	Weibliche Genitalien - Entzündung - Menses, während	1	8
3363.	Weibliche Genitalien - Entzündung - Ovarien	3	67
3364.	Weibliche Genitalien - Entzündung - Uterus	2	71
3365.	Weibliche Genitalien - Entzündung - Vagina	2	14
3366.	Weibliche Genitalien - Erschlaffung des Scheidenschließmuskels	1	20
3367.	Weibliche Genitalien - Exkoriation	2	32
3368.	Weibliche Genitalien - Exkoriation - alten Frauen, bei	1	1
3369.	Weibliche Genitalien - Exkoriation - Perineum	2	11
3370.	Weibliche Genitalien - Exkoriation - Vagina	1	6
3371.	Weibliche Genitalien - Fluor	3	275
3372.	Weibliche Genitalien - Fluor - abends	1	9
3373.	Weibliche Genitalien - Fluor - nachts	3	12
3374.	Weibliche Genitalien - Fluor - blutig	2	81
3375.	Weibliche Genitalien - Fluor - brennend	2	51
3376.	Weibliche Genitalien - Fluor - dick	1	71
3377.	Weibliche Genitalien - Fluor - dünn, wäßrig	1	84
3378.	Weibliche Genitalien - Fluor - eitrig	2	60
3379.	Weibliche Genitalien - Fluor - eitrig - Menses - während	2	1
3380.	Weibliche Genitalien - Fluor - fadenziehend, zäh	2	42
3381.	Weibliche Genitalien - Fluor - flockig	1	5
3382.	Weibliche Genitalien - Fluor - gelb	2	115
3383.	Weibliche Genitalien - Fluor - grünlich	3	37
3384.	Weibliche Genitalien - Fluor - juckend	2	41
3385.	Weibliche Genitalien - Fluor - klumpig	2	16
3386.	Weibliche Genitalien - Fluor - Mädchen; bei kleinen	3	18
3387.	Weibliche Genitalien - Fluor - Menses - während	1	37
3388.	Weibliche Genitalien - Fluor - Menses - nach	1	87
3389.	Weibliche Genitalien - Fluor - mild, bland	2	39
3390.	Weibliche Genitalien - Fluor - reichlich	2	144
3391.	Weibliche Genitalien - Fluor - scharf, wundfressend	3	135
3392.	Weibliche Genitalien - Fluor - Schmerzen, nach - Bauchschmerzen; Ausfluß nach	2	18
3393.	Weibliche Genitalien - Fluor - syphilitisch	2	5
3394.	Weibliche Genitalien - Fluor - übelriechend	2	77
3395.	Weibliche Genitalien - Fluor - Urinieren - während	1	9
3396.	Weibliche Genitalien - Fluor - weiß	2	94
3397.	Weibliche Genitalien - Geschwüre	3	43
3398.	Weibliche Genitalien - Geschwüre - Schanker	1	1
3399.	Weibliche Genitalien - Härte	2	3
3400.	Weibliche Genitalien - Hautausschläge	2	54
3401.	Weibliche Genitalien - Hautausschläge - nachts	2	1
3402.	Weibliche Genitalien - Hautausschläge - herpetisch	1	16
3403.	Weibliche Genitalien - Hautausschläge - knotige Schwellungen	1	1
3404.	Weibliche Genitalien - Hautausschläge - Menses - während	2	14
3405.	Weibliche Genitalien - Hautausschläge - Pickel	2	21
3406.	Weibliche Genitalien - Hautausschläge - Pickel - Menses - während	1	6
3407.	Weibliche Genitalien - Hautausschläge - Pusteln	1	6
3408.	Weibliche Genitalien - Hitze	1	19
3409.	Weibliche Genitalien - Jucken	3	100
3410.	Weibliche Genitalien - Jucken - Fluor, durch	2	31
3411.	Weibliche Genitalien - Jucken - Menses - vor	2	13
3412.	Weibliche Genitalien - Jucken - Menses - während	1	25
3413.	Weibliche Genitalien - Jucken - Schwangerschaft, in der	2	9
3414.	Weibliche Genitalien - Jucken - Urin; durch Kontakt mit	3	1
3415.	Weibliche Genitalien - Jucken - Vagina	2	29
3416.	Weibliche Genitalien - Knötchen	1	6
3417.	Weibliche Genitalien - Koitus - schmerzhaft	1	32
3418.	Weibliche Genitalien - Kondylome	2	15
3419.	Weibliche Genitalien - Kondylome - Uterus	2	10
3420.	Weibliche Genitalien - Krebs - Uterus	1	60
3421.	Weibliche Genitalien - Lochien - nachts - agg.	2	1
3422.	Weibliche Genitalien - Lochien - lange sich hinziehend	1	27
3423.	Weibliche Genitalien - Lochien - scharf	2	12
3424.	Weibliche Genitalien - Lochien - unterdrückt	1	35

Nr.	Symptom / Zeichen	Intensität	Anzahl der Mittel in der Rubrik
3425.	Weibliche Genitalien - Menses - abzuwaschen, schwer	1	9
3426.	Weibliche Genitalien - Menses - blaß	1	79
3427.	Weibliche Genitalien - Menses - dunkel	1	107
3428.	Weibliche Genitalien - Menses - erscheinen - normalen Alter, vor dem	1	29
3429.	Weibliche Genitalien - Menses - färben	1	9
3430.	Weibliche Genitalien - Menses - fehlend (= Amenorrhoe)	2	182
3431.	Weibliche Genitalien - Menses - geronnen	1	112
3432.	Weibliche Genitalien - Menses - häufig, zu	1	261
3433.	Weibliche Genitalien - Menses - häufig, zu - vierzehn Tage; alle	2	26
3434.	Weibliche Genitalien - Menses - hellrot	1	92
3435.	Weibliche Genitalien - Menses - intermittierend	1	82
3436.	Weibliche Genitalien - Menses - kurz, zu	2	74
3437.	Weibliche Genitalien - Menses - lange sich hinziehend	2	138
3438.	Weibliche Genitalien - Menses - membranös	1	42
3439.	Weibliche Genitalien - Menses - reichlich	3	273
3440.	Weibliche Genitalien - Menses - reichlich - abends	1	2
3441.	Weibliche Genitalien - Menses - scharf, wundfressend	1	49
3442.	Weibliche Genitalien - Menses - schmerzhaft, Dysmenorrhoe	2	221
3443.	Weibliche Genitalien - Menses - schmerzhaft, Dysmenorrhoe - naß - Naßwerden - Füße, der	1	11
3444.	Weibliche Genitalien - Menses - spärlich	2	187
3445.	Weibliche Genitalien - Menses - spät, zu	2	175
3446.	Weibliche Genitalien - Menses - spät, zu - spärlich	2	6
3447.	Weibliche Genitalien - Menses - übelriechend	1	67
3448.	Weibliche Genitalien - Menses - unregelmäßig	1	102
3449.	Weibliche Genitalien - Menses - unterdrückt	1	173
3450.	Weibliche Genitalien - Menses - verzögerte Menarche	1	65
3451.	Weibliche Genitalien - Metrorrhagie	2	188
3452.	Weibliche Genitalien - Metrorrhagie - alten Frauen, bei	2	10
3453.	Weibliche Genitalien - Metrorrhagie - blaß	1	12
3454.	Weibliche Genitalien - Metrorrhagie - Geburt - während und danach	1	59
3455.	Weibliche Genitalien - Metrorrhagie - geronnen	2	43
3456.	Weibliche Genitalien - Metrorrhagie - Menopause - nach	2	6
3457.	Weibliche Genitalien - Metrorrhagie - Menses - vor	1	4
3458.	Weibliche Genitalien - Metrorrhagie - Menses - nach	1	3
3459.	Weibliche Genitalien - Metrorrhagie - Menses - zwischen den Perioden	1	56
3460.	Weibliche Genitalien - Metrorrhagie - Myome, durch	1	22
3461.	Weibliche Genitalien - Molen	1	8
3462.	Weibliche Genitalien - Polyp - Uterus	1	27
3463.	Weibliche Genitalien - Polyp - Vagina	1	8
3464.	Weibliche Genitalien - Prolapsus - Uterus	1	105
3465.	Weibliche Genitalien - Prolapsus - Uterus - Koitus amel.	1	1
3466.	Weibliche Genitalien - Prolapsus - Vagina	2	20
3467.	Weibliche Genitalien - Pulsieren	2	10
3468.	Weibliche Genitalien - Pulsieren - Vagina	2	2
3469.	Weibliche Genitalien - Pulsieren - Vagina - Liegen amel.	1	1
3470.	Weibliche Genitalien - Reizung	1	24
3471.	Weibliche Genitalien - Röte	1	13
3472.	Weibliche Genitalien - Schmerz - Gehen agg.	1	1
3473.	Weibliche Genitalien - Schmerz - Ovarien	2	92
3474.	Weibliche Genitalien - Schmerz - Ovarien - links	2	31
3475.	Weibliche Genitalien - Schmerz - Ovarien - links - erstreckt sich zu - Kreuz	1	5
3476.	Weibliche Genitalien - Schmerz - Ovarien - nachts	2	4
3477.	Weibliche Genitalien - Schmerz - Ovarien - Menses - während	1	24
3478.	Weibliche Genitalien - Schmerz - Ovarien - warmen Bett agg.; im	2	3
3479.	Weibliche Genitalien - Schmerz - Ovarien - erstreckt sich zu - Hüften	1	8
3480.	Weibliche Genitalien - Schmerz - Ovarien - erstreckt sich zu - Rücken	1	8
3481.	Weibliche Genitalien - Schmerz - Uterus	1	84
3482.	Weibliche Genitalien - Schmerz - Uterus - Menses - während	1	42
3483.	Weibliche Genitalien - Schmerz - Vagina	1	25
3484.	Weibliche Genitalien - Schmerz - Vagina - Koitus, beim	1	31
3485.	Weibliche Genitalien - Schmerz - abwärtsdrängend - Uterus und Uterusregion	2	85
3486.	Weibliche Genitalien - Schmerz - beißend	2	15
3487.	Weibliche Genitalien - Schmerz - bohrend - Uterus	1	1
3488.	Weibliche Genitalien - Schmerz - brennend	2	71
3489.	Weibliche Genitalien - Schmerz - brennend - Urinieren - nach	1	6
3490.	Weibliche Genitalien - Schmerz - brennend - Ovarien	1	26
3491.	Weibliche Genitalien - Schmerz - brennend - Uterus - Menses - während	1	15
3492.	Weibliche Genitalien - Schmerz - brennend - Vagina	2	35
3493.	Weibliche Genitalien - Schmerz - brennend - Vagina - Liegen auf der linken Seite agg.	1	1
3494.	Weibliche Genitalien - Schmerz - reißend - Ovarien	1	8
3495.	Weibliche Genitalien - Schmerz - reißend - Uterus - Menses - während	1	19
3496.	Weibliche Genitalien - Schmerz - schneidend - Ovarien	1	30

Nr.	Symptom / Zeichen	Intensität	Anzahl der Mittel in der Rubrik
3497.	Weibliche Genitalien - Schmerz - schneidend - Uterus - Menses - während	1	24
3498.	Weibliche Genitalien - Schmerz - stechend	1	31
3499.	Weibliche Genitalien - Schmerz - stechend - Ovarien	1	40
3500.	Weibliche Genitalien - Schmerz - stechend - Uterus	2	33
3501.	Weibliche Genitalien - Schmerz - stechend, fein - Ovarien	1	10
3502.	Weibliche Genitalien - Schmerz - Wehen - hören auf	1	49
3503.	Weibliche Genitalien - Schmerz - Wehen - schwach	1	54
3504.	Weibliche Genitalien - Schmerz - wehenartig	1	78
3505.	Weibliche Genitalien - Schmerz - Wehtun - Uterus	1	7
3506.	Weibliche Genitalien - Schmerz - wund schmerzend, empfindlich - Vagina	1	27
3507.	Weibliche Genitalien - Schwangerschaft - während der; Beschwerden	3	125
3508.	Weibliche Genitalien - Schwangerschaft - Empfängnis, leichte	1	5
3509.	Weibliche Genitalien - Schweiß	2	6
3510.	Weibliche Genitalien - Schwellung	2	49
3511.	Weibliche Genitalien - Schwellung - ödematös	2	7
3512.	Weibliche Genitalien - Schwellung - phlegmonös	2	1
3513.	Weibliche Genitalien - Schwellung - Schwangerschaft, in der	2	2
3514.	Weibliche Genitalien - Schwellung - Labien - minus pudendi	1	4
3515.	Weibliche Genitalien - Schwellung - Vagina	1	14
3516.	Weibliche Genitalien - Sexuelles Verlangen - heftig	1	48
3517.	Weibliche Genitalien - Sexuelles Verlangen - vermehrt	2	121
3518.	Weibliche Genitalien - Sexuelles Verlangen - vermehrt - Schwangerschaft, in der	1	9
3519.	Weibliche Genitalien - Sterilität	2	80
3520.	Weibliche Genitalien - Sterilität - Menses - reichlichen Menstruationsfluß, durch	1	7
3521.	Weibliche Genitalien - Tuberkel	2	4
3522.	Weibliche Genitalien - Tumoren - Ovarien - Fibrom	1	15
3523.	Weibliche Genitalien - Tumoren - Ovarien - Zysten	1	18
3524.	Weibliche Genitalien - Tumoren - Uterus - Fibrom	1	36
3525.	Weibliche Genitalien - Uterusverlagerung	2	33
3526.	Weibliche Genitalien - Vaginismus	1	45
3527.	Weibliche Genitalien - Vaginismus - Koitus - schmerzhaft	1	31
3528.	Weibliche Genitalien - Verhärtung	2	6
3529.	Weibliche Genitalien - Verhärtung - Vagina	1	14
3530.	Weibliche Genitalien - Völle - Uterus - Gehen agg.	1	2
3531.	Weibliche Genitalien - Wassersucht - Ovarien	1	33
3532.	Weibliche Genitalien - Wassersucht - Uterus	1	32
3533.	Weibliche Genitalien - Wucherungen	1	16
3534.	Weibliche Genitalien - Wucherungen - Uterus (Zervix)	1	7
3535.	Weibliche Genitalien - Wucherungen - Uterus (Zervix) - blutend	1	2
3536.	Kehlkopf und Trachea - Entzündung - Kehlkopf	2	64
3537.	Kehlkopf und Trachea - Entzündung - Kehlkopf - syphilitisch	2	6
3538.	Kehlkopf und Trachea - Katarrh	3	81
3539.	Kehlkopf und Trachea - Katarrh - Kehlkopf	1	42
3540.	Kehlkopf und Trachea - Katarrh - Trachea	1	29
3541.	Kehlkopf und Trachea - Kitzeln - Luftwegen, in den	2	109
3542.	Kehlkopf und Trachea - Kitzeln - Luftwegen, in den - abends	1	16
3543.	Kehlkopf und Trachea - Kitzeln - Luftwegen, in den - abends - Einschlafen - vor	1	1
3544.	Kehlkopf und Trachea - Kitzeln - Luftwegen, in den - Luft - Zugluft, bei	1	1
3545.	Kehlkopf und Trachea - Kitzeln - Kehlkopf, im	2	171
3546.	Kehlkopf und Trachea - Ödem der Glottis	1	15
3547.	Kehlkopf und Trachea - Rasseln - Trachea	1	32
3548.	Kehlkopf und Trachea - Rauheit	1	74
3549.	Kehlkopf und Trachea - Rauheit - Kehlkopf	1	50
3550.	Kehlkopf und Trachea - Räuspern, Freimachen des Kehlkopfes	2	117
3551.	Kehlkopf und Trachea - Räuspern, Freimachen des Kehlkopfes - nachts	2	7
3552.	Kehlkopf und Trachea - Reizung - Kehlkopf	2	148
3553.	Kehlkopf und Trachea - Schleim - Kehlkopf	2	110
3554.	Kehlkopf und Trachea - Schleim - Trachea	2	88
3555.	Kehlkopf und Trachea - Schmerz - brennend	1	39
3556.	Kehlkopf und Trachea - Schmerz - brennend - Kehlkopf	2	64
3557.	Kehlkopf und Trachea - Schmerz - Roheit - Kehlkopf	2	92
3558.	Kehlkopf und Trachea - Schmerz - wund schmerzend (= empfindlich etc.)	1	44
3559.	Kehlkopf und Trachea - Stimme - belegt	1	40
3560.	Kehlkopf und Trachea - Stimme - flüsternd	2	14
3561.	Kehlkopf und Trachea - Stimme - gebrochen	1	7
3562.	Kehlkopf und Trachea - Stimme - heiser, Heiserkeit	3	228
3563.	Kehlkopf und Trachea - Stimme - heiser, Heiserkeit - Luft - Zugluft, bei	1	1
3564.	Kehlkopf und Trachea - Stimme - heiser, Heiserkeit - Schnupfen - während	3	49
3565.	Kehlkopf und Trachea - Stimme - nasal	1	40
3566.	Kehlkopf und Trachea - Stimme - rauh	2	71
3567.	Kehlkopf und Trachea - Stimme - rauh - Luft - Zugluft agg.	2	1
3568.	Kehlkopf und Trachea - Stimme - verändert	1	9
3569.	Kehlkopf und Trachea - Stimme - verloren (= Verlust der Stimme)	2	113
3570.	Kehlkopf und Trachea - Stimme - verloren - Lähmung, durch	1	9

Nr.	Symptom / Zeichen	Intensität	Anzahl der Mittel in der Rubrik
3571.	Kehlkopf und Trachea - Stimme - verloren - Überanstrengung der Stimme; durch	2	5
3572.	Kehlkopf und Trachea - Stimme - zittrig	3	18
3573.	Kehlkopf und Trachea - Trockenheit - Kehlkopf	2	97
3574.	Kehlkopf und Trachea - Trockenheit - Trachea	2	27
3575.	Kehlkopf und Trachea - Tuberkulose - Kehlkopf	1	39
3576.	Atmung - Angehalten, versetzt, unterbrochen	1	72
3577.	Atmung - Angehalten, versetzt, unterbrochen - Husten	1	80
3578.	Atmung - Asthma, asthmatische Atmung	1	167
3579.	Atmung - Asthma, asthmatische Atmung - kalt - Luft, kalte - amel.	2	5
3580.	Atmung - Asthma, asthmatische Atmung - spasmodisch	1	50
3581.	Atmung - Atemnot, Dyspnoe, erschwertes Atmen	2	270
3582.	Atmung - Atemnot, Dyspnoe, erschwertes Atmen - morgens	1	29
3583.	Atmung - Atemnot, Dyspnoe, erschwertes Atmen - abends	1	58
3584.	Atmung - Atemnot, Dyspnoe, erschwertes Atmen - abends - Bett, im	1	23
3585.	Atmung - Atemnot, Dyspnoe, erschwertes Atmen - nachts	1	105
3586.	Atmung - Atemnot, Dyspnoe, erschwertes Atmen - Anstrengung - nach	2	71
3587.	Atmung - Atemnot, Dyspnoe, erschwertes Atmen - Bewegung, bei	1	45
3588.	Atmung - Atemnot, Dyspnoe, erschwertes Atmen - Essen - nach	1	38
3589.	Atmung - Atemnot, Dyspnoe, erschwertes Atmen - Gehen, beim	2	66
3590.	Atmung - Atemnot, Dyspnoe, erschwertes Atmen - Gehen, beim - schnellem, bei	1	18
3591.	Atmung - Atemnot, Dyspnoe, erschwertes Atmen - Husten, mit	1	85
3592.	Atmung - Atemnot, Dyspnoe, erschwertes Atmen - Liegen - beim	2	93
3593.	Atmung - Atemnot, Dyspnoe, erschwertes Atmen - Liegen - Seite, auf der - linken, auf der	1	18
3594.	Atmung - Atemnot, Dyspnoe, erschwertes Atmen - Liegen - unmöglich	2	31
3595.	Atmung - Atemnot, Dyspnoe, erschwertes Atmen - Luft - kalter Luft, in	2	17
3596.	Atmung - Atemnot, Dyspnoe, erschwertes Atmen - Nase gespürt; wird in der	1	8
3597.	Atmung - Atemnot, Dyspnoe, erschwertes Atmen - Schlaf - während	1	32
3598.	Atmung - Atemnot, Dyspnoe, erschwertes Atmen - Steigen, beim	3	94
3599.	Atmung - Behindert, gehemmt	2	83
3600.	Atmung - Behindert, gehemmt - Schmerz, bei - Brust, in der	1	14
3601.	Atmung - Beschleunigt	2	131
3602.	Atmung - Beschleunigt - Schlaf - während	1	4
3603.	Atmung - Giemen, keuchend pfeifendes Atmen	1	66
3604.	Atmung - Langsam - morgens	1	2
3605.	Atmung - Laut, geräuschvoll	1	50
3606.	Atmung - Rasselnd	1	135
3607.	Atmung - Ruckweise	1	10
3608.	Atmung - Schluchzend	2	23
3609.	Atmung - Schnappen nach Luft	1	47
3610.	Atmung - Tief	1	100
3611.	Atmung - Tief - Verlangen, tief zu atmen	2	67
3612.	Atmung - Unregelmäßig	1	61
3613.	Atmung - Wahrnehmbar, nicht	1	18
3614.	Husten - Tagsüber - amel.	1	12
3615.	Husten - Tagsüber - nur	1	29
3616.	Husten - Tagsüber - nur - abends; und	1	20
3617.	Husten - Tagsüber - nur - oder - nachts - nur	1	1
3618.	Husten - Morgens (6 - 9 h)	1	157
3619.	Husten - Vormittags (9 - 12 h) - 9 h - 9 - 17 h oder 9 - 18 h	1	1
3620.	Husten - Abends (18 - 22 h)	3	161
3621.	Husten - Abends (18 - 22 h) - bis Mitternacht	1	23
3622.	Husten - Abends (18 - 22 h) - Bett, im	3	68
3623.	Husten - Nachts (22 - 6 h)	3	173
3624.	Husten - Nachts (22 - 6 h) - Mitternacht - nach	1	43
3625.	Husten - Nachts (22 - 6 h) - Mitternacht - nach - 2 oder 3 h	1	4
3626.	Husten - Nachts (22 - 6 h) - Schweiß, mit	2	10
3627.	Husten - Anfallsweise	1	120
3628.	Husten - Anfallsweise - abends	1	39
3629.	Husten - Anfallsweise - nachts	2	49
3630.	Husten - Anfallsweise - nachts - zweite Nacht, beim Einschlafen; jede	1	1
3631.	Husten - Anfallsweise - Anfälle folgen schnell aufeinander	1	12
3632.	Husten - Anfallsweise - besteht aus - zwei Hustenstößen	1	12
3633.	Husten - Anhaltend	1	88
3634.	Husten - Anstrengung, bei	1	32
3635.	Husten - Asthmatisch	1	112
3636.	Husten - Atmen - tiefes Atmen	2	71
3637.	Husten - Ausatmen	1	13
3638.	Husten - Bellend	1	39
3639.	Husten - Bett - warmen, im - Warmwerden im Bett agg. oder bei Erregung; beim	1	14
3640.	Husten - Bewegung - agg.	1	57
3641.	Husten - Bewegung - Brust, der	1	14
3642.	Husten - Erschöpfend	2	77
3643.	Husten - Erschütternd	3	103

Nr.	Symptom / Zeichen	Intensität	Anzahl der Mittel in der Rubrik
3644.	Husten - Erschütternd - nachts	1	11
3645.	Husten - Erstickend	2	88
3646.	Husten - Folternd, qualvoll	1	71
3647.	Husten - Freudige Überraschung; durch	1	2
3648.	Husten - Gehen, beim - schnellem, bei	1	10
3649.	Husten - Gelöst	1	104
3650.	Husten - Halten - Brust mit beiden Händen halten; muss beim Husten die	1	12
3651.	Husten - Hartnäckig	1	20
3652.	Husten - Heftig	2	110
3653.	Husten - Heftig - nachts	2	13
3654.	Husten - Heiser	1	66
3655.	Husten - Hohl	1	49
3656.	Husten - Hüsteln	1	163
3657.	Husten - Hustenreiz - Brust, in der	1	45
3658.	Husten - Hustenreiz - Epigastrium, im	1	19
3659.	Husten - Hustenreiz - Kehlkopf, im	2	143
3660.	Husten - Hustenreiz - Trachea, in der	2	102
3661.	Husten - Kalt - Getränke, durch kalte	2	31
3662.	Husten - Keuchhusten	1	118
3663.	Husten - Keuchhusten - nachts	2	35
3664.	Husten - Kitzelhusten	1	110
3665.	Husten - Kitzelhusten - abends	1	12
3666.	Husten - Kitzelhusten - abends - Einschlafen, vor dem	1	1
3667.	Husten - Kitzeln, durch - Bronchien, in den	1	16
3668.	Husten - Kitzeln, durch - Brust	2	43
3669.	Husten - Kitzeln, durch - Brust - oberen Brust; in der	1	3
3670.	Husten - Kitzeln, durch - Kehlkopf, im	1	159
3671.	Husten - Kitzeln, durch - Trachea, in der	2	102
3672.	Husten - Krampfhaft, spasmodisch	2	137
3673.	Husten - Krampfhaft, spasmodisch - abends	1	32
3674.	Husten - Krampfhaft, spasmodisch - nachts	1	41
3675.	Husten - Kurz	2	147
3676.	Husten - Laufen agg.	1	7
3677.	Husten - Liegen, beim - agg.	1	105
3678.	Husten - Liegen, beim - Seite, auf der	1	17
3679.	Husten - Liegen, beim - Seite, auf der - linken, auf der	1	24
3680.	Husten - Liegen, beim - Seite, auf der - rechten, auf der	3	19
3681.	Husten - Luft - nachts	2	8
3682.	Husten - Luft - naßkalter Luft, in	1	27
3683.	Husten - Magen - kommen; scheint vom Magen zu	1	15
3684.	Husten - Niesen - mit	1	33
3685.	Husten - Periodisch	1	14
3686.	Husten - Periodisch - nachts	1	3
3687.	Husten - Periodisch - nachts - zweite Nacht, jede	1	1
3688.	Husten - Rasselnd	1	78
3689.	Husten - Rauchen (von Tabak); durch	1	38
3690.	Husten - Rauchen (von Tabak); durch - amel.	1	7
3691.	Husten - Rauh	2	26
3692.	Husten - Scharrend	1	32
3693.	Husten - Schlaf - vor	1	4
3694.	Husten - Schlaf - während	1	38
3695.	Husten - Schlaf - Einschlafen, beim	1	18
3696.	Husten - Schlaf - weckt aus dem Schlaf	1	45
3697.	Husten - Schmerzhaft	2	35
3698.	Husten - Sprechen, beim	2	85
3699.	Husten - Sprechen, beim - Unfähigkeit zu sprechen; mit	2	9
3700.	Husten - Strecken - gefolgt von Husten	1	1
3701.	Husten - Treppensteigen, beim	1	22
3702.	Husten - Trocken	2	257
3703.	Husten - Trocken - abends	1	87
3704.	Husten - Trocken - nachts	2	100
3705.	Husten - Trocken - nachts - gelöst, tagsüber	1	30
3706.	Husten - Trocken - Liegen, beim - Seite, auf der - rechten Seite agg.; auf der	1	7
3707.	Husten - Trocken - Schnupfen, beim	1	8
3708.	Husten - Trockenheit, aus - Brust, in der	1	7
3709.	Husten - Trockenheit, aus - Luftwege, der	1	5
3710.	Husten - Warm - Zimmer, im warmen - Eintritt vom Freien ins warme Zimmer; beim	1	30
3711.	Husten - Würgend	1	27
3712.	Husten - Zäh, fest	1	19
3713.	Auswurf - Tagsüber, nur	3	63
3714.	Auswurf - Blutig (= Blutspucken, Hämoptoe)	2	172
3715.	Auswurf - Blutig - morgens - Liegen, im	1	1
3716.	Auswurf - Blutig - Arbeiten, beim	1	1
3717.	Auswurf - Blutig - blaß	1	37

Nr.	Symptom / Zeichen	Intensität	Anzahl der Mittel in der Rubrik
3718.	Auswurf - Blutig - dunkel	1	50
3719.	Auswurf - Blutig - Gehen	1	4
3720.	Auswurf - Blutig - gestreift	1	66
3721.	Auswurf - Blutig - hellrot	2	40
3722.	Auswurf - Eitrig	2	109
3723.	Auswurf - Fadenziehend	2	17
3724.	Auswurf - Gehen - beim	1	5
3725.	Auswurf - Gelb	2	152
3726.	Auswurf - Geruch - sauer	1	9
3727.	Auswurf - Geruch - übelriechend	1	77
3728.	Auswurf - Geschmack - bitter	2	32
3729.	Auswurf - Geschmack - Eier, wie - verdorbene, wie	1	15
3730.	Auswurf - Geschmack - erdig	1	12
3731.	Auswurf - Geschmack - faulig	1	58
3732.	Auswurf - Geschmack - modrig	1	8
3733.	Auswurf - Geschmack - ranzig	1	16
3734.	Auswurf - Geschmack - salzig	2	70
3735.	Auswurf - Geschmack - sauer	2	52
3736.	Auswurf - Geschmack - seifig	1	4
3737.	Auswurf - Geschmack - süßlich	1	65
3738.	Auswurf - Geschmack - Übelkeit erregend	2	37
3739.	Auswurf - Grünlich	3	85
3740.	Auswurf - Kühl (kalt)	1	13
3741.	Auswurf - Luft - agg.	1	7
3742.	Auswurf - Luft - offen	1	7
3743.	Auswurf - Luft - offen - Gehen, beim	1	3
3744.	Auswurf - Reichlich	1	108
3745.	Auswurf - Scharf	2	32
3746.	Auswurf - Schleimig	1	206
3747.	Auswurf - Schleimig - blutig	2	68
3748.	Auswurf - Speichel, wie	1	7
3749.	Auswurf - Wäßrig	2	45
3750.	Auswurf - Zäh	1	139
3751.	Brust - Abszeß - Achselhöhle	3	32
3752.	Brust - Abszeß - Brustwarzen	2	4
3753.	Brust - Abszeß - Lungen	2	24
3754.	Brust - Abszeß - Mammae	3	19
3755.	Brust - Angina pectoris	1	63
3756.	Brust - Angst in der Brust	3	114
3757.	Brust - Angst in der Brust - Herzgegend	2	122
3758.	Brust - Beklemmung	2	244
3759.	Brust - Beklemmung - Herz	2	89
3760.	Brust - Blutandrang zur Brust (= Hyperämie der Brust; Kongestion)	2	67
3761.	Brust - Blutende Brustwarzen	2	7
3762.	Brust - Blutung	1	112
3763.	Brust - Blutung - geronnenes Blut	2	35
3764.	Brust - Blutung - Whisky, nach	1	2
3765.	Brust - Blutwallungen	2	38
3766.	Brust - Deformiert - Brustwarzen	1	1
3767.	Brust - Emphysem	2	33
3768.	Brust - Empyem	3	25
3769.	Brust - Entzündung - Achseldrüsen	1	5
3770.	Brust - Entzündung - Bronchien (= Bronchitis)	2	101
3771.	Brust - Entzündung - Lungen (= Pneumonie)	3	105
3772.	Brust - Entzündung - Lungen - Kindern, Kleinkindern; bei	2	12
3773.	Brust - Entzündung - Lungen - rechts	2	15
3774.	Brust - Entzündung - Lungen - rechts - Unterlappen	2	3
3775.	Brust - Entzündung - Mammae	2	34
3776.	Brust - Entzündung - Rippenfell	2	59
3777.	Brust - Exkoriation - Brustwarzen	2	29
3778.	Brust - Farbe - Röte - Flecken	2	16
3779.	Brust - Fistelöffnung - Mammae, in den	2	6
3780.	Brust - Gefühllosigkeit, Taubheit	1	9
3781.	Brust - Geräusche	2	63
3782.	Brust - Hautausschläge - Bläschen	2	16
3783.	Brust - Hautausschläge - Exanthem, flüchtiges	1	21
3784.	Brust - Hautausschläge - rot	2	7
3785.	Brust - Hautausschläge - rot - kupferfarben	1	2
3786.	Brust - Hautausschläge - Achselhöhle	2	16
3787.	Brust - Hautausschläge - Achselhöhle - brennend	2	1
3788.	Brust - Hautausschläge - Achselhöhle - Ekzem	1	7
3789.	Brust - Hautausschläge - Achselhöhle - Furunkel	2	12
3790.	Brust - Hautausschläge - Achselhöhle - schmerzhaft	2	1
3791.	Brust - Hepatisation der Lungen	1	26

Nr.	Symptom / Zeichen	Intensität	Anzahl der Mittel in der Rubrik
3792.	Brust - Hepatisation der Lungen - Liegen, beim - rechten Seite; auf der - agg.	2	2
3793.	Brust - Herzklopfen	3	212
3794.	Brust - Herzklopfen - nachts	2	54
3795.	Brust - Herzklopfen - Angst, mit	2	98
3796.	Brust - Herzklopfen - Anstrengung, bei	2	72
3797.	Brust - Herzklopfen - Bewegung	1	53
3798.	Brust - Herzklopfen - Bewegung - geringster Bewegung, bei	2	11
3799.	Brust - Herzklopfen - Erwachen, beim - Aufschrecken aus einem Traum; mit	1	8
3800.	Brust - Herzklopfen - Erwachen, beim - plötzlich	2	6
3801.	Brust - Herzklopfen - Essen, nach dem	1	37
3802.	Brust - Herzklopfen - Fieber, im	1	15
3803.	Brust - Herzklopfen - Frost - während	2	7
3804.	Brust - Herzklopfen - Gehen, beim	1	24
3805.	Brust - Herzklopfen - Liegen, beim	1	27
3806.	Brust - Herzklopfen - Menses - unterdrückt	1	18
3807.	Brust - Herzklopfen - Schlaf - während	2	14
3808.	Brust - Herzklopfen - Schweiß - während	1	1
3809.	Brust - Herzklopfen - unregelmäßig	1	13
3810.	Brust - Hitze	1	103
3811.	Brust - Hitze - Hitzewallungen	1	26
3812.	Brust - Kälte - Seiten - rechts	1	3
3813.	Brust - Katarrh	3	90
3814.	Brust - Kitzeln in der Brust	1	23
3815.	Brust - Kleidung agg.	2	18
3816.	Brust - Krebs - Mammae	3	56
3817.	Brust - Krebs - Mammae - Epitheliom	1	20
3818.	Brust - Milch - abwesend	1	33
3819.	Brust - Milch - Blut, mit	2	7
3820.	Brust - Milch - dünn	1	10
3821.	Brust - Milch - Kind verweigert die Muttermilch	2	9
3822.	Brust - Milch - Knaben, bei	1	1
3823.	Brust - Milch - Menses - während	1	4
3824.	Brust - Milch - Menses - unterdrückt	2	8
3825.	Brust - Milch - schlecht	2	18
3826.	Brust - Milch - schwangeren Frauen; bei nicht	2	14
3827.	Brust - Milch - unterdrückt	2	38
3828.	Brust - Milch - versiegend	1	42
3829.	Brust - Pulsieren	1	52
3830.	Brust - Schmerz	2	180
3831.	Brust - Schmerz - morgens	1	28
3832.	Brust - Schmerz - Bewegung, bei - agg.	2	48
3833.	Brust - Schmerz - Bücken, beim	1	14
3834.	Brust - Schmerz - Druck - amel.	1	15
3835.	Brust - Schmerz - Einatmen - beim	2	94
3836.	Brust - Schmerz - Einatmen - amel.	1	2
3837.	Brust - Schmerz - Gehen - beim	1	39
3838.	Brust - Schmerz - Husten, beim	2	122
3839.	Brust - Schmerz - Liegen, beim - Seite, auf der - rechten Seite; auf der	3	6
3840.	Brust - Schmerz - Niesen, beim	2	15
3841.	Brust - Schmerz - rheumatisch	1	38
3842.	Brust - Schmerz - Brustmuskeln	1	9
3843.	Brust - Schmerz - Herz	2	121
3844.	Brust - Schmerz - Mammae	3	52
3845.	Brust - Schmerz - Mammae - unter - rechts	1	4
3846.	Brust - Schmerz - Mammae - Menses - während	2	10
3847.	Brust - Schmerz - Seiten - links	1	60
3848.	Brust - Schmerz - Seiten - rechts - erstreckt sich zu - Schulterblätter (16 - 17 h agg.)	1	5
3849.	Brust - Schmerz - Seiten - morgens	1	20
3850.	Brust - Schmerz - Seiten - Husten, beim	3	29
3851.	Brust - Schmerz - Seiten - Niesen, nach	1	5
3852.	Brust - Schmerz - berstend	1	16
3853.	Brust - Schmerz - berstend - nachts	2	2
3854.	Brust - Schmerz - berstend - Husten, beim	2	9
3855.	Brust - Schmerz - brennend	2	135
3856.	Brust - Schmerz - brennend - erstreckt sich zu - Hals, zum inneren	2	6
3857.	Brust - Schmerz - brennend - Brustbein	2	24
3858.	Brust - Schmerz - drückend	2	138
3859.	Brust - Schmerz - drückend - Seiten - links	1	42
3860.	Brust - Schmerz - gequetscht, wie	1	12
3861.	Brust - Schmerz - geschwürig, wie	1	12
3862.	Brust - Schmerz - reißend	1	48
3863.	Brust - Schmerz - Roheit (einschließlich Trachea und Bronchien)	1	74
3864.	Brust - Schmerz - Roheit (einschließlich Trachea und Bronchien) - Husten - beim	1	54
3865.	Brust - Schmerz - schneidend (= plötzlicher, scharfer Schmerz)	2	92

Nr.	Symptom / Zeichen	Intensität	Anzahl der Mittel in der Rubrik
3866.	Brust - Schmerz - schneidend - Rauchen, beim	1	1
3867.	Brust - Schmerz - stechend	2	195
3868.	Brust - Schmerz - stechend - morgens	1	7
3869.	Brust - Schmerz - stechend - Bewegung - bei	1	21
3870.	Brust - Schmerz - stechend - Bücken, beim	1	10
3871.	Brust - Schmerz - stechend - Einatmen, beim	2	56
3872.	Brust - Schmerz - stechend - Gehen, beim - Freien, im	2	4
3873.	Brust - Schmerz - stechend - Husten, beim	3	85
3874.	Brust - Schmerz - stechend - Niesen agg.	3	7
3875.	Brust - Schmerz - stechend - erstreckt sich zu - Rücken	2	43
3876.	Brust - Schmerz - stechend - Rippen - untere Rippen - Gehen, beim	1	1
3877.	Brust - Schmerz - stechend - Seiten - links	2	113
3878.	Brust - Schmerz - stechend - Seiten - rechts	1	84
3879.	Brust - Schmerz - stechend - Seiten - rechts - erstreckt sich zu - Rücken	1	6
3880.	Brust - Schmerz - stechend - Seiten - Husten, beim	3	36
3881.	Brust - Schmerz - stechend - Seiten - Niesen, nach	2	4
3882.	Brust - Schmerz - stechend - Seiten - unterer Teil - rechts	2	24
3883.	Brust - Schmerz - stechend - vorderer Teil	3	9
3884.	Brust - Schmerz - stechend - vorderer Teil - Husten, beim	3	2
3885.	Brust - Schmerz - stechend - vorderer Teil - Niesen, beim	2	1
3886.	Brust - Schmerz - Wehtun (= unbestimmt, drückend)	1	62
3887.	Brust - Schmerz - Wehtun - Atems; beim Anhalten des	1	1
3888.	Brust - Schmerz - Wehtun - Einatmen - amel.	1	1
3889.	Brust - Schmerz - Wehtun - Herz	2	28
3890.	Brust - Schmerz - wund schmerzend (= wie zerschlagen, empfindlich etc.)	2	134
3891.	Brust - Schmerz - wund schmerzend - hält sich beim Husten die Brust mit den Händen	1	12
3892.	Brust - Schmerz - wund schmerzend - Husten - durch	1	86
3893.	Brust - Schmerz - wund schmerzend - Mammae	2	43
3894.	Brust - Schmerz - wund schmerzend - Mammae - Brustwarzen	2	33
3895.	Brust - Schmerz - wund schmerzend - Seiten - links	1	19
3896.	Brust - Schmerz - wund schmerzend - vorderer Teil	1	4
3897.	Brust - Schmerz - ziehend - Husten, beim	1	4
3898.	Brust - Schwäche - Herz - Gefühl von Schwäche am Herzen	2	22
3899.	Brust - Schweiß	1	46
3900.	Brust - Schweiß - kalt	1	11
3901.	Brust - Schwellung	1	12
3902.	Brust - Schwellung - Achseldrüsen	3	49
3903.	Brust - Schwellung - Mammae	2	44
3904.	Brust - Schwellung - Mammae - heiß	2	6
3905.	Brust - Schwellung - Mammae - Brustwarzen	2	9
3906.	Brust - Spasmen	2	56
3907.	Brust - Spasmen - Husten, beim	1	12
3908.	Brust - Trockenheit	2	15
3909.	Brust - Tuberkulose	2	93
3910.	Brust - Tuberkulose - eitrig und geschwürig	2	34
3911.	Brust - Tuberkulose - Schleimauswurf, mit	2	32
3912.	Brust - Ulzeration - Brustwarzen	2	6
3913.	Brust - Verhärtung - Mammae	2	43
3914.	Brust - Verhärtung - Mammae - Brustwarzen	2	5
3915.	Brust - Verwachsung - Gefühl von	2	26
3916.	Brust - Völlegefühl	1	84
3917.	Brust - Völlegefühl - Mammae	1	19
3918.	Brust - Wassersucht	2	54
3919.	Brust - Zittern - Herz	2	52
3920.	Brust - Zittern - Herz - Erwachen, beim	2	3
3921.	Brust - Zusammenschnürung (= Spannung, Enge)	2	200
3922.	Brust - Zusammenschnürung - Bücken, beim	1	5
3923.	Brust - Zusammenschnürung - Husten - während	1	16
3924.	Brust - Zusammenschnürung - Hydrothorax, bei	1	9
3925.	Rücken - Entzündung - Rückenmark	1	40
3926.	Rücken - Entzündung - Rückenmarkshaut (= Meningitis spinalis)	1	27
3927.	Rücken - Erweichung des Rückenmarks	1	5
3928.	Rücken - Erysipel	2	6
3929.	Rücken - Erysipel - Lumbalregion	2	1
3930.	Rücken - Geschwüre - Dorsalregion, Schulterblätter	1	2
3931.	Rücken - Hautausschläge	2	59
3932.	Rücken - Hautausschläge - Ekzem	1	3
3933.	Rücken - Hautausschläge - Exanthem, flüchtiges	1	7
3934.	Rücken - Hautausschläge - Herpes - zoster	2	4
3935.	Rücken - Hautausschläge - Pickel - Dorsalregion - Schulterblätter	1	13
3936.	Rücken - Hautausschläge - Steißbein	1	3
3937.	Rücken - Hitze	2	56
3938.	Rücken - Hitze - Gehen, beim - Freien, im	1	5

Nr.	Symptom / Zeichen	Intensität	Anzahl der Mittel in der Rubrik
3939.	Rücken - Hitze - Dorsalregion	1	3
3940.	Rücken - Hitze - Steißbein	1	26
3941.	Rücken - Hyperästhesie der Haut	1	3
3942.	Rücken - Jucken	2	79
3943.	Rücken - Jucken - abends - Bett, im	1	4
3944.	Rücken - Jucken - brennend - Gehen im Freien; beim	1	1
3945.	Rücken - Jucken - Dorsalregion - Schulterblätter	1	28
3946.	Rücken - Jucken - Lumbalregion	2	32
3947.	Rücken - Jucken - Sakrum	1	12
3948.	Rücken - Jucken - Sakrum - Gehen, beim	1	1
3949.	Rücken - Kälte (einschließlich Frost)	1	146
3950.	Rücken - Kälte (einschließlich Frost) - Wirbelsäule	1	29
3951.	Rücken - Kälte (einschließlich Frost) - Zervikalregion - Zugluft, empfindlich gegen	2	3
3952.	Rücken - Krümmung der Wirbelsäule	2	23
3953.	Rücken - Opisthotonus	1	53
3954.	Rücken - Pulsieren - Dorsalregion - Schulterblätter	1	7
3955.	Rücken - Röte der Zervikalregion	1	8
3956.	Rücken - Schmerz	2	210
3957.	Rücken - Schmerz - nachts	2	66
3958.	Rücken - Schmerz - absteigend	1	36
3959.	Rücken - Schmerz - Atmen, beim	1	60
3960.	Rücken - Schmerz - Aufstehen, beim - Sitzen, vom	3	47
3961.	Rücken - Schmerz - Bewegung, bei	2	85
3962.	Rücken - Schmerz - Drehen, beim	1	16
3963.	Rücken - Schmerz - Drehen, beim - Bett; beim Herumdrehen im	1	16
3964.	Rücken - Schmerz - Gehen - amel.	1	38
3965.	Rücken - Schmerz - Husten, beim	2	31
3966.	Rücken - Schmerz - kalt - Luft, in kalter	1	9
3967.	Rücken - Schmerz - Schweiß, beim	3	2
3968.	Rücken - Schmerz - Sitzen - beim	1	95
3969.	Rücken - Schmerz - Stehen - beim	1	46
3970.	Rücken - Schmerz - Dorsalregion	2	65
3971.	Rücken - Schmerz - Dorsalregion - Husten, beim	1	6
3972.	Rücken - Schmerz - Dorsalregion - Schulterblätter	1	81
3973.	Rücken - Schmerz - Dorsalregion - Schulterblätter - Bewegung, bei - Kopfes, des	1	3
3974.	Rücken - Schmerz - Dorsalregion - Schulterblätter - Drehen, beim - Kopfes, des	1	1
3975.	Rücken - Schmerz - Dorsalregion - Schulterblätter - links - unter	2	37
3976.	Rücken - Schmerz - Dorsalregion - Schulterblätter - links - unter - Sitzen, beim - gebeugtes Sitzen amel.	1	1
3977.	Rücken - Schmerz - Dorsalregion - Schulterblätter - zwischen	1	130
3978.	Rücken - Schmerz - Dorsalregion - Schulterblätter - zwischen - Drehen, beim	1	3
3979.	Rücken - Schmerz - Lumbalregion	1	227
3980.	Rücken - Schmerz - Lumbalregion - Atmen, beim	1	10
3981.	Rücken - Schmerz - Lumbalregion - Husten, beim	1	16
3982.	Rücken - Schmerz - Lumbalregion - Sitzen - beim	1	71
3983.	Rücken - Schmerz - Sakralregion	2	187
3984.	Rücken - Schmerz - Sakralregion - Atmen, beim	3	9
3985.	Rücken - Schmerz - Sakralregion - Gehen - amel.	1	17
3986.	Rücken - Schmerz - Sakralregion - Husten, beim	1	7
3987.	Rücken - Schmerz - Sakralregion - Sitzen, beim	1	42
3988.	Rücken - Schmerz - Sakralregion - Stehen - beim	1	12
3989.	Rücken - Schmerz - Steißbein	2	82
3990.	Rücken - Schmerz - Steißbein - Druck - Abdomen amel.; auf dem	1	1
3991.	Rücken - Schmerz - Steißbein - Menses - während	1	15
3992.	Rücken - Schmerz - Steißbein - Menses - unterdrückt	1	11
3993.	Rücken - Schmerz - Wirbelsäule	2	103
3994.	Rücken - Schmerz - Wirbelsäule - Bewegung - bei	2	3
3995.	Rücken - Schmerz - Zervikalregion	2	177
3996.	Rücken - Schmerz - Zervikalregion - Bewegen des Kopfes; beim	1	38
3997.	Rücken - Schmerz - Zervikalregion - rheumatisch	2	38
3998.	Rücken - Schmerz - brennend	2	82
3999.	Rücken - Schmerz - brennend - Samenabgang, nach	2	2
4000.	Rücken - Schmerz - brennend - Dorsalregion - Schulterblätter	3	26
4001.	Rücken - Schmerz - brennend - Dorsalregion - Schulterblätter - zwischen	1	30
4002.	Rücken - Schmerz - brennend - Dorsalregion - Schulterblätter - zwischen - erstreckt sich zu - unten; den Rücken nach	1	2
4003.	Rücken - Schmerz - brennend - Zervikalregion	3	32
4004.	Rücken - Schmerz - drückend	1	73
4005.	Rücken - Schmerz - drückend - Steißbein	1	17
4006.	Rücken - Schmerz - drückend - Zervikalregion	1	53
4007.	Rücken - Schmerz - krallend - Lumbalregion	2	3
4008.	Rücken - Schmerz - krampfartig - Lumbalregion	1	14
4009.	Rücken - Schmerz - krampfartig - Lumbalregion - Gehen - amel.	1	1
4010.	Rücken - Schmerz - krampfartig - Lumbalregion - Stehen, beim	1	1

Nr.	Symptom / Zeichen	Intensität	Anzahl der Mittel in der Rubrik
4011.	Rücken - Schmerz - reißend	1	56
4012.	Rücken - Schmerz - reißend - Dorsalregion - Schulterblätter	1	43
4013.	Rücken - Schmerz - reißend - Steißbein	2	9
4014.	Rücken - Schmerz - reißend - Steißbein - Drücken auf das Abdomen amel.	2	1
4015.	Rücken - Schmerz - reißend - Steißbein - Menses, während	1	3
4016.	Rücken - Schmerz - reißend - Zervikalregion	2	60
4017.	Rücken - Schmerz - stechend (= schießend)	2	142
4018.	Rücken - Schmerz - stechend - Atmen, beim	2	11
4019.	Rücken - Schmerz - stechend - Berührung, bei	1	3
4020.	Rücken - Schmerz - stechend - Husten, beim	2	11
4021.	Rücken - Schmerz - stechend - Dorsalregion - Husten, beim	3	2
4022.	Rücken - Schmerz - stechend - Dorsalregion - Schulterblätter	1	85
4023.	Rücken - Schmerz - stechend - Dorsalregion - Schulterblätter - rechts	1	15
4024.	Rücken - Schmerz - stechend - Dorsalregion - Schulterblätter - rechts - erstreckt sich zu - Brust, durch die	2	2
4025.	Rücken - Schmerz - stechend - Dorsalregion - Wirbelsäule	1	15
4026.	Rücken - Schmerz - stechend - Lumbalregion	2	129
4027.	Rücken - Schmerz - stechend - Lumbalregion - Atmen, beim	2	6
4028.	Rücken - Schmerz - stechend - Lumbalregion - Gehen	2	13
4029.	Rücken - Schmerz - stechend - Lumbalregion - Husten, beim	1	13
4030.	Rücken - Schmerz - stechend - Lumbalregion - letzte Rippe	1	2
4031.	Rücken - Schmerz - stechend - Sakralregion	1	59
4032.	Rücken - Schmerz - stechend - Sakralregion - Atmen, beim	3	2
4033.	Rücken - Schmerz - stechend - Zervikalregion	1	65
4034.	Rücken - Schmerz - stechend - Zervikalregion - Bewegung - bei	1	7
4035.	Rücken - Schmerz - Wehtun - Husten, beim	1	5
4036.	Rücken - Schmerz - Wehtun - Dorsalregion - Schulterblätter - unter	1	17
4037.	Rücken - Schmerz - Wehtun - Dorsalregion - Schulterblätter - zwischen	1	33
4038.	Rücken - Schmerz - Wehtun - Lumbalregion	1	180
4039.	Rücken - Schmerz - Wehtun - Lumbalregion - Husten, beim	1	4
4040.	Rücken - Schmerz - Wehtun - Sakrum	2	56
4041.	Rücken - Schmerz - wund schmerzend (= wie zerschlagen, empfindlich etc.)	2	91
4042.	Rücken - Schmerz - wund schmerzend - Bewegung, bei	1	5
4043.	Rücken - Schmerz - wund schmerzend - Freien, im	2	1
4044.	Rücken - Schmerz - wund schmerzend - Gehen - Freien, im	1	2
4045.	Rücken - Schmerz - wund schmerzend - Dorsalregion - Schulterblätter	1	27
4046.	Rücken - Schmerz - wund schmerzend - Dorsalregion - Schulterblätter - Drehen, beim - Kopfes, des	1	1
4047.	Rücken - Schmerz - wund schmerzend - Dorsalregion - Schulterblätter - links	1	4
4048.	Rücken - Schmerz - wund schmerzend - Lumbalregion	2	100
4049.	Rücken - Schmerz - wund schmerzend - Lumbalregion - Nieren, über den	1	5
4050.	Rücken - Schmerz - wund schmerzend - Lumbalregion - Sitzen - beim	1	13
4051.	Rücken - Schmerz - wund schmerzend - Sakralregion	2	67
4052.	Rücken - Schmerz - wund schmerzend - Sakralregion - Sitzen, im	2	2
4053.	Rücken - Schmerz - wund schmerzend - Wirbelsäule, Spinalreizung - Dorsalregion	1	34
4054.	Rücken - Schmerz - zerbrochen, wie	1	24
4055.	Rücken - Schmerz - ziehend	2	96
4056.	Rücken - Schmerz - ziehend - erstreckt sich zu - abwärts	1	4
4057.	Rücken - Schmerz - ziehend - Zervikalregion	2	89
4058.	Rücken - Schwäche - Lumbalregion	2	99
4059.	Rücken - Schwäche - Sakrum	1	16
4060.	Rücken - Schwellung - Zervikalregion - Nackendrüsen	1	20
4061.	Rücken - Schwere - Lumbalregion	2	23
4062.	Rücken - Spannung - Dorsalregion - Schulterblätter	1	23
4063.	Rücken - Spannung - Dorsalregion - Schulterblätter - Drehen des Kopfes; beim	1	2
4064.	Rücken - Spina bifida	1	24
4065.	Rücken - Steifheit - Zervikalregion	2	158
4066.	Rücken - Zittern - Lumbalregion	1	6
4067.	Rücken - Zucken	1	19
4068.	Rücken - Zucken - Dorsalregion - Schulterblätter	1	11
4069.	Rücken - Zugluft vertragen; kann keine - Nacken, am	2	4
4070.	Extremitäten - Abblättern der Nägel	2	23
4071.	Extremitäten - Abszeß - Gelenke	2	7
4072.	Extremitäten - Abszeß - Fuß	2	3
4073.	Extremitäten - Ameisenlaufen - Unterarm	1	13
4074.	Extremitäten - Ameisenlaufen - Knie	1	9
4075.	Extremitäten - Anziehen der Glieder - agg.	1	47
4076.	Extremitäten - Anziehen der Glieder - amel.	2	74
4077.	Extremitäten - Aufgesprungene Hände	2	34
4078.	Extremitäten - Aufgesprungene Hände - Arbeiten im Wasser	1	10
4079.	Extremitäten - Ausgestreckt - Beine	1	10
4080.	Extremitäten - Ballen - Finger	2	31
4081.	Extremitäten - Ballen - Daumen	3	30
4082.	Extremitäten - Beugen - Hände	2	3

Nr.	Symptom / Zeichen	Intensität	Anzahl der Mittel in der Rubrik
4083.	Extremitäten - Beugen - Zehen	1	16
4084.	Extremitäten - Bewegung - unwillkürlich	2	13
4085.	Extremitäten - Bewegung - unwillkürlich - gelähmtes Glied	1	3
4086.	Extremitäten - Bewegung - Arme - idiotischer Manier, in	1	1
4087.	Extremitäten - Bewegung - Arme - schwierig	1	12
4088.	Extremitäten - Bewegung - Arme - unregelmäßig	1	5
4089.	Extremitäten - Bewegung - Unterarm - schwierig	1	3
4090.	Extremitäten - Bewegung - Hände - Koordination; fehlende, gestörte	1	6
4091.	Extremitäten - Bewegung - Beine - langsam	1	1
4092.	Extremitäten - Bewegung - Beine - unwillkürlich	1	2
4093.	Extremitäten - Chorea	1	53
4094.	Extremitäten - Deformierte Nägel	1	12
4095.	Extremitäten - Deformierte Nägel - Zehennägel	1	5
4096.	Extremitäten - Dick - Nägel	1	11
4097.	Extremitäten - Eiterung - Hüfte	2	20
4098.	Extremitäten - Empfindlichkeit - Oberschenkel	2	7
4099.	Extremitäten - Entzündung - Knochen	3	9
4100.	Extremitäten - Entzündung - Gelenke	2	47
4101.	Extremitäten - Entzündung - Gelenke - abends	1	2
4102.	Extremitäten - Entzündung - Gelenke - Synovitis	1	20
4103.	Extremitäten - Entzündung - Arme	1	13
4104.	Extremitäten - Entzündung - Unterarm - erysipelatös	1	8
4105.	Extremitäten - Entzündung - Knie	1	25
4106.	Extremitäten - Entzündung - Unterschenkel - erysipelatös	1	19
4107.	Extremitäten - Entzündung - Unterschenkel - Periost	2	10
4108.	Extremitäten - Entzündung - Fuß	2	20
4109.	Extremitäten - Exkoriation - Oberschenkeln, zwischen den	3	36
4110.	Extremitäten - Exostosen - Schienbein	1	15
4111.	Extremitäten - Farbe - blau	2	19
4112.	Extremitäten - Farbe - Gelenke, Röte der	2	10
4113.	Extremitäten - Farbe - Arme - Röte	1	23
4114.	Extremitäten - Farbe - Arme - Röte - Flecken	1	23
4115.	Extremitäten - Farbe - Unterarm - Röte - Stellen, an kleinen	2	15
4116.	Extremitäten - Farbe - Handgelenk - Stellen, an einzelnen	2	4
4117.	Extremitäten - Farbe - Hand - livide	1	10
4118.	Extremitäten - Farbe - Hand - Röte - Flecken	1	19
4119.	Extremitäten - Farbe - Finger - Fingernägel - Blaufärbung	1	64
4120.	Extremitäten - Farbe - Finger - Fingernägel - gelb	2	22
4121.	Extremitäten - Farbe - Beine - Röte - Stellen, an kleinen	1	15
4122.	Extremitäten - Farbe - Oberschenkel - Röte - Flecken	1	13
4123.	Extremitäten - Farbe - Knie - Röte - Vorderseite	1	2
4124.	Extremitäten - Farbe - Unterschenkel - rötlich	1	20
4125.	Extremitäten - Farbe - Unterschenkel - rötlich - Flecken	1	13
4126.	Extremitäten - Frostbeulen - Füße	2	50
4127.	Extremitäten - Frostbeulen - Füße - Entzündung	1	4
4128.	Extremitäten - Frostbeulen - Füße - geschwollen	2	1
4129.	Extremitäten - Frostbeulen - Füße - rissig	1	3
4130.	Extremitäten - Frostbeulen - Füße - violett	2	4
4131.	Extremitäten - Gangrän - Fuß	1	8
4132.	Extremitäten - Gebeugt - Finger	3	15
4133.	Extremitäten - Gefühllosigkeit, Taubheit	2	125
4134.	Extremitäten - Gefühllosigkeit, Taubheit - Arme	1	126
4135.	Extremitäten - Gefühllosigkeit, Taubheit - Arme - nachts	1	22
4136.	Extremitäten - Gefühllosigkeit, Taubheit - Arme - Bewegung - amel.	1	9
4137.	Extremitäten - Gefühllosigkeit, Taubheit - Arme - Liegen - beim	1	4
4138.	Extremitäten - Gefühllosigkeit, Taubheit - Schulter	1	9
4139.	Extremitäten - Gefühllosigkeit, Taubheit - Oberarm	1	10
4140.	Extremitäten - Gefühllosigkeit, Taubheit - Oberarm - morgens im Bett	1	1
4141.	Extremitäten - Gefühllosigkeit, Taubheit - Oberarm - Sitzen, im	1	1
4142.	Extremitäten - Gefühllosigkeit, Taubheit - Unterarm	1	56
4143.	Extremitäten - Gefühllosigkeit, Taubheit - Unterarm - Sitzen, im	1	2
4144.	Extremitäten - Gefühllosigkeit, Taubheit - Hand	1	121
4145.	Extremitäten - Gefühllosigkeit, Taubheit - Hand - rechts	1	19
4146.	Extremitäten - Gefühllosigkeit, Taubheit - Hand - Sitzen, beim	1	3
4147.	Extremitäten - Gefühllosigkeit, Taubheit - Finger	1	108
4148.	Extremitäten - Gefühllosigkeit, Taubheit - Finger - morgens	1	12
4149.	Extremitäten - Gefühllosigkeit, Taubheit - Beine	2	105
4150.	Extremitäten - Gefühllosigkeit, Taubheit - Oberschenkel	1	37
4151.	Extremitäten - Gefühllosigkeit, Taubheit - Oberschenkel - Liegen, beim	1	1
4152.	Extremitäten - Gefühllosigkeit, Taubheit - Oberschenkel - Sitzen, im	1	5
4153.	Extremitäten - Gefühllosigkeit, Taubheit - Unterschenkel	2	110
4154.	Extremitäten - Gefühllosigkeit, Taubheit - Unterschenkel - nachts	1	7
4155.	Extremitäten - Gefühllosigkeit, Taubheit - Fuß - Stehen, beim	1	3
4156.	Extremitäten - Gehen - spätes Gehenlernen	1	17

Nr.	Symptom / Zeichen	Intensität	Anzahl der Mittel in der Rubrik
4157.	Extremitäten - Geschwüre - Nägel	2	28
4158.	Extremitäten - Geschwüre - Hand - rissig	2	1
4159.	Extremitäten - Geschwüre - Finger - Fingernägel	2	21
4160.	Extremitäten - Geschwüre - Beine	2	64
4161.	Extremitäten - Geschwüre - Beine - blutend, leicht	3	3
4162.	Extremitäten - Geschwüre - Beine - brennend	3	13
4163.	Extremitäten - Geschwüre - Beine - brennend - Berührung, durch	2	1
4164.	Extremitäten - Geschwüre - Beine - stinkend	3	8
4165.	Extremitäten - Geschwüre - Beine - tief	3	11
4166.	Extremitäten - Geschwüre - Oberschenkel	1	11
4167.	Extremitäten - Geschwüre - Unterschenkel	3	65
4168.	Extremitäten - Geschwüre - Unterschenkel - brennend	2	12
4169.	Extremitäten - Geschwüre - Unterschenkel - Wärme agg.	2	4
4170.	Extremitäten - Geschwüre - Knöchel - ausbreitend	2	1
4171.	Extremitäten - Geschwüre - Fuß	1	32
4172.	Extremitäten - Geschwüre - Zehen - Zehennagel	1	8
4173.	Extremitäten - Gestreckt - Arme - starr, rigide	1	1
4174.	Extremitäten - Gezogen - innen, nach - Daumen	1	30
4175.	Extremitäten - Gezogen - oben, nach	2	32
4176.	Extremitäten - Gezogen - oben, nach - nachts	1	2
4177.	Extremitäten - Gezogen - zusammengezogen - spasmodisch	1	2
4178.	Extremitäten - Gichtknoten	2	51
4179.	Extremitäten - Hautausschläge	3	96
4180.	Extremitäten - Hautausschläge - abblätternd, bräunlich	1	4
4181.	Extremitäten - Hautausschläge - abschilfernd	1	20
4182.	Extremitäten - Hautausschläge - Bläschen	2	78
4183.	Extremitäten - Hautausschläge - brennend	3	9
4184.	Extremitäten - Hautausschläge - Ekzem	1	9
4185.	Extremitäten - Hautausschläge - Erhabenheiten	1	22
4186.	Extremitäten - Hautausschläge - feucht	2	3
4187.	Extremitäten - Hautausschläge - Flecken, entzündete	1	15
4188.	Extremitäten - Hautausschläge - Furunkel	2	38
4189.	Extremitäten - Hautausschläge - Herpes	1	25
4190.	Extremitäten - Hautausschläge - juckend	1	24
4191.	Extremitäten - Hautausschläge - Pickel	2	95
4192.	Extremitäten - Hautausschläge - Pusteln	1	42
4193.	Extremitäten - Hautausschläge - rot	1	12
4194.	Extremitäten - Hautausschläge - schmerzhaft	1	5
4195.	Extremitäten - Hautausschläge - Schuppen	2	14
4196.	Extremitäten - Hautausschläge - sondern Flüssigkeit ab	2	9
4197.	Extremitäten - Hautausschläge - trocken	1	3
4198.	Extremitäten - Hautausschläge - Urtikaria	1	24
4199.	Extremitäten - Hautausschläge - Gelenke	2	13
4200.	Extremitäten - Hautausschläge - Gelenke - Winter, im	2	3
4201.	Extremitäten - Hautausschläge - Gelenke - Gelenkbeugen - Ekzem	1	6
4202.	Extremitäten - Hautausschläge - Arme	1	56
4203.	Extremitäten - Hautausschläge - Arme - abschilfernd	2	17
4204.	Extremitäten - Hautausschläge - Arme - Bläschen	2	65
4205.	Extremitäten - Hautausschläge - Arme - brennend	1	5
4206.	Extremitäten - Hautausschläge - Arme - Ekzem	2	8
4207.	Extremitäten - Hautausschläge - Arme - Erhabenheiten	1	17
4208.	Extremitäten - Hautausschläge - Arme - Erhabenheiten - Spitzen werden weiß und schuppig	1	1
4209.	Extremitäten - Hautausschläge - Arme - Exanthem, flüchtiges	2	29
4210.	Extremitäten - Hautausschläge - Arme - Herpes	3	26
4211.	Extremitäten - Hautausschläge - Arme - Herpes - kleieartig	1	2
4212.	Extremitäten - Hautausschläge - Arme - Herpes - Gelenken, an den	1	2
4213.	Extremitäten - Hautausschläge - Arme - juckend	2	41
4214.	Extremitäten - Hautausschläge - Arme - krätzeartig	1	12
4215.	Extremitäten - Hautausschläge - Arme - miliar	1	9
4216.	Extremitäten - Hautausschläge - Arme - Pickel	1	78
4217.	Extremitäten - Hautausschläge - Arme - Pickel - juckend	2	21
4218.	Extremitäten - Hautausschläge - Arme - Pusteln	2	41
4219.	Extremitäten - Hautausschläge - Arme - rot	2	17
4220.	Extremitäten - Hautausschläge - Arme - schmerzhaft	1	5
4221.	Extremitäten - Hautausschläge - Arme - Schuppen	2	17
4222.	Extremitäten - Hautausschläge - Arme - Schuppen - Stellen, an kleinen	1	1
4223.	Extremitäten - Hautausschläge - Arme - trocken	1	4
4224.	Extremitäten - Hautausschläge - Arme - Urtikaria	1	27
4225.	Extremitäten - Hautausschläge - Arme - weiß	1	5
4226.	Extremitäten - Hautausschläge - Schulter - Abschilferung der Haut	1	2
4227.	Extremitäten - Hautausschläge - Schulter - Bläschen	2	10
4228.	Extremitäten - Hautausschläge - Oberarm	1	7
4229.	Extremitäten - Hautausschläge - Oberarm - Pusteln	1	2

Nr.	Symptom / Zeichen	Intensität	Anzahl der Mittel in der Rubrik
4230.	Extremitäten - Hautausschläge - Ellbogen	1	20
4231.	Extremitäten - Hautausschläge - Ellbogen - Erhabenheiten	1	1
4232.	Extremitäten - Hautausschläge - Ellbogen - Erhabenheiten - juckend und schorfig	1	1
4233.	Extremitäten - Hautausschläge - Ellbogen - juckend	1	3
4234.	Extremitäten - Hautausschläge - Ellbogen - Pickel	1	17
4235.	Extremitäten - Hautausschläge - Ellbogen - schmerzhaft	1	1
4236.	Extremitäten - Hautausschläge - Ellbogen - Schuppen	1	7
4237.	Extremitäten - Hautausschläge - Ellbogen - Ellbogenbeuge	1	15
4238.	Extremitäten - Hautausschläge - Ellbogen - Ellbogenbeuge - Scabies	1	2
4239.	Extremitäten - Hautausschläge - Unterarm	2	21
4240.	Extremitäten - Hautausschläge - Unterarm - Bläschen	1	21
4241.	Extremitäten - Hautausschläge - Unterarm - Ekzem	2	6
4242.	Extremitäten - Hautausschläge - Unterarm - Exanthem, flüchtiges	1	8
4243.	Extremitäten - Hautausschläge - Unterarm - feucht	2	4
4244.	Extremitäten - Hautausschläge - Unterarm - Herpes	3	7
4245.	Extremitäten - Hautausschläge - Unterarm - Pickel	1	41
4246.	Extremitäten - Hautausschläge - Unterarm - Schuppen	1	3
4247.	Extremitäten - Hautausschläge - Unterarm - Schuppen - weißlich	2	1
4248.	Extremitäten - Hautausschläge - Handgelenk	1	21
4249.	Extremitäten - Hautausschläge - Handgelenk - Bläschen	1	15
4250.	Extremitäten - Hautausschläge - Handgelenk - brennend	1	1
4251.	Extremitäten - Hautausschläge - Handgelenk - Erhabenheiten	1	1
4252.	Extremitäten - Hautausschläge - Handgelenk - Flecken	2	5
4253.	Extremitäten - Hautausschläge - Handgelenk - Herpes	1	3
4254.	Extremitäten - Hautausschläge - Handgelenk - juckend	1	6
4255.	Extremitäten - Hautausschläge - Handgelenk - Schuppen	1	3
4256.	Extremitäten - Hautausschläge - Handgelenk - trocken	1	2
4257.	Extremitäten - Hautausschläge - Handgelenk - Radialseite - Bläschen	1	4
4258.	Extremitäten - Hautausschläge - Hand	2	47
4259.	Extremitäten - Hautausschläge - Hand - Abschilferung der Haut	1	16
4260.	Extremitäten - Hautausschläge - Hand - Bläschen	2	51
4261.	Extremitäten - Hautausschläge - Hand - blutend	2	4
4262.	Extremitäten - Hautausschläge - Hand - Ekzem	2	12
4263.	Extremitäten - Hautausschläge - Hand - erhaben	1	10
4264.	Extremitäten - Hautausschläge - Hand - feucht	1	10
4265.	Extremitäten - Hautausschläge - Hand - Flecken	1	13
4266.	Extremitäten - Hautausschläge - Hand - Herpes	1	18
4267.	Extremitäten - Hautausschläge - Hand - Pickel	1	38
4268.	Extremitäten - Hautausschläge - Hand - Pusteln	2	21
4269.	Extremitäten - Hautausschläge - Hand - rissig	2	4
4270.	Extremitäten - Hautausschläge - Hand - rot	2	16
4271.	Extremitäten - Hautausschläge - Hand - Schuppen	2	14
4272.	Extremitäten - Hautausschläge - Hand - trocken	1	5
4273.	Extremitäten - Hautausschläge - Hand - Tuberkel	2	11
4274.	Extremitäten - Hautausschläge - Hand - Handrücken	2	18
4275.	Extremitäten - Hautausschläge - Hand - Handrücken - abschilfernd	1	5
4276.	Extremitäten - Hautausschläge - Hand - Handrücken - Ekzem	2	8
4277.	Extremitäten - Hautausschläge - Hand - Handrücken - juckend	2	6
4278.	Extremitäten - Hautausschläge - Hand - Handrücken - juckend - nachts	2	1
4279.	Extremitäten - Hautausschläge - Hand - Handrücken - Krusten, gelbe	2	2
4280.	Extremitäten - Hautausschläge - Hand - Handrücken - Risse	2	1
4281.	Extremitäten - Hautausschläge - Hand - Handrücken - syphilitische Psoriasis	2	4
4282.	Extremitäten - Hautausschläge - Hand - Handfläche - Bläschen	2	12
4283.	Extremitäten - Hautausschläge - Hand - Handfläche - Bläschen - durchsichtig	1	1
4284.	Extremitäten - Hautausschläge - Hand - Handfläche - Psoriasis	2	23
4285.	Extremitäten - Hautausschläge - Hand - Handfläche - syphilitische Psoriasis	2	6
4286.	Extremitäten - Hautausschläge - Hand - zwischen den Fingern - Herpes	1	4
4287.	Extremitäten - Hautausschläge - Hand - zwischen den Fingern - Urtikaria	1	2
4288.	Extremitäten - Hautausschläge - Finger - Abschilferung der Haut	1	11
4289.	Extremitäten - Hautausschläge - Finger - Herpes	1	11
4290.	Extremitäten - Hautausschläge - Finger - Fingernägel; im Bereich der	1	4
4291.	Extremitäten - Hautausschläge - Beine	2	82
4292.	Extremitäten - Hautausschläge - Beine - abblätternd	2	3
4293.	Extremitäten - Hautausschläge - Beine - abblätternd - Stellen, an kleinen	2	1
4294.	Extremitäten - Hautausschläge - Beine - Abschilferung der Haut	1	11
4295.	Extremitäten - Hautausschläge - Beine - brennend	2	6
4296.	Extremitäten - Hautausschläge - Beine - Ekzem	1	12
4297.	Extremitäten - Hautausschläge - Beine - feucht	1	6
4298.	Extremitäten - Hautausschläge - Beine - Herpes	3	21
4299.	Extremitäten - Hautausschläge - Beine - juckend	2	35
4300.	Extremitäten - Hautausschläge - Beine - miliar	1	8
4301.	Extremitäten - Hautausschläge - Beine - papulös	1	9
4302.	Extremitäten - Hautausschläge - Beine - Pickel	1	59
4303.	Extremitäten - Hautausschläge - Beine - rot	1	9

Nr.	Symptom / Zeichen	Intensität	Anzahl der Mittel in der Rubrik
4304.	Extremitäten - Hautausschläge - Beine - Schuppen - Stellen, an kleinen	2	2
4305.	Extremitäten - Hautausschläge - Beine - Urtikaria	1	9
4306.	Extremitäten - Hautausschläge - Beine - wund	1	1
4307.	Extremitäten - Hautausschläge - Gesäß - Pickel	1	27
4308.	Extremitäten - Hautausschläge - Oberschenkel	1	31
4309.	Extremitäten - Hautausschläge - Oberschenkel - abblätternd	1	3
4310.	Extremitäten - Hautausschläge - Oberschenkel - abblätternd - Stellen, an kleinen	2	1
4311.	Extremitäten - Hautausschläge - Oberschenkel - Exanthem, flüchtiges	1	13
4312.	Extremitäten - Hautausschläge - Oberschenkel - feucht	1	4
4313.	Extremitäten - Hautausschläge - Oberschenkel - Flecken	1	6
4314.	Extremitäten - Hautausschläge - Oberschenkel - Herpes	3	14
4315.	Extremitäten - Hautausschläge - Oberschenkel - juckend	1	11
4316.	Extremitäten - Hautausschläge - Oberschenkel - Pickel	2	41
4317.	Extremitäten - Hautausschläge - Oberschenkel - rot	1	3
4318.	Extremitäten - Hautausschläge - Oberschenkel - Urtikaria	1	7
4319.	Extremitäten - Hautausschläge - Knie	1	23
4320.	Extremitäten - Hautausschläge - Knie - Herpes	1	11
4321.	Extremitäten - Hautausschläge - Knie - Kniekehle	2	21
4322.	Extremitäten - Hautausschläge - Knie - Kniekehle - brennend	2	1
4323.	Extremitäten - Hautausschläge - Knie - Kniekehle - feucht	3	3
4324.	Extremitäten - Hautausschläge - Knie - Kniekehle - rot	1	2
4325.	Extremitäten - Hautausschläge - Knie - Kniekehle - Scabies	1	3
4326.	Extremitäten - Hautausschläge - Knie - Kniekehle - wund	1	1
4327.	Extremitäten - Hautausschläge - Unterschenkel	1	40
4328.	Extremitäten - Hautausschläge - Unterschenkel - abschilfernd	1	7
4329.	Extremitäten - Hautausschläge - Unterschenkel - Ekzem	2	14
4330.	Extremitäten - Hautausschläge - Unterschenkel - feucht	2	8
4331.	Extremitäten - Hautausschläge - Unterschenkel - Flecken	1	15
4332.	Extremitäten - Hautausschläge - Unterschenkel - Herpes	1	17
4333.	Extremitäten - Hautausschläge - Unterschenkel - Knoten	2	2
4334.	Extremitäten - Hautausschläge - Unterschenkel - Pickel	1	26
4335.	Extremitäten - Hautausschläge - Unterschenkel - rot	1	5
4336.	Extremitäten - Hautausschläge - Unterschenkel - Schuppen an einzelnen Stellen	2	3
4337.	Extremitäten - Hautausschläge - Unterschenkel - Wade - Flecken	1	7
4338.	Extremitäten - Hautausschläge - Knöchel - Furunkel	1	1
4339.	Extremitäten - Hautausschläge - Fuß - Abschilferung der Haut	1	11
4340.	Extremitäten - Hautausschläge - Fuß - Pusteln	2	5
4341.	Extremitäten - Hautausschläge - Fuß - Fußrücken	1	15
4342.	Extremitäten - Hautausschläge - Fuß - Fußrücken - Ekzem	1	2
4343.	Extremitäten - Heben - Arme, der - unmöglich	1	13
4344.	Extremitäten - Herunterhängenlassen - Glieder, der - amel.	1	64
4345.	Extremitäten - Hitze - Hand	1	160
4346.	Extremitäten - Hitze - Hand - Handfläche	1	75
4347.	Extremitäten - Hitze - Hand - Handfläche - Kälte - nach	1	3
4348.	Extremitäten - Hitze - Fuß	1	79
4349.	Extremitäten - Hitze - Fuß - Bett, im	1	10
4350.	Extremitäten - Hitze - Fuß - kribbelnd	1	3
4351.	Extremitäten - Hüftgelenksentzündung	2	68
4352.	Extremitäten - Humpeln	2	17
4353.	Extremitäten - Jucken	1	136
4354.	Extremitäten - Jucken - Kratzen - amel.	1	27
4355.	Extremitäten - Jucken - Gelenke	1	8
4356.	Extremitäten - Jucken - Arme	1	169
4357.	Extremitäten - Jucken - Arme - nachts	1	20
4358.	Extremitäten - Jucken - Arme - fressend	1	5
4359.	Extremitäten - Jucken - Arme - Kratzen - amel.	1	15
4360.	Extremitäten - Jucken - Arme - Stellen, an einzelnen	1	8
4361.	Extremitäten - Jucken - Arme - wollüstig	1	2
4362.	Extremitäten - Jucken - Arme - Gelenke	1	3
4363.	Extremitäten - Jucken - Ellbogen	2	29
4364.	Extremitäten - Jucken - Unterarm - wollüstig	1	1
4365.	Extremitäten - Jucken - Hand	2	72
4366.	Extremitäten - Jucken - Hand - Kratzen - amel.	1	5
4367.	Extremitäten - Jucken - Hand - Handrücken	1	36
4368.	Extremitäten - Jucken - Hand - Handrücken - fressend	1	1
4369.	Extremitäten - Jucken - Hand - Handrücken - Kratzen - amel.	1	5
4370.	Extremitäten - Jucken - Handfläche	1	54
4371.	Extremitäten - Jucken - Finger	1	56
4372.	Extremitäten - Jucken - Finger - Fingernägel - um die	1	2
4373.	Extremitäten - Jucken - Beine	3	153
4374.	Extremitäten - Jucken - Beine - abends	1	32
4375.	Extremitäten - Jucken - Hüfte	1	26
4376.	Extremitäten - Jucken - Oberschenkel	1	69
4377.	Extremitäten - Jucken - Unterschenkel	1	63

Nr.	Symptom / Zeichen	Intensität	Anzahl der Mittel in der Rubrik
4378.	Extremitäten - Jucken - Zehen	2	51
4379.	Extremitäten - Jucken - Zehen - abends	1	7
4380.	Extremitäten - Jucken - Zehen - zwischen	1	10
4381.	Extremitäten - Kälte	2	153
4382.	Extremitäten - Kälte - Hände	3	204
4383.	Extremitäten - Kälte - Hände - Samenabgang, nach	2	1
4384.	Extremitäten - Kälte - Hände - Schlaf, im	1	3
4385.	Extremitäten - Kälte - Hände - Schwindel, mit	1	2
4386.	Extremitäten - Kälte - Finger	1	51
4387.	Extremitäten - Kälte - Finger - Fingerspitzen	1	29
4388.	Extremitäten - Kälte - Beine - Gefühl von	2	12
4389.	Extremitäten - Kälte - Beine - schmerzhaftes Glied	1	2
4390.	Extremitäten - Kälte - Hüfte	1	13
4391.	Extremitäten - Kälte - Oberschenkel	2	31
4392.	Extremitäten - Kälte - Oberschenkel - nachts	1	5
4393.	Extremitäten - Kälte - Knie	2	43
4394.	Extremitäten - Kälte - Unterschenkel	2	113
4395.	Extremitäten - Kälte - Unterschenkel - nachts	2	7
4396.	Extremitäten - Kälte - Fuß	3	209
4397.	Extremitäten - Kälte - Fuß - morgens	1	17
4398.	Extremitäten - Kälte - Fuß - abends - Bett und beim Einschlafen; im	1	39
4399.	Extremitäten - Kälte - Fuß - eiskalt	2	56
4400.	Extremitäten - Kälte - Fuß - Wasser, wie in	1	6
4401.	Extremitäten - Kälte - Fuß - Sohlen	1	16
4402.	Extremitäten - Karies der Knochen; Knochenfraß	3	27
4403.	Extremitäten - Karies der Knochen; Knochenfraß - Fuß	2	5
4404.	Extremitäten - Knoten in der Wade	1	2
4405.	Extremitäten - Knacken in Gelenken	2	51
4406.	Extremitäten - Knacken in Gelenken - Armgelenke	1	11
4407.	Extremitäten - Knacken in Gelenken - Schulter	1	21
4408.	Extremitäten - Knacken in Gelenken - Ellbogen	1	15
4409.	Extremitäten - Knacken in Gelenken - Handgelenk	1	9
4410.	Extremitäten - Knacken in Gelenken - Fingergelenke	1	9
4411.	Extremitäten - Knoten - Beine	1	16
4412.	Extremitäten - Kontraktion von Muskeln und Sehnen	2	48
4413.	Extremitäten - Kontraktion von Muskeln und Sehnen - Gelenke	2	12
4414.	Extremitäten - Kontraktion von Muskeln und Sehnen - Arme	1	27
4415.	Extremitäten - Kontraktion von Muskeln und Sehnen - Hand	1	36
4416.	Extremitäten - Kontraktion von Muskeln und Sehnen - Finger	2	66
4417.	Extremitäten - Kontraktion von Muskeln und Sehnen - Finger - Epilepsie, bei	2	3
4418.	Extremitäten - Kontraktion von Muskeln und Sehnen - Kniekehle	1	42
4419.	Extremitäten - Kontraktion von Muskeln und Sehnen - Unterschenkel - Wade - spasmodisch	1	4
4420.	Extremitäten - Kontraktion von Muskeln und Sehnen - Zehen	1	16
4421.	Extremitäten - Kontraktion von Muskeln und Sehnen - Zehen - nachts	1	1
4422.	Extremitäten - Konvulsionen - Frost, beim	1	3
4423.	Extremitäten - Konvulsionen - Unterarm - Radialseite	1	1
4424.	Extremitäten - Konvulsionen - Hand	2	30
4425.	Extremitäten - Konvulsionen - Beine - krampfhaft zusammengezogen	2	2
4426.	Extremitäten - Koordination; fehlende, gestörte	1	43
4427.	Extremitäten - Koordination; fehlende, gestörte - Arme	2	6
4428.	Extremitäten - Krämpfe	3	67
4429.	Extremitäten - Krämpfe - nachts	1	1
4430.	Extremitäten - Krämpfe - Gelenke	1	26
4431.	Extremitäten - Krämpfe - Arme	1	43
4432.	Extremitäten - Krämpfe - Arme - rechts	1	2
4433.	Extremitäten - Krämpfe - Unterarm - Streckmuskeln	1	1
4434.	Extremitäten - Krämpfe - Hand	1	57
4435.	Extremitäten - Krämpfe - Hand - Beugen, nach	1	1
4436.	Extremitäten - Krämpfe - Hand - Bewegung	1	3
4437.	Extremitäten - Krämpfe - Finger	3	39
4438.	Extremitäten - Krämpfe - Finger - Bewegung, bei	1	1
4439.	Extremitäten - Krämpfe - Daumen - Adduktor	1	1
4440.	Extremitäten - Krämpfe - Unterschenkel - nachts	1	8
4441.	Extremitäten - Krämpfe - Unterschenkel - Wade	1	128
4442.	Extremitäten - Krämpfe - Unterschenkel - Schienbein	1	10
4443.	Extremitäten - Kribbeln (= Prickeln; wie eingeschlafen)	2	59
4444.	Extremitäten - Kribbeln - nachts	2	1
4445.	Extremitäten - Kribbeln - Arme	1	53
4446.	Extremitäten - Kribbeln - Unterarm	1	26
4447.	Extremitäten - Kribbeln - Finger	1	53
4448.	Extremitäten - Kribbeln - Beine	2	41
4449.	Extremitäten - Kribbeln - Oberschenkel	2	14
4450.	Extremitäten - Kribbeln - Unterschenkel	1	42

Nr.	Symptom / Zeichen	Intensität	Anzahl der Mittel in der Rubrik
4451.	Extremitäten - Kribbeln - Zehen	1	18
4452.	Extremitäten - Kurz; Gefühl wie zu - Beine - rechts	1	1
4453.	Extremitäten - Lahmheit	3	41
4454.	Extremitäten - Lahmheit - Handgelenk	2	17
4455.	Extremitäten - Lahmheit - Oberschenkel	2	26
4456.	Extremitäten - Lahmheit - Knie	1	22
4457.	Extremitäten - Lahmheit - Knie - Gehen, beim	1	4
4458.	Extremitäten - Lähmung	1	96
4459.	Extremitäten - Lähmung - rechts	1	1
4460.	Extremitäten - Lähmung - absteigend	1	2
4461.	Extremitäten - Lähmung - Gefühl von	1	30
4462.	Extremitäten - Lähmung - schmerzlos	2	49
4463.	Extremitäten - Lähmung - Arme	2	62
4464.	Extremitäten - Lähmung - Arme - partiell	1	9
4465.	Extremitäten - Lähmung - Unterarm - Streckmuskeln	1	3
4466.	Extremitäten - Lähmung - Handgelenk	1	5
4467.	Extremitäten - Lähmung - Handgelenk - Gefühl von	1	9
4468.	Extremitäten - Lähmung - Hand	1	34
4469.	Extremitäten - Lähmung - Beine	1	88
4470.	Extremitäten - Lähmung - Beine - schmerzlos	2	35
4471.	Extremitäten - Nachschleppen - Unterschenkel, der	1	8
4472.	Extremitäten - Nachschleppen - Unterschenkel, der - Gehen, beim	1	9
4473.	Extremitäten - Nagelbetteiterung (Panaritium, Umlauf etc.) - Panaritium	2	57
4474.	Extremitäten - Nagelbetteiterung (Panaritium, Umlauf etc.) - Umlauf	2	31
4475.	Extremitäten - Nagelbetteiterung (Panaritium, Umlauf etc.) - Knochen - Karies	1	10
4476.	Extremitäten - Nagelbetteiterung (Panaritium, Umlauf etc.) - Sehnen sind angegriffen	2	11
4477.	Extremitäten - Naßwerden der Füße agg.	1	10
4478.	Extremitäten - Niednagel	2	14
4479.	Extremitäten - Pelziges Gefühl - Hand	1	3
4480.	Extremitäten - Phlegmasia alba dolens	1	32
4481.	Extremitäten - Pulsieren - Gelenke	2	11
4482.	Extremitäten - Pulsieren - Schulter - Akromion	1	1
4483.	Extremitäten - Pulsieren - Handgelenk	1	7
4484.	Extremitäten - Pulsieren - Hüfte	1	13
4485.	Extremitäten - Pulsieren - Knie	1	11
4486.	Extremitäten - Pulsieren - Knie - schmerzlos	1	1
4487.	Extremitäten - Rissige Haut - Hände	2	46
4488.	Extremitäten - Rissige Haut - Hände - juckend	1	2
4489.	Extremitäten - Rissige Haut - Hände - tief und blutend	2	6
4490.	Extremitäten - Rissige Haut - Hände - Winter, im	2	10
4491.	Extremitäten - Rissige Haut - Hände - Handrücken	2	7
4492.	Extremitäten - Rissige Haut - Finger	2	18
4493.	Extremitäten - Rissige Haut - Finger - Gelenke	1	6
4494.	Extremitäten - Rissige Haut - Finger - Gelenke - geschwürig, wird	2	1
4495.	Extremitäten - Rissige Haut - Finger - Fingerspitzen	1	12
4496.	Extremitäten - Rissige Haut - Beine	1	13
4497.	Extremitäten - Rissige Haut - Füße - Sohlen	1	2
4498.	Extremitäten - Rucken	3	65
4499.	Extremitäten - Rucken - Bewegung - amel.	2	4
4500.	Extremitäten - Rucken - gelähmte Teile	1	6
4501.	Extremitäten - Rucken - Arme - gelähmter Arm	2	5
4502.	Extremitäten - Rucken - Hand	2	17
4503.	Extremitäten - Rucken - Hand - Anstrengung, bei	2	1
4504.	Extremitäten - Rucken - Hand - konvulsivisch	1	2
4505.	Extremitäten - Rucken - Finger	2	12
4506.	Extremitäten - Rucken - Beine	1	69
4507.	Extremitäten - Rucken - Zehen	2	6
4508.	Extremitäten - Ruhelosigkeit	1	67
4509.	Extremitäten - Ruhelosigkeit - Liegen, beim	1	2
4510.	Extremitäten - Ruhelosigkeit - Sitzen, im	1	1
4511.	Extremitäten - Ruhelosigkeit - Arme	1	36
4512.	Extremitäten - Ruhelosigkeit - Arme - rechts	1	2
4513.	Extremitäten - Ruhelosigkeit - Arme - nachts	1	4
4514.	Extremitäten - Ruhelosigkeit - Arme - nachts - Schlaf, im	1	3
4515.	Extremitäten - Ruhelosigkeit - Unterschenkel	1	71
4516.	Extremitäten - Ruhelosigkeit - Unterschenkel - abends	2	12
4517.	Extremitäten - Runzelig, geschrumpelt - Finger	1	9
4518.	Extremitäten - Runzelig, geschrumpelt - Finger - Schweiß, beim	3	6
4519.	Extremitäten - Schmerz	3	184
4520.	Extremitäten - Schmerz - vormittags	1	5
4521.	Extremitäten - Schmerz - nachts	3	50
4522.	Extremitäten - Schmerz - nachts - Mitternacht - nach	2	7
4523.	Extremitäten - Schmerz - nachts - Bett; treibt aus dem	3	5

Nr.	Symptom / Zeichen	Intensität	Anzahl der Mittel in der Rubrik
4524.	Extremitäten - Schmerz - Bewegung, bei - amel.	1	31
4525.	Extremitäten - Schmerz - Druck - agg.	1	4
4526.	Extremitäten - Schmerz - Fieber, im	2	25
4527.	Extremitäten - Schmerz - Gehen - beim	1	6
4528.	Extremitäten - Schmerz - Gehen - amel.	2	21
4529.	Extremitäten - Schmerz - Liegen, beim	2	9
4530.	Extremitäten - Schmerz - rheumatisch	2	145
4531.	Extremitäten - Schmerz - rheumatisch - nachts - treibt aus dem Bett	3	7
4532.	Extremitäten - Schmerz - rheumatisch - akut	3	32
4533.	Extremitäten - Schmerz - rheumatisch - kalt - Erkältung, nach einer	2	15
4534.	Extremitäten - Schmerz - rheumatisch - Schweiß, mit	3	4
4535.	Extremitäten - Schmerz - rheumatisch - syphilitisch	2	8
4536.	Extremitäten - Schmerz - Schreck, durch	1	1
4537.	Extremitäten - Schmerz - Wärme - amel.	1	38
4538.	Extremitäten - Schmerz - Wärme - Bettwärme - agg.	3	12
4539.	Extremitäten - Schmerz - Wetter - nassem Wetter, bei	3	32
4540.	Extremitäten - Schmerz - Knochen	3	57
4541.	Extremitäten - Schmerz - Beugemuskeln	1	17
4542.	Extremitäten - Schmerz - Gelenke	2	129
4543.	Extremitäten - Schmerz - Gelenke - nachts	3	17
4544.	Extremitäten - Schmerz - Gelenke - Gehen - nach	1	33
4545.	Extremitäten - Schmerz - Gelenke - gichtig	3	135
4546.	Extremitäten - Schmerz - Gelenke - Liegen, beim - rechten Seite; auf der	1	1
4547.	Extremitäten - Schmerz - Gelenke - rheumatisch	2	104
4548.	Extremitäten - Schmerz - Gelenke - rheumatisch - Gonorrhoe; nach unterdrückter	1	9
4549.	Extremitäten - Schmerz - Gelenke - verrenkt; wie	1	11
4550.	Extremitäten - Schmerz - Nägel	2	23
4551.	Extremitäten - Schmerz - Arme	1	164
4552.	Extremitäten - Schmerz - Arme - nachts	2	38
4553.	Extremitäten - Schmerz - Arme - Anstrengung - bei	2	5
4554.	Extremitäten - Schmerz - Arme - rheumatisch	3	69
4555.	Extremitäten - Schmerz - Arme - Strecken der Arme; beim - amel.	1	1
4556.	Extremitäten - Schmerz - Arme - Knochen	1	17
4557.	Extremitäten - Schmerz - Arme - Gelenke	1	15
4558.	Extremitäten - Schmerz - Arme - Gelenke - rheumatisch	2	17
4559.	Extremitäten - Schmerz - Schulter	2	165
4560.	Extremitäten - Schmerz - Schulter - nachts	2	18
4561.	Extremitäten - Schmerz - Schulter - Bewegung - Armes, des	1	30
4562.	Extremitäten - Schmerz - Schulter - kalt - Abkühlung, bei	2	14
4563.	Extremitäten - Schmerz - Schulter - rheumatisch	2	101
4564.	Extremitäten - Schmerz - Oberarm - nachts	2	14
4565.	Extremitäten - Schmerz - Oberarm - Bewegung - bei	2	23
4566.	Extremitäten - Schmerz - Oberarm - rheumatisch	1	32
4567.	Extremitäten - Schmerz - Oberarm - Knochen	1	33
4568.	Extremitäten - Schmerz - Ellbogen	1	123
4569.	Extremitäten - Schmerz - Unterarm	1	98
4570.	Extremitäten - Schmerz - Unterarm - rheumatisch	1	19
4571.	Extremitäten - Schmerz - Unterarm - Speiche - Periost	2	4
4572.	Extremitäten - Schmerz - Unterarm - Radialseite	1	4
4573.	Extremitäten - Schmerz - Unterarm - Radialseite - morgens	1	1
4574.	Extremitäten - Schmerz - Handgelenk	1	106
4575.	Extremitäten - Schmerz - Handgelenk - Berührung, bei	1	1
4576.	Extremitäten - Schmerz - Handgelenk - Bewegung - bei	1	22
4577.	Extremitäten - Schmerz - Handgelenk - Druck, bei	1	1
4578.	Extremitäten - Schmerz - Hand - anfallsweise	1	19
4579.	Extremitäten - Schmerz - Hand - Klavierspielen, beim	1	1
4580.	Extremitäten - Schmerz - Hand - Schließen der Hand; beim	1	4
4581.	Extremitäten - Schmerz - Hand - Waschen, beim	1	4
4582.	Extremitäten - Schmerz - Hand - Handrücken	1	21
4583.	Extremitäten - Schmerz - Finger - nachts	2	6
4584.	Extremitäten - Schmerz - Finger - Fingernägel	1	20
4585.	Extremitäten - Schmerz - Daumen	1	36
4586.	Extremitäten - Schmerz - Beine	2	119
4587.	Extremitäten - Schmerz - Beine - morgens - amel.	1	6
4588.	Extremitäten - Schmerz - Beine - nachts	3	38
4589.	Extremitäten - Schmerz - Beine - nachts - Bett, im	3	4
4590.	Extremitäten - Schmerz - Beine - Bewegung - agg.	2	25
4591.	Extremitäten - Schmerz - Beine - Bewegung - amel.	2	36
4592.	Extremitäten - Schmerz - Beine - Gehen	1	34
4593.	Extremitäten - Schmerz - Beine - Ischialgie	1	109
4594.	Extremitäten - Schmerz - Beine - Ischialgie - nachts	2	27
4595.	Extremitäten - Schmerz - Beine - Ischialgie - Bewegung - agg.	1	33
4596.	Extremitäten - Schmerz - Beine - Ischialgie - Kälte des schmerzhaften Gliedes; mit	1	3
4597.	Extremitäten - Schmerz - Beine - Ischialgie - Sitzen - agg.	1	20

Nr.	Symptom / Zeichen	Intensität	Anzahl der Mittel in der Rubrik
4598.	Extremitäten - Schmerz - Beine - Ischialgie - Wärme - Bettwärme - agg.	2	3
4599.	Extremitäten - Schmerz - Beine - Wärme - Bettwärme, in der	3	9
4600.	Extremitäten - Schmerz - Beine - Knochen	2	22
4601.	Extremitäten - Schmerz - Gesäß	1	29
4602.	Extremitäten - Schmerz - Hüfte	2	159
4603.	Extremitäten - Schmerz - Hüfte - nachts	1	19
4604.	Extremitäten - Schmerz - Hüfte - Bewegung - agg.	1	23
4605.	Extremitäten - Schmerz - Oberschenkel	2	154
4606.	Extremitäten - Schmerz - Oberschenkel - nachts	2	17
4607.	Extremitäten - Schmerz - Oberschenkel - Bewegung - bei	1	17
4608.	Extremitäten - Schmerz - Oberschenkel - Gehen - amel.	2	12
4609.	Extremitäten - Schmerz - Oberschenkel - rheumatisch	1	31
4610.	Extremitäten - Schmerz - Knie	2	172
4611.	Extremitäten - Schmerz - Knie - nachts	2	19
4612.	Extremitäten - Schmerz - Knie - Bewegung, bei	1	24
4613.	Extremitäten - Schmerz - Knie - Gehen, beim	1	57
4614.	Extremitäten - Schmerz - Knie - Treppen; beim Hinabsteigen von	1	8
4615.	Extremitäten - Schmerz - Unterschenkel	2	119
4616.	Extremitäten - Schmerz - Unterschenkel - nachts	3	27
4617.	Extremitäten - Schmerz - Unterschenkel - Bettwärme amel.	2	4
4618.	Extremitäten - Schmerz - Unterschenkel - Bewegung	1	15
4619.	Extremitäten - Schmerz - Unterschenkel - Wärme - Bettwärme, in der	3	10
4620.	Extremitäten - Schmerz - Unterschenkel - Knochen	2	15
4621.	Extremitäten - Schmerz - Unterschenkel - Achillessehne	2	34
4622.	Extremitäten - Schmerz - Unterschenkel - Achillessehne - Gehen - nach	1	3
4623.	Extremitäten - Schmerz - Unterschenkel - Schienbein	2	57
4624.	Extremitäten - Schmerz - Unterschenkel - Schienbein - nachts - Bett, im	2	6
4625.	Extremitäten - Schmerz - Unterschenkel - Schienbein - Gehen - beim	1	15
4626.	Extremitäten - Schmerz - Knöchel	1	84
4627.	Extremitäten - Schmerz - Knöchel - Innenseite	1	7
4628.	Extremitäten - Schmerz - Fuß	2	129
4629.	Extremitäten - Schmerz - Fuß - rheumatisch	2	25
4630.	Extremitäten - Schmerz - Fuß - Knochen	2	27
4631.	Extremitäten - Schmerz - Fuß - Sohle	1	50
4632.	Extremitäten - Schmerz - Fuß - Sohle - Gehen, beim	1	34
4633.	Extremitäten - Schmerz - Zehen	1	60
4634.	Extremitäten - Schmerz - Zehen - nachts	1	9
4635.	Extremitäten - Schmerz - Zehen - Zehennägel - unter	1	6
4636.	Extremitäten - Schmerz - bohrend - Beine	2	14
4637.	Extremitäten - Schmerz - bohrend - Gesäß	1	3
4638.	Extremitäten - Schmerz - bohrend - Hüfte - Gesäßmuskeln	1	2
4639.	Extremitäten - Schmerz - bohrend - Oberschenkel	1	19
4640.	Extremitäten - Schmerz - bohrend - Unterschenkel	1	17
4641.	Extremitäten - Schmerz - bohrend - Unterschenkel - Schienbein	3	18
4642.	Extremitäten - Schmerz - bohrend - Unterschenkel - Schienbein - nachts	3	3
4643.	Extremitäten - Schmerz - bohrend - Fuß	1	11
4644.	Extremitäten - Schmerz - bohrend - Zehen	1	5
4645.	Extremitäten - Schmerz - brennend - Nägel	1	12
4646.	Extremitäten - Schmerz - brennend - Arme	1	58
4647.	Extremitäten - Schmerz - brennend - Arme - Kratzen - nach	1	4
4648.	Extremitäten - Schmerz - brennend - Arme - Stellen, an einzelnen	1	4
4649.	Extremitäten - Schmerz - brennend - Schulter	1	31
4650.	Extremitäten - Schmerz - brennend - Schulter - Sitzen, im	1	1
4651.	Extremitäten - Schmerz - brennend - Ellbogen	1	22
4652.	Extremitäten - Schmerz - brennend - Unterarm	1	53
4653.	Extremitäten - Schmerz - brennend - Handgelenk	1	21
4654.	Extremitäten - Schmerz - brennend - Hand	1	79
4655.	Extremitäten - Schmerz - brennend - Hand - Ekzem, bei	2	1
4656.	Extremitäten - Schmerz - brennend - Hand - Handfläche	1	47
4657.	Extremitäten - Schmerz - brennend - Finger	1	46
4658.	Extremitäten - Schmerz - brennend - Finger - Fingernägel - unter	1	7
4659.	Extremitäten - Schmerz - brennend - Daumen	1	20
4660.	Extremitäten - Schmerz - brennend - Gesäß	3	12
4661.	Extremitäten - Schmerz - brennend - Oberschenkel	1	44
4662.	Extremitäten - Schmerz - brennend - Fuß	2	83
4663.	Extremitäten - Schmerz - brennend - Fuß - abends - Bett, im	1	5
4664.	Extremitäten - Schmerz - brennend - Fuß - Bettwärme; durch	1	5
4665.	Extremitäten - Schmerz - brennend - Fuß - Sohle	1	95
4666.	Extremitäten - Schmerz - brennend - Fuß - Sohle - abends	1	10
4667.	Extremitäten - Schmerz - brennend - Fuß - Sohle - Stehen, nach	1	3
4668.	Extremitäten - Schmerz - brennend - Zehen	1	45
4669.	Extremitäten - Schmerz - drückend - rheumatisch	2	1
4670.	Extremitäten - Schmerz - drückend - Arme - nachts	1	2
4671.	Extremitäten - Schmerz - drückend - Schulter	1	75

Nr.	Symptom / Zeichen	Intensität	Anzahl der Mittel in der Rubrik
4672.	Extremitäten - Schmerz - drückend - Hand	2	42
4673.	Extremitäten - Schmerz - drückend - Hand - Schließen der Hand; beim	1	1
4674.	Extremitäten - Schmerz - drückend - Finger	1	36
4675.	Extremitäten - Schmerz - drückend - Oberschenkel	1	47
4676.	Extremitäten - Schmerz - drückend - Oberschenkel - abwärtszerrend	1	2
4677.	Extremitäten - Schmerz - drückend - Oberschenkel - tiefsitzend	1	2
4678.	Extremitäten - Schmerz - drückend - Oberschenkel - Knochen	1	5
4679.	Extremitäten - Schmerz - drückend - Unterschenkel - Schienbein	2	27
4680.	Extremitäten - Schmerz - drückend - Knöchel - Gehen, beim	1	6
4681.	Extremitäten - Schmerz - drückend - Fuß - Gelenke	1	16
4682.	Extremitäten - Schmerz - kneifend, stechend, zuckend - Oberarm - Gelenkköpfe	1	1
4683.	Extremitäten - Schmerz - nagend	1	7
4684.	Extremitäten - Schmerz - nagend - Beugemuskeln	1	1
4685.	Extremitäten - Schmerz - nagend - Hand	1	7
4686.	Extremitäten - Schmerz - nagend - Knie	2	6
4687.	Extremitäten - Schmerz - reißend	3	124
4688.	Extremitäten - Schmerz - reißend - nachts - Bett; treibt ihn aus dem	2	3
4689.	Extremitäten - Schmerz - reißend - abwechselnd mit Zahnschmerzen	1	1
4690.	Extremitäten - Schmerz - reißend - Druck agg.	1	2
4691.	Extremitäten - Schmerz - reißend - Herausstrecken des Gliedes aus dem Bett; beim	1	1
4692.	Extremitäten - Schmerz - reißend - wandernd	2	16
4693.	Extremitäten - Schmerz - reißend - Gelenke	3	72
4694.	Extremitäten - Schmerz - reißend - Gelenke - abends	2	3
4695.	Extremitäten - Schmerz - reißend - Gelenke - abends - Hautausschlägen, bei den	2	1
4696.	Extremitäten - Schmerz - reißend - Gelenke - nachts, im Bett	3	4
4697.	Extremitäten - Schmerz - reißend - Gelenke - Fieber, im	1	10
4698.	Extremitäten - Schmerz - reißend - Arme	2	134
4699.	Extremitäten - Schmerz - reißend - Arme - nachts	1	12
4700.	Extremitäten - Schmerz - reißend - Arme - Knochen	2	19
4701.	Extremitäten - Schmerz - reißend - Schulter	2	113
4702.	Extremitäten - Schmerz - reißend - Schulter - nachts	2	10
4703.	Extremitäten - Schmerz - reißend - Schulter - nachts - warm im Bett; wenn	2	3
4704.	Extremitäten - Schmerz - reißend - Schulter - Bewegung - bei	2	18
4705.	Extremitäten - Schmerz - reißend - Oberarm	2	107
4706.	Extremitäten - Schmerz - reißend - Oberarm - zuckend	1	5
4707.	Extremitäten - Schmerz - reißend - Oberarm - erstreckt sich zu - unten; den Arm nach	1	16
4708.	Extremitäten - Schmerz - reißend - Oberarm - Knochen	1	27
4709.	Extremitäten - Schmerz - reißend - Ellbogen	2	91
4710.	Extremitäten - Schmerz - reißend - Ellbogen - abends	1	7
4711.	Extremitäten - Schmerz - reißend - Ellbogen - erstreckt sich zu - Hand	1	5
4712.	Extremitäten - Schmerz - reißend - Ellbogen - erstreckt sich zu - unten, nach	1	17
4713.	Extremitäten - Schmerz - reißend - Unterarm	2	115
4714.	Extremitäten - Schmerz - reißend - Unterarm - nachts, im Bett	2	4
4715.	Extremitäten - Schmerz - reißend - Handgelenk	2	79
4716.	Extremitäten - Schmerz - reißend - Handgelenk - nachts	2	6
4717.	Extremitäten - Schmerz - reißend - Handgelenk - nachts - Bett, im	2	3
4718.	Extremitäten - Schmerz - reißend - Handgelenk - Bewegung - bei	2	6
4719.	Extremitäten - Schmerz - reißend - Hand	1	97
4720.	Extremitäten - Schmerz - reißend - Hand - nachts	1	3
4721.	Extremitäten - Schmerz - reißend - Finger	2	104
4722.	Extremitäten - Schmerz - reißend - Finger - erstreckt sich zu - Arm	1	2
4723.	Extremitäten - Schmerz - reißend - Finger - Gelenke	1	47
4724.	Extremitäten - Schmerz - reißend - Finger - Zeigefinger - Seite - Außenseite	1	1
4725.	Extremitäten - Schmerz - reißend - Finger - Mittelfinger	1	26
4726.	Extremitäten - Schmerz - reißend - Finger - kleiner Finger	1	27
4727.	Extremitäten - Schmerz - reißend - Daumen - Gelenke	1	26
4728.	Extremitäten - Schmerz - reißend - Beine	1	88
4729.	Extremitäten - Schmerz - reißend - Beine - nachts	2	10
4730.	Extremitäten - Schmerz - reißend - Beine - Knochen	2	22
4731.	Extremitäten - Schmerz - reißend - Beine - Gelenke	1	8
4732.	Extremitäten - Schmerz - reißend - Hüfte	1	76
4733.	Extremitäten - Schmerz - reißend - Hüfte - nachts	2	8
4734.	Extremitäten - Schmerz - reißend - Hüfte - Bettwärme, in der	3	1
4735.	Extremitäten - Schmerz - reißend - Hüfte - Bewegung - bei	2	6
4736.	Extremitäten - Schmerz - reißend - Hüfte - pulsierende Schmerzen	2	1
4737.	Extremitäten - Schmerz - reißend - Oberschenkel	2	118
4738.	Extremitäten - Schmerz - reißend - Oberschenkel - Bewegung - agg.	2	10
4739.	Extremitäten - Schmerz - reißend - Oberschenkel - Wärme - Bettwärme, in der	1	3
4740.	Extremitäten - Schmerz - reißend - Oberschenkel - ziehend	1	16
4741.	Extremitäten - Schmerz - reißend - Knie	2	109
4742.	Extremitäten - Schmerz - reißend - Knie - nachts - Bett, im	2	8
4743.	Extremitäten - Schmerz - reißend - Knie - Abkühlung, bei	2	8
4744.	Extremitäten - Schmerz - reißend - Knie - Bewegung - bei	2	7

Nr.	Symptom / Zeichen	Intensität	Anzahl der Mittel in der Rubrik
4745.	Extremitäten - Schmerz - reißend - Knie - Gehen - beim	1	15
4746.	Extremitäten - Schmerz - reißend - Knie - Wärme - Bettwärme, in der	3	3
4747.	Extremitäten - Schmerz - reißend - Unterschenkel	2	118
4748.	Extremitäten - Schmerz - reißend - Unterschenkel - nachts	2	9
4749.	Extremitäten - Schmerz - reißend - Unterschenkel - rheumatisch	2	13
4750.	Extremitäten - Schmerz - reißend - Unterschenkel - warm - Bett, im warmen	3	4
4751.	Extremitäten - Schmerz - reißend - Unterschenkel - Wade	1	60
4752.	Extremitäten - Schmerz - reißend - Fuß	2	81
4753.	Extremitäten - Schmerz - reißend - Fuß - nachts	2	6
4754.	Extremitäten - Schmerz - reißend - Fuß - Fußrücken	1	41
4755.	Extremitäten - Schmerz - reißend - Fuß - Ferse - erstreckt sich zu - Gesäß	1	1
4756.	Extremitäten - Schmerz - reißend - Zehen - große Zehe	1	54
4757.	Extremitäten - Schmerz - reißend - Zehen - große Zehe - anfallsweise	1	1
4758.	Extremitäten - Schmerz - reißend - Zehen - große Zehe - erstreckt sich zu - Knie	1	1
4759.	Extremitäten - Schmerz - schießend	2	15
4760.	Extremitäten - Schmerz - schießend - Finger - Fingernägel - um die	1	2
4761.	Extremitäten - Schmerz - stechend	2	102
4762.	Extremitäten - Schmerz - stechend - Gelenke	3	74
4763.	Extremitäten - Schmerz - stechend - Gelenke - Fieber, im	1	5
4764.	Extremitäten - Schmerz - stechend - Arme - Knochen	1	6
4765.	Extremitäten - Schmerz - stechend - Schulter	2	131
4766.	Extremitäten - Schmerz - stechend - Schulter - abends	1	7
4767.	Extremitäten - Schmerz - stechend - Schulter - Husten, durch	1	8
4768.	Extremitäten - Schmerz - stechend - Oberarm - Knochen - Gelenkköpfe	1	6
4769.	Extremitäten - Schmerz - stechend - Ellbogen	2	74
4770.	Extremitäten - Schmerz - stechend - Ellbogen - Gehen, beim	1	1
4771.	Extremitäten - Schmerz - stechend - Ellbogen - Gelenkköpfe	1	5
4772.	Extremitäten - Schmerz - stechend - Unterarm	1	74
4773.	Extremitäten - Schmerz - stechend - Unterarm - scharf, akut	1	4
4774.	Extremitäten - Schmerz - stechend - Handgelenk	2	84
4775.	Extremitäten - Schmerz - stechend - Hand - stechend, fein	1	5
4776.	Extremitäten - Schmerz - stechend - Finger	1	82
4777.	Extremitäten - Schmerz - stechend - Finger - Fingernägel - um die	1	2
4778.	Extremitäten - Schmerz - stechend - Finger - Fingerspitzen	1	36
4779.	Extremitäten - Schmerz - stechend - Finger - Zeigefinger	1	29
4780.	Extremitäten - Schmerz - stechend - Finger - Mittelfinger	1	23
4781.	Extremitäten - Schmerz - stechend - Daumen	1	35
4782.	Extremitäten - Schmerz - stechend - Beine	2	72
4783.	Extremitäten - Schmerz - stechend - Beine - nachts	2	1
4784.	Extremitäten - Schmerz - stechend - Beine - Auftreten, bei hartem	1	1
4785.	Extremitäten - Schmerz - stechend - Beine - Berührung, bei	1	3
4786.	Extremitäten - Schmerz - stechend - Beine - Knochen	2	12
4787.	Extremitäten - Schmerz - stechend - Beine - Gelenke	1	15
4788.	Extremitäten - Schmerz - stechend - Gesäß	1	19
4789.	Extremitäten - Schmerz - stechend - Hüfte	2	109
4790.	Extremitäten - Schmerz - stechend - Hüfte - nachts	2	5
4791.	Extremitäten - Schmerz - stechend - Hüfte - Bewegung - bei	2	7
4792.	Extremitäten - Schmerz - stechend - Hüfte - Gehen - beim	1	12
4793.	Extremitäten - Schmerz - stechend - Hüfte - periodisch	2	1
4794.	Extremitäten - Schmerz - stechend - Oberschenkel	2	112
4795.	Extremitäten - Schmerz - stechend - Oberschenkel - Bewegung - bei	1	9
4796.	Extremitäten - Schmerz - stechend - Knie	2	153
4797.	Extremitäten - Schmerz - stechend - Knie - Auffahren beim Einschlafen, durch Stiche; mit	1	1
4798.	Extremitäten - Schmerz - stechend - Knie - Gehen - beim	1	24
4799.	Extremitäten - Schmerz - stechend - Knie - Gehen - Freien, im	1	3
4800.	Extremitäten - Schmerz - stechend - Knie - reißend	1	5
4801.	Extremitäten - Schmerz - stechend - Knie - Sitzen - beim	1	11
4802.	Extremitäten - Schmerz - stechend - Unterschenkel	2	100
4803.	Extremitäten - Schmerz - stechend - Unterschenkel - Bewegung - bei	1	3
4804.	Extremitäten - Schmerz - stechend - Unterschenkel - Wade	1	54
4805.	Extremitäten - Schmerz - stechend - Unterschenkel - Wade - Gehen - Freien, im	1	1
4806.	Extremitäten - Schmerz - stechend - Knöchel	1	83
4807.	Extremitäten - Schmerz - stechend - Knöchel - abends	1	2
4808.	Extremitäten - Schmerz - stechend - Fuß	2	113
4809.	Extremitäten - Schmerz - stechend - Fuß - Ferse	1	64
4810.	Extremitäten - Schmerz - stechend - Fuß - Ferse - abends	1	4
4811.	Extremitäten - Schmerz - stechend - Zehen	1	89
4812.	Extremitäten - Schmerz - verrenkt; wie - Arme	1	3
4813.	Extremitäten - Schmerz - verrenkt; wie - Schulter	1	15
4814.	Extremitäten - Schmerz - verrenkt; wie - Beine	1	2
4815.	Extremitäten - Schmerz - verrenkt; wie - Hüfte	1	23
4816.	Extremitäten - Schmerz - verrenkt; wie - Knie	1	9
4817.	Extremitäten - Schmerz - verstaucht; wie - Gelenke	2	62

Nr.	Symptom / Zeichen	Intensität	Anzahl der Mittel in der Rubrik
4818.	Extremitäten - Schmerz - verstaucht; wie - Arme	1	19
4819.	Extremitäten - Schmerz - verstaucht; wie - Schulter	1	36
4820.	Extremitäten - Schmerz - verstaucht; wie - Knöchel	2	59
4821.	Extremitäten - Schmerz - verstaucht; wie - Fuß	1	33
4822.	Extremitäten - Schmerz - Wehtun (= unbestimmt, drückend)	2	70
4823.	Extremitäten - Schmerz - Wehtun - nachts	2	5
4824.	Extremitäten - Schmerz - Wehtun - Bett, im	3	2
4825.	Extremitäten - Schmerz - Wehtun - Gelenke	1	21
4826.	Extremitäten - Schmerz - Wehtun - Arme	1	57
4827.	Extremitäten - Schmerz - Wehtun - Unterarm	2	35
4828.	Extremitäten - Schmerz - Wehtun - Hand - Handrücken	1	6
4829.	Extremitäten - Schmerz - Wehtun - Beine	1	17
4830.	Extremitäten - Schmerz - Wehtun - Beine - Gehen - beim	1	2
4831.	Extremitäten - Schmerz - Wehtun - Knie	2	58
4832.	Extremitäten - Schmerz - Wehtun - Unterschenkel	2	57
4833.	Extremitäten - Schmerz - Wehtun - Unterschenkel - Wade	1	20
4834.	Extremitäten - Schmerz - wund schmerzend (= wie zerschlagen, empfindlich etc.)	2	135
4835.	Extremitäten - Schmerz - wund schmerzend - Schreck, bei	1	1
4836.	Extremitäten - Schmerz - wund schmerzend - Arme	1	93
4837.	Extremitäten - Schmerz - wund schmerzend - Unterarm	1	52
4838.	Extremitäten - Schmerz - wund schmerzend - Beine	1	66
4839.	Extremitäten - Schmerz - wund schmerzend - Gesäß	1	21
4840.	Extremitäten - Schmerz - wund schmerzend - Oberschenkel	2	92
4841.	Extremitäten - Schmerz - wund schmerzend - Oberschenkel - Ergreifen des Oberschenkels; beim	1	1
4842.	Extremitäten - Schmerz - wund schmerzend - Oberschenkel - Gehen - nach	1	9
4843.	Extremitäten - Schmerz - wund schmerzend - Oberschenkel - nahe den Genitalien	2	3
4844.	Extremitäten - Schmerz - wund schmerzend - Unterschenkel	1	85
4845.	Extremitäten - Schmerz - wund schmerzend - Unterschenkel - nachts	2	5
4846.	Extremitäten - Schmerz - wund schmerzend - Unterschenkel - Schienbein - nachts - Bett, im	2	2
4847.	Extremitäten - Schmerz - wund schmerzend - Fuß	1	51
4848.	Extremitäten - Schmerz - wund schmerzend - Fuß - Sohle	1	47
4849.	Extremitäten - Schmerz - zerbrochen, wie - Knie	1	7
4850.	Extremitäten - Schmerz - zerbrochen, wie - Knie - Liegen, beim	1	1
4851.	Extremitäten - Schmerz - zerbrochen, wie - Unterschenkel - nachts	2	1
4852.	Extremitäten - Schmerz - ziehend	2	103
4853.	Extremitäten - Schmerz - ziehend - vormittags	1	1
4854.	Extremitäten - Schmerz - ziehend - nachts	1	14
4855.	Extremitäten - Schmerz - ziehend - Frost - während	2	10
4856.	Extremitäten - Schmerz - ziehend - Knochen	1	11
4857.	Extremitäten - Schmerz - ziehend - Arme	1	120
4858.	Extremitäten - Schmerz - ziehend - Hand	1	67
4859.	Extremitäten - Schmerz - ziehend - Finger	1	62
4860.	Extremitäten - Schmerz - ziehend - Finger - nachts	2	3
4861.	Extremitäten - Schmerz - ziehend - Beine	2	82
4862.	Extremitäten - Schmerz - ziehend - Oberschenkel	2	124
4863.	Extremitäten - Schmerz - ziehend - Oberschenkel - nachts - Mitternacht, nach	1	1
4864.	Extremitäten - Schmerz - ziehend - Oberschenkel - reißend	1	14
4865.	Extremitäten - Schmerz - ziehend - Oberschenkel - warmes Bett - im warmen Bett	2	5
4866.	Extremitäten - Schmerz - ziehend - Oberschenkel - erstreckt sich zu - unten, nach	1	18
4867.	Extremitäten - Schmerz - ziehend - Unterschenkel	2	109
4868.	Extremitäten - Schmerz - ziehend - Unterschenkel - anfallsweise	1	3
4869.	Extremitäten - Schmerz - ziehend - Unterschenkel - Schienbein	2	51
4870.	Extremitäten - Schmerz - ziehend - Fuß	1	91
4871.	Extremitäten - Schmerz - ziehend - Fuß - Gelenke	1	12
4872.	Extremitäten - Schmerz - ziehend - Fuß - Ferse	1	20
4873.	Extremitäten - Schütteln - Arme	1	7
4874.	Extremitäten - Schütteln - Beine	2	2
4875.	Extremitäten - Schwäche	3	185
4876.	Extremitäten - Schwäche - nachts	2	3
4877.	Extremitäten - Schwäche - Sitzen - beim	1	6
4878.	Extremitäten - Schwäche - Gelenke	3	64
4879.	Extremitäten - Schwäche - Unterarm	1	35
4880.	Extremitäten - Schwäche - Handgelenk	2	30
4881.	Extremitäten - Schwäche - Hand	2	66
4882.	Extremitäten - Schwäche - Beine	1	141
4883.	Extremitäten - Schwäche - Oberschenkel	2	93
4884.	Extremitäten - Schwäche - Oberschenkel - Mitternacht, nach	1	1
4885.	Extremitäten - Schwäche - Oberschenkel - Gehen - beim	1	19
4886.	Extremitäten - Schwäche - Knie	2	150
4887.	Extremitäten - Schwäche - Knie - Schreck, nach	1	2
4888.	Extremitäten - Schwäche - Knie - Stehen, im	1	13
4889.	Extremitäten - Schwäche - Knie - Treppensteigen, beim	1	19

Nr.	Symptom / Zeichen	Intensität	Anzahl der Mittel in der Rubrik
4890.	Extremitäten - Schwäche - Unterschenkel	2	144
4891.	Extremitäten - Schwäche - Unterschenkel - abends	1	7
4892.	Extremitäten - Schwäche - Knöchel	1	45
4893.	Extremitäten - Schwäche - Fuß	1	82
4894.	Extremitäten - Schwäche - Fuß - heben; beim Versuch, ihn zu	1	1
4895.	Extremitäten - Schwankender Gang	2	53
4896.	Extremitäten - Schweiß - gelähmtes Glied	2	6
4897.	Extremitäten - Schweiß - Arme	1	15
4898.	Extremitäten - Schweiß - Hand	2	91
4899.	Extremitäten - Schweiß - Hand - klebrig	1	13
4900.	Extremitäten - Schweiß - Hand - Handfläche	2	68
4901.	Extremitäten - Schweiß - Hand - Handfläche - Mitternacht, nach	1	1
4902.	Extremitäten - Schweiß - Beine	1	22
4903.	Extremitäten - Schweiß - Beine - nachts	2	11
4904.	Extremitäten - Schweiß - Oberschenkel	1	20
4905.	Extremitäten - Schweiß - Oberschenkel - nachts	2	4
4906.	Extremitäten - Schweiß - Oberschenkel - kalt	2	3
4907.	Extremitäten - Schweiß - Unterschenkel	1	27
4908.	Extremitäten - Schweiß - Unterschenkel - nachts	2	10
4909.	Extremitäten - Schweiß - Unterschenkel - kalt	2	6
4910.	Extremitäten - Schweiß - Füße	3	98
4911.	Extremitäten - Schweiß - Füße - morgens	1	7
4912.	Extremitäten - Schweiß - Füße - morgens - Bett, im	1	6
4913.	Extremitäten - Schweiß - Füße - nachts	1	7
4914.	Extremitäten - Schweiß - Füße - kalt	2	55
4915.	Extremitäten - Schweiß - Füße - reichlich	1	35
4916.	Extremitäten - Schweiß - Füße - unterdrückt	1	33
4917.	Extremitäten - Schweiß - Füße - Sohle	2	20
4918.	Extremitäten - Schwellung	1	29
4919.	Extremitäten - Schwellung - ödematös	2	58
4920.	Extremitäten - Schwellung - Gelenke	2	62
4921.	Extremitäten - Schwellung - Arme	1	60
4922.	Extremitäten - Schwellung - Arme - heiß	2	10
4923.	Extremitäten - Schwellung - Arme - rot	2	14
4924.	Extremitäten - Schwellung - Arme - Periost	2	3
4925.	Extremitäten - Schwellung - Schulter	1	18
4926.	Extremitäten - Schwellung - Ellbogen	3	24
4927.	Extremitäten - Schwellung - Ellbogen - heiß und rot	3	1
4928.	Extremitäten - Schwellung - Unterarm	2	29
4929.	Extremitäten - Schwellung - Handgelenk	2	32
4930.	Extremitäten - Schwellung - Handgelenk - Bewegung, bei	1	3
4931.	Extremitäten - Schwellung - Hand	2	101
4932.	Extremitäten - Schwellung - Hand - Menses, während	2	2
4933.	Extremitäten - Schwellung - Hand - Venen	1	35
4934.	Extremitäten - Schwellung - Finger	2	56
4935.	Extremitäten - Schwellung - Finger - Gelenke	2	28
4936.	Extremitäten - Schwellung - Finger - Gelenke - Grundgelenk	1	2
4937.	Extremitäten - Schwellung - Finger - Zeigefinger	1	11
4938.	Extremitäten - Schwellung - Beine	1	46
4939.	Extremitäten - Schwellung - Beine - glänzend	1	8
4940.	Extremitäten - Schwellung - Beine - ödematös	2	60
4941.	Extremitäten - Schwellung - Beine - schmerzhaft	1	15
4942.	Extremitäten - Schwellung - Beine - schmerzhaft - reißend	1	5
4943.	Extremitäten - Schwellung - Beine - schmerzhaft - stechend	1	14
4944.	Extremitäten - Schwellung - Beine - weiß	1	12
4945.	Extremitäten - Schwellung - Oberschenkel	1	19
4946.	Extremitäten - Schwellung - Knie	1	63
4947.	Extremitäten - Schwellung - Knie - Gefühl von	1	10
4948.	Extremitäten - Schwellung - Knie - ödematös	2	15
4949.	Extremitäten - Schwellung - Unterschenkel	2	76
4950.	Extremitäten - Schwellung - Unterschenkel - Schienbein	2	10
4951.	Extremitäten - Schwellung - Knöchel	1	63
4952.	Extremitäten - Schwellung - Knöchel - abends - Gehen, beim	1	1
4953.	Extremitäten - Schwellung - Knöchel - Knochen	1	2
4954.	Extremitäten - Schwellung - Fuß	2	122
4955.	Extremitäten - Schwellung - Fuß - Gefühl von	1	11
4956.	Extremitäten - Schwellung - Fuß - Menses - während	2	6
4957.	Extremitäten - Schwellung - Fuß - ödematös	2	79
4958.	Extremitäten - Schwellung - Fuß - rot	1	16
4959.	Extremitäten - Schwellung - Fuß - schmerzhaft	2	15
4960.	Extremitäten - Schwellung - Fuß - Gelenke	1	10
4961.	Extremitäten - Schwellung - Fuß - Fußrücken	2	12
4962.	Extremitäten - Schwellung - Fuß - Ferse	1	9
4963.	Extremitäten - Schwellung - Zehen	2	32

Nr.	Symptom / Zeichen	Intensität	Anzahl der Mittel in der Rubrik
4964.	Extremitäten - Schweregefühl	3	137
4965.	Extremitäten - Schweregefühl - Aufstehen, beim - amel.	1	2
4966.	Extremitäten - Schweregefühl - Menses - vor	1	6
4967.	Extremitäten - Schweregefühl - Arme	2	123
4968.	Extremitäten - Schweregefühl - Arme - nachts	2	2
4969.	Extremitäten - Schweregefühl - Arme - Heben der Arme; beim	1	6
4970.	Extremitäten - Schweregefühl - Beine	2	147
4971.	Extremitäten - Schweregefühl - Beine - vormittags	2	2
4972.	Extremitäten - Schweregefühl - Oberschenkel	2	44
4973.	Extremitäten - Schweregefühl - Knie	1	34
4974.	Extremitäten - Schweregefühl - Unterschenkel	2	91
4975.	Extremitäten - Schweregefühl - Fuß	1	104
4976.	Extremitäten - Spannung - Ellbogen - Beugen agg.; und	2	3
4977.	Extremitäten - Spannung - Handgelenk	2	20
4978.	Extremitäten - Spannung - Hand	1	32
4979.	Extremitäten - Spannung - Beine	1	38
4980.	Extremitäten - Spannung - Beine - nachts	1	4
4981.	Extremitäten - Spannung - Gesäß	2	7
4982.	Extremitäten - Spannung - Gesäß - nachts	1	1
4983.	Extremitäten - Spannung - Gesäß - nachts - Schlaf, im	1	1
4984.	Extremitäten - Spannung - Gesäß - Liegen auf dem Rücken amel.	1	1
4985.	Extremitäten - Spannung - Oberschenkel	2	64
4986.	Extremitäten - Spannung - Oberschenkel - Sitzen - beim	1	9
4987.	Extremitäten - Spannung - Knie	1	56
4988.	Extremitäten - Spannung - Knie - Kniekehle - Gehen, beim	1	15
4989.	Extremitäten - Spannung - Knöchel	2	22
4990.	Extremitäten - Spröde - Fingernägel	1	27
4991.	Extremitäten - Steifheit	2	117
4992.	Extremitäten - Steifheit - Konvulsionen - während	2	44
4993.	Extremitäten - Steifheit - Arme	1	47
4994.	Extremitäten - Steifheit - Handgelenk	1	34
4995.	Extremitäten - Steifheit - Hand	1	52
4996.	Extremitäten - Steifheit - Hand - Arbeit, bei der	1	1
4997.	Extremitäten - Steifheit - Hand - rheumatisch	2	20
4998.	Extremitäten - Steifheit - Finger	2	69
4999.	Extremitäten - Steifheit - Finger - Arbeit, bei der	1	2
5000.	Extremitäten - Steifheit - Beine	2	95
5001.	Extremitäten - Steifheit - Oberschenkel	1	35
5002.	Extremitäten - Steifheit - Knie	1	94
5003.	Extremitäten - Steifheit - Knie - rheumatisch	1	5
5004.	Extremitäten - Steifheit - Knie - Treppen; beim Hinabsteigen von	1	1
5005.	Extremitäten - Steifheit - Fuß	1	50
5006.	Extremitäten - Strecken - Finger, schwierig	1	15
5007.	Extremitäten - Tumoren - Oberschenkel	1	2
5008.	Extremitäten - Unsicherheit der Gelenke - Knie	1	11
5009.	Extremitäten - Unsicherheit der Gelenke - Unterschenkel	1	5
5010.	Extremitäten - Unsicherheit der Gelenke - Fuß	1	4
5011.	Extremitäten - Verkürzte Muskeln und Sehnen	2	52
5012.	Extremitäten - Völle - Unterschenkel	1	10
5013.	Extremitäten - Warzen - Arme	1	21
5014.	Extremitäten - Wasser - Fuß - Sohle	1	1
5015.	Extremitäten - Zittern	3	131
5016.	Extremitäten - Zittern - ängstlich	1	2
5017.	Extremitäten - Zittern - Anstrengung, nach	2	5
5018.	Extremitäten - Zittern - Bewegung, bei	3	2
5019.	Extremitäten - Zittern - Erregung	3	3
5020.	Extremitäten - Zittern - Frost, beim	1	19
5021.	Extremitäten - Zittern - Gehen, beim	3	7
5022.	Extremitäten - Zittern - gelähmte Teile	1	4
5023.	Extremitäten - Zittern - periodisch	2	1
5024.	Extremitäten - Zittern - Arme	3	71
5025.	Extremitäten - Zittern - Arme - Schlaf, im	1	1
5026.	Extremitäten - Zittern - Arme - Schreiben - beim	3	22
5027.	Extremitäten - Zittern - Arme - Sitzen, im	1	1
5028.	Extremitäten - Zittern - Arme - Stehen, im	1	1
5029.	Extremitäten - Zittern - Unterarm	1	14
5030.	Extremitäten - Zittern - Unterarm - Schreiben, beim	3	3
5031.	Extremitäten - Zittern - Hand	3	139
5032.	Extremitäten - Zittern - Hand - Ausstrecken - beim	3	12
5033.	Extremitäten - Zittern - Hand - Halten - Gegenständen, von	3	11
5034.	Extremitäten - Zittern - Hand - Halten - Greifen, beim	3	8
5035.	Extremitäten - Zittern - Hand - Halten - offen, ohne etwas zu halten	3	3
5036.	Extremitäten - Zittern - Hand - Hochheben, beim weit	3	2
5037.	Extremitäten - Zittern - Hand - körperliche Arbeit	3	3

Nr.	Symptom / Zeichen	Intensität	Anzahl der Mittel in der Rubrik
5038.	Extremitäten - Zittern - Hand - lähmungsartig	3	5
5039.	Extremitäten - Zittern - Hand - Mund führt; wenn er etwas zum	3	3
5040.	Extremitäten - Zittern - Hand - Schreiben, beim	3	40
5041.	Extremitäten - Zittern - Hand - Schwäche, mit	3	4
5042.	Extremitäten - Zittern - Finger	2	18
5043.	Extremitäten - Zittern - Beine	2	84
5044.	Extremitäten - Zittern - Beine - angesprochen, wenn	1	1
5045.	Extremitäten - Zittern - Beine - Gehen - beim	1	7
5046.	Extremitäten - Zittern - Knie	1	49
5047.	Extremitäten - Zittern - Unterschenkel	1	43
5048.	Extremitäten - Zittern - Fuß	3	47
5049.	Extremitäten - Zittern - Fuß - Gehen - beim	1	3
5050.	Extremitäten - Zucken	2	90
5051.	Extremitäten - Zucken - gelähmte Teile	1	8
5052.	Extremitäten - Zucken - wandernd	2	8
5053.	Extremitäten - Zucken - Arme	2	91
5054.	Extremitäten - Zucken - Schulter	1	33
5055.	Extremitäten - Zucken - Oberarm	1	40
5056.	Extremitäten - Zucken - Unterarm	1	38
5057.	Extremitäten - Zucken - Hand	1	59
5058.	Extremitäten - Zucken - Hand - Anstrengung agg.	2	1
5059.	Extremitäten - Zucken - Hand - Liegen, beim	1	1
5060.	Extremitäten - Zucken - Finger	2	51
5061.	Extremitäten - Zucken - Finger - Fingerspitzen	1	7
5062.	Extremitäten - Zucken - Beine	1	59
5063.	Extremitäten - Zucken - Beine - Liegen, beim	1	1
5064.	Extremitäten - Zucken - Oberschenkel	1	69
5065.	Extremitäten - Zucken - Oberschenkel - vormittags	1	1
5066.	Extremitäten - Zucken - Knie	1	32
5067.	Extremitäten - Zucken - Unterschenkel	1	71
5068.	Extremitäten - Zucken - Unterschenkel - Wade	1	27
5069.	Extremitäten - Zucken - Unterschenkel - Achillessehne	1	3
5070.	Extremitäten - Zucken - Unterschenkel - Achillessehne - sichtbar	1	1
5071.	Extremitäten - Zucken - Fuß	1	41
5072.	Extremitäten - Zucken - Zehen	2	15
5073.	Extremitäten - Zucken - Zehen - abends	1	1
5074.	Extremitäten - Zucken - Zehen - sichtbar	1	1
5075.	Extremitäten - Zusammendrücken - Gelenke	1	2
5076.	Schlaf - Ängstlich	1	45
5077.	Schlaf - Aufstehen - bleiben; Verlangen, im Bett zu	1	11
5078.	Schlaf - Benommen, dumpf	1	25
5079.	Schlaf - Dösen	1	57
5080.	Schlaf - Dösen - anhaltend	1	1
5081.	Schlaf - Einschlafen - tagsüber	1	4
5082.	Schlaf - Einschlafen - Frost - während	1	19
5083.	Schlaf - Einschlafen - Hitze - während	1	37
5084.	Schlaf - Einschlafen - Schweiß - während	1	54
5085.	Schlaf - Einschlafen - schwierig	1	34
5086.	Schlaf - Einschlafen - Sitzen, beim	1	37
5087.	Schlaf - Einschlafen - spät	3	169
5088.	Schlaf - Einschlafen - spät - zwei Stunden, nach	2	7
5089.	Schlaf - Erwachen - nachts - Mitternacht - vor	1	14
5090.	Schlaf - Erwachen - nachts - Mitternacht - nach	2	38
5091.	Schlaf - Erwachen - nachts - Mitternacht - nach - 1 h	2	23
5092.	Schlaf - Erwachen - nachts - Mitternacht - nach - 2 h	1	36
5093.	Schlaf - Erwachen - nachts - Mitternacht - nach - 2 h - 2 - 4 h	1	3
5094.	Schlaf - Erwachen - nachts - Mitternacht - nach - 4 h	1	39
5095.	Schlaf - Erwachen - ausgeschlafen habe; als ob er	3	25
5096.	Schlaf - Erwachen - Erschütterungen, durch	1	5
5097.	Schlaf - Erwachen - früh - zu früh	2	167
5098.	Schlaf - Erwachen - Geräusche - geringes Geräusche, durch	2	36
5099.	Schlaf - Erwachen - Geräusche - wie durch	1	5
5100.	Schlaf - Erwachen - grundlos	1	11
5101.	Schlaf - Erwachen - häufig	3	223
5102.	Schlaf - Erwachen - häufig - genügend Schlaf; wie durch	3	3
5103.	Schlaf - Erwachen - häufig - Schreck, wie durch	1	5
5104.	Schlaf - Erwachen - Herzklopfen, mit	2	36
5105.	Schlaf - Erwachen - Herzsymptomen, mit	2	6
5106.	Schlaf - Erwachen - Jucken, durch	2	9
5107.	Schlaf - Erwachen - leicht	1	9
5108.	Schlaf - Erwachen - periodisch - Stunde - Viertelstunde, jede	1	4
5109.	Schlaf - Erwachen - Schreck, wie durch	1	122
5110.	Schlaf - Erwachen - Schweiß, durch	1	48
5111.	Schlaf - Erwachen - Schwindel, wegen	1	19

Nr.	Symptom / Zeichen	Intensität	Anzahl der Mittel in der Rubrik
5112.	Schlaf - Erwachen - spät, zu	2	93
5113.	Schlaf - Erwachen - Träume, durch	2	120
5114.	Schlaf - Erwachen - Übelkeit, durch	1	32
5115.	Schlaf - Gähnen	1	275
5116.	Schlaf - Gähnen - mittags	1	7
5117.	Schlaf - Gähnen - mittags - nachmittags, und	1	26
5118.	Schlaf - Gähnen - abends	1	45
5119.	Schlaf - Gähnen - Abendessen - vor	1	1
5120.	Schlaf - Gähnen - Frost - während	1	52
5121.	Schlaf - Gähnen - häufig	1	117
5122.	Schlaf - Gähnen - Krämpfen, vor	1	1
5123.	Schlaf - Gähnen - Mittagessen - vor	1	5
5124.	Schlaf - Gähnen - Schläfrigkeit - während	1	67
5125.	Schlaf - Gähnen - Strecken, mit	1	88
5126.	Schlaf - Gestört	1	77
5127.	Schlaf - Gestört - Angst, aus	2	64
5128.	Schlaf - Gestört - Blutandrang, durch	2	23
5129.	Schlaf - Gestört - Erektionen, durch	1	27
5130.	Schlaf - Gestört - Fieberhitze, durch	1	74
5131.	Schlaf - Gestört - Furcht, durch	1	15
5132.	Schlaf - Gestört - Furcht, durch - Räubern, vor	1	3
5133.	Schlaf - Gestört - Geräusch, durch das geringste	2	36
5134.	Schlaf - Gestört - Lebhaftigkeit, durch	2	30
5135.	Schlaf - Gestört - leicht	1	12
5136.	Schlaf - Gestört - Menses - während	1	32
5137.	Schlaf - Gestört - Schmerzen, durch	2	21
5138.	Schlaf - Gestört - Schmerzen, durch - Abdomen	1	18
5139.	Schlaf - Gestört - Schweiß, durch	1	47
5140.	Schlaf - Gestört - Schwindel, durch	1	17
5141.	Schlaf - Gestört - Träume, durch	1	170
5142.	Schlaf - Gestört - Unbehaglichkeit, durch	1	12
5143.	Schlaf - Gestört - Visionen, Phantasiebilder; durch	1	37
5144.	Schlaf - Gestört - Visionen, Phantasiebilder; durch - schreckliche	1	12
5145.	Schlaf - Gestört - Wahnideen, durch	1	10
5146.	Schlaf - Halbschlaf	1	68
5147.	Schlaf - Halbschlaf - hört alles	2	36
5148.	Schlaf - Komatös	1	128
5149.	Schlaf - Komatös - morgens - Sonnenaufgang, nach	1	4
5150.	Schlaf - Kurz	1	67
5151.	Schlaf - Kurz - nachts - Mitternacht - um - morgens; bis	1	1
5152.	Schlaf - Lage - nackt	1	3
5153.	Schlaf - Lage - Seite, auf der	1	19
5154.	Schlaf - Lage - Seite, auf der - rechten Seite, auf der - unmöglich	1	11
5155.	Schlaf - Lage - Seite, auf der - unmöglich	2	13
5156.	Schlaf - Leicht, nicht tief	2	77
5157.	Schlaf - Leicht, nicht tief - hört jedes Geräusch	2	36
5158.	Schlaf - Ruhelos	1	380
5159.	Schlaf - Ruhelos - Ruhelosigkeit, durch körperliche	1	33
5160.	Schlaf - Schlaflosigkeit	3	415
5161.	Schlaf - Schlaflosigkeit - abends	1	41
5162.	Schlaf - Schlaflosigkeit - nachts	1	70
5163.	Schlaf - Schlaflosigkeit - nachts - Mitternacht - vor	3	158
5164.	Schlaf - Schlaflosigkeit - nachts - Mitternacht - vor - morgens; bis	1	37
5165.	Schlaf - Schlaflosigkeit - nachts - Mitternacht - vor - 1 h - bis	1	22
5166.	Schlaf - Schlaflosigkeit - nachts - Mitternacht - vor - 2 h - bis	2	32
5167.	Schlaf - Schlaflosigkeit - nachts - Mitternacht - vor - 3 h - bis	2	23
5168.	Schlaf - Schlaflosigkeit - nachts - Mitternacht - vor - 23 h - 23 - 1 h	1	7
5169.	Schlaf - Schlaflosigkeit - nachts - Mitternacht - vor - 0 h - bis	1	49
5170.	Schlaf - Schlaflosigkeit - nachts - Mitternacht - nach	1	105
5171.	Schlaf - Schlaflosigkeit - nachts - Mitternacht - nach - morgens - bis	1	15
5172.	Schlaf - Schlaflosigkeit - nachts - Mitternacht - nach - 2 h - 2 - 3 h	1	5
5173.	Schlaf - Schlaflosigkeit - nachts - Mitternacht - nach - 2 h - 2 - 4 h	1	5
5174.	Schlaf - Schlaflosigkeit - nachts - Mitternacht - nach - 3 h - bis	1	6
5175.	Schlaf - Schlaflosigkeit - Angst, aus	1	60
5176.	Schlaf - Schlaflosigkeit - Auffahren, durch	1	33
5177.	Schlaf - Schlaflosigkeit - Blutandrang, durch	2	33
5178.	Schlaf - Schlaflosigkeit - Diarrhoe, bei - Herbst, im	2	1
5179.	Schlaf - Schlaflosigkeit - Erregung, durch	2	47
5180.	Schlaf - Schlaflosigkeit - erschreckt leicht	1	18
5181.	Schlaf - Schlaflosigkeit - Erwachen, nach dem	2	78
5182.	Schlaf - Schlaflosigkeit - Fieberfrost, bei	1	38
5183.	Schlaf - Schlaflosigkeit - Furcht, durch	1	38
5184.	Schlaf - Schlaflosigkeit - Geräusch, durch geringes	2	35
5185.	Schlaf - Schlaflosigkeit - grundlos	1	9

Nr.	Symptom / Zeichen	Intensität	Anzahl der Mittel in der Rubrik
5186.	Schlaf - Schlaflosigkeit - Herzerkrankung, mit	1	12
5187.	Schlaf - Schlaflosigkeit - Hitze - während	1	87
5188.	Schlaf - Schlaflosigkeit - Jucken, durch	2	39
5189.	Schlaf - Schlaflosigkeit - Kaffee - außer er trinkt	1	1
5190.	Schlaf - Schlaflosigkeit - Kälte, durch	1	31
5191.	Schlaf - Schlaflosigkeit - Konvulsionen, mit	1	29
5192.	Schlaf - Schlaflosigkeit - Kopfschmerzen, durch	2	43
5193.	Schlaf - Schlaflosigkeit - Lebhaftigkeit, durch	1	40
5194.	Schlaf - Schlaflosigkeit - Liegen, im - Seite, auf der - rechten, auf der	1	1
5195.	Schlaf - Schlaflosigkeit - Phantasien, durch	1	21
5196.	Schlaf - Schlaflosigkeit - Pneumonie - bei	2	5
5197.	Schlaf - Schlaflosigkeit - Ruhelosigkeit, durch	2	103
5198.	Schlaf - Schlaflosigkeit - Schlafmangel - Gefühl wie durch Schlafmangel - Aufstehen, nach dem	1	1
5199.	Schlaf - Schlaflosigkeit - Schläfrigkeit - mit - tagsüber	2	134
5200.	Schlaf - Schlaflosigkeit - Schmerzen, durch	2	29
5201.	Schlaf - Schlaflosigkeit - Schmerzen, durch - Einschlafen, beim	3	2
5202.	Schlaf - Schlaflosigkeit - Schmerzen, durch - Gliedern, in den	1	23
5203.	Schlaf - Schlaflosigkeit - Schmerzen, durch - Knochen, in den	2	5
5204.	Schlaf - Schlaflosigkeit - Schmerzen, durch - Kopf, im	1	43
5205.	Schlaf - Schlaflosigkeit - Schwäche, aus	1	19
5206.	Schlaf - Schlaflosigkeit - Schweiß - mit	2	60
5207.	Schlaf - Schlaflosigkeit - Unbehaglichkeit, durch	2	12
5208.	Schlaf - Schlaflosigkeit - Visionen, Phantasiebilder; durch	1	11
5209.	Schlaf - Schlaflosigkeit - völlig	1	34
5210.	Schlaf - Schlaflosigkeit - Zerschlagenheit, mit - Mund und Hals; in	1	2
5211.	Schlaf - Schläfrigkeit	2	478
5212.	Schlaf - Schläfrigkeit - morgens	2	143
5213.	Schlaf - Schläfrigkeit - vormittags - 10 h	1	6
5214.	Schlaf - Schläfrigkeit - nachmittags	1	148
5215.	Schlaf - Schläfrigkeit - abends	1	177
5216.	Schlaf - Schläfrigkeit - Auffahren, mit	1	13
5217.	Schlaf - Schläfrigkeit - Aufstehen, beim	1	1
5218.	Schlaf - Schläfrigkeit - Augen - Öffnen, schwieriges	1	31
5219.	Schlaf - Schläfrigkeit - Frost - während	1	53
5220.	Schlaf - Schläfrigkeit - Gehen - amel.	1	3
5221.	Schlaf - Schläfrigkeit - Herzklopfen, mit	1	7
5222.	Schlaf - Schläfrigkeit - Lider; mit Zusammenziehen der	1	22
5223.	Schlaf - Schläfrigkeit - Ohnmacht - nach	1	1
5224.	Schlaf - Schläfrigkeit - plötzlich	1	5
5225.	Schlaf - Schläfrigkeit - Ruhelosigkeit, mit	2	12
5226.	Schlaf - Schläfrigkeit - Schreck, mit	1	1
5227.	Schlaf - Schläfrigkeit - Sitzen, im	1	75
5228.	Schlaf - Schläfrigkeit - Stehen	1	8
5229.	Schlaf - Schläfrigkeit - Stumpfheit, mit	2	22
5230.	Schlaf - Schläfrigkeit - überwältigend	2	85
5231.	Schlaf - Schlecht	1	37
5232.	Schlaf - Schlecht - Mitternacht - nach	1	3
5233.	Schlaf - Tief	3	183
5234.	Schlaf - Tief - tagsüber	2	14
5235.	Schlaf - Träumen - abends - Bett - im	1	12
5236.	Schlaf - Träumen - nachts - Mitternacht - vor	1	30
5237.	Schlaf - Träumen - nachts - Mitternacht - nach	1	21
5238.	Schlaf - Träumen - Herzklopfen, mit	1	5
5239.	Schlaf - Träumen - Menses - vor	2	9
5240.	Schlaf - Träumen - Menses - während	1	34
5241.	Schlaf - Träumen - Wachen, im	1	52
5242.	Schlaf - Unerquicklich	1	216
5243.	Schlaf - Unterbrochen	1	137
5244.	Schlaf - Unterbrochen - Gliederzucken, durch	1	2
5245.	Schlaf - Unterbrochen - Zusammenfahren, durch	1	2
5246.	Schlaf - Verlängert	3	88
5247.	Schlaf - Verlängert - tagsüber	1	11
5248.	Schlaf - Verlängert - anhaltend	1	4
5249.	Träume - Alpträume, Alpdrücken	1	144
5250.	Träume - Angenehm	1	136
5251.	Träume - Ängstlich	2	239
5252.	Träume - Ängstlich - nachts - Mitternacht - nach	1	2
5253.	Träume - Aufruhr	1	12
5254.	Träume - Ekelhaft	1	32
5255.	Träume - Ereignisse - zurückliegende, kurz - Vortag, vom	1	41
5256.	Träume - Ermordet - werden, zu	1	17
5257.	Träume - Erotisch	1	196
5258.	Träume - Erotisch - Erektionen, mit	1	27

Nr.	Symptom / Zeichen	Intensität	Anzahl der Mittel in der Rubrik
5259.	Träume - Ertrinken	1	19
5260.	Träume - Fallen, zu stürzen; zu	2	60
5261.	Träume - Fallen, zu stürzen; zu - Höhe herab, von einer	1	29
5262.	Träume - Fallen, zu stürzen; zu - Wasser, ins	1	11
5263.	Träume - Fortsetzung - Träumen, von - Erwachen, nach dem	1	22
5264.	Träume - Gebissen zu werden - Hunden, von	1	5
5265.	Träume - Gebissen zu werden - Tieren, von	1	14
5266.	Träume - Gefahr - Wasser, Überschwemmungen; durch	1	10
5267.	Träume - Geschäft	1	40
5268.	Träume - Geschäft - Tage, vom	1	39
5269.	Träume - Hartnäckig	1	29
5270.	Träume - Historisch	1	18
5271.	Träume - Hochgelegene Orte - Herunterfallen, Hinabstürzen von	1	29
5272.	Träume - Hunde	1	20
5273.	Träume - Hunde - gebissen zu werden; von Hunden	1	5
5274.	Träume - Kinder	1	8
5275.	Träume - Lebhaft	2	193
5276.	Träume - Leichen	1	42
5277.	Träume - Menschen	1	14
5278.	Träume - Mord	2	53
5279.	Träume - Nadeln, verschluckt	1	1
5280.	Träume - Pferde	1	18
5281.	Träume - Pferde - häßliche	1	2
5282.	Träume - Phantastisch	1	55
5283.	Träume - Prüfen eines Arzneimittels	1	2
5284.	Träume - Räuber	2	36
5285.	Träume - Reisen	1	48
5286.	Träume - Reisen - Schwierigkeiten, unter	1	6
5287.	Träume - Revolution	1	2
5288.	Träume - Rufen - jemand ruft	1	3
5289.	Träume - Schießen, vom	2	6
5290.	Träume - Schrecklich	2	237
5291.	Träume - Schwierigkeiten - Reisen, auf	1	6
5292.	Träume - Streitigkeiten	2	69
5293.	Träume - Tiere	2	25
5294.	Träume - Überschwemmung	1	5
5295.	Träume - Unangenehm	1	87
5296.	Träume - Unerinnerlich, bleiben nicht im Gedächtnis	1	93
5297.	Träume - Unfälle - Ertrinken	1	19
5298.	Träume - Unglück	2	64
5299.	Träume - Unwichtig	1	46
5300.	Träume - Verschlucken; Stecknadeln zu	1	1
5301.	Träume - Verstümmelung	1	9
5302.	Träume - Viele	2	260
5303.	Träume - Visionär	1	45
5304.	Träume - Wasser	2	49
5305.	Träume - Wecken den Patienten	2	118
5306.	Träume - Wildschweine	1	1
5307.	Frost - Frost, Kälte, Frieren im allgemeinen	1	185
5308.	Frost - Zeit - 10 h	1	30
5309.	Frost - Zeit - 12 h	1	25
5310.	Frost - Zeit - 13 h	1	23
5311.	Frost - Zeit - 13 h - 13 - 14 h	1	7
5312.	Frost - Zeit - 21 h	1	26
5313.	Frost - Tagsüber	1	28
5314.	Frost - Morgens (6 - 9 h)	2	77
5315.	Frost - Morgens (6 - 9 h) - Aufstehen - nach	1	16
5316.	Frost - Morgens (6 - 9 h) - Bett, im	3	28
5317.	Frost - Morgens (6 - 9 h) - Erwachen, beim	2	23
5318.	Frost - Morgens (6 - 9 h) - Pollutionen, nach	1	1
5319.	Frost - Mittags (12 - 13 h)	1	65
5320.	Frost - Nachmittags (13 - 18 h) - Schlaf - nach	1	7
5321.	Frost - Abends (18 - 22 h)	3	123
5322.	Frost - Abends (18 - 22 h) - anhaltend - Mitternacht, bis	2	4
5323.	Frost - Abends (18 - 22 h) - Bett, im	2	47
5324.	Frost - Abends (18 - 22 h) - Entkleiden, beim	2	15
5325.	Frost - Abends (18 - 22 h) - Liegen - nach	1	26
5326.	Frost - Nachts (22 - 6 h)	3	73
5327.	Frost - Nachts (22 - 6 h) - Mitternacht - nach	1	15
5328.	Frost - Anstrengung, nach	1	12
5329.	Frost - Ärger, Verdruß; nach	1	8
5330.	Frost - Aufstehen, beim	1	16
5331.	Frost - Äußerlich	2	84
5332.	Frost - Äußerlich - Stellen, an einzelnen	1	22

Nr.	Symptom / Zeichen	Intensität	Anzahl der Mittel in der Rubrik
5333.	Frost - Beginnt im und breitet sich aus vom - Abdomen	1	14
5334.	Frost - Beginnt im und breitet sich aus vom - Gesicht	1	20
5335.	Frost - Bett - Aufstehen vom - agg.	3	14
5336.	Frost - Bett - Aufstehen vom - amel.	1	28
5337.	Frost - Bett - im	3	97
5338.	Frost - Bewegung - bei	1	63
5339.	Frost - Bewegung - amel.	1	23
5340.	Frost - Einwirkungen, durch bestimmte - Luftzug, von	2	9
5341.	Frost - Entblößen, Entkleiden; beim	2	61
5342.	Frost - Erkrankter Teile	1	20
5343.	Frost - Erwachen - beim	1	28
5344.	Frost - Frösteln	2	139
5345.	Frost - Frösteln - nachmittags - Mittagsschlaf, nach dem	1	3
5346.	Frost - Frösteln - abends	1	68
5347.	Frost - Frösteln - abends - Liegen im Bett - beim	2	13
5348.	Frost - Frösteln - abends - warmer Ofen agg.	1	1
5349.	Frost - Frösteln - Kopfschmerz - während	3	37
5350.	Frost - Frösteln - Schmerzen, mit - Abdomen, im	1	1
5351.	Frost - Frösteln - Stuhlgang - vor	2	14
5352.	Frost - Gehen - Freien, im	2	34
5353.	Frost - Innerlich	3	95
5354.	Frost - Innerlich - morgens	1	5
5355.	Frost - Innerlich - morgens - Bett, im	1	2
5356.	Frost - Innerlich - vormittags	2	4
5357.	Frost - Innerlich - Kälte - Knochen; wie in den	1	4
5358.	Frost - Kriechend	1	52
5359.	Frost - Luft - Freien, im	3	89
5360.	Frost - Luft - Luftzug; durch den geringsten	2	23
5361.	Frost - Schlaf - nach	1	33
5362.	Frost - Schreck, durch	2	11
5363.	Frost - Schüttelfrost (= Schauder, Rigor etc.)	2	166
5364.	Frost - Schüttelfrost - morgens	2	22
5365.	Frost - Schüttelfrost - abends	2	56
5366.	Frost - Schüttelfrost - abends - Bett, im	2	15
5367.	Frost - Schüttelfrost - nachts	1	15
5368.	Frost - Schüttelfrost - Hitze - mit	1	20
5369.	Frost - Schüttelfrost - Schreck, durch	1	1
5370.	Frost - Schüttelfrost - Stuhlgang - vor	1	6
5371.	Frost - Stuhlgang - vor	2	18
5372.	Frost - Stuhlgang - während	2	39
5373.	Frost - Stuhlgang - nach	1	18
5374.	Frost - Urinieren - während	1	19
5375.	Frost - Vorherrschend	1	63
5376.	Frost - Vorherrschend - nachts	2	4
5377.	Frost - Warm - Zimmer, im warmen - agg.	1	14
5378.	Frost - Warm - Zimmer, im warmen - amel.	1	54
5379.	Frost - Warm - Zimmer, im warmen - amel. - nicht amel. im warmen Zimmer, auch nicht am warmen Ofen	2	69
5380.	Frost - Wärme - Verlangen nach Wärme, die jedoch nicht lindert	2	34
5381.	Frost - Wasser - gespritzt würde; als ob kaltes Wasser über ihn	1	25
5382.	Frost - Wasser - übergossen würde; als ob er mit Wasser	3	12
5383.	Frost - Wetter - kaltem, feuchtem Wetter; bei	1	11
5384.	Frost - Zittern und Schaudern; mit	1	61
5385.	Fieber - Fieber, Hitze im allgemeinen	2	161
5386.	Fieber - Mittags (12 - 13 h)	1	9
5387.	Fieber - Abends (18 - 22 h)	2	116
5388.	Fieber - Nachts (22 - 6 h)	3	115
5389.	Fieber - Nachts (22 - 6 h) - Mitternacht - nach	1	29
5390.	Fieber - Nachts (22 - 6 h) - Schweiß, mit	3	36
5391.	Fieber - Abfolge von Stadien - Frost - gefolgt von - Hitze	1	98
5392.	Fieber - Abfolge von Stadien - Frost - gefolgt von - Schweiß (ohne Hitze dazwischen)	1	43
5393.	Fieber - Abfolge von Stadien - Hitze - gefolgt von - Frost	1	39
5394.	Fieber - Abwechselnd mit - Frost	3	104
5395.	Fieber - Abwechselnd mit - Frost - abends	1	17
5396.	Fieber - Abwechselnd mit - Frost - nachts	2	11
5397.	Fieber - Abwechselnd mit - Schauder	1	17
5398.	Fieber - Anfallsweise erscheinendes Fieber, in Schüben	2	13
5399.	Fieber - Anfallsweise erscheinendes Fieber, in Schüben - nachts	3	2
5400.	Fieber - Anstrengung - durch	1	24
5401.	Fieber - Ausschlagsfieber; Fieber bei Ausschlagserkrankungen - Scharlach	3	39
5402.	Fieber - Äußerliche Hitze	2	81
5403.	Fieber - Äußerliche Hitze - Frösteln, mit	1	52
5404.	Fieber - Bett - im	3	55

Nr.	Symptom / Zeichen	Intensität	Anzahl der Mittel in der Rubrik
5405.	Fieber - Bett - im - Hitzegefühl im Bett, jedoch Abneigung gegen Entblößen	1	2
5406.	Fieber - Bett - im - treibt nachts aus dem Bett	2	2
5407.	Fieber - Bett - Verlassen des Bettes; nach	2	32
5408.	Fieber - Bewegung - Frösteln hervor, ruft	2	9
5409.	Fieber - Brennende, glühende Hitze	1	73
5410.	Fieber - Brennende, glühende Hitze - nachts	1	35
5411.	Fieber - Brennende, glühende Hitze - nachts - Mitternacht - nach	1	8
5412.	Fieber - Continua (= Flecktyphus, Typhus etc.)	1	69
5413.	Fieber - Continua - nachts	3	28
5414.	Fieber - Continua - Ausschlagsfieber (= exanthematisch)	1	21
5415.	Fieber - Continua - Typhus abdominalis - gelbsüchtiger Haut, mit	1	7
5416.	Fieber - Entblößen - Abneigung gegen	2	39
5417.	Fieber - Entzündungsfieber	3	33
5418.	Fieber - Frösteln, mit	2	48
5419.	Fieber - Frösteln, mit - abwechselnd mit Hitze, die bei Berührung nicht zu spüren ist	1	1
5420.	Fieber - Frost, mit	2	69
5421.	Fieber - Gastrisches Fieber	2	36
5422.	Fieber - Hektisches Fieber	2	59
5423.	Fieber - Innerliche Hitze	3	63
5424.	Fieber - Kälte - äußerlicher Kälte, mit	1	23
5425.	Fieber - Katarrhalisches Fieber	3	17
5426.	Fieber - Menses - während	1	22
5427.	Fieber - Reizfieber	1	32
5428.	Fieber - Remittierend	3	40
5429.	Fieber - Remittierend - abends	1	17
5430.	Fieber - Remittierend - nachts	3	17
5431.	Fieber - Schauder, mit	1	48
5432.	Fieber - Schauder, mit - abwechselnd mit Hitze	1	23
5433.	Fieber - Schlaf, Hitze beginnt - im	1	54
5434.	Fieber - Schlaf, Hitze beginnt - nach	1	39
5435.	Fieber - Schweiß - Hitze, mit	2	82
5436.	Fieber - Seite, einseitig - links	1	16
5437.	Fieber - Septisches Fieber	2	32
5438.	Fieber - Stuhlgang - vor	2	8
5439.	Fieber - Trockene Hitze	2	105
5440.	Fieber - Zymotisches Fieber (= bei Eiterungen)	1	37
5441.	Schweiß - Schweiß im allgemeinen	2	191
5442.	Schweiß - Eine Seite	1	36
5443.	Schweiß - Tagsüber	2	44
5444.	Schweiß - Tagsüber - Übelkeit und Mattigkeit; mit	3	1
5445.	Schweiß - Morgens (6 - 9 h)	3	109
5446.	Schweiß - Abends (18 - 22 h)	1	39
5447.	Schweiß - Abends (18 - 22 h) - Bett, im	3	12
5448.	Schweiß - Nachts (22 - 6 h)	3	157
5449.	Schweiß - Nachts (22 - 6 h) - Mitternacht - nach	1	42
5450.	Schweiß - Nachts (22 - 6 h) - Mitternacht - nach - 2 h - 2 - 3 h	1	1
5451.	Schweiß - Nachts (22 - 6 h) - anhaltend; die ganze Nacht - ohne Linderung	3	3
5452.	Schweiß - Abzuwaschen, schwer	2	4
5453.	Schweiß - Angst, bei	2	66
5454.	Schweiß - Anstrengung - während geringer Anstrengung	2	87
5455.	Schweiß - Bett - im	2	42
5456.	Schweiß - Bett - Verlassen des Bettes amel.	2	14
5457.	Schweiß - Bewegung - amel.	3	15
5458.	Schweiß - Bewegung - bei	3	63
5459.	Schweiß - Brennend	1	4
5460.	Schweiß - Einzelnen Körperteilen, an	1	43
5461.	Schweiß - Einzelnen Körperteilen, an - unterer Körper	1	31
5462.	Schweiß - Einzelnen Körperteilen, an - Vorderseite des Körpers	1	32
5463.	Schweiß - Erkrankten Teilen, an	3	29
5464.	Schweiß - Essen - beim	3	38
5465.	Schweiß - Essen - beim - Angst und kalter Schweiß	3	1
5466.	Schweiß - Färbt die Wäsche	2	24
5467.	Schweiß - Färbt die Wäsche - auszuwaschen, schwierig	2	3
5468.	Schweiß - Färbt die Wäsche - blutig	1	20
5469.	Schweiß - Färbt die Wäsche - gelb	3	26
5470.	Schweiß - Gehen - beim	2	37
5471.	Schweiß - Geruch - modrig	1	12
5472.	Schweiß - Geruch - sauer	3	69
5473.	Schweiß - Geruch - sauer - nachts	3	23
5474.	Schweiß - Geruch - stinkend	2	67
5475.	Schweiß - Geruch - süßlich	1	8
5476.	Schweiß - Geruch - übelriechend	3	96
5477.	Schweiß - Geruch - übelriechend - nachts	3	22
5478.	Schweiß - Heiß	2	59

Nr.	Symptom / Zeichen	Intensität	Anzahl der Mittel in der Rubrik
5479.	Schweiß - Husten - durch	2	60
5480.	Schweiß - Husten - durch - nachts	2	10
5481.	Schweiß - Kalt	2	182
5482.	Schweiß - Kalt - Essen	3	1
5483.	Schweiß - Kalt - Stuhlgang; beim	1	4
5484.	Schweiß - Klebrig, kühl	3	111
5485.	Schweiß - Klebrig, kühl - nachts	2	5
5486.	Schweiß - Kopf; generalisierter Schweiß außer am	1	9
5487.	Schweiß - Kopfschmerz - während	2	24
5488.	Schweiß - Liegen, beim	1	19
5489.	Schweiß - Ölig	3	26
5490.	Schweiß - Ölig - nachts	3	5
5491.	Schweiß - Raserei, Tobsuchtsanfall; bei	1	17
5492.	Schweiß - Reichlich	3	145
5493.	Schweiß - Reichlich - Tag und Nacht ohne Besserung	2	3
5494.	Schweiß - Reichlich - morgens	2	25
5495.	Schweiß - Reichlich - nachts	3	72
5496.	Schweiß - Reichlich - Gehen - beim	2	9
5497.	Schweiß - Reichlich - Schlaf, im	1	11
5498.	Schweiß - Reichlich - schwächend	2	8
5499.	Schweiß - Reichlich - schwächend - stinkend, und	1	2
5500.	Schweiß - Scharf	1	22
5501.	Schweiß - Schlaf - während	2	76
5502.	Schweiß - Schlaf - während - amel.	2	12
5503.	Schweiß - Schlaf - Beginn des Schlafes; zu	3	26
5504.	Schweiß - Schlaf - Einschlafen amel.; beim	2	7
5505.	Schweiß - Schlaf - Erwachen, nach dem	2	67
5506.	Schweiß - Schmerzen - durch	3	36
5507.	Schweiß - Schüttelfrost, mit	2	19
5508.	Schweiß - Schwächend, ermattend	3	37
5509.	Schweiß - Steif, macht die Wäsche	3	3
5510.	Schweiß - Stellen, an einzelnen	1	3
5511.	Schweiß - Stuhlgang - vor	3	16
5512.	Schweiß - Stuhlgang - während	3	23
5513.	Schweiß - Stuhlgang - nach	2	21
5514.	Schweiß - Symptome - agg. - nach dem Schwitzen	2	15
5515.	Schweiß - Symptome - agg. - während dem Schwitzen	3	41
5516.	Schweiß - Trinken - nach	2	14
5517.	Schweiß - Trinken - warmen Getränken, von	2	8
5518.	Schweiß - Warm - Stuhlgang; wird kalt und klebrig nach dem	3	1
5519.	Haut - Ameisenlaufen	1	106
5520.	Haut - Anästhesie	2	66
5521.	Haut - Aufgesprungen	1	34
5522.	Haut - Beißen	1	77
5523.	Haut - Beißen - Flöhe beißen würden; als ob	1	12
5524.	Haut - Beißen - Kratzen, nach	1	38
5525.	Haut - Brennen	2	146
5526.	Haut - Brennen - nachts	2	10
5527.	Haut - Brennen - Flohbisse; brennt wie durch	1	1
5528.	Haut - Brennen - Kratzen, nach	3	88
5529.	Haut - Brennen - Schweiß, durch	1	4
5530.	Haut - Brennen - Stellen, an einzelnen	2	36
5531.	Haut - Empfindlichkeit	3	105
5532.	Haut - Entzündung	3	63
5533.	Haut - Entzündung - Neigung zur	2	30
5534.	Haut - Erysipel	3	105
5535.	Haut - Erysipel - Kratzen, nach - agg.	3	32
5536.	Haut - Erysipel - Schwellung, mit	3	44
5537.	Haut - Exkoriation	3	51
5538.	Haut - Exkoriation - Kratzen; nach (muss kratzen, bis die Stelle wund ist)	1	39
5539.	Haut - Farbe - blaß	2	70
5540.	Haut - Farbe - bläulich	1	67
5541.	Haut - Farbe - bläulich - Stellen, an einzelnen	1	50
5542.	Haut - Farbe - braun - Leberflecken	3	68
5543.	Haut - Farbe - Flecken - klein	1	11
5544.	Haut - Farbe - Flecken - Kratzen, nach	1	20
5545.	Haut - Farbe - Flecken - stechend, fein	1	8
5546.	Haut - Farbe - gelb (= Gelbsucht etc.)	3	119
5547.	Haut - Farbe - rot	3	76
5548.	Haut - Farbe - rot - Kratzen, nach	2	25
5549.	Haut - Farbe - rot - Stellen, an einzelnen	3	117
5550.	Haut - Farbe - rot - Stellen, an einzelnen - kupferfarben	1	21
5551.	Haut - Farbe - rot - Stellen, an einzelnen - scharlachrot	3	28
5552.	Haut - Farbe - schmutzig	1	19

Nr.	Symptom / Zeichen	Intensität	Anzahl der Mittel in der Rubrik
5553.	Haut - Farbe - weiß - Stellen, an einzelnen	2	22
5554.	Haut - Feuchtigkeit	1	47
5555.	Haut - Feuchtigkeit - Kratzen, nach	1	49
5556.	Haut - Gangrän - kalt	1	20
5557.	Haut - Gangrän - Verbrennungen oder gangränöse wunde Stellen; durch	1	29
5558.	Haut - Gänsehaut	1	65
5559.	Haut - Geschwüre	3	140
5560.	Haut - Geschwüre - Absonderungen - blutig	3	52
5561.	Haut - Geschwüre - Absonderungen - dünn	3	30
5562.	Haut - Geschwüre - Absonderungen - gallertartig	1	8
5563.	Haut - Geschwüre - Absonderungen - gelb	2	63
5564.	Haut - Geschwüre - Absonderungen - grau	1	11
5565.	Haut - Geschwüre - Absonderungen - grün	1	27
5566.	Haut - Geschwüre - Absonderungen - jauchig	3	48
5567.	Haut - Geschwüre - Absonderungen - käsig	1	1
5568.	Haut - Geschwüre - Absonderungen - Maden, mit	1	6
5569.	Haut - Geschwüre - Absonderungen - reichlich	2	36
5570.	Haut - Geschwüre - Absonderungen - sauer riechend	2	7
5571.	Haut - Geschwüre - Absonderungen - spärlich	3	41
5572.	Haut - Geschwüre - Absonderungen - Talg, wie	2	2
5573.	Haut - Geschwüre - Absonderungen - übelriechend	2	72
5574.	Haut - Geschwüre - Absonderungen - übelriechend - faulig	2	30
5575.	Haut - Geschwüre - Absonderungen - wäßrig	3	33
5576.	Haut - Geschwüre - Absonderungen - wundfressend	3	52
5577.	Haut - Geschwüre - Absonderungen - zäh	1	15
5578.	Haut - Geschwüre - ausbreitend, sich	2	9
5579.	Haut - Geschwüre - Bläschen; umgeben von	1	15
5580.	Haut - Geschwüre - bläulich	2	25
5581.	Haut - Geschwüre - blutend	3	58
5582.	Haut - Geschwüre - blutend - Kanten	2	14
5583.	Haut - Geschwüre - brennend	3	74
5584.	Haut - Geschwüre - brennend - nachts	2	10
5585.	Haut - Geschwüre - brennend - Berührung, bei	1	12
5586.	Haut - Geschwüre - brennend - Rändern, an den	3	20
5587.	Haut - Geschwüre - brennend - rund herum brennend	2	20
5588.	Haut - Geschwüre - eiternd	3	88
5589.	Haut - Geschwüre - empfindlich	2	68
5590.	Haut - Geschwüre - empfindlich - Ränder	3	18
5591.	Haut - Geschwüre - empfindlich - rund herum	1	19
5592.	Haut - Geschwüre - entzündet	3	54
5593.	Haut - Geschwüre - erhaben; mit verhärteten Rändern	2	29
5594.	Haut - Geschwüre - faulig	1	45
5595.	Haut - Geschwüre - fistulös	2	51
5596.	Haut - Geschwüre - flach	3	17
5597.	Haut - Geschwüre - geschwollen	3	43
5598.	Haut - Geschwüre - geschwollen - Hof	2	18
5599.	Haut - Geschwüre - geschwollen - Ränder	3	16
5600.	Haut - Geschwüre - gespannt	2	43
5601.	Haut - Geschwüre - gespannt - Hof	1	24
5602.	Haut - Geschwüre - gezackten Rändern; mit	3	12
5603.	Haut - Geschwüre - heilen schlecht	2	40
5604.	Haut - Geschwüre - Hof - rot	2	46
5605.	Haut - Geschwüre - Hof - verhärtet	1	21
5606.	Haut - Geschwüre - indolent	1	61
5607.	Haut - Geschwüre - juckend	2	59
5608.	Haut - Geschwüre - juckend - rund herum	1	23
5609.	Haut - Geschwüre - kalt - Gefühl darin; mit einem kalten	1	8
5610.	Haut - Geschwüre - Kratzen, nach	2	35
5611.	Haut - Geschwüre - krebsartig	2	68
5612.	Haut - Geschwüre - Kribbeln; mit	1	32
5613.	Haut - Geschwüre - Krusten, mit	3	33
5614.	Haut - Geschwüre - oberflächlich	2	27
5615.	Haut - Geschwüre - phagedänisch	3	55
5616.	Haut - Geschwüre - Pickeln; umgeben von	1	23
5617.	Haut - Geschwüre - pulsierend	3	43
5618.	Haut - Geschwüre - pulsierend - nachts	3	2
5619.	Haut - Geschwüre - Salzfluß, wie bei	1	13
5620.	Haut - Geschwüre - sarkomatös	2	11
5621.	Haut - Geschwüre - schmerzhaft	2	40
5622.	Haut - Geschwüre - schmerzhaft - nachts	2	5
5623.	Haut - Geschwüre - schmerzhaft - beißend	1	32
5624.	Haut - Geschwüre - schmerzhaft - Bettwärme; durch	2	4
5625.	Haut - Geschwüre - schmerzhaft - nagenden Schmerzen, mit	2	30
5626.	Haut - Geschwüre - schmerzhaft - Ränder	2	7

Nr.	Symptom / Zeichen	Intensität	Anzahl der Mittel in der Rubrik
5627.	Haut - Geschwüre - schmerzhaft - Reißen, mit	2	27
5628.	Haut - Geschwüre - schmerzhaft - stechend	3	65
5629.	Haut - Geschwüre - schmerzhaft - stechend - Hof, im	2	23
5630.	Haut - Geschwüre - schmerzhaft - stechend - Ränder	3	19
5631.	Haut - Geschwüre - schmerzhaft - wund beißend	2	36
5632.	Haut - Geschwüre - schmerzhaft - wund beißend - nachts	2	4
5633.	Haut - Geschwüre - schmerzhaft - zuckenden Schmerzen, mit	1	27
5634.	Haut - Geschwüre - schmerzlos	1	52
5635.	Haut - Geschwüre - schmutzig	3	11
5636.	Haut - Geschwüre - schwammartig	2	29
5637.	Haut - Geschwüre - schwammig	3	33
5638.	Haut - Geschwüre - schwammig - Rändern, an den	1	15
5639.	Haut - Geschwüre - speckig	3	12
5640.	Haut - Geschwüre - speckig - Basis	2	4
5641.	Haut - Geschwüre - syphilitisch	3	33
5642.	Haut - Geschwüre - tief	3	55
5643.	Haut - Geschwüre - Varizen	1	29
5644.	Haut - Geschwüre - verhärtet	2	63
5645.	Haut - Geschwüre - verhärtet - Ränder	3	30
5646.	Haut - Geschwüre - Wärme - agg.	2	10
5647.	Haut - Geschwüre - weißen Flecken; mit	3	10
5648.	Haut - Hautausschläge	3	157
5649.	Haut - Hautausschläge - abschälend	2	87
5650.	Haut - Hautausschläge - absondernd, nässend	2	89
5651.	Haut - Hautausschläge - absondernd, nässend - blutig	1	6
5652.	Haut - Hautausschläge - absondernd, nässend - gelb	1	41
5653.	Haut - Hautausschläge - absondernd, nässend - Kratzen, nach	1	44
5654.	Haut - Hautausschläge - absondernd, nässend - weiß	1	16
5655.	Haut - Hautausschläge - absondernd, nässend - wundfressend	1	15
5656.	Haut - Hautausschläge - absondernd, nässend - zerstört das Haar	1	6
5657.	Haut - Hautausschläge - behaarten Teile, auf	2	12
5658.	Haut - Hautausschläge - beißend	1	64
5659.	Haut - Hautausschläge - Blasen	2	50
5660.	Haut - Hautausschläge - Blasenausschlag	2	133
5661.	Haut - Hautausschläge - Blasenausschlag - abblätternd	1	10
5662.	Haut - Hautausschläge - Blasenausschlag - brennend	1	39
5663.	Haut - Hautausschläge - Blasenausschlag - durchsichtig	1	8
5664.	Haut - Hautausschläge - Blasenausschlag - feucht	2	11
5665.	Haut - Hautausschläge - Blasenausschlag - Flecken - bedeckt mit	1	6
5666.	Haut - Hautausschläge - Blasenausschlag - gelb	2	40
5667.	Haut - Hautausschläge - Blasenausschlag - geschwürig	2	10
5668.	Haut - Hautausschläge - Blasenausschlag - klein	1	13
5669.	Haut - Hautausschläge - Blasenausschlag - Kratzen, nach	1	38
5670.	Haut - Hautausschläge - Blasenausschlag - phagedänisch	1	19
5671.	Haut - Hautausschläge - Blasenausschlag - rot	1	14
5672.	Haut - Hautausschläge - Blasenausschlag - wäßrig	1	22
5673.	Haut - Hautausschläge - Blasenausschlag - weiß	2	20
5674.	Haut - Hautausschläge - blutend	3	25
5675.	Haut - Hautausschläge - brennend	3	110
5676.	Haut - Hautausschläge - brennend - nachts	2	6
5677.	Haut - Hautausschläge - brennend - Berührung - agg.	2	3
5678.	Haut - Hautausschläge - brennend - Waschen; beim	2	1
5679.	Haut - Hautausschläge - durchscheinend	1	1
5680.	Haut - Hautausschläge - durchsichtig	2	3
5681.	Haut - Hautausschläge - eiternd	3	72
5682.	Haut - Hautausschläge - Ekthym	1	22
5683.	Haut - Hautausschläge - Ekzem	2	87
5684.	Haut - Hautausschläge - erhaben	1	21
5685.	Haut - Hautausschläge - Exanthem, flüchtiges	3	103
5686.	Haut - Hautausschläge - Exanthem, flüchtiges - Kratzen, nach	2	28
5687.	Haut - Hautausschläge - Exanthem, flüchtiges - scharlachrot	2	25
5688.	Haut - Hautausschläge - flach	1	24
5689.	Haut - Hautausschläge - Flecken, entzündete	2	63
5690.	Haut - Hautausschläge - Flecken, entzündete - entzündet	2	5
5691.	Haut - Hautausschläge - Flecken, entzündete - Kratzen, nach	1	11
5692.	Haut - Hautausschläge - Flecken, entzündete - rot	1	10
5693.	Haut - Hautausschläge - Furunkel	3	94
5694.	Haut - Hautausschläge - Furunkel - groß	1	14
5695.	Haut - Hautausschläge - Furunkel - periodisch	2	12
5696.	Haut - Hautausschläge - gelb	3	36
5697.	Haut - Hautausschläge - geschwürigen Schmerzen; mit	1	22
5698.	Haut - Hautausschläge - Herpes	3	125
5699.	Haut - Hautausschläge - Herpes - aufspringend	1	28
5700.	Haut - Hautausschläge - Herpes - ausbreitend	3	6

Nr.	Symptom / Zeichen	Intensität	Anzahl der Mittel in der Rubrik
5701.	Haut - Hautausschläge - Herpes - brennend	3	64
5702.	Haut - Hautausschläge - Herpes - eiternd	3	32
5703.	Haut - Hautausschläge - Herpes - feucht	3	51
5704.	Haut - Hautausschläge - Herpes - Flecken	3	20
5705.	Haut - Hautausschläge - Herpes - gelblich	2	17
5706.	Haut - Hautausschläge - Herpes - juckend	2	73
5707.	Haut - Hautausschläge - Herpes - Krusten, mit	3	57
5708.	Haut - Hautausschläge - Herpes - mehlig	1	20
5709.	Haut - Hautausschläge - Herpes - reißend	1	26
5710.	Haut - Hautausschläge - Herpes - rot	2	19
5711.	Haut - Hautausschläge - Herpes - schuppig	3	39
5712.	Haut - Hautausschläge - Herpes - stechend, fein	2	49
5713.	Haut - Hautausschläge - Herpes - trocken	2	47
5714.	Haut - Hautausschläge - Herpes - wundfressend	1	38
5715.	Haut - Hautausschläge - Herpes - Zoster, Zona	3	42
5716.	Haut - Hautausschläge - Impetigo	1	40
5717.	Haut - Hautausschläge - juckend	2	121
5718.	Haut - Hautausschläge - juckend - nachts	3	19
5719.	Haut - Hautausschläge - juckend - Wärme - agg.	3	15
5720.	Haut - Hautausschläge - juckend - Wärme - Bettwärme - agg.	1	20
5721.	Haut - Hautausschläge - Kratzen, nach	2	63
5722.	Haut - Hautausschläge - Krusten, mit	3	105
5723.	Haut - Hautausschläge - Krusten, mit - blutend	1	2
5724.	Haut - Hautausschläge - Krusten, mit - feucht	3	28
5725.	Haut - Hautausschläge - Krusten, mit - Flecken	2	8
5726.	Haut - Hautausschläge - Krusten, mit - gelb	2	25
5727.	Haut - Hautausschläge - Krusten, mit - grau	1	3
5728.	Haut - Hautausschläge - Krusten, mit - Kratzen, nach	2	47
5729.	Haut - Hautausschläge - Krusten, mit - stinkend	2	8
5730.	Haut - Hautausschläge - Krusten, mit - trocken	1	15
5731.	Haut - Hautausschläge - kupferfarben	2	24
5732.	Haut - Hautausschläge - kupferfarben - Flecken	2	5
5733.	Haut - Hautausschläge - mehlig	1	24
5734.	Haut - Hautausschläge - papulös	2	25
5735.	Haut - Hautausschläge - Pemphigus	2	42
5736.	Haut - Hautausschläge - phagedänisch	1	49
5737.	Haut - Hautausschläge - Pickel	3	129
5738.	Haut - Hautausschläge - Pickel - brennend	1	18
5739.	Haut - Hautausschläge - Pickel - geschwürig	2	5
5740.	Haut - Hautausschläge - Pickel - juckend	1	45
5741.	Haut - Hautausschläge - Pickel - Kratzen - nach	1	39
5742.	Haut - Hautausschläge - Pickel - Krusten, mit	1	3
5743.	Haut - Hautausschläge - Pickel - wund beißend	1	12
5744.	Haut - Hautausschläge - Pocken	3	29
5745.	Haut - Hautausschläge - Pocken, Blattern	2	21
5746.	Haut - Hautausschläge - Pocken, Blattern - brennend	1	3
5747.	Haut - Hautausschläge - Pocken, Blattern - eiternd	2	3
5748.	Haut - Hautausschläge - Psoriasis	2	66
5749.	Haut - Hautausschläge - Psoriasis - inveterata	1	12
5750.	Haut - Hautausschläge - Psoriasis - syphilitisch	3	10
5751.	Haut - Hautausschläge - Pusteln	2	88
5752.	Haut - Hautausschläge - Pusteln - abblätternd	1	8
5753.	Haut - Hautausschläge - Pusteln - gelb	2	7
5754.	Haut - Hautausschläge - Pusteln - geschwürig	2	10
5755.	Haut - Hautausschläge - Pusteln - juckend	1	14
5756.	Haut - Hautausschläge - Pusteln - Kratzen, nach	1	13
5757.	Haut - Hautausschläge - Pusteln - schuppig	1	1
5758.	Haut - Hautausschläge - Pusteln - trocken	2	1
5759.	Haut - Hautausschläge - Pusteln - wund	1	2
5760.	Haut - Hautausschläge - Pusteln - zusammenfließend	2	3
5761.	Haut - Hautausschläge - reißenden Schmerzen; mit	1	26
5762.	Haut - Hautausschläge - Roseola	2	18
5763.	Haut - Hautausschläge - rot	3	56
5764.	Haut - Hautausschläge - rot - gefleckt	1	2
5765.	Haut - Hautausschläge - Rupia	1	29
5766.	Haut - Hautausschläge - Scharlach	3	31
5767.	Haut - Hautausschläge - Scharlach - glatt	1	5
5768.	Haut - Hautausschläge - schmerzhaft	1	67
5769.	Haut - Hautausschläge - schmutzig	1	4
5770.	Haut - Hautausschläge - schuppig	2	64
5771.	Haut - Hautausschläge - schuppig - Flecken	2	9
5772.	Haut - Hautausschläge - schuppig - kleieartig	1	49
5773.	Haut - Hautausschläge - Schwellung, mit	3	34
5774.	Haut - Hautausschläge - Skabies	2	52

Nr.	Symptom / Zeichen	Intensität	Anzahl der Mittel in der Rubrik
5775.	Haut - Hautausschläge - Skabies - blutend	2	4
5776.	Haut - Hautausschläge - Skabies - fettig	3	10
5777.	Haut - Hautausschläge - Skabies - feucht	1	17
5778.	Haut - Hautausschläge - Skabies - trocken	2	25
5779.	Haut - Hautausschläge - skorbutische Flecken	1	3
5780.	Haut - Hautausschläge - stechend, fein	2	80
5781.	Haut - Hautausschläge - stinkend	2	18
5782.	Haut - Hautausschläge - syphilitisch	3	34
5783.	Haut - Hautausschläge - trocken	2	66
5784.	Haut - Hautausschläge - Tuberkel	2	75
5785.	Haut - Hautausschläge - Tuberkel - brennend	2	16
5786.	Haut - Hautausschläge - Tuberkel - rot	2	25
5787.	Haut - Hautausschläge - Tuberkel - syphilitisch	2	12
5788.	Haut - Hautausschläge - unterdrückt	1	84
5789.	Haut - Hautausschläge - Urtikaria	1	115
5790.	Haut - Hautausschläge - Urtikaria - knötchenförmig	1	100
5791.	Haut - Hautausschläge - Urtikaria - knötchenförmig - rosa (= Erythema nodosum)	1	20
5792.	Haut - Hautausschläge - Urtikaria - Kratzen, nach	1	52
5793.	Haut - Hautausschläge - weißlich	1	20
5794.	Haut - Hautausschläge - Windpocken	2	31
5795.	Haut - Hautausschläge - Winter	2	18
5796.	Haut - Hautausschläge - wund beißend	1	71
5797.	Haut - Heilt schlecht	1	58
5798.	Haut - Insektenstiche	1	31
5799.	Haut - Intertrigo	2	49
5800.	Haut - Jucken	3	190
5801.	Haut - Jucken - abends	2	29
5802.	Haut - Jucken - abends - Bett, im	1	31
5803.	Haut - Jucken - nachts	1	55
5804.	Haut - Jucken - alten Menschen, bei	1	11
5805.	Haut - Jucken - beißend	2	83
5806.	Haut - Jucken - brennend	2	131
5807.	Haut - Jucken - Flecken	1	33
5808.	Haut - Jucken - Hautausschläge - ohne	2	20
5809.	Haut - Jucken - heftig	1	12
5810.	Haut - Jucken - kitzelnd	2	42
5811.	Haut - Jucken - kitzelnd - Kratzen, nach	1	10
5812.	Haut - Jucken - Kratzen - agg.	1	69
5813.	Haut - Jucken - Kratzen - amel.	1	96
5814.	Haut - Jucken - Kratzen - roh ist; muss kratzen bis es	1	41
5815.	Haut - Jucken - kribbelnd	2	98
5816.	Haut - Jucken - Schweiß - agg.	2	6
5817.	Haut - Jucken - stechend, fein	2	126
5818.	Haut - Jucken - wandernd	2	28
5819.	Haut - Jucken - warm - Bett; beim Warmwerden im	2	59
5820.	Haut - Jucken - warm - Warmwerden, beim	3	24
5821.	Haut - Jucken - wollüstig	2	14
5822.	Haut - Jucken - wund beißend	1	42
5823.	Haut - Kälte	2	168
5824.	Haut - Kälte - Gefühl von	2	12
5825.	Haut - Kälte - leidende Teile	1	6
5826.	Haut - Kälte - Nerven; entlang schmerzhafter	1	4
5827.	Haut - Keloid	1	26
5828.	Haut - Läuse	2	12
5829.	Haut - Lupus	1	49
5830.	Haut - Narben - rot; werden	2	10
5831.	Haut - Prickeln, Kribbeln - Flöhe, wie durch	1	1
5832.	Haut - Rauh	1	35
5833.	Haut - Risse	2	56
5834.	Haut - Risse - gelb	1	1
5835.	Haut - Risse - geschwürig	1	2
5836.	Haut - Risse - juckend	1	2
5837.	Haut - Risse - stinkend	2	1
5838.	Haut - Risse - tief, blutend	2	7
5839.	Haut - Runzelig, geschrumpft	1	48
5840.	Haut - Schlaffheit	1	40
5841.	Haut - Schmerz - geschwürig	1	60
5842.	Haut - Schmerz - geschwürig - Kratzen, nach	1	36
5843.	Haut - Schmerz - nagend (= fressend)	1	55
5844.	Haut - Schmerz - stechend, fein	2	67
5845.	Haut - Schmerz - wund, Gefühl wie	2	80
5846.	Haut - Schmutzig	1	15
5847.	Haut - Schwellung	3	94
5848.	Haut - Schwellung - angegriffenen Teilen, an	3	58

Nr.	Symptom / Zeichen	Intensität	Anzahl der Mittel in der Rubrik
5849.	Haut - Schwellung - blaß	1	35
5850.	Haut - Schwellung - bläulichschwarz	2	25
5851.	Haut - Schwellung - brennend	2	47
5852.	Haut - Schwellung - entzündet	3	38
5853.	Haut - Schwellung - glänzend	1	7
5854.	Haut - Schwellung - hart	1	38
5855.	Haut - Schwellung - Kratzen, nach	2	33
5856.	Haut - Schwellung - kribbelnd	2	17
5857.	Haut - Schwellung - ödematös	2	68
5858.	Haut - Schwellung - schwammig	1	28
5859.	Haut - Schwellungsgefühl	1	45
5860.	Haut - Sommersprossen	1	35
5861.	Haut - Spannung	1	95
5862.	Haut - Stechen	2	101
5863.	Haut - Stechen - nachts	1	5
5864.	Haut - Stechen - Kratzen, nach	2	53
5865.	Haut - Trocken	2	136
5866.	Haut - Trocken - brennend	2	101
5867.	Haut - Trocken - rauh	1	4
5868.	Haut - Trocken - schwitzen; kann nicht	1	79
5869.	Haut - Untätigkeit, Inaktivität	1	67
5870.	Haut - Verhärtungen, Knoten etc.	2	51
5871.	Haut - Verwachsen - Knochen; am	1	13
5872.	Haut - Warzen - syphilitisch	2	10
5873.	Haut - Warzen - unterdrückt	1	5
5874.	Haut - Warzen - welk	1	30
5875.	Haut - Wucherungen - Fungus, blumenkohlartiger - Fungus haematodes	2	22
5876.	Haut - Wucherungen - Fungus, blumenkohlartiger - syphilitisch	3	15
5877.	Haut - Wucherungen - Kondylome	2	38
5878.	Haut - Wucherungen - Kondylome - feucht	1	12
5879.	Haut - Wucherungen - Kondylome - syphilitisch	2	10
5880.	Haut - Wucherungen - Kondylome - trocken	1	8
5881.	Haut - Wucherungen - Kondylome - unterdrückt	1	4
5882.	Haut - Wundliegen (= Dekubitus)	2	64
5883.	Haut - Wundliegen - Kind, bei einem	1	16
5884.	Haut - Zusammenziehung	1	42
5885.	Allgemeines - Tagsüber - amel.	1	17
5886.	Allgemeines - Morgens (= 6 - 9 h)	2	250
5887.	Allgemeines - Morgens - amel.	1	12
5888.	Allgemeines - Vormittags (9 - 12 h)	1	122
5889.	Allgemeines - Nachmittags (13 - 18 h)	2	182
5890.	Allgemeines - Abends (= 18 - 22 h)	3	219
5891.	Allgemeines - Abends - 20 h	1	13
5892.	Allgemeines - Abends - 21 h	1	8
5893.	Allgemeines - Abends - Hinlegen, nach dem - agg.	2	12
5894.	Allgemeines - Abends - Sonnenuntergang - nach	1	9
5895.	Allgemeines - Abends - Sonnenuntergang - Sonnenaufgang, bis zum	2	6
5896.	Allgemeines - Nachts (= 22 - 6 h)	3	247
5897.	Allgemeines - Nachts - Mitternacht - vor	2	80
5898.	Allgemeines - Nachts - Mitternacht - nach	2	109
5899.	Allgemeines - Nachts - Nachtluft agg.	1	6
5900.	Allgemeines - Abmagerung, Marasmus	2	256
5901.	Allgemeines - Abszesse; Eiterungen	3	110
5902.	Allgemeines - Abszesse; Eiterungen - beginnend	2	12
5903.	Allgemeines - Abszesse; Eiterungen - Beschleunigung der Eiterung; Mittel zur	2	14
5904.	Allgemeines - Abszesse; Eiterungen - brennend	1	5
5905.	Allgemeines - Abszesse; Eiterungen - chronisch	2	33
5906.	Allgemeines - Abszesse; Eiterungen - Eiter - blutig	3	34
5907.	Allgemeines - Abszesse; Eiterungen - Eiter - dünn	2	22
5908.	Allgemeines - Abszesse; Eiterungen - Eiter - gallertartig	1	8
5909.	Allgemeines - Abszesse; Eiterungen - Eiter - gelb	2	50
5910.	Allgemeines - Abszesse; Eiterungen - Eiter - gelbgrün	1	6
5911.	Allgemeines - Abszesse; Eiterungen - Eiter - grau	1	10
5912.	Allgemeines - Abszesse; Eiterungen - Eiter - grünlich	3	18
5913.	Allgemeines - Abszesse; Eiterungen - Eiter - mild, bland	2	12
5914.	Allgemeines - Abszesse; Eiterungen - Eiter - sauer riechend	2	8
5915.	Allgemeines - Abszesse; Eiterungen - Eiter - scharf	2	41
5916.	Allgemeines - Abszesse; Eiterungen - Eiter - stinkend	2	67
5917.	Allgemeines - Abszesse; Eiterungen - Eiter - unterdrückt	2	11
5918.	Allgemeines - Abszesse; Eiterungen - Eiter - wäßrig	2	27
5919.	Allgemeines - Abszesse; Eiterungen - Eiter - zäh	1	14
5920.	Allgemeines - Abszesse; Eiterungen - gangränös	2	13
5921.	Allgemeines - Abszesse; Eiterungen - kupieren; Mittel, um Abszesse zu	2	8
5922.	Allgemeines - Abszesse; Eiterungen - Menses, bei den	1	1

Nr.	Symptom / Zeichen	Intensität	Anzahl der Mittel in der Rubrik
5923.	Allgemeines - Abszesse; Eiterungen - Drüsen, der	3	58
5924.	Allgemeines - Abszesse; Eiterungen - Gelenke, der	2	26
5925.	Allgemeines - Abwärtsbewegung - amel.	2	71
5926.	Allgemeines - Alter - alte Menschen	1	98
5927.	Allgemeines - Ameisenlaufen - äußere Teile	2	192
5928.	Allgemeines - Ameisenlaufen - innerlich	1	104
5929.	Allgemeines - Ameisenlaufen - Drüsen	1	22
5930.	Allgemeines - Ameisenlaufen - Knochen	1	23
5931.	Allgemeines - Analgesie	1	29
5932.	Allgemeines - Anämie	3	173
5933.	Allgemeines - Anästhesie	1	69
5934.	Allgemeines - Angst, Empfindung allgemeiner körperlicher	1	98
5935.	Allgemeines - Anstrengung, körperliche - agg.	2	190
5936.	Allgemeines - Anziehen, Beugen des Gliedes - amel.	1	64
5937.	Allgemeines - Anziehen, Beugen des Gliedes - agg.	1	54
5938.	Allgemeines - Apoplexie	1	101
5939.	Allgemeines - Arsenvergiftung	2	23
5940.	Allgemeines - Atem - Anhalten des Atems	1	6
5941.	Allgemeines - Atmen - agg.	1	69
5942.	Allgemeines - Atmen - Ausatmen - amel.	1	60
5943.	Allgemeines - Atmen - Einatmen - agg.	2	108
5944.	Allgemeines - Atmen - tiefes Atmen - agg.	2	64
5945.	Allgemeines - Atmen - tiefes Atmen - Verlangen tief zu atmen	2	83
5946.	Allgemeines - Aufstehen - amel.	1	112
5947.	Allgemeines - Aufstehen - agg.	1	124
5948.	Allgemeines - Aussehen - hell, blond	1	46
5949.	Allgemeines - Aussehen - hell, blond - schlaffer Faser, mit	2	19
5950.	Allgemeines - Baden - agg.	2	84
5951.	Allgemeines - Baden - Abneigung gegen Baden (= Scheu vor dem Baden)	1	56
5952.	Allgemeines - Baden - kaltes Baden - agg.	2	69
5953.	Allgemeines - Beben	1	92
5954.	Allgemeines - Berühren - irgendwas, von - agg.	1	28
5955.	Allgemeines - Berühren - Kaltem, von - agg.	2	11
5956.	Allgemeines - Berührung - agg.	2	188
5957.	Allgemeines - Berührung - agg. - leichte	3	20
5958.	Allgemeines - Berührung - Einbildungen von	1	81
5959.	Allgemeines - Bettdecken - agg., werden nicht vertragen	1	22
5960.	Allgemeines - Beugen, Drehen - amel.	1	35
5961.	Allgemeines - Beugen, Drehen - agg.	1	57
5962.	Allgemeines - Beugen, Drehen - Bett agg.; Herumdrehen im	1	50
5963.	Allgemeines - Beugen, Drehen - erkrankter Teile - amel.	2	37
5964.	Allgemeines - Beugen, Drehen - erkrankter Teile - agg.	1	81
5965.	Allgemeines - Bewegung - amel.	2	183
5966.	Allgemeines - Bewegung - agg.	3	272
5967.	Allgemeines - Bewegung - Abneigung gegen	1	114
5968.	Allgemeines - Bewegung - erkrankter Teile - agg.	2	82
5969.	Allgemeines - Bewegung - nach Bewegung agg.	1	39
5970.	Allgemeines - Bewegung - Verlangen nach	1	72
5971.	Allgemeines - Blässe, weiße Farbe gewöhnlich roter Teile	3	46
5972.	Allgemeines - Bleivergiftung, chronische	1	32
5973.	Allgemeines - Blutung	3	211
5974.	Allgemeines - Blutung - Blut - dunkel	1	54
5975.	Allgemeines - Blutung - Blut - fadenziehend, zäh	2	14
5976.	Allgemeines - Blutung - Blut - gerinnungsfähig ; nicht (= Hämophilie)	1	56
5977.	Allgemeines - Blutung - Blut - Klumpen	2	46
5978.	Allgemeines - Blutung - Blut - Klumpen - dunkel	1	21
5979.	Allgemeines - Blutung - Blut - übelriechend	1	22
5980.	Allgemeines - Blutwallungen	2	127
5981.	Allgemeines - Blutwallungen - abends	2	12
5982.	Allgemeines - Blutwallungen - nachts	2	20
5983.	Allgemeines - Blutwallungen - Ärger, Verdruß; nach	1	8
5984.	Allgemeines - Blutwallungen - Menses - vor	1	3
5985.	Allgemeines - Blutwallungen - Nervosität, durch	2	10
5986.	Allgemeines - Brüchige Knochen	2	15
5987.	Allgemeines - Chinarinde (ohne Chininkachexie); Folgen von	1	29
5988.	Allgemeines - Chininmißbrauch, Folgen von	1	53
5989.	Allgemeines - Chlorose	1	103
5990.	Allgemeines - Chorea	1	146
5991.	Allgemeines - Drehen - Bett, im	1	52
5992.	Allgemeines - Drehen - Herumdrehen agg.	1	11
5993.	Allgemeines - Druck - amel.	1	131
5994.	Allgemeines - Druck - agg.	2	137
5995.	Allgemeines - Dunkelheit - amel.	2	79
5996.	Allgemeines - Eisenpräparaten, nach Mißbrauch von	1	15

Nr.	Symptom / Zeichen	Intensität	Anzahl der Mittel in der Rubrik
5997.	Allgemeines - Empfindlichkeit - äußerlich	2	129
5998.	Allgemeines - Empfindlichkeit - innerlich	1	106
5999.	Allgemeines - Empfindlichkeit - Schmerz, gegen	1	118
6000.	Allgemeines - Empfindlichkeit - Knochen, der	1	31
6001.	Allgemeines - Empfindlichkeit - Periosts, des	1	24
6002.	Allgemeines - Entblößen - amel.	1	43
6003.	Allgemeines - Entblößen - agg.	2	83
6004.	Allgemeines - Entblößen - Verlangen nach	1	25
6005.	Allgemeines - Entkleiden agg.; nach dem	1	26
6006.	Allgemeines - Entzündung - äußerlich	2	122
6007.	Allgemeines - Entzündung - gangränös	1	22
6008.	Allgemeines - Entzündung - innerlich	3	137
6009.	Allgemeines - Entzündung - innerlich - gangränös	1	18
6010.	Allgemeines - Entzündung - Blutgefäße, der - Venen, Phlegmasia alba dolens (= Phlebitis)	1	61
6011.	Allgemeines - Entzündung - Drüsen, der (= Adenitis)	3	97
6012.	Allgemeines - Entzündung - Gelenke, der (= Arthritis)	2	118
6013.	Allgemeines - Entzündung - Gelenke, der - Arthritis deformans	1	71
6014.	Allgemeines - Entzündung - Knochen, der (= Ostitis)	3	59
6015.	Allgemeines - Entzündung - Knochen, der - Periosts, des (= Periostitis)	2	53
6016.	Allgemeines - Entzündung - Lymphgefäße, der (= Lymphangitis)	2	33
6017.	Allgemeines - Entzündung - Muskeln, der (= Myositis)	1	9
6018.	Allgemeines - Entzündung - Nebenhöhlen, der (= Sinusitis)	2	35
6019.	Allgemeines - Entzündung - Nerven, der (= Neuritis)	2	55
6020.	Allgemeines - Entzündung - serösen Häute, der	2	44
6021.	Allgemeines - Entzündung - Synovialhäute, der (= Synovitis)	1	37
6022.	Allgemeines - Erhitzung agg.	1	49
6023.	Allgemeines - Erschlaffung - Körpers, des	1	73
6024.	Allgemeines - Erschlaffung - Muskeln, der	1	113
6025.	Allgemeines - Erschütterung, Auftreten - agg.	1	107
6026.	Allgemeines - Erwachen, beim	2	148
6027.	Allgemeines - Essen - vor	1	74
6028.	Allgemeines - Essen - beim	1	102
6029.	Allgemeines - Essen - beim - amel.	1	77
6030.	Allgemeines - Essen - nach	1	187
6031.	Allgemeines - Essen - nach - amel.	1	119
6032.	Allgemeines - Essen - kleinen Menge, einer	1	37
6033.	Allgemeines - Exostose	3	38
6034.	Allgemeines - Fahren - Auto oder Zug, im - amel.	1	21
6035.	Allgemeines - Federbett agg.	2	9
6036.	Allgemeines - Fettig, ölig, schmierig	2	13
6037.	Allgemeines - Fettleibigkeit	1	118
6038.	Allgemeines - Fieber - vor	1	45
6039.	Allgemeines - Fieber - bei; agg.	1	89
6040.	Allgemeines - Fisteln - Drüsen, der	1	8
6041.	Allgemeines - Fisteln - Hautgeschwüren; mit	2	51
6042.	Allgemeines - Fisteln - Knochen, der	1	16
6043.	Allgemeines - Frühstück - nach - amel.	1	61
6044.	Allgemeines - Gang schwankend, stolpernd, wackelig und taumelnd	1	137
6045.	Allgemeines - Gefühllosigkeit, Taubheit - äußerlich	2	187
6046.	Allgemeines - Gefühllosigkeit, Taubheit - äußerlich - ganzen Körpers, des	1	26
6047.	Allgemeines - Gefühllosigkeit, Taubheit - einzelner Teile	3	126
6048.	Allgemeines - Gefühllosigkeit, Taubheit - erkrankter Teile	1	94
6049.	Allgemeines - Gefühllosigkeit, Taubheit - innerlich	1	119
6050.	Allgemeines - Gehen - amel.	2	140
6051.	Allgemeines - Gehen - agg.	2	175
6052.	Allgemeines - Gehen - Beginn des Gehens agg.; zu	1	79
6053.	Allgemeines - Gehen - Freien, im - amel.	1	119
6054.	Allgemeines - Gehen - Freien, im - agg.	2	130
6055.	Allgemeines - Gehen - Gehenlernen, spätes	1	27
6056.	Allgemeines - Gehen - schnell - agg.	2	75
6057.	Allgemeines - Gehen - Verlangen zu gehen	1	33
6058.	Allgemeines - Gehen - Verlangen zu gehen - nachts	1	3
6059.	Allgemeines - Gelb	3	26
6060.	Allgemeines - Gelb - goldgelb, hellgelb oder orange	2	14
6061.	Allgemeines - Geschwüre - Drüsen	1	45
6062.	Allgemeines - Gonorrhoe, unterdrückte	1	38
6063.	Allgemeines - Grau, schmutzig etc.	2	16
6064.	Allgemeines - Grünlich	3	17
6065.	Allgemeines - Harten Bettes; Gefühl eines	1	53
6066.	Allgemeines - Härte, Verhärtung	1	25
6067.	Allgemeines - Heben, Überheben, Überanstrengen der Muskeln und Sehnen - durch	1	76
6068.	Allgemeines - Heftiger Krankheitsverlauf	1	22
6069.	Allgemeines - Herunterhängenlassen der Glieder - amel.	1	64

Nr.	Symptom / Zeichen	Intensität	Anzahl der Mittel in der Rubrik
6070.	Allgemeines - Hinlegen, sich - Verlangen sich hinzulegen	1	180
6071.	Allgemeines - Hitze - Gefühl von	2	114
6072.	Allgemeines - Hitze - Hitzewallungen	2	231
6073.	Allgemeines - Hitze - Hitzewallungen - Anstrengung, durch die geringste	2	7
6074.	Allgemeines - Hitze - Hitzewallungen - Frösteln - mit	2	22
6075.	Allgemeines - Hitze - Hitzewallungen - Übelkeit, mit	2	3
6076.	Allgemeines - Hitze - Lebenswärme, Mangel an	2	160
6077.	Allgemeines - Hitze - Lebenswärme, Mangel an - Wärme agg.; und	2	41
6078.	Allgemeines - Impfung, nach	2	30
6079.	Allgemeines - Influenza	1	13
6080.	Allgemeines - Jahreszeiten - Herbst, im - agg.	2	29
6081.	Allgemeines - Jahreszeiten - Winter, im - agg.	2	81
6082.	Allgemeines - Jahreszelten - Winter, im - Sonnenwende, zur	1	17
6083.	Allgemeines - Jod; nach Mißbrauch von	1	17
6084.	Allgemeines - Jucken - innerlich	1	79
6085.	Allgemeines - Jucken - Drüsen, der	1	22
6086.	Allgemeines - Kachexie	1	38
6087.	Allgemeines - Kälte - amel.	1	102
6088.	Allgemeines - Kälte - agg.	2	218
6089.	Allgemeines - Kälte - Abkühlung, Kaltwerden; bei	1	119
6090.	Allgemeines - Kälte - Abkühlung, Kaltwerden; bei - amel.	2	96
6091.	Allgemeines - Kälte - Abkühlung, Kaltwerden; bei - nach, agg.	3	112
6092.	Allgemeines - Kälte - Abkühlung, Kaltwerden; bei - Teil des Körpers agg. - Hand aus dem Bett	1	9
6093.	Allgemeines - Kälte - Erkältungsneigung	3	145
6094.	Allgemeines - Kälte - Gefühl von - erkrankten Teilen, in	1	1
6095.	Allgemeines - Kälte - Gefühl von - Knochen, in den	1	16
6096.	Allgemeines - Kälte - Hitze und Kälte	2	55
6097.	Allgemeines - Kälte - Luft, kalte - amel.	1	121
6098.	Allgemeines - Kälte - Luft, kalte - agg.	2	178
6099.	Allgemeines - Kälte - Luft, kalte - Einatmen von, agg.	3	48
6100.	Allgemeines - Kälte erkrankter Teile	1	26
6101.	Allgemeines - Karies - Knochen, der	3	76
6102.	Allgemeines - Karies - Periost, des	2	19
6103.	Allgemeines - Katalepsie	1	60
6104.	Allgemeines - Kindern, Erkrankungen bei	3	112
6105.	Allgemeines - Kleidung - Druck der Kleider, Kleiderdruck	1	45
6106.	Allgemeines - Kleidung - Unverträglichkeit von	1	72
6107.	Allgemeines - Knochenerweichung (= Osteomalazie)	3	43
6108.	Allgemeines - Knorpel, Erkrankungen der	1	10
6109.	Allgemeines - Koitus - nach - amel.	1	3
6110.	Allgemeines - Koitus - nach - agg.	1	61
6111.	Allgemeines - Kollaps	1	99
6112.	Allgemeines - Kongestion - Blutandrang	1	152
6113.	Allgemeines - Konvulsionen	2	305
6114.	Allgemeines - Konvulsionen - nachts	2	28
6115.	Allgemeines - Konvulsionen - Bewußtsein - mit	1	35
6116.	Allgemeines - Konvulsionen - Bewußtsein - ohne	1	67
6117.	Allgemeines - Konvulsionen - Entbindung - während	1	39
6118.	Allgemeines - Konvulsionen - epileptiforme Absencen (= Petit mal)	1	128
6119.	Allgemeines - Konvulsionen - epileptisch	1	216
6120.	Allgemeines - Konvulsionen - Fallen, mit	1	49
6121.	Allgemeines - Konvulsionen - Fieberfrost, bei	1	5
6122.	Allgemeines - Konvulsionen - Hydrozephalus mit	2	9
6123.	Allgemeines - Konvulsionen - hysterisch	1	84
6124.	Allgemeines - Konvulsionen - innerlich	1	92
6125.	Allgemeines - Konvulsionen - kalt - Luft, kalte - agg.	1	6
6126.	Allgemeines - Konvulsionen - Kindern, bei	1	77
6127.	Allgemeines - Konvulsionen - klonisch	2	143
6128.	Allgemeines - Konvulsionen - Schlaf - während	1	30
6129.	Allgemeines - Konvulsionen - Schlaflosigkeit, bei oder nach	1	33
6130.	Allgemeines - Konvulsionen - Schreien, mit	2	31
6131.	Allgemeines - Konvulsionen - tetanische Starre; Starrkrampf	2	145
6132.	Allgemeines - Konvulsionen - tonisch	2	102
6133.	Allgemeines - Konvulsionen - Wochenbett, im	2	70
6134.	Allgemeines - Konvulsionen - Zahnung, bei der	1	39
6135.	Allgemeines - Konvulsivische Bewegungen	1	82
6136.	Allgemeines - Körperliche Arbeit	1	12
6137.	Allgemeines - Krampfadern - Geschwüre	1	41
6138.	Allgemeines - Krampfadern - stechend	1	16
6139.	Allgemeines - Krampfadern - Wundheit	1	23
6140.	Allgemeines - Krebsleiden	2	141
6141.	Allgemeines - Krebsleiden - Epitheliom	1	58
6142.	Allgemeines - Krebsleiden - Geschwüre - Drüsen; der	1	31

Nr.	Symptom / Zeichen	Intensität	Anzahl der Mittel in der Rubrik
6143.	Allgemeines - Kupfer - Dämpfe agg.	2	7
6144.	Allgemeines - Lähmung - eine Seite	1	103
6145.	Allgemeines - Lähmung - eine Seite - Apoplexie, nach	1	41
6146.	Allgemeines - Lähmung - eine Seite - unwillkürliche Bewegung des gelähmten Gliedes	1	3
6147.	Allgemeines - Lähmung - eine Seite - Zucken, mit - gelähmten Seite, der	1	8
6148.	Allgemeines - Lähmung - innerlich	1	55
6149.	Allgemeines - Lähmung - Organen, von	1	114
6150.	Allgemeines - Lähmung - Parkinson, Morbus	3	68
6151.	Allgemeines - Lähmung - Poliomyelitis	1	39
6152.	Allgemeines - Lähmung - schmerzlos	2	80
6153.	Allgemeines - Lähmung - erstreckt sich zu - unten, nach	1	3
6154.	Allgemeines - Laufen - agg.	2	65
6155.	Allgemeines - Lebendigem im Inneren; Gefühl von etwas	1	35
6156.	Allgemeines - Leeregefühl	1	81
6157.	Allgemeines - Leeregefühl - allgemein	1	9
6158.	Allgemeines - Lehnen, Anlehnen - gegen etwas lehnen; sich - amel.	1	17
6159.	Allgemeines - Leukämie	1	35
6160.	Allgemeines - Licht - agg.	2	92
6161.	Allgemeines - Licht - agg. - Feuerschein	1	8
6162.	Allgemeines - Licht - agg. - künstliches Licht	3	44
6163.	Allgemeines - Licht - agg. - Tageslicht	2	29
6164.	Allgemeines - Liegen - amel.	1	152
6165.	Allgemeines - Liegen - agg.	1	182
6166.	Allgemeines - Liegen - nach - amel.	2	104
6167.	Allgemeines - Liegen - nach - agg.	1	111
6168.	Allgemeines - Liegen - Bett, im - amel.	1	107
6169.	Allgemeines - Liegen - Bett, im - agg.	3	148
6170.	Allgemeines - Liegen - Rücken, auf dem - amel.	1	72
6171.	Allgemeines - Liegen - Rücken, auf dem - agg.	1	74
6172.	Allgemeines - Liegen - Seite, auf der - amel.	1	47
6173.	Allgemeines - Liegen - Seite, auf der - agg.	2	58
6174.	Allgemeines - Liegen - Seite, auf der - linken, auf der - amel.	2	32
6175.	Allgemeines - Liegen - Seite, auf der - linken, auf der - agg.	1	69
6176.	Allgemeines - Liegen - Seite, auf der - rechten, auf der - amel.	1	40
6177.	Allgemeines - Liegen - Seite, auf der - rechten, auf der - agg.	3	52
6178.	Allgemeines - Liegen - Seite, auf der - Körperteil, auf dem man liegt, agg.	1	23
6179.	Allgemeines - Liegen - Seite, auf der - Schmerz geht auf die Seite - liegt; auf der er	1	16
6180.	Allgemeines - Liegen - Seite, auf der - Schmerz geht auf die Seite - nicht liegt; auf der er	1	15
6181.	Allgemeines - Liegen - Seite, auf der - schmerzhaften, auf der - agg.	2	92
6182.	Allgemeines - Liegen - Seite, auf der - schmerzlosen, auf der - amel.	1	84
6183.	Allgemeines - Luft - Freien, im - amel.	1	200
6184.	Allgemeines - Luft - Freien, im - agg.	3	170
6185.	Allgemeines - Luft - Freien, im - Abneigung gegen	2	105
6186.	Allgemeines - Luft - Zimmerluft - amel.	2	103
6187.	Allgemeines - Luft - Zimmerluft - agg.	1	88
6188.	Allgemeines - Luft - Zugluft - agg.	2	106
6189.	Allgemeines - Magere Personen	1	49
6190.	Allgemeines - Masturbation, Beschwerden durch	2	89
6191.	Allgemeines - Mattigkeit	2	257
6192.	Allgemeines - Mattigkeit - Sitzen, im	2	2
6193.	Allgemeines - Menses - vor	2	97
6194.	Allgemeines - Menses - während	1	116
6195.	Allgemeines - Menses - nach	1	51
6196.	Allgemeines - Menses - Beginn der; zu	1	38
6197.	Allgemeines - Metastasierung (Siehe schiebung von Krankheitsprozessen)	1	60
6198.	Allgemeines - Mond - abnehmender Mond agg.	2	32
6199.	Allgemeines - Mond - Neumond agg.	1	39
6200.	Allgemeines - Mond - Vollmond agg.	2	49
6201.	Allgemeines - Müdigkeit	3	213
6202.	Allgemeines - Müdigkeit - nachts	1	5
6203.	Allgemeines - Müdigkeit - Sitzen, im	2	9
6204.	Allgemeines - Narkotika - agg.	1	67
6205.	Allgemeines - Naß - Anwendungen, nasse	2	43
6206.	Allgemeines - Naß - Anwendungen, nasse - kalte, nasse Anwendungen - amel.	1	29
6207.	Allgemeines - Naß - Anwendungen, nasse - kalte, nasse Anwendungen - agg.	2	50
6208.	Allgemeines - Naß - Naßwerden - Füße, der	1	33
6209.	Allgemeines - Nekrose - Knochen	2	67
6210.	Allgemeines - Niesen - agg.	2	47
6211.	Allgemeines - Nüchtern, wenn - agg.	1	73
6212.	Allgemeines - Obstipation - amel.	1	4
6213.	Allgemeines - Ohnmacht (= ohnmächtig werden)	1	307
6214.	Allgemeines - Ohnmacht - Auffahren, wenn etwas auf den Boden fällt; durch	1	1

Nr.	Symptom / Zeichen	Intensität	Anzahl der Mittel in der Rubrik
6215.	Allgemeines - Ohnmacht - Blutungen - Uterusblutung	1	7
6216.	Allgemeines - Ohnmacht - Druck in die Taille; durch	2	2
6217.	Allgemeines - Ohnmacht - Gehen - beim	1	13
6218.	Allgemeines - Ohnmacht - Geräusche, durch	1	6
6219.	Allgemeines - Ohnmacht - häufig	2	12
6220.	Allgemeines - Ohnmacht - Säfteverlust, durch	1	12
6221.	Allgemeines - Ohnmacht - Schläfen mit beiden Händen; beim Reiben der	1	1
6222.	Allgemeines - Ohnmacht - Schmerz; durch - Ohr, im	2	3
6223.	Allgemeines - Pelz bedeckt; Gefühl in inneren Organen wie mit	1	20
6224.	Allgemeines - Periodizität	1	129
6225.	Allgemeines - Pflock, Pfropfen; Gefühl von einem - innerlich	1	67
6226.	Allgemeines - Plethora	2	97
6227.	Allgemeines - Polyp	2	47
6228.	Allgemeines - Psora	2	216
6229.	Allgemeines - Puls - abnormal	2	115
6230.	Allgemeines - Puls - beschleunigt (= frequent, jagend, unzählbar, schnell)	3	396
6231.	Allgemeines - Puls - beschleunigt - nachts - langsam tagsüber, aber	2	19
6232.	Allgemeines - Puls - beschleunigt - Erregung, durch emotionelle	1	7
6233.	Allgemeines - Puls - groß	1	73
6234.	Allgemeines - Puls - hart	2	167
6235.	Allgemeines - Puls - hörbar, vernehmlich	1	16
6236.	Allgemeines - Puls - intermittierend	3	152
6237.	Allgemeines - Puls - klein	2	233
6238.	Allgemeines - Puls - kräftig	2	87
6239.	Allgemeines - Puls - langsam	1	231
6240.	Allgemeines - Puls - mühsam	1	13
6241.	Allgemeines - Puls - schwach	2	246
6242.	Allgemeines - Puls - spasmodisch	1	24
6243.	Allgemeines - Puls - unfühlbar	2	85
6244.	Allgemeines - Puls - unfühlbar - fast	2	61
6245.	Allgemeines - Puls - unregelmäßig	2	237
6246.	Allgemeines - Puls - voll	2	207
6247.	Allgemeines - Puls - voll - nachts	2	3
6248.	Allgemeines - Puls - weich	2	151
6249.	Allgemeines - Puls - zittrig	1	47
6250.	Allgemeines - Pulsieren - äußerlich	2	172
6251.	Allgemeines - Pulsieren - innerlich	2	164
6252.	Allgemeines - Pulsieren - Drüsen, in	3	24
6253.	Allgemeines - Pulsieren - Gelenken, in den	2	14
6254.	Allgemeines - Pulsieren - Knochen, in den	2	14
6255.	Allgemeines - Quecksilber, Mißbrauch von	1	87
6256.	Allgemeines - Rachitis	3	50
6257.	Allgemeines - Rausch, nach	1	86
6258.	Allgemeines - Reaktion - Mangel an	2	116
6259.	Allgemeines - Reiben - amel.	2	105
6260.	Allgemeines - Reiben - agg.	1	44
6261.	Allgemeines - Reiben - vorsichtiges Streicheln - Hand, mit der - amel.	2	22
6262.	Allgemeines - Reizbarkeit, körperliche - exzessiv	3	128
6263.	Allgemeines - Reizbarkeit, körperliche - Mangel an; Unempfindlichkeit	1	100
6264.	Allgemeines - Röte	2	19
6265.	Allgemeines - Rotz, Rotzkrankheit	2	16
6266.	Allgemeines - Rucke - Konvulsionen, wie bei	2	103
6267.	Allgemeines - Rucke - Muskeln, der	2	122
6268.	Allgemeines - Rucke - Muskeln, der - gelähmter Teile	1	7
6269.	Allgemeines - Rucke - Muskeln, der - Schlaf - während	1	55
6270.	Allgemeines - Ruhe - amel.	2	160
6271.	Allgemeines - Ruhe - agg.	2	131
6272.	Allgemeines - Runzelig, faltig	1	44
6273.	Allgemeines - Samenabgang - agg.	1	49
6274.	Allgemeines - Sauerkeit des Körpers	1	17
6275.	Allgemeines - Säuglinge	2	51
6276.	Allgemeines - Schärfe, Exkoriationen etc.	3	20
6277.	Allgemeines - Scharlach - Beschwerden nach	2	23
6278.	Allgemeines - Schaudern, nervöses	1	122
6279.	Allgemeines - Schaudern, nervöses - abwechselnd mit Hitze	1	7
6280.	Allgemeines - Schaudern, nervöses - Bewegung - bei	1	5
6281.	Allgemeines - Schaudern, nervöses - Stuhl - vor	1	1
6282.	Allgemeines - Scheintod; Asphyxie	1	24
6283.	Allgemeines - Schlaf - vor - agg.	3	99
6284.	Allgemeines - Schlaf - im - agg.	3	129
6285.	Allgemeines - Schlaf - nach dem Schlaf - amel.	2	53
6286.	Allgemeines - Schlaf - Beginn des Schlafes agg.; zu	2	78
6287.	Allgemeines - Schlaf - Einschlafen; amel. beim	2	1
6288.	Allgemeines - Schlaf - Schlafmangel, durch	1	42

Nr.	Symptom / Zeichen	Intensität	Anzahl der Mittel in der Rubrik
6289.	Allgemeines - Schlaffes Gefühl	1	88
6290.	Allgemeines - Schlaffes Gefühl - festen Teilen, in	2	6
6291.	Allgemeines - Schlag, Schock	1	23
6292.	Allgemeines - Schlag, Schock - Verletzung; durch	1	47
6293.	Allgemeines - Schleimhautabsonderung, vermehrte	3	174
6294.	Allgemeines - Schleimhautabsonderung, vermehrte - blutig	2	76
6295.	Allgemeines - Schleimhautabsonderung, vermehrte - brennend	2	58
6296.	Allgemeines - Schleimhautabsonderung, vermehrte - dicke, schleimige	1	82
6297.	Allgemeines - Schleimhautabsonderung, vermehrte - eitrig	2	13
6298.	Allgemeines - Schleimhautabsonderung, vermehrte - fadenziehend, zäh	2	97
6299.	Allgemeines - Schleimhautabsonderung, vermehrte - flockig	1	13
6300.	Allgemeines - Schleimhautabsonderung, vermehrte - gelb	1	110
6301.	Allgemeines - Schleimhautabsonderung, vermehrte - gelblichgrün	2	9
6302.	Allgemeines - Schleimhautabsonderung, vermehrte - grau	1	17
6303.	Allgemeines - Schleimhautabsonderung, vermehrte - grünlich	2	46
6304.	Allgemeines - Schleimhautabsonderung, vermehrte - mild, bland	2	12
6305.	Allgemeines - Schleimhautabsonderung, vermehrte - salziger Geschmack	2	28
6306.	Allgemeines - Schleimhautabsonderung, vermehrte - saurer Geschmack	1	16
6307.	Allgemeines - Schleimhautabsonderung, vermehrte - scharf	2	60
6308.	Allgemeines - Schleimhautabsonderung, vermehrte - schimmeliger, moderiger Geruch	2	10
6309.	Allgemeines - Schleimhautabsonderung, vermehrte - übelriechend, stinkend	2	72
6310.	Allgemeines - Schleimhautabsonderung, vermehrte - unterdrückt	1	45
6311.	Allgemeines - Schleimhautabsonderung, vermehrte - wäßrig	2	75
6312.	Allgemeines - Schleimhautabsonderung, vermehrte - weiß	2	26
6313.	Allgemeines - Schleimhautabsonderung, vermehrte - wundfressend	3	40
6314.	Allgemeines - Schleimhäute	2	25
6315.	Allgemeines - Schmerz - linke Körperseite	1	22
6316.	Allgemeines - Schmerz - nachts - Schlaf, im	2	10
6317.	Allgemeines - Schmerz - kleinen Stellen, an	1	81
6318.	Allgemeines - Schmerz - Krebsleiden, bei	1	28
6319.	Allgemeines - Schmerz - verschiebt sich zum Teil, auf dem er liegt	1	8
6320.	Allgemeines - Schmerz - wandernd	1	154
6321.	Allgemeines - Schmerz - erstreckt sich - außen, nach	1	57
6322.	Allgemeines - Schmerz - erstreckt sich - hinten, nach	1	22
6323.	Allgemeines - Schmerz - erstreckt sich - innen, nach	1	36
6324.	Allgemeines - Schmerz - erstreckt sich - kreuzweise, quer etc.	1	39
6325.	Allgemeines - Schmerz - erstreckt sich - unten, nach	1	57
6326.	Allgemeines - Schmerz - Drüsen, der	3	79
6327.	Allgemeines - Schmerz - Gelenke, der	2	127
6328.	Allgemeines - Schmerz - Knochen, der	3	156
6329.	Allgemeines - Schmerz - Knochen, der - nachts	3	29
6330.	Allgemeines - Schmerz - Knochen, der - Haut den Knochen bedeckt; wo	1	1
6331.	Allgemeines - Schmerz - Muskeln, der	1	61
6332.	Allgemeines - Schmerz - Periosts, des	2	45
6333.	Allgemeines - Schmerz - ausstrahlend	2	31
6334.	Allgemeines - Schmerz - beißend	2	118
6335.	Allgemeines - Schmerz - bohrend	2	111
6336.	Allgemeines - Schmerz - bohrend - Knochen	3	39
6337.	Allgemeines - Schmerz - brennend - äußerlich	3	219
6338.	Allgemeines - Schmerz - brennend - innerlich	3	193
6339.	Allgemeines - Schmerz - brennend - Verbrennung, wie durch	1	43
6340.	Allgemeines - Schmerz - brennend - Drüsen, in	1	38
6341.	Allgemeines - Schmerz - brennend - Knochen, in den	1	41
6342.	Allgemeines - Schmerz - drückend - äußerlich	1	176
6343.	Allgemeines - Schmerz - drückend - innen nach außen, von	2	124
6344.	Allgemeines - Schmerz - drückend - innerlich	2	195
6345.	Allgemeines - Schmerz - drückend - Last, wie durch eine	1	114
6346.	Allgemeines - Schmerz - drückend - zusammendrückend	1	107
6347.	Allgemeines - Schmerz - drückend - Drüsen, in	3	41
6348.	Allgemeines - Schmerz - drückend - Drüsen, in - außen, nach	2	13
6349.	Allgemeines - Schmerz - drückend - Gelenken, in den	1	51
6350.	Allgemeines - Schmerz - drückend - Knochen, in den	1	63
6351.	Allgemeines - Schmerz - drückend - Muskeln, in	1	83
6352.	Allgemeines - Schmerz - gebrochen; als seien die Knochen	2	56
6353.	Allgemeines - Schmerz - gebrochen; als seien die Knochen - Gelenken, in den	1	10
6354.	Allgemeines - Schmerz - geschwürig	2	25
6355.	Allgemeines - Schmerz - geschwürig - äußerlich	1	72
6356.	Allgemeines - Schmerz - geschwürig - innerlich	2	54
6357.	Allgemeines - Schmerz - geschwürig - Drüsen, in	1	31
6358.	Allgemeines - Schmerz - krampfartig - Muskeln, in	3	122
6359.	Allgemeines - Schmerz - lähmungsartig	1	112
6360.	Allgemeines - Schmerz - lähmungsartig - Gelenken, in den	1	67
6361.	Allgemeines - Schmerz - nagend	3	12

Nr.	Symptom / Zeichen	Intensität	Anzahl der Mittel in der Rubrik
6362.	Allgemeines - Schmerz - nagend - äußerlich	1	73
6363.	Allgemeines - Schmerz - nagend - innerlich	1	56
6364.	Allgemeines - Schmerz - nagend - Knochen, in den	1	27
6365.	Allgemeines - Schmerz - reißend - äußerlich	2	192
6366.	Allgemeines - Schmerz - reißend - innerlich	3	155
6367.	Allgemeines - Schmerz - reißend - oben, nach	1	43
6368.	Allgemeines - Schmerz - reißend - unten, nach	2	77
6369.	Allgemeines - Schmerz - reißend - Drüsen, in	3	48
6370.	Allgemeines - Schmerz - reißend - Gelenken, in den	3	110
6371.	Allgemeines - Schmerz - reißend - Gelenken, in den - stechend	1	23
6372.	Allgemeines - Schmerz - reißend - Knochen, in den	3	97
6373.	Allgemeines - Schmerz - reißend - Muskeln, in	3	127
6374.	Allgemeines - Schmerz - reißend - Muskeln, in - ruckend	1	27
6375.	Allgemeines - Schmerz - reißend - Muskeln, in - stechend	1	43
6376.	Allgemeines - Schmerz - ruckend - äußerlich	2	121
6377.	Allgemeines - Schmerz - ruckend - äußerlich - erkrankter Teile	2	2
6378.	Allgemeines - Schmerz - ruckend - innerlich	2	52
6379.	Allgemeines - Schmerz - ruckend - Drüsen, in	1	24
6380.	Allgemeines - Schmerz - ruckend - Knochen, in den	1	26
6381.	Allgemeines - Schmerz - schneidend - äußerlich	2	106
6382.	Allgemeines - Schmerz - schneidend - innerlich	3	156
6383.	Allgemeines - Schmerz - stechend	3	141
6384.	Allgemeines - Schmerz - stechend - linke Seite	1	18
6385.	Allgemeines - Schmerz - stechend - außen, nach	3	68
6386.	Allgemeines - Schmerz - stechend - äußerlich	3	191
6387.	Allgemeines - Schmerz - stechend - brennend - äußerlich	2	55
6388.	Allgemeines - Schmerz - stechend - brennend - Muskeln, in	1	49
6389.	Allgemeines - Schmerz - stechend - innerlich	3	188
6390.	Allgemeines - Schmerz - stechend - oben, nach	1	44
6391.	Allgemeines - Schmerz - stechend - quer verlaufend	1	38
6392.	Allgemeines - Schmerz - stechend - reißend - Gelenken, in den	1	23
6393.	Allgemeines - Schmerz - stechend - reißend - Knochen, in den	1	11
6394.	Allgemeines - Schmerz - stechend - reißend - Muskeln, in	1	63
6395.	Allgemeines - Schmerz - stechend - Drüsen, in	3	67
6396.	Allgemeines - Schmerz - stechend - Gelenken, in den	3	123
6397.	Allgemeines - Schmerz - stechend - Knochen, in den	3	79
6398.	Allgemeines - Schmerz - stechend - Muskeln, in	3	123
6399.	Allgemeines - Schmerz - windend, drehend	2	63
6400.	Allgemeines - Schmerz - wühlend, grabend	1	100
6401.	Allgemeines - Schmerz - wühlend, grabend - Knochen, in den	1	18
6402.	Allgemeines - Schmerz - wund schmerzend (= wie zerschlagen, empfindlich etc.)	1	229
6403.	Allgemeines - Schmerz - wund schmerzend - äußerlich	2	143
6404.	Allgemeines - Schmerz - wund schmerzend - innerlich	1	130
6405.	Allgemeines - Schmerz - wund schmerzend - Drüsen, in	1	37
6406.	Allgemeines - Schmerz - wund schmerzend - Knochen, in den	1	72
6407.	Allgemeines - Schmerz - ziehend	1	134
6408.	Allgemeines - Schmerz - ziehend - Drüsen, in	2	20
6409.	Allgemeines - Schmerz - ziehend - Gelenken, in den	1	70
6410.	Allgemeines - Schmerz - ziehend - Knochen, in den	1	64
6411.	Allgemeines - Schmerz - ziehend - Muskeln, in	1	102
6412.	Allgemeines - Schmerz - zusammenschnürend - äußerlich	1	135
6413.	Allgemeines - Schmerz - zusammenschnürend - innerlich	1	122
6414.	Allgemeines - Schmerz - zusammenschnürend - Knochen, in den	1	31
6415.	Allgemeines - Schmerz - zwickend	2	92
6416.	Allgemeines - Schmerz - zwickend - innerlich	2	112
6417.	Allgemeines - Schmerz - zwickend, zuckend, stechend	1	68
6418.	Allgemeines - Schneeluft - agg.	1	24
6419.	Allgemeines - Schneuzen der Nase - amel.	1	4
6420.	Allgemeines - Schneuzen der Nase - agg.	3	68
6421.	Allgemeines - Schnupfen - unterdrückter Schnupfen agg.	1	55
6422.	Allgemeines - Schwäche	3	658
6423.	Allgemeines - Schwäche - morgens	2	140
6424.	Allgemeines - Schwäche - nachmittags - 17 h	1	5
6425.	Allgemeines - Schwäche - abends	1	112
6426.	Allgemeines - Schwäche - abends - 18 h	1	3
6427.	Allgemeines - Schwäche - abends - 18 h - bis	1	1
6428.	Allgemeines - Schwäche - Anstrengung, bei	1	27
6429.	Allgemeines - Schwäche - Anstrengung, bei - leichte, durch	2	73
6430.	Allgemeines - Schwäche - Bewegung - durch	1	32
6431.	Allgemeines - Schwäche - Diarrhoe - durch	1	69
6432.	Allgemeines - Schwäche - Entbindung - während	1	47
6433.	Allgemeines - Schwäche - Füße, beim Waschen der	1	1
6434.	Allgemeines - Schwäche - Gehen, beim	1	141
6435.	Allgemeines - Schwäche - Gehen, beim - amel.	1	11

Nr.	Symptom / Zeichen	Intensität	Anzahl der Mittel in der Rubrik
6436.	Allgemeines - Schwäche - Gehen, beim - Freien, im	1	49
6437.	Allgemeines - Schwäche - lähmungsartig	2	78
6438.	Allgemeines - Schwäche - Luft - Freien, im	1	23
6439.	Allgemeines - Schwäche - Menses - vor	1	32
6440.	Allgemeines - Schwäche - nervös	2	134
6441.	Allgemeines - Schwäche - Schreck, durch	1	3
6442.	Allgemeines - Schwäche - Schweiß - durch Schwitzen; Schwäche	3	82
6443.	Allgemeines - Schwäche - Schweiß - durch Schwitzen; Schwäche - nachts	2	18
6444.	Allgemeines - Schwäche - Schweiß - mit Schweiß; Schwäche - kalter Schweiß	2	7
6445.	Allgemeines - Schwäche - setzen, Verlangen sich zu	2	33
6446.	Allgemeines - Schwäche - Sitzen	1	38
6447.	Allgemeines - Schwäche - Stehen, im	1	35
6448.	Allgemeines - Schwäche - Stuhlgang - nach	3	73
6449.	Allgemeines - Schwäche - Würmern, bei	2	3
6450.	Allgemeines - Schwäche - Gelenke, der	3	103
6451.	Allgemeines - Schwäche - Muskeln, der	1	92
6452.	Allgemeines - Schwarzfärbung äußerer Körperteile	3	111
6453.	Allgemeines - Schwarzfärbung äußerer Körperteile - kalt	1	22
6454.	Allgemeines - Schwefel, Folgen des Mißbrauches von	2	13
6455.	Allgemeines - Schweiß - während - agg.	3	32
6456.	Allgemeines - Schweiß - während - keine Linderung, verschafft	3	89
6457.	Allgemeines - Schweiß - nach - agg.	2	53
6458.	Allgemeines - Schweiß - unterdrückten Schweiß; Beschwerden durch	2	80
6459.	Allgemeines - Schweiß - unterdrückten Schweiß; Beschwerden durch - Fußschweiß	1	36
6460.	Allgemeines - Schwellung - allgemeinen, im	3	164
6461.	Allgemeines - Schwellung - aufgedunsen, ödematös	1	83
6462.	Allgemeines - Schwellung - entzündlich	3	73
6463.	Allgemeines - Schwellung - erkrankter Teile	3	102
6464.	Allgemeines - Schwellung - Drüsen, der	3	191
6465.	Allgemeines - Schwellung - Drüsen, der - bläulich	1	15
6466.	Allgemeines - Schwellung - Drüsen, der - entzündlich	3	42
6467.	Allgemeines - Schwellung - Drüsen, der - hart	1	41
6468.	Allgemeines - Schwellung - Drüsen, der - heiß	3	31
6469.	Allgemeines - Schwellung - Drüsen, der - kalt	2	13
6470.	Allgemeines - Schwellung - Drüsen, der - schmerzhaft	2	49
6471.	Allgemeines - Schwellung - Drüsen, der - schmerzlos	1	19
6472.	Allgemeines - Schwellung - Gelenke, der	2	71
6473.	Allgemeines - Schwellung - Knochen, der	2	57
6474.	Allgemeines - Schwellung - Periosts, des	2	21
6475.	Allgemeines - Schwellungsgefühl	3	123
6476.	Allgemeines - Schwellungsgefühl - Drüsen, der	1	28
6477.	Allgemeines - Schwellungsgefühl - innerer Organe	1	39
6478.	Allgemeines - Schweregefühl - äußerlich	2	144
6479.	Allgemeines - Schweregefühl - innerlich	2	140
6480.	Allgemeines - Seite - abwechselnde Seiten	1	15
6481.	Allgemeines - Seite - links	2	222
6482.	Allgemeines - Seite - rechts	2	204
6483.	Allgemeines - Seite - diagonal, kreuzweise - links oben und rechts unten	1	65
6484.	Allgemeines - Seite - einer Seite; Symptome auf	1	143
6485.	Allgemeines - Seite - liegt; Schmerzen gehen auf die Seite, auf der er	1	9
6486.	Allgemeines - Sepsis (= Blutvergiftung)	2	91
6487.	Allgemeines - Sexuell - Exzessen, nach sexuellen	2	98
6488.	Allgemeines - Silicea; Folgen des Mißbrauchs von	1	5
6489.	Allgemeines - Sitzen - amel.	2	114
6490.	Allgemeines - Sitzen - agg.	2	164
6491.	Allgemeines - Sitzen - aufrechtes - agg.	2	45
6492.	Allgemeines - Sitzen - gebeugtes - amel.	2	40
6493.	Allgemeines - Sitzen - Hinsetzen; beim - amel.	1	65
6494.	Allgemeines - Sitzen - Hinsetzen; beim - agg.	1	49
6495.	Allgemeines - Sitzen - Impuls, sich zu setzen	1	95
6496.	Allgemeines - Skorbut	3	82
6497.	Allgemeines - Sonne - Aufenthalt in der Sonne	1	64
6498.	Allgemeines - Spannung - äußerlich	2	135
6499.	Allgemeines - Spannung - innerlich	2	133
6500.	Allgemeines - Spannung - Drüsen, der	1	37
6501.	Allgemeines - Spannung - Gelenke, der	1	69
6502.	Allgemeines - Spannung - Knochen, der	1	23
6503.	Allgemeines - Speisen und Getränke - Alkohol - agg.	2	108
6504.	Allgemeines - Speisen und Getränke - Alkohol - Abneigung	1	34
6505.	Allgemeines - Speisen und Getränke - Alkohol - Verlangen	1	81
6506.	Allgemeines - Speisen und Getränke - alles - Abneigung gegen	1	26
6507.	Allgemeines - Speisen und Getränke - Bier - Abneigung	1	32
6508.	Allgemeines - Speisen und Getränke - Bier - Verlangen	2	60
6509.	Allgemeines - Speisen und Getränke - Brot - agg.	1	38

Nr.	Symptom / Zeichen	Intensität	Anzahl der Mittel in der Rubrik
6510.	Allgemeines - Speisen und Getränke - Brot - Abneigung - Schwarzbrot	1	8
6511.	Allgemeines - Speisen und Getränke - Brot - Verlangen	2	38
6512.	Allgemeines - Speisen und Getränke - Brot - Verlangen - Butterbrot	3	13
6513.	Allgemeines - Speisen und Getränke - Butter - Abneigung	2	16
6514.	Allgemeines - Speisen und Getränke - Butter - Verlangen	1	12
6515.	Allgemeines - Speisen und Getränke - Essen - Abneigung	2	123
6516.	Allgemeines - Speisen und Getränke - feste Speisen - Abneigung	1	9
6517.	Allgemeines - Speisen und Getränke - Fett - agg.	1	78
6518.	Allgemeines - Speisen und Getränke - Fett - Abneigung	2	52
6519.	Allgemeines - Speisen und Getränke - Fleisch - agg.	1	40
6520.	Allgemeines - Speisen und Getränke - Fleisch - Abneigung	2	126
6521.	Allgemeines - Speisen und Getränke - Fleisch - Verlangen	1	40
6522.	Allgemeines - Speisen und Getränke - flüssige Nahrung - Verlangen	2	11
6523.	Allgemeines - Speisen und Getränke - gekochte Speisen - Abneigung	1	22
6524.	Allgemeines - Speisen und Getränke - Getränke - Abneigung	1	55
6525.	Allgemeines - Speisen und Getränke - heiße Speisen - agg.	2	58
6526.	Allgemeines - Speisen und Getränke - Kaffee - agg.	2	67
6527.	Allgemeines - Speisen und Getränke - Kaffee - Abneigung	2	43
6528.	Allgemeines - Speisen und Getränke - Kalbfleisch - Abneigung	1	3
6529.	Allgemeines - Speisen und Getränke - kalte Getränke, kaltes Wasser - agg.	1	99
6530.	Allgemeines - Speisen und Getränke - kalte Getränke, kaltes Wasser - Verlangen	3	133
6531.	Allgemeines - Speisen und Getränke - kalte Speisen - amel.	2	66
6532.	Allgemeines - Speisen und Getränke - kalte Speisen - agg.	2	90
6533.	Allgemeines - Speisen und Getränke - kalte Speisen - Verlangen	1	48
6534.	Allgemeines - Speisen und Getränke - Käse - Abneigung - Gruyère	2	2
6535.	Allgemeines - Speisen und Getränke - Käse - Abneigung - kräftiger	2	4
6536.	Allgemeines - Speisen und Getränke - Kartoffeln - agg.	1	20
6537.	Allgemeines - Speisen und Getränke - Milch - amel.	1	22
6538.	Allgemeines - Speisen und Getränke - Milch - agg.	1	80
6539.	Allgemeines - Speisen und Getränke - Milch - Abneigung	1	62
6540.	Allgemeines - Speisen und Getränke - Milch - Abneigung - Muttermilch	1	10
6541.	Allgemeines - Speisen und Getränke - Milch - Abneigung - Muttermilch - Kind verweigert	2	9
6542.	Allgemeines - Speisen und Getränke - Milch - Verlangen	2	42
6543.	Allgemeines - Speisen und Getränke - Obst - agg.	1	61
6544.	Allgemeines - Speisen und Getränke - Pflaumen - agg.	2	4
6545.	Allgemeines - Speisen und Getränke - Rindfleisch - Abneigung	1	3
6546.	Allgemeines - Speisen und Getränke - Salz - Abneigung	2	22
6547.	Allgemeines - Speisen und Getränke - Salz - Verlangen	1	54
6548.	Allgemeines - Speisen und Getränke - saure Speisen, Säuren - amel.	2	6
6549.	Allgemeines - Speisen und Getränke - Süßigkeiten - agg.	2	39
6550.	Allgemeines - Speisen und Getränke - Süßigkeiten - Abneigung	2	39
6551.	Allgemeines - Speisen und Getränke - Süßigkeiten - Verlangen	2	73
6552.	Allgemeines - Speisen und Getränke - trockene Speisen - Abneigung	1	1
6553.	Allgemeines - Speisen und Getränke - unbestimmtes Verlangen - launenhafter Appetit (hat Hunger, weiß jedoch nicht worauf oder weist Angebotenes zurück)	1	36
6554.	Allgemeines - Speisen und Getränke - warme Speisen - agg.	1	63
6555.	Allgemeines - Speisen und Getränke - warme Speisen - Abneigung	1	23
6556.	Allgemeines - Speisen und Getränke - Wasser - Abneigung	1	43
6557.	Allgemeines - Speisen und Getränke - Wein - agg.	2	73
6558.	Allgemeines - Speisen und Getränke - Wein - agg. - geschwefelter	2	5
6559.	Allgemeines - Speisen und Getränke - Wein - Abneigung	2	29
6560.	Allgemeines - Speisen und Getränke - Wein - Verlangen	1	49
6561.	Allgemeines - Speisen und Getränke - Weinbrand, Brandy - Abneigung	2	10
6562.	Allgemeines - Speisen und Getränke - Whisky - Verlangen	1	22
6563.	Allgemeines - Speisen und Getränke - Zitronen - Verlangen	2	13
6564.	Allgemeines - Speisen und Getränke - Zucker - agg.	2	11
6565.	Allgemeines - Speisen und Getränke - Zucker - Abneigung	1	9
6566.	Allgemeines - Sprechen - agg.	1	84
6567.	Allgemeines - Stehen - amel.	1	77
6568.	Allgemeines - Stehen - agg.	1	141
6569.	Allgemeines - Stehen - unmöglich	1	31
6570.	Allgemeines - Steigen - agg.	2	118
6571.	Allgemeines - Steigen - hoch hinauf agg.	1	15
6572.	Allgemeines - Stillen agg.	2	60
6573.	Allgemeines - Strecken	2	150
6574.	Allgemeines - Strecken - agg.	1	20
6575.	Allgemeines - Strecken - morgens - Bett, im	1	10
6576.	Allgemeines - Strecken - nachts - Erwachen, beim	1	1
6577.	Allgemeines - Strecken - Erwachen, beim	1	9
6578.	Allgemeines - Strecken - Gähnen, mit	1	87
6579.	Allgemeines - Strecken - Husten, nach	1	2
6580.	Allgemeines - Strecken - konvulsivisch, anfallsweise	1	22
6581.	Allgemeines - Strecken - leidender Teile - agg.	1	67

Nr.	Symptom / Zeichen	Intensität	Anzahl der Mittel in der Rubrik
6582.	Allgemeines - Stuhlgang - vor	3	53
6583.	Allgemeines - Stuhlgang - nach - amel.	2	67
6584.	Allgemeines - Stuhlgang - nach - agg.	1	67
6585.	Allgemeines - Stuhlgang - während - agg.	3	63
6586.	Allgemeines - Sykose	1	175
6587.	Allgemeines - Syphilis	4	158
6588.	Allgemeines - Syphilis - angeboren	2	15
6589.	Allgemeines - Tabak - amel.	1	16
6590.	Allgemeines - Tabak - agg.	1	107
6591.	Allgemeines - Trägheit, körperliche	1	99
6592.	Allgemeines - Trinken - agg.	2	57
6593.	Allgemeines - Trinken - nach - agg.	3	72
6594.	Allgemeines - Trockenheit gewöhnlich feuchter innerer Teile	2	124
6595.	Allgemeines - Trockenheitsgefühl - inneren Organen, in	1	69
6596.	Allgemeines - Tumoren - Angiom (= Fungus haematodes, Hämangiom)	2	24
6597.	Allgemeines - Tumoren - Keloid	1	33
6598.	Allgemeines - Tumoren - Noma	1	23
6599.	Allgemeines - Verbrennungen	2	76
6600.	Allgemeines - Verhärtungen	2	104
6601.	Allgemeines - Verhärtungen - Drüsen, der	2	120
6602.	Allgemeines - Verklebungen, Gefühl innerer	1	23
6603.	Allgemeines - Verkürzte Muskeln und Sehnen	2	62
6604.	Allgemeines - Verletzungen (einschließlich Folgen von Schlägen, Prellungen, Stürzen)	1	130
6605.	Allgemeines - Verletzungen (einschließlich Folgen von Schlägen, Prellungen, Stürzen) - Drüsen, der	1	18
6606.	Allgemeines - Verletzungen (einschließlich Folgen von Schlägen, Prellungen, Stürzen) - Knochenbrüche - langsame Heilung von Knochenbrüchen	1	24
6607.	Allgemeines - Verletzungen (einschließlich Folgen von Schlägen, Prellungen, Stürzen) - Luxation	2	101
6608.	Allgemeines - Verletzungen (einschließlich Folgen von Schlägen, Prellungen, Stürzen) - Operation - Beschwerden durch	1	34
6609.	Allgemeines - Verletzungen (einschließlich Folgen von Schlägen, Prellungen, Stürzen) - traumatisches Fieber	1	26
6610.	Allgemeines - Verletzungen (einschließlich Folgen von Schlägen, Prellungen, Stürzen) - Verrenkungen, Verstauchungen, Zerrungen	2	96
6611.	Allgemeines - Verlust - Säfteverlust, Flüssigkeitsverlust	2	95
6612.	Allgemeines - Völlegefühl - innerlich	1	141
6613.	Allgemeines - Wärme - amel.	2	132
6614.	Allgemeines - Wärme - agg.	2	161
6615.	Allgemeines - Wärme - Bett, im warmen - agg.	3	109
6616.	Allgemeines - Wärme - Einhüllen, warmes - agg.	1	64
6617.	Allgemeines - Wärme - Erwärmung, Warmwerden - amel.	2	77
6618.	Allgemeines - Wärme - Erwärmung, Warmwerden - Freien, im - agg.	2	74
6619.	Allgemeines - Wärme - Luft, warme - amel.	2	91
6620.	Allgemeines - Wärme - Luft, warme - agg.	3	66
6621.	Allgemeines - Wärme - Ofen, am warmen - agg.	2	25
6622.	Allgemeines - Wärme - Zimmer, im warmen - amel.	1	20
6623.	Allgemeines - Wärme - Zimmer, im warmen - agg.	2	119
6624.	Allgemeines - Wassersucht - äußere Wassersucht (= Anasarka, Ödem)	3	202
6625.	Allgemeines - Wassersucht - innerlich	2	199
6626.	Allgemeines - Wassersucht - Lebererkrankung, durch	1	31
6627.	Allgemeines - Wassersucht - Nierenerkrankung, durch	2	33
6628.	Allgemeines - Wassersucht - Scharlach, nach	2	31
6629.	Allgemeines - Wassersucht - Schwangerschaft, in der	1	15
6630.	Allgemeines - Wetter - bewölktes Wetter - agg.	1	38
6631.	Allgemeines - Wetter - frostiges Wetter - agg.	1	18
6632.	Allgemeines - Wetter - kaltes Wetter - naßkaltes - agg.	2	128
6633.	Allgemeines - Wetter - kaltes Wetter - naßkaltes - agg. - nachts und an warmen Herbsttagen	1	1
6634.	Allgemeines - Wetter - nasses Wetter - agg.	2	140
6635.	Allgemeines - Wetter - nebliges Wetter agg.	1	29
6636.	Allgemeines - Wetter - Regen - bei, agg.	1	20
6637.	Allgemeines - Wetter - trockenes Wetter - amel.	2	58
6638.	Allgemeines - Wetter - trockenes Wetter - agg.	2	40
6639.	Allgemeines - Wetter - Wetterwechsel - agg.	2	95
6640.	Allgemeines - Wetter - Wetterwechsel - warm nach kalt agg.	3	21
6641.	Allgemeines - Wunden	1	61
6642.	Allgemeines - Wunden - Bißwunden - Schlangenbisse - chronische Beschwerden nach	1	2
6643.	Allgemeines - Wunden - bluten reichlich	1	54
6644.	Allgemeines - Wunden - eiternd	2	24
6645.	Allgemeines - Wunden - Granulationsgewebe, wildes Fleisch	2	20
6646.	Allgemeines - Wunden - Heilungstendenz - langsam	2	54

Nr.	Symptom / Zeichen	Intensität	Anzahl der Mittel in der Rubrik
6647.	Allgemeines - Wunden - pulsierend	2	8
6648.	Allgemeines - Wunden - schmerzhaft - brennend	1	14
6649.	Allgemeines - Wunden - schmerzhaft - stechend	1	18
6650.	Allgemeines - Wunden - Schnittwunden	1	22
6651.	Allgemeines - Zähne - Zusammenbeißen der Zähne - agg.	1	31
6652.	Allgemeines - Zahnung - langsam	1	15
6653.	Allgemeines - Zahnung - schwierig	2	84
6654.	Allgemeines - Zahnung - schwierig - Diarrhoe, mit	2	50
6655.	Allgemeines - Zittern - äußerlich	3	297
6656.	Allgemeines - Zittern - äußerlich - rechten Seite, der	1	1
6657.	Allgemeines - Zittern - äußerlich - nachts	1	7
6658.	Allgemeines - Zittern - äußerlich - abwechselnd mit - Konvulsionen	1	1
6659.	Allgemeines - Zittern - äußerlich - Alter, im	1	16
6660.	Allgemeines - Zittern - äußerlich - anfallsweise	2	6
6661.	Allgemeines - Zittern - äußerlich - Anstrengung - bei	1	15
6662.	Allgemeines - Zittern - äußerlich - Anstrengung - geringer, bei	2	12
6663.	Allgemeines - Zittern - äußerlich - Bewegung, bei - amel.	1	2
6664.	Allgemeines - Zittern - äußerlich - Erregung - Gemütes; nach Erregung des	1	20
6665.	Allgemeines - Zittern - äußerlich - Erwachen, beim	2	25
6666.	Allgemeines - Zittern - äußerlich - Freude, durch	1	7
6667.	Allgemeines - Zittern - äußerlich - Füße; beim Waschen der	1	1
6668.	Allgemeines - Zittern - äußerlich - Gehen - bei	1	6
6669.	Allgemeines - Zittern - äußerlich - Intentionstremor	1	14
6670.	Allgemeines - Zittern - äußerlich - Kälte - mit	2	7
6671.	Allgemeines - Zittern - äußerlich - konvulsivisch	1	14
6672.	Allgemeines - Zittern - äußerlich - Körperübungen, durch	1	3
6673.	Allgemeines - Zittern - äußerlich - Ruhe - amel.	1	2
6674.	Allgemeines - Zittern - äußerlich - Schließen der Augen agg.	1	1
6675.	Allgemeines - Zittern - äußerlich - Schreck, durch	1	21
6676.	Allgemeines - Zittern - äußerlich - Schweiß - mit	1	4
6677.	Allgemeines - Zittern - äußerlich - Schweiß - mit - kaltem, mit	1	3
6678.	Allgemeines - Zittern - äußerlich - Stehen, im	1	1
6679.	Allgemeines - Zittern - äußerlich - Steigen, beim	1	1
6680.	Allgemeines - Zittern - äußerlich - Stuhl - vor	1	3
6681.	Allgemeines - Zittern - äußerlich - Stuhl - nach	2	6
6682.	Allgemeines - Zittern - äußerlich - Überraschungen agg.	1	1
6683.	Allgemeines - Zittern - äußerlich - Zorn - durch	1	23
6684.	Allgemeines - Zittern - äußerlich - Zorn - mit	1	23
6685.	Allgemeines - Zittern - innerlich	1	83
6686.	Allgemeines - Zucken	2	202
6687.	Allgemeines - Zucken - gelähmten Teiles, des	2	8
6688.	Allgemeines - Zucken - Schlaf - während	1	46
6689.	Allgemeines - Zusammenschnürung - äußerlich	3	162
6690.	Allgemeines - Zusammenschnürung - innerlich	1	146
6691.	Allgemeines - Zusammenschnürung - innerlich - Bandes, Gefühl eines	2	88
6692.	Allgemeines - Zusammenschnürung - innerlich - Krampf der Schließmuskel von Körperöffnungen	3	55
6693.	Allgemeines - Zusammenschnürung - innerlich - Knochen, der	1	26
6694.	Allgemeines - Zusammenziehungen, Strikturen, Stenosen - Entzündung, nach	3	62
6695.	Allgemeines - Zwergwuchs	1	31
6696.	Allgemeines - Zyanose	1	107

Literatur:

Anagnostatos, G.S., Pissis, P., Viras, K.: Possible Water Clusters Formation by Dilution and Succussions Atoms, Molecules and Clusters. Zeitschrift für Physik D (1995), in Walach, H., Die Bedeutung nichtlokaler Effekte für die klinische Forschung AHZ 241 (1996) 3,

Anagnostatos, G.S., Vithoulkas, G., Garzonis, P., Tavouxoglou, C.: A Working Hypothesis for Homoeopathic Microdiluted Remedies. The Berlin Journal on Rearch in Homoeopathy 1 (1991) 141-147, in Walach, H., Die Bedeutung nichtlokaler Effekte für die klinische Forschung AHZ 241 (1996) 3, S. 98-121

Anagnostatos, G.S.: Small Water Clusters (Clathrates) in the Homoeopathic Preparation Process. In Endler, P.C., Schulte, J. (eds.): Ultra High Dilution. Physiology and Physis (1994) 121-128, in Walach, H., Die Bedeutung nichtlokaler Effekte für die klinische Forschung AHZ 241 (1996) 3, S. 98-121

Aspect, A, Dalibard, J., Roger, G.: Experimental Test of Bell's Inequalities. Using Time Varying Analysers. Physics Review Letter 49 (1982b) 1804-1807 nach Walach, H., Die Bedeutung nichtlokaler Effekte für die klinische Forschung AHZ 241 (1996) 3, S. 110

Aspect, A., Grangier, P., Roger, G.: Experimental Realization of Einstein-Podolsky-Rosen-Bohm-Gedankenexperiment —A New Violation of Bell's Inequalities. Physics Review Letter 49 (1982a) 91-94, nach Walach, H., Die Bedeutung nichtlokaler Effekte für die klinische Forschung AHZ 241 (1996) 3, S. 110

Barthel, P., Das Vermächtnis Hahnemanns – die 50.000er Potenzen, in: Allgemeine homöopathische Zeitung, Band 235, 1990, Heft 2,

Berezin, A.A.: Isotopical Positional Correlations as a Possible Model for Benveniste Experiments. Medical Hypotheses 31 (1990) 43-45, in Walach, H., Die Bedeutung nichtlokaler Effekte für die klinische Forschung AHZ 241 (1996) 3, S. 98-121

Bodian, S., Love is the healer, Yoga-Journal, May/June 1990, S. 49

Breuer, Reinhard, Der Flügelschlag des Schmetterlings, Deutsche Verlagsanstalt Stuttgart, 1993

Clapp, M.W.; Morphogenetic Fields and Jungs's Collective Unconscious, http://pw2.netcom.com/kevelaer/morph.html; 1997; S. 5

Coullen, Materia medica, Band 2, S. 91 in: Barthel, P.: Das Vermächtnis Hahnemanns – die 50.000er Potenzen, in: Allgemeine homöopathische Zeitung, Band 235, 1990, Heft 2, S. 47

Hahnemann, S.: Die chronischen Krankheiten, Leipzig, 1835

Hahnemann, S.: Organon der Heilkunst, 6.Aufl., Verlag Dr. W. Schwabe, Leipzig, 1921,

Hahnemann, S.: Reine Arzneimittellehre, 2. Aufl., Band 6, S. 9, in: Barthel, P.: Das Vermächtnis Hahnemanns – die 50.000er Potenzen, in: Allgemeine homöopathische Zeitung, Band 235, 1990, Heft 2, S. 235

Hahnemann, S.: Reine Arzneimittellehre, 1. Aufl., 1821, Band 6, S. 11 in Barthel, P., Das Vermächtnis Hahnemanns - die 50.000er Potenzen, in: Allgemeine homöopathische Zeitung, Band 235, 1990, Heft 2, S. 49

Hahnemann, Samuel: Die chronischen Krankheiten, ihre eigentümliche Natur und homöopathische Heilung, 1. Teil, 2. verm. Aufl., Leipzig, 1835, S. 172 (4.Nachdr., Haug Verlag, Heidelberg, 1988)

Kent, J.T.: Zur Impffrage, übersetzt nach „The homoeopathic recorder", Vol. XVI, No. 12, 1901, von K. H. Gypser, Hamich, in: Homöopathische Flugblätter, 4/95, Mitteilungsblatt der Arbeitskreise im StudentInnen Forum für Homöopathie, seit 1996 in Wissen / Sieg, S. 77

Kommunikation mit A. Robbins über Bendler, R. und Grinder, J., Kona, 1996

Matsumoto, J.: Molecular Mechanism of Biolones. Medical Hypothesis 45 (1995) 292-296, in Walach, H., Die Bedeutung nichtlokaler Effekte für die klinische Forschung AHZ 241 (1996) 3, S. 98-121

Oeser, E.: Wissenschaftstheorie als Rekonstruktion der Wissenschaftsgeschichte. Bd. 1: Metrisierung, Hypothesenbildung. Bd. 2: Experiment, Erklärung, Prognose. Oldenbourg Verlag, Wien 1979, in Walach, H., Die Bedeutung nichtlokaler Effekte für die klinische Forschung AHZ 241 (1996) 3, S. 98-121

Peat, F.D., Synchronizität, die verborgene Ordnung, Goldmann, Scherz-Verlag, Bern-München-Wien, 12.92

Schmieke, M.: Das Lebensfeld: naturwissenschaftliche Grundlagen einer spirituellen Auffassung vom Leben/Marcus Schmieke.-Lauterstein: INES-Verl., 1997, (Tattva Viveka: Schriftenreihe; Bd. 2) ISBN 3-9804133-1-8,

Stapf, E.: Kleine medizinische Schriften von Samuel Hahnemann, 2. Band, Leipzig, 1829

Vithoulkas, G.: Homöopathisches Seminar, Band 1, Verlag Silvia Stefanovic, Bielefeld, 1988

Walach, H.: Die Bedeutung nichtlokaler Effekte für die klinische Forschung AHZ 241 (1996) 3, S. 98-121